Ulrike Maria Becker / Popilarski

Herla

Ein sozialkritischer Roman
mit authentischen Hintergründen

KlausStudio

Das Buch:

Herla lebt in einer Zeit, in der die Polizei noch Grün trägt, wir uns fragen, wie man wohl eine CD zurückspult und in der kein normaler Bürger eine Webseite oder E-Mail-Adresse besitzt. Auch von Fluch und Segen der heute allgegenwärtigen Handys ist sie Jahre entfernt.

Einziger Anachronismus den ich zugelassen habe, ist die Benennung von Euro statt D-Mark, um den Lesefluss nicht zu irritieren.

Herla gelingt die Herausforderung, acht Obdachlose zu einer Theatergruppe zu organisieren.
Für die Altenpflegerin Josi beginnt damit eine Entdeckungsreise, auf der ihre eigene verletze Seele gesundet. Sie staunt über die Schicksale ihrer neuen Freunde und erlebt vielfältige Situationen in denen Hoffnung und Verzweiflung nah beieinander liegen.

Eine Geschichte, die den Problemen des Lebens nicht aus dem Weg geht, sondern hinsieht und hinterfragt, aufklärt, motiviert und Unsicherheiten abbaut.
Gleichzeitig ist sie trotz ihres schwierigen Themas kurzweilig zu lesen. (Zitat: Verlag Bruchmann 2003)
Dieses Buch darf durchaus als sachkundige Orientierungshilfe für Experten verstanden werden. (Zitat: Verlag Bruchmann 2003)

KlausStudio
Hütz 11
42857 Remscheid

Neuauflage 2021

Mehr auf Instagram unter Herla.Unikum

Inhalt

Vorgeschichte 7

Verwundete Frauen 7

Das Projekt 20

Seelen – leben 27

Unbekannte Wege 39

Endspurt und Ziel 57

Ludger geht weg 64

Träume werden wahr 72

Ein Haus und rote Stapelkästen 84

Schock und Entsetzen 98

So viel Gutes 119

Ein neues Kapitel 133

Penner! 144

Menschenskinder 150

Neubeginn 161

Schritt für Schritt 178

Andere Menschen und Nöte 198

Der erste Gast 221

In Bochum oder anderswo 230

Eine Kuckucksuhr als Dreingabe 239

Ein Wochenende auf Kullers Hang 248

Schlafende Monster 268

Der Durchbruch 278

Nebenwirkungen 289

Probleme mit dem Cabrio 299

Am Ende steht der Anfang 312

Maria Becker über ihr Buch:

Herla wurde 2003 erstmals verlegt. Die Geschichte ließ mich all die Jahre nicht los. Das Marketing meines damaligen Verlegers war leider minimal, somit verschwand das Buch nahezu ungelesen im Untergrund.
Jedoch wurde es in den Quellenangaben einer Dissertation aufgeführt: 2012 Kirsten Elisabeth Kumpf Baele, Iowa.

Zu neuem Leben erwacht und als Hörbuch vertont, hoffe ich, die Erzählung schenkt noch vielen Menschen Zuversicht und Hoffnung.
Tatsächlich gründen die meisten der beschriebenen Ereignisse und Figuren auf authentische Begebenheiten. So existiert in Köln eine KBB, die Kölner Berber-Bühne, in der Schweiz sowie in Dänemark gab es Lebensgemeinschaften, welche die Vorlagen zu *Kullers Hang* lieferten.
Die Personen und Charaktere basieren auf realen Menschen, deren Hintergründe, Alltagsumstände und Wesensarten ich in einen großen Topf geworfen und vermischt habe, um aus ihnen die Leben von Herla und ihrer ganzen Truppe entstehen zu lassen.
Mein Herz und meine Wünsche begleiten sie alle.

Die Autorin:

Ulrike Maria Becker, vormals Popilarski, zieht ihre Erfahrungen zu diesem Buch aus ihrer langjährigen Beratungstätigkeit im Bereich der allgemeinen Lebenshilfe (Zitat Verlag Bruchmann) und praktischer Begleitung in Problemsituationen.
Anfang der 90er Jahre baute sie – angeregt durch die erste Tafel für Bedürftige, in Berlin – einen „Sozialen Verteilerkreis“ auf.
Sie ist Mutter von fünf inzwischen erwachsenen Kindern und lebt in zweiter Ehe im Großraum Köln.

Alphabetische Personenliste (zu Beginn der Handlung):

Angelika: „Die Pfote ist Matsch“

Beate: sechsfache Mutter mit einfachem Beamtensold

Bert: wirkt wie ein Buchhalter, der vor drei Tagen an die Luft gesetzt wurde

Elke: vom Aktivismus zum Rollstuhlführerschein

Emmi Riedel: „Oma is ne flotte Flitze“

Frau Justus: verkauft Backwaren

Herla: allzeit präsent. Ehemals obdachlos. Skurril, durchgeknallt und christlich

Herr Bogen-Borchert: führt ein Geschäft

Herr Klasen: schleudert seine Angestellte durch den Raum

Jasmin: ein ~~leichtes~~, sorry, ein *zartes* Mädchen

Josch: obdachlos mit Meisterbrief, in sich ruhend

Josephine: Josi, Ich-Erzählerin, Altenpflegerin, aus dem normalen Leben

Karl–Heinz: Kalle ist so sensibel wie er ungehobelt ist. Außerdem lädiert

Lothar: hängt meist mit Kumpels ab

Ludger: ist nur kurz dabei

Lupo: mit Kasperle-Gesicht, ehemals Gärtner

Max: ist mit einem Bein ein Koch

Mirko: spielt gerne

Polly: passionierter Nörgler. Hat kein Problem mit Alkohol – nur ohne!

Rita: kämpft auf der Platte still und leise ums Überleben

Roland: säuft am liebsten was Feines, nämlich Chantré

Rolf: auf Wanderschaft

Silvana und Karsten: Studenten vom Stadttheater

Sven: ängstlich und unentschlossen

Vorgeschichte

Verwundete Frauen

Regen und Tränen mischten sich auf meinem Gesicht, ähnlich meinen Gefühlen von Sehnsucht und Hoffnung, die sich mit Ängsten und quälender Traurigkeit paarten.

Seit mich in den frühen Morgenstunden Schreckensträume unsanft geweckt hatten, lief ich allein durch die weite Einsamkeit des Waldes. Hier fand ich Klärung, Geborgenheit und die Ruhe, die mir in diesen Momenten so sehr fehlte.

Ich ließ meine Emotionen und alles, was in mir Turbulenzen hervorbrachte, mit meinen Tränen aus mir herauslaufen.

War nicht genug Zeit vergangen?

Mein Verstand beschwor meine Seele: Ich war eine gesunde Frau Mitte zwanzig. Erfolgreich und zufrieden. Ich liebte meinen Beruf, bei dem ich die Zuneigung der Menschen, denen ich Hilfe sein konnte, genoss. Ich war akzeptiert, kompetent und überall gerne gesehen. Das Geld, das ich verdiente, reichte für meine Bedürfnisse. Und meine große Liebe, der Tanz, Ballett und Musik waren Inhalt all der freien Zeit, die mir noch blieb.

Nicht mehr oft wurde ich von einem längst vergangenen Teil meines Lebens in den Abgrund gerissen.

Ich war damals erst zwölf, als sich ein Dolch in mein kindlich gutgläubiges Gemüt bohrte. Er zerschnitt mein Inneres, zerteilte mein Herz und riss mich ab von dem, was das Leben, Jugend und Neugier einem hoffnungsvollen Menschen zu bieten hat.

Als wollte ich die Erinnerung verscheuchen, fuhr ich mit der Hand durch mein regennasses Haar und schüttelte energisch den Kopf. Ich setzte an, lief ein Stück des Wegs, schwang die Beine, drehte wilde Sprünge durch die Luft und ließ mich hernach erleichtert ins nasse Laub fallen. Ich spürte die prickelnde Berührung der Regentropfen auf meinem Gesicht und folgte ihnen in Gedanken nach. Weil ich die Augen geschlossen hielt, nahm ich mein Umfeld intensiver mit allen anderen Sinnen wahr: Trotz des Regens gab es Vögel, die ihr Zwitschern hören ließen. Sie ahnten wohl schon, die Sonne würde sich siegreich durch den verhangenen Himmel kämpfen. Blätter raschelten unter der tropfenden Nässe und die Luft schien lebendig zu sein. Ein schwerer Geruch nach Holz und Moos drang mir in die Nase. Ich spürte das Gewicht, mit dem sich mein Körper in den weichen Boden drückte.

So möchte ich einmal sterben, dachte ich, wobei mir erneut Tränen über das Gesicht liefen.

Ich sehnte mich nach der Nähe des Menschen, den ich noch nicht kannte, einem Mann, der noch abgeschnitten war von mir – und ich von ihm. Irgendwo auf dieser Welt wartete er auf mich. Er, der mich tragen und heilen würde. Er, dem auch ich Zuneigung und Begleitung geben, dem ich mich ganz schenken konnte.

Ich setzte mich auf und griff eine Hand voll Erde, rieb sie zwischen den Fingern und fühlte mich unendlich eins mit der Natur, mit der Abgeschiedenheit des Waldes und dem Frieden, den er barg. Als hielte ich die Hand meines Liebsten, strich ich um meine Finger und schaute in eine Zukunft, die es vermutlich nur in meinem Herzen gab. Wie schön wäre es, wenn er jetzt hier vorbeikäme. Ich erhob mich und ging auf ein nahegelegenes Brombeergestrüpp zu. Während ich die kleinen dunklen Kugeln in meine Hand sammelte, sah ich die Szene vor mir: Aus dem Nichts tauchte er auf, pflückte ebenfalls von dem Strauch und wir blickten einander an. Später saßen wir zusammen im Gras. Lachend, verliebt und glücklich.

Wach auf, Josephine, mahnte ich mich. Du lebst hier und jetzt. Mach das Beste aus dem, was du hast. Aber ich war zu schwach, mich der Realität zu stellen, ich wollte aus der Macht der Träume Kraft schöpfen.

Manchmal hatte ich das Gefühl, mir fehle etwas, als sei ich nicht komplett. Zugleich vermied ich es, einem Mann zu nahe zu kommen. Sie waren mir verhasst diese Kerle, die nichts weiter im Sinn hatten als ihr Vergnügen.

Wieder schüttelte ich mich, um meinen Kopf von der Last der Bilder zu befreien und legte mich erneut auf den Boden. Die Vögel hatten mit Recht die kommende Sonne angekündigt, und ich genoss die warmen Strahlen auf meiner Haut.

„Hi, is hier noch'n Platz frei? Kann ich mich setzen?"

Ich schrak auf, als ich die Worte hörte und blinzelte gegen das Licht. Unter dem wüsten, orangeroten Haarschopf lächelte mich ein fragendes Gesicht an.

„Ich bin Herla", sagte die Stimme und eine große, bizarr gekleidete Frau machte es sich auf dem feuchten Waldboden bequem. Verstohlen wischte ich die Tränen vom Gesicht und ignorierte meine Verlegenheit. Ich wusste nicht, was ich sagen sollte, aber offensichtlich erwartete sie auch nichts von mir. Sie legte sich zurück

und schloss die Augen, als wenn sie lediglich das nasse Erdreich und die wohltuenden Strahlen der Sonne mit mir teilen wollte. Irritiert und aus meinen Gedanken gerissen betrachtete ich sie aufmerksam. Sie trug eine bunte Pumphose mit Wildlederjacke, farbige Stoff- und Lederbänder waren mehrfach um Hals und Handgelenke geschlungen, ihre Locken, leuchtend wie helles Morgenrot, reichten bis an die Taille. Einen großen Hut in der Hand, lag sie mit weit ausgebreiteten Armen da, als wolle sie den Himmel willkommen heißen.

„Was machst du hier?“, fragte ich neugierig geworden.

„Ich lebe“, erklärte sie und grinste mich mit einem hochgezogenen Mundwinkel schräg an.

„Du lebst?“, hakte ich verwundert nach. Dann wurde es mir bewusst: „Ja, eigentlich lebe ich auch. Ich rieche den Regen, atme den Duft der feuchten Blätter und fühle mich dazugehörig.“

„Eben“, war alles, was sie sagte und bedeckte mit dem Hut ihr Gesicht.

Mich verwirrte die Art, wie sie einfach nur da war. Als sie jedoch keine Forderungen stellte, legte ich mich ebenfalls zurück und sah einige Sekunden lang in die grelle Sonne, die den Gewitterhimmel verdrängt hatte. Ich schloss die Augen und ein Lichtklecks tanzte, veränderte seine Farbe, von grellweiß über orange, rot, grün, wieder zu weiß und gelb. Ich versank in diesem Spiel der Entspannung. Das Gebilde bewegte sich, aber seine Form blieb immer dieselbe: ein geschwungener Strich mit einem Haken am Ende, ein zweiter, kleinerer Strich durchquerte ihn. Minutenlang beobachtete ich jenes Kunstwerk, das angetrieben von unsichtbarer Energie umherwirbelte und eine Vielfalt an Färbungen zeigte. Ich wurde ruhig, losgelöst von allem, was mich eben noch fest in seinen Krallen gefangen hielt.

Die Farben verblassten und der Fleck verschwand allmählich, aber unaufhaltsam, im Nichts – mit ihm meine Tränen und der Schmerz. Ich fühlte mich angenehm schwer und füllte meine Lungen mit der regendurchtränkten Waldluft.

Herla zog den Hut vom Gesicht und drehte sich zu mir. „Na, gehts wieder?“

Ich stützte meinen Kopf in die Hand und wiederholte die Frage von vorhin: „Was machst du hier?“

Ihre Miene nahm einen entrückten Ausdruck an, ein einzelner Mundwinkel hob sich.

„Ich lebe. Das hab ich schon gesagt. Und ich genieß es! Es gab Zeiten, da konnt ich nich raus, hatte keine Schnitte wegzukommen und wurd doch willenlos am Leben gehalten. Aber heut leb ich echt, und ich finds abgefahrn! Verstehste, was ich meine?“

Herla hatte eine Art zu sprechen, die merkwürdig klang. Auch schien es ihr nicht leicht zu fallen, die einzelnen Worte zu artikulieren. Allerdings unterstrichen ihre Augen das Gesagte, wie ich selten eine Aussagekraft erlebt hatte.

„Du machst auf mich nicht den Eindruck einer Frau, die sich ohne Einverständnis etwas gefallen lässt."

„Ha", sie spuckte ein Lachen in die Luft. „Vielleicht erzähle ich dir später ma', wo ich herkomm, aber ... Wie heißt du überhaupt?"

„Josephine ... Sag nichts! Der Name ist schrecklich. Ich weiß nicht, was meine Eltern dazu bewogen hat. Immerhin gibt es eine Menge Möglichkeiten, ihn abzukürzen. Such dir eine aus. Bloß bitte nicht Phinchen oder Fiffi." Ich hätte mir vor zehn Minuten nicht vorstellen können, so bald wieder zu lachen, aber es tat gut. „Joseph werde ich manchmal genannt. Besonders wenn ich klotze wie ein Mann. Weißt du, ich bin in der Altenpflege, und wenn dort zu wenig Leute sind, hebe ich auch mal allein eine Oma in den Rollstuhl."

Herlas Augenbrauen sprangen in die Höhe. „Du? Du siehst, ehrlich gesagt, nich gerad schmackes aus."

„Ich weiß. Das ist alles Tarnung. Ich mache seit meinem achten Lebensjahr Ballett und Tanz. Da ist die Kraft eher fein säuberlich verteilt."

Wir plauderten ein wenig, und Herla gefiel mir. Sie war erfrischend, wirkte vertrauenswürdig, offen und direkt. Doch auch etwas Geheimnisvolles ging von ihr aus.

„Sag ma', Josi, was war eben mit dir los, besser noch, was is mit dir los? Du hast erzählt, dir gehts gut, du hast ne Maloche, die dir gefällt, ne Bude und Knete sie zu bezahlen. Trotzdem liegst du hier bei Regen mitten im Wald und hast dein verheultes Gesicht mit Brombeersaft und Erde beschmiert."

Hastig ging ich mir mit dem Ärmel über die Wangen. „Besser so?"

Sie feixte. „Mich störts nich die Bohne. Ich dacht halt, du hast sicher nen Grund, dich so zu verhunzen. Vielleicht kann ich dir ja helfen."

Betroffen blickte ich zu Boden und rupfte nasse Blätter entzwei. „Ich weiß nicht, vermutlich muss ich allein damit klarkommen."

Herla fixierte mich und ich hatte den Eindruck, als könne sie in mein Inneres sehen.

„Josi, ich mach ma' den Anfang. Es geht um nen Kerl, stimmts?"

Verschreckt stockte mein Atem, aber Herla begann bereits:

„Heut kann ich drüber reden. Damals war ich verletzt und sogar gefährlich – für mich selbst und für die um mich rum. Ich hatte keine Kindheit. Die Frau, bei

der ich aufgewachsen bin, sagte, sie wär meine Mutter. Mein Erzeuger, der Sack, hat sich früh aus'm Staub gemacht, und ihr war ich lästig. Sie hat mich abgeschoben. Du glaubst nich, was auch hier im Land für herbe Klamotten abgehen können, und keiner kriegt sie mit." Herlas verkniffene Lippen ließen erkennen, sie wusste, wovon sie sprach. „Ich hab im Hundezwinger gepennt."

Sie forschte in meinem Gesicht und maß wohl ab, ob ich sie für verrückt halten würde. „Josi, es stimmt. Ich hab mit Hunden gelebt und mich mit ihnen ums Fressen gekeilt. Noch heut ess ich beim Fleisch die Knochen mit; ich vergess es manchma' und hab dabei schon einige Leutchen geschockt." Heiser lachte sie. „Als ich elf war, wurde ich ma' ins Haus gelassen. Da hatte meine Mutter Besuch. Son Kerl hat sich an mich rangemacht – und sie hat die Kohle kassiert. Dadurch hat sie gemerkt, wie einträglich das Geschäft is und hat mich immer öfter reingeholt. Kannst du dir vorstellen, dass der Hundezwinger für mich wie ne schützende Grube wurde?"

Ich starrte sie schockiert an. Was Herla erzählte, war unglaublich, und doch bestätigte ihre Miene, sie hatte es genau so erlebt. Aber ich entdeckte noch etwas anderes darin: Ihr Ausdruck war frei von Bitterkeit. Sie sah aus, wie ein Mensch, der inniges Mitgefühl mit den Qualen eines anderen hat.

„Josi, die Freier meiner Mutter und deren perverse Wünsche wurden mein tägliches Leben. Ich hatte keine Chance mich dünnezumachen. Später wurde ich auf direktem Weg verschachert. Wo sollt ich denn hin? Wer hätte mir geholfen? Jeder Hund hat mehr Rechte und Möglichkeiten, als ich sie hatte. - Das war meine rosige Kindheit und Jugend." Sie schaute ruhig und eindringlich. Ich fand kein Zeichen von Groll oder Hass, einzig endlos tiefe Traurigkeit.

Meine Gedanken taumelten mir durchs Hirn. Stammelnd versuchte ich zu sprechen, aber was ließ sich auf solch eine Offenbarung erwidern? „Ich ... Herla ... Wie ... Du siehst nicht aus wie jemand, den das Leben umgebracht hat."

Sie schmunzelte. Ein seltsames Gesicht, überlegte ich. Verträumt, etwas asymmetrisch und unergründlich.

„Nein", entschied sie mit fester aber sanfter Stimme. „Ich habn neues Leben gekriegt. Ich wurd frühmorgens oben an der Straße abgesetzt, und als ich nach Haus ging, ich meine dahin, wo ich mit meinem Zuhälter wohnte, brach ich zusammen. Es war wohl nich dolle, denn ich war bei Besinnung, bloß völlig matsch, und da kam ne Frau, Lydia, die hockte sich neben mich. Die strich mir übern Kopf – weißte, Josi, wie man das aus nem Film kennt, so ganz lieb und ultra-nett – und die fragte, ob sie mir helfen könnte."

Lydia nahm Herla mit zu sich nach Hause, legte sie in ein frisch bezogenes Bett und ließ sie schlafen, bis die Mittagsstunden um waren. Sie gab ihr die Nähe und Liebe, die sonst nur eine Mutter für ihr eigenes Kind aufbringt. Aber selbst das hatte Herla ja nie erfahren.

Weit über ein halbes Jahr kämpfte Lydia um Herlas Rechte, verteidigte ihre Freiheit, bis sie gemeinsam den Kampf gewannen: Ihr Zuhälter akzeptierte den Verlust, ließ von seinen Drohungen ab und gab Herla frei.

Ich hatte inzwischen am ganzen Körper eine Gänsehaut. Während ihrer Erzählung wuchs zwischen uns eine Verbindung, die unser Kennenlernen vor erst einigen Stunden Lügen strafte.

„Aber warum redest du, als sei es das Erlebnis eines anderen Menschen? Wie bist du mit alldem klar gekommen? Ich selbst fühle mich in Ketten und habe weit weniger Schlimmes erlebt als du."

Wieder lächelte Herla selbstversunken.

„Ach weißte, die Lydia erzählte von nem Gott, die glaubt daran. Die sagte, der ist für jeden da, auch für mich. Die hat ganz viele Geschichten über den gewusst, er hatte'n Sohn, der auf der Welt gelebt hat. Dem haben se genauso beschissen mitgespielt, und darum wüsste der, wie's mir geht. Und er hätte mich lieb, hat die Lydia gesagt – nich als Schwanz, sondern als son richtiger Freund. Und da hab ichs halt versucht wie sie das erklärte, einfach mit dem zu quatschen, genau wie ichs jetzt mit dir tu. Weißte, Josi, den Jesus haben se ans Kreuz genagelt. Da hab ich mir so vorgestellt, wie der Kerl da mit den Nägeln ans Holz gepinnt hing. Das find ich feist herbe. Das hat der gemacht, damit ich mit dem reden kann. Ich weiß zwar nich, warum das sein musste, aber wenn das so war, wars halt so. Fakt is, ich kann mit dem sabbeln, der is Gott, der is echt über allem drüber und schnallt schon im Voraus, was abgeht."

Ich war verstört, doch Herla ließ sich nicht ablenken. „Is jetzt 'n paar Jahre her, dass Lydia mir das Ganze vertickert hat. Seitdem ratsch ich mit dem Jesus alles durch, und das is echt geil so'n Kumpel zu haben. Der hat mich innen drin auch wieder gesund gemacht, nich alles sofort, aber immer mehr. Der Gott hat irgendwie Finger, die dahin kommen, wo wir überhaupt nich anpacken können. Der is wahnsinnig heiß und liebevoll, der Gott."

Was und wie Herla hier Dinge erzählte, die ich ähnlich, und doch eklatant anders, früher in der Kirche gehört hatte, beeindruckte mich. Ich war sprachlos. Eine Frau, gänzlich unkonventionell, groß gewachsen und eigenwillig gekleidet, mit einer Ausstrahlung, die von Selbstachtung und Sicherheit zeugte. Gebaut auf einem Fundament, das ausschließlich Schwäche, Schmerzen und Demütigung gewesen war. Schweigend bewundernd ruhte mein Blick auf ihr.

„Komm", sagte sie nach einer Weile und erhob sich vom Boden. „Wenn du den Balg nich noch mit Brombeeren voll hast, lad ich dich zu Rührei und heißem Tee ein."

Wir schlenderten durch den Wald und unterhielten uns wie alte Freunde, während das Gehörte mir noch im Bewusstsein herumging und keine Nische fand, in der es sich einnisten konnte. Aber für eine Frau wie Herla und auch für die Dinge, die sie erzählt hatte, gab es in meinem Kopf keine vorbereiteten Fächer. So schwirrten die Gedanken noch lange Zeit ruhelos in mir umher.

- ◊ • ◊ • ◊ -

„Brutzel du uns ma' die Eier", diktierte Herla. „Ich mach derweil 's Geschirr sauber."

Sie hatte ein Zimmer mit Kochnische, und die Unordnung, die ich zunächst für heilloses Chaos gehalten hatte, entbehrte nicht einer gewissen Systematik. Mir war allerdings schleierhaft, nach welchem Prinzip Herla aus den verschiedensten Ecken Tassen, Gabeln und Teller hervor kramte.

Mit vollem Bauch und in warme Decken gerollt, saß ich nach dem Essen auf dem Bett, wobei Herla es sich in einem Sitzsack am Boden bequem gemacht hatte.

„Na, Josi, willste erzählen, was dich so zerdrückt hat?"

Ich knuddelte den weichen Löwen, den ich mir vom Kopfkissen genommen hatte, und zögerte unschlüssig. Nach allem, was ich von Herla gehört hatte, wirkten meine Probleme wie aufgeblasene Mücken. Was war das schon, was ich erlebt hatte? Niemand hatte mir Gewalt angetan, keiner mich verletzt. Trotzdem fühlte ich mich meiner Seele beraubt, die Ehre in den Dreck getreten und geschändet.

Herla schien zu ahnen, was in mir vorging. „Du brauchst nich zu denken, deine Probleme wären popeliger als meine. Du bistn ganz anderer Mensch als ich, und entscheidend is, dich hats gekratzt. Egal mit welcher Absicht, egal wie die Fakten sind, wenn du Pin hast, also, wenns dir weh tut, muss du was dran machen. Oft reichts aus, drüber zu labern. Haste schon ma' mit jemandem … – Nä, ich sehs dir an. Du hast noch nie drüber geredet. Wie lange kaust du schon daran?"

„Über zehn Jahre."

„Große Scheiße. Wenn du so lang damit rumläufst und eben nich damit hantieren kannst, frisst es sich dir in die Knochen. Also raus damit! Du wars auch noch 'n Kind?“

„Ja, ich war zwölf. Ich kannte da jemanden, den hatte ich schrecklich lieb. Anders als Mama und Papa. Und auch anders als meinen Teddy damals. Ich war ihm vollkommen hingegeben und wünschte ihm von ganzem Herzen nur Gutes. Selbst, als er eine Freundin hatte, ging es mir gut, weil ich wusste, er ist glücklich. Er war damals schon zwanzig und tat meine Liebesbekundungen, die ich ihm auch in Briefen schrieb, als Kinderkram ab. Ich war jedoch der festen Überzeugung, meine Liebe würde anhalten bis ich erwachsen bin. Und es hatte tatsächlich den Anschein. Immerhin war es schon über zwei Jahre so, und bei mir hatte sich nichts geändert. Wir sprachen einige Male darüber. Ich weiß nicht, was er tatsächlich dachte, aber er war weder schroff, beleidigend noch abweisend zu mir. Einmal schlug er vor, ich solle ihn besuchen kommen und wir könnten in Ruhe darüber reden. Also sagte ich zu Hause, ich schlafe bei einer Freundin und fuhr mit dem Bus zu ihm. Ehrlich, Herla ...“ Ich sah sie flehentlich an. „Ich wusste nicht, wie riskant das war. Ich kam gar nicht auf die Idee, selbst wenn, wäre ich in totalem Vertrauen auf seine Ehrenhaftigkeit trotzdem gefahren.“ Gefangen in altbekannten Gefühlen knetete ich Herlas Löwen. „Das Gespräch am Abend brachte mir weder Aufschluss noch ein befriedigendes Ergebnis. Als ich später in meinem dicken Schlafanzug unter der Decke lag, fragte er, ob er zu mir kommen könne. Erst, als er sich mir weiter näherte, begann ich zu begreifen, was er vorhatte. Aber er war nicht brutal, verletzte mich nicht, ich merkte nur überdeutlich Furcht und Widerwillen.“

Während Herla ihre sehr viel schlimmere Geschichte sachlich erzählt hatte, rollten mir jetzt wieder die Tränen über das Gesicht. „Herla, es ist so albern. Er hat mir nicht weh getan und doch habe ich immer nur gestammelt Nein, nicht! Ich habe Angst! Bitte nicht! Wahrscheinlich hat er gedacht, ich hätte nur Muffensausen. Aber ich wollte wirklich nicht! Ich wollte ihn liebhaben, sonst nichts. Es machte mir Angst, was er mit mir anstellte. Und es war Unrecht! Das spürte ich. Nur, warum konnte ich es nicht rüberbringen?“ Ich schluchzte in Herlas Armen, sie war inzwischen zu mir aufs Bett geklettert.

„Josi, du bist nich schuld! Der Typ war viel älter als du. Selbst wenn er keine Ahnung von Menschen hatte, wusste er zumindest, dass er was tut, wofür man ihn einbuchten kann. Dich trifft keine Schuld, Kleine.“

Sie schaukelte mich im Arm und ich ließ den Schmerz heraus, den dieses zwölfjährige Kind empfunden hatte. Ich fühlte mich mitschuldig. Und doch konnte ich keine Verantwortung bei mir entdecken.

„Ich hatte mich danach im Schlaf wild umhergewälzt, ich glaube ich stand unter Schock. Den ganzen nächsten Tag war mir, als hätten meine Füße keine Berührung mit dem Boden. Aber, Herla, als ich im Bus saß und versuchte, Ordnung in meine Gedanken zu bringen, fing mein Körper plötzlich an zu zittern. Ich wusste nicht, was das war, aber jedes Mal, wenn ich an die Situation dachte, ging das Zittern wieder los. Da bekam ich noch mehr Angst. Gleichzeitig war es aber auch ein schönes Gefühl – irgendwie jedenfalls."

„Klar Josi, der Körper reagiert, ob dein Kopp will oder nich. Hatteste dann Ruhe vor ihm?"

Ich dachte, mich würde jeden Moment meine Kraft verlassen und ich in mir zusammenbrechen. Doch ich hatte angefangen und spürte gleichzeitig Erleichterung darin, meine Not teilen zu können. So berichtete ich weiter, wie ich den Mann einige Wochen später im Jugendheim traf, wo wir oft unsere Freizeit und manchmal unsere Wochenenden verbrachten. Es war spät am Abend und wir saßen allein in einer abgeschiedenen Ecke.

„Er fragte mich, ob alles okay sei, und ich begriff was er meinte. Nein, schwanger war ich nicht. – Mensch, warum habe ich bloß genickt bei seiner nächsten Frage? Ob es denn schön war, wollte er wissen, und – ich habe – kaum merklich – aber immerhin – ich habe genickt. Das kann ich mir nicht verzeihen!" Weinend platzte ich hervor: „Herla, das konnte er nur als Aufforderung verstehen, was sollte der arme Kerl anderes denken?"

„Nein!", unterbrach sie mich rüde. „Der Typ hatte kein Stückchen Berechtigung, das so zu deuten. Du wars erst zwölf, is dir das klar?! Er hat deine Unwissenheit und Zuneigung ausgenutzt, bloß an seinen Dödel hat er gedacht."

Eine einsame Zelle in mir sog ihre Worte dankbar auf. Bis heute hatte ich mir nie das Recht gegeben, entschieden für mich zu argumentieren. Benommen sprach ich weiter, während meine Augen mich an einer geringelten Haarsträhne auf Herlas Schulter festhielten. „Er monierte noch, wie sehr mein vieles Reden gestört hätte – ich hatte ja ständig und in Panik die gleichen Worte gestottert."

Herla ließ wenig freundliche Aussprüche vernehmen.

„Und zum Schluss fragte er, ob ich das denn nochmal machen würde. Ich war so überaus dämlich und naiv!" Frische Wut nährte die alte Verzweiflung und ich schlug mit Fäusten auf meine Oberschenkel. „Ich dachte tatsächlich, er redet von

später, wenn ich groß bin. Ich habe allen Ernstes geglaubt, das hätte er gemeint. Und als er freundlich lockend gebot, Dann komm!, ging ich paralysiert mit ihm. Wie ein Schaf das zur Schlachtbank geführt wird. Er schob uns in eine Ecke, wo er mich über einen Tisch beugte und sich von hinten an mir rieb. Ich fühlte mich gedemütigt, missbraucht, wie ein Stück Vieh kam ich mir vor. Und ich begriff die Welt nicht mehr, wie der Mensch, den ich so sehr liebte und verehrte, mir das antun konnte."

Herlas Augen gaben mir tiefen Trost. Ich fühlte mich verstanden und aufgefangen. Still und abwartend saß sie neben mir.

„Ja, du hast Recht, das war noch nicht das Ende. Ich hätte es mittlerweile wissen sollen. Er war nicht der, für den ich ihn gehalten hatte. Erst viel später begriff ich, wie wohlüberlegt er das nächste, zufällige Treffen arrangiert hatte, denn er wusste ja vom letzten Gespräch, wann ich zuvor meine Tage hatte.

Ich saß allein und ebenfalls zu einer Stunde, wo das Haus fast menschenleer war, dort am Schreibtisch. Er kam in den Raum und begann ein normales Gespräch, stellte sich hinter mich und legte seine Hände freundschaftlich auf meine Schultern. In dem Moment fiel die Anspannung von mir ab und ich wollte vor Erleichterung quietschend an die Decke springen, weil ich in dieser Geste Versöhnung und Wiedergutmachung sah. Die Bedrohung ist vorbei!, dachte ich – bis mir in den folgenden Sekunden das Herz zerriss: Seine Finger schoben sich nach vorn in den Ausschnitt meines T-Shirts und begannen dort, meine Brüste zu kneten. Ich wollte schreien, ihm die Augen auskratzten. Aber ich erstarrte nur zu eiskalt glühendem Granit.

Herla, warum habe ich mich nie ernsthaft gewehrt?"

Eine Vielzahl an Gefühlen tobte in mir. Ich spürte meine Fingernägel in die Handballen gekrallt. „Wie hypnotisiert ließ ich mich vom Stuhl hochnehmen und auf den Boden legen. Ich hatte meine Tage, wodurch ich mich noch mehr angewidert, bloßgestellt und erniedrigt fühlte, weil ich dies vor ihm zur Schau tragen musste. Dem Mistkerl war das allerdings die lang ersehnte Sicherheit, denn jetzt erfuhr ich erst, alles zuvor war bloß Spielerei gewesen. Er schob meine Beine auseinander und fand den Eingang nicht. Als hätte er mir den Leib aufgeschlitzt, um zu sehen was darin ist, so trafen mich seine suchenden Blicke und Berührungen. Das hört gleich wieder auf, sagte er, als mir vor Schmerzen die Tränen den Hals runterliefen.

Danach zog er sich an und ging wortlos aus dem Haus. Wenige Wochen später verließ er die Stadt. Ich blieb zurück mit meiner Fassungslosigkeit, meiner Angst, den Selbstvorwürfen von denen ich mich nicht befreien kann, und – absolut gegensätzlich dazu – einer übergroßen Sehnsucht nach Nähe und Geborgenheit in den Armen eines Mannes, der mich liebt. Herla, so wenig ich das alles wollte, ich empfand beim ersten Mal ein schönes Gefühl durch die Berührung seines warmen Körpers. Das macht die Sache für mich noch schwieriger.“

Kraftlos ließ ich mich in den dunklen Wolken meiner Vergangenheit treiben. Herla leerte ihren Tee und ließ mir Zeit, bis ich wieder fähig war, zu sprechen.

„Ich will einen Mann, der mich gern hat und tröstet, doch raste ich total aus, sobald sich jemand eindeutig nähert. Ich hatte schon Freundschaften, herzlich, echt, aber platonisch. Ich werde wahrscheinlich niemals die Liebe eines Mannes genießen können.“

Verzweifelt wiegte ich mich in der eigenen Umarmung. Herla legte ihre Hand auf mein Bein und beruhigte damit meinen inneren Tumult.

„Josi, warte ab, das gibt sich wieder. Du kannst es ja ma’ versuchen mit dem Jesus, erzähl dem das alles, nur ihr zwei. Sag ihm im Einzelnen, was dich kirre macht. Bei mir hats geklappt, der Kerl is supergut. Und mit den Selbstvorwürfen musste aufhören. Der Wichser war damals so alt wie du jetzt. Würdest du heut nem Kind Verantwortung zuschieben für das, was du mit ihm anstellst?“

Ich hatte den Eindruck, als würde in meinem Innern ein Tor geöffnet und das helle Sonnenlicht strahlte herein. Was ich in all den Jahren nicht geschafft hatte, brach in diesem Moment durch mein Bewusstsein. Ich war unschuldig! Ob ich geschrien hatte oder geflüstert, ob mit Gewalt oder dem sanften Druck des Stärkeren. Dieser Mann war verantwortlich für sein Handeln an einem unmündigen Kind.

In Erleichterung ließ ich meinen Kopf zitternd in die Hände fallen. Meine Tränen waren versiegt, aber ich weinte trocken und konnte den Übergang zum Lachen nicht ausfindig machen.

Ich war frei – zumindest in diesem Punkt.

Matt rollte ich mich zusammen und schlief ein, Herlas Löwen fest an mich gedrückt. Ich träumte noch wirrer und intensiver als sonst nach diesen Gefühlsattacken: Ich war in einem Raum, umgeben von nackten Männern und Hunden, die alle bedrohlich ihre Schwänze aufgestellt hatten. Ich wich zurück und stolperte über ein am Boden liegendes Holzkreuz. Im Fallen griff ich nach einem riesigen Vorhang aus leuchtend roten Locken und landete rücklings auf einem großen, weichen Blätterhaufen. Meine Angreifer sah ich weit entfernt hinter einer hausho-

hen Wand aus Glas. Die Sonne wärmte meine Haut, ich bemerkte einen farbigen Lichtpunkt, der unruhig über die drohenden Silhouetten sprang. Haltend legte sich eine Hand um meine Taille, und ich lehnte mich angstfrei zurück in die Arme eines Wesens, von dem ich wusste, es war ein Mann ohne Bedrohung. Ich blickte ihn an und überlegte, ob es der vom Kreuz sei, aber ich erkannte kein Gesicht, ausschließlich Schutz und Sicherheit.

Noch im Halbschlaf fragte ich mich, wer es gewesen sein mochte.

Erstmals erwachte ich nach einem solchen Traum, ohne erneute Panik und Schwermut. Ich empfand nur Erleichterung und angenehme Erschöpfung.

„Wenn es so ist, wie Herla erzählt", sagte ich leise, „dann hilf mir."

Ich lauschte in die Stille. Hören konnte ich nichts, ich war allein, und doch spürte ich die Nähe des Anderen und schöpfte Kraft aus irgendeiner Quelle.

Die Tür knackte und ich blinzelte durch die halb geöffneten Augen. Herla lehnte sich abwartend an den Türrahmen. Sie konnte wohl nicht anders, immer zog sie den rechten Mundwinkel schräg in die Höhe. Das gab ihr ein keckes Aussehen.

„Na, haste ihn getroffen?" Ihr wissender Blick ruhte auf mir. „Bei mir war es auch so", erklärte sie, „und ich merk dir an, du bist besser drauf als heut Nachmittag." Mit einer Drehung des Kopfes wies sie zum Flur. „Willste dich frisch machen? Das Bad is ne halbe Treppe tiefer. Kommste klar mit nem alten Autogeiser? Du darfst den Knopf erst drücken, wenn du das Feuerzeug schon an hast, sonst machts vielleicht bum." Sie grinste verwegen. Was war sie nur für eine eigenartige Frau, dachte ich verwirrt, doch immer noch getragen von den Gefühlen meines Traums.

Als ich nach einem ausgiebigen Bad in der alten gusseisernen Wanne eine Tasse duftenden Tees in der Hand hielt, saßen wir uns lange schweigend gegenüber.

„Wenn du mehr als Knäckebrot und Marmelade zu bieten hast", sagte Herla und reckte sich ausgiebig, „gehn wir besser zu dir." Ich musste lachen. Sie hatte eine erstaunliche Ausstrahlung.

Auch wenn sie offenkundig karg begütert war, hatte sie ihre Zuflucht, wie sie das eigene Zimmer nannte, liebevoll geschmückt.

Herla stand auf und stopfte einige Sachen in eine bunte Stofftasche. Auf meinen fragenden Blick erwiderte sie:

„Wenns dir recht is, penn ich heute bei dir. Ich weiß aus Erfahrung", wieder traf mich ihr schräges Grinsen, „es wird besser sein, wenn du jemanden um dich hast. Nur für den Fall."

Dankbar nickte ich und erhob mich.

„Komisch, ich habe dich noch nie gesehen, obwohl du mit deinen roten Haaren nicht gerade die Unauffälligkeit in Person bist."

Herla griff sich verlegen mit beiden Händen in den Schopf. „Ach, ich bin noch nich lange hier in der Gegend. Ich fang gerade an, ein Projekt aufzubauen, aber ich steh noch ziemlich am Anfang."

- ◊ • ◊ • ◊ -

Das Projekt

Während wir uns auf den Weg zu meiner Wohnung machten, erzählte sie mir davon. Herla engagierte sich für Obdachlose – zu denen sie selbst einmal gehört hatte. Im Moment stellte sie ein *Tippel-Theater* auf die Beine. Sie war überzeugt, diese Leute hätten, wenn sie ernsthaft wollten, Unterstützung verdient.

„Nich jeder von denen is'n Hänger und faules Sackgesicht", entschied sie. „Josch zum Beispiel, vielleicht lernst du ihn ja ma' kennen, der is'n gutmütiger Bär. Ein Kleiderschrank von Mann, und verpeilt is der bestimmt nich. Er hatte ma' ne richtige Arbeit, führte den Betrieb seines Alten. Er hatte ne Frau und später auch'n Baby. Für ihn lief das Leben brav und spießig. Dann is das Kind gestorben, seine Frau is durchgeknallt und hat sich umgebracht. Er selbst is dadurch total ausgerastet, hat in den Sack gehauen und ließ den Laden im Stich. Heute besitzt er nen Rucksack, ne Penntüte und 'n recht gutes Wissen über die besten Schlafplätze am Ort. Aber er is'n dufte Typ, meine Hauptstütze beim Tippel-Theater. Der hat echt was in der Birne."

Josch schöpfte mit der Idee des Theaters neuen Lebensmut und mit Herla zusammen hatte er schon das halbe Drehbuch fertiggestellt. Unter seinen Straßenkollegen rührte er kräftig die Werbetrommel und suchte nach Akteuren. Ich war fasziniert von dem Enthusiasmus, den die beiden an den Tag legten. Auch Gesangseinlagen hatten sie geplant, und ich bot mich spontan an, die Choreografie zu übernehmen.

Herlas Elan riss mich mit. Während ich eine schwerhörige Omi im Park spazieren fuhr oder einzelne graue Haare zu Knötchen flocht, gestalteten sich in meinem Kopf die Ideen zu konkreten Möglichkeiten. Fast jeden Abend saß ich mit Herla, Josch und später auch Karl-Heinz zusammen, und wir planten, entwarfen und texteten das Bühnenstück. Fünf Schauspieler hatte Josch auftreiben können. Vier Männer und eine Frau, die sich nun zum ersten Treffen einfinden sollten. Herlas Projekt wurde seitens der Stadt unterstützt, sie bekamen eine leerstehende Halle zum Proben zur Verfügung gestellt, und – sollte die Sache wirklich funktionieren – würde eine Studiengruppe des Stadttheaters sich um Auftritt, Kartenverkauf und die ganze Organisation kümmern. Herla war schon eine Top-Frau, sie wusste genau, an wen sie sich zu wenden hatte.

Karl-Heinz befand sich in seinem Element. Er schleppte bereits die Requisiten an. Jeden Tag brachte er irgendetwas vom Sperrmüll mit, das er reparierte und für die Bühnenausstattung fertigstellte. Er war ein drolliger, herzensguter Mensch. Ich erfuhr von seinem schweren Motorradunfall, durch den er über ein halbes Jahr im Koma gelegen hatte und danach schwer gehbehindert war. Sein linker Arm war verkrüppelt und sein Gesicht entstellt. Heute bewohnte er ein Zimmer und tröstete sich mit *Zündkerzen*, wie er die kleinen alkoholgefüllten Fläschchen in seiner Tasche nannte. Die Aufgabe, ein echtes Theater aufzuziehen, begeisterte ihn. Der Anreiz, endlich wieder etwas herzustellen und aufzubauen, gab ihm, wie auch den anderen Akteuren, lang verlorenen Mut.

Wir trafen uns zur ersten Probe. Lothar war sturzbetrunken, Sven irrte stundenlang vor dem Haus herum und traute sich nicht hinein, Ludger kam endlich, als wir fast fertig waren, und Polly ließ sich an diesem Nachmittag erst gar nicht sehen. Ich war entmutigt und zweifelte an der Möglichkeit, diese Herausforderung zu meistern, doch Herla gab sich zuversichtlich.

„Klar schaffen wir das! Es wird'n dickes Stück Arbeit, schließlich haste auf der Straße nix mehr, nach dem du dich richten musst. Aber das kriegen wir mit der Zeit noch gebacken. Wenn Josch sich jetzt um Rita kümmert und ihr den Text auf Kassette quatscht, weißte, sie kann kaum lesen, dann haben wir schon die erste Hürde ausgetrickst."

Tatsächlich konnten wir nach einigen Tagen deutlichen Erfolg sehen. Rita kam neben Josch zur Tür herein. Er hatte ihr freundschaftlich den Arm um die Schultern gelegt und sie gaben ein ulkiges Bild ab, denn Rita reichte mit dem Kopf gerade an seine unteren Rippen.

„Karl-Heinz, du musst die Theke kürzen, Rita is dahinter fast nich zu sehen, guck doch ma' wie sie über den Tresen schielt." Herla holte fürs Erste einen Hocker, womit sich die kleine Wirtin behelfen konnte.

Sven hatte sich eine Krawatte umgebunden. Bekanntlich ging es hier um ein Theaterstück und er stellte einen Akademiker dar, folglich war es für ihn selbstverständlich, auch schon zum Üben in entsprechender Bekleidung zu kommen.

Polly – immerhin anwesend – brauchte sich nicht zu verstellen. Er saß mit glasigen Augen am Tisch und stierte entgeistert auf das ihm gereichte Glas. „Tee?" fragte er angewidert. „Ich dachte das ist Brandy."

Herla rief alle zur Ordnung. „Hey Leute, wenn wir echte Profis sein wollen, müssen wir auch was dafür tun. Also, reißt euch am Riemen, gesoffen wird hier nich! Und zur nächsten Probe kommt ihr nüchtern, sonst könn wir uns die ganze Arbeit sparen."

Sie hatte schon das richtige Händchen für diese Leute, überlegte ich bewundernd.

Die Proben gestalteten sich sehr abwechslungsreich. Immer gab es irgendwelche Pannen, die Herla allerdings gekonnt lässig überbrückte.

Das Stück beschrieb eine Kneipenszene, in deren Verlauf sich die Gäste, Normalbürger, Akademiker und Obdachlose, nach und nach im Gespräch trafen. Sie bauten Vorbehalte ab und entdeckten Bedürfnisse und Hoffnungen, die letztendlich jeder von ihnen hegte. Der Herr Doktor war frustriert, weil er außer seiner Arbeit nichts vom Leben hatte, und der Penner wünschte sich zu seinem Leben auch noch Arbeit. Er wollte nicht bemitleidet und erniedrigt werden, sondern respektiert sein. Er konnte seine Fähigkeiten nicht nutzen, sie wurden nicht erkannt, und der brave Bürger war ohne seinen Beruf und seine Villa genauso nackt wie er.

Sie alle hatten in dieses Stück einen Teil ihres eigenen Lebens einfließen lassen. Als sie dieses jetzt in Worte fassen und beim Namen nennen mussten, wurde ihnen bewusst, auf beiden Seiten der sozialen Trennlinie waren Vorwürfe und Überheblichkeit zu finden. Sie erkannten, wie sie selbst manches Mal mit erhobener Nase über die *Bessere Schicht* lästerten.

Josch und Karl-Heinz setzten sich intensiv mit einem Thema – ihrem Leben – auseinander, das allein bewirkte eine Veränderung in ihnen. Beide gehörten einmal auf die andere Seite der Grenze, beide wurden unfreiwillig hinaus geschleudert. Aber sie hatten auch die schönen Seiten des Lebens auf der Straße kennen gelernt: Freiheit, der Himmel über ihnen und Selbstbestimmung hielten sich die Waage mit der Bequemlichkeit des gesitteten Lebens. Andererseits erlebten sie ständig Diskriminierung und es fehlte ihnen an Wertschätzung und sichtbaren Erfolgen.

Herla hatte vor Jahren die Entscheidung für sich getroffen, sie wollte zurück ins *normale* Leben, achtete aber darauf, sich nicht vom Sog dessen vereinnahmen zu lassen. Sie hatte einen Weg gefunden, mit dem sie die Vielfältigkeit, die das Leben zu bieten hatte, für sich zu kombinieren verstand.

Die Leute der Theatergruppe kannten Herla schon lange und ich hatte den Eindruck, als würden sie an ihr erkennen, außer den beiden Extremen gab es noch einen individuellen Mittelweg. Ich war gespannt, was aus dieser Aktion noch erwachsen würde.

Die Proben verliefen von Mal zu Mal besser. Während in den Anfängen der reine Lernprozess den meisten von ihnen Schwierigkeiten bereitete, war es nun erfreulich zu sehen, wie ein Großteil des Textes sicher beherrscht wurde. Sven, der sich zu Beginn am liebsten unter dem Tisch verkrochen hätte, blühte auf und füllte seine Rolle mit Bravour aus. Rita und Josch zeigten überraschende Fähigkeiten im tänzerischen Bereich. Wir konnten uns nur nicht entscheiden, ob die Idee, sie als gemeinsames Tanzpaar auftreten zu lassen, hilfreich wäre. Das Gelächter über ihren Größenunterschied würde dem Stück zu viel seiner Ernsthaftigkeit nehmen.

Polly kam nach wie vor unregelmäßig und ließ ständig Beleidigungen über sein Gegenüber fallen. Ich gewöhnte mich jedoch an die provokanten Reden, die meist eher im Gegenteil gemeint waren.

Überhaupt fiel mir auf, wie unerwartet freundschaftlich die Beziehungen untereinander waren, wenngleich es bisweilen Handgreiflichkeiten gegeben hatte. Als Lothar in einem unbeobachteten Moment die Taschen der anderen plünderte und verschwand, waren trotzdem alle geschlossen auf seiner Seite. Sie wollten ihn zur Rede stellen und dann entscheiden, ob er weiter mitmachen dürfte. Keiner war bereit, ihn einzig aufgrund seines Vergehens von der Gruppe auszuschließen.

Zwischen Herla und mir baute sich eine enge Beziehung auf. Wir konnten viel voneinander lernen. Für sie war das *normale* Leben in vielen Bereichen immer noch fremd. Herla hatte zwar ihre *Maloche,* wie sie es nannte, aber Kontakte zu Leuten außerhalb ihres früheren Lebens gab es kaum. Man könnte sagen, sie befand sich zur Zeit in ihrem dritten Lebensanschnitt. Der erste war ihre gewaltsame und unglückliche Kindheit und Jugend, in den zweiten hatte ihr Lydia verholfen. Herla hatte *eine Freundschaft mit Gott und diesem Jesus* angefangen und fühlte sich darin geschützt und aufgefangen. Sie redete nicht viel darüber, jedenfalls nicht ungefragt, aber es war mehr als nur ein Tick, wie ich zuerst angenommen hatte.

Nach dem Horrorgefängnis, in dem sie ihre jungen Jahre verbringen musste, hatte sie das übergroße Bedürfnis nach Freiheit. Sie liebte es, unter freiem Himmel zu schlafen und hatte sich mit Gelegenheitsjobs über Wasser gehalten. Seit fast zwei Jahren gab es nun ihre *Zuflucht*, das Zimmer, das sie sich ganz nach ihren Wünschen gestaltete. Ihr fehlten zwar Erziehung und Ausbildung, aber sie machte das Bestmögliche aus dem, was ihr gegeben war. Mit offenen Augen ging sie durchs Leben, lernte aus dem, was sie sah und entschied sich für einen ganz eigenen Lebensstil. Sie wusste weit besser als manch anderer, wer sie war und was sie erreichen wollte.

Jetzt hatte sie vor Monaten das Projekt des *Tippel-Theaters* ins Leben gerufen, und es gab zunehmend Anzeichen dafür, dass die Aufführung gelingen würde.

Polly und Sven – der hatte mit Lothar die Rollen getauscht – kamen überein, zum Schauspieler geboren zu sein. Es tat ihnen sichtbar gut, sich zu produzieren und für das Theater von Bedeutung zu sein. In einer Szene sangen sie gemeinsam ein Lied, das ihre Gefühle ausdrückte: „Ich will nehmen und auch geben, will gebraucht sein und nicht Rauch sein. Auch wenn ich Berber bin, so hab ich doch einen Sinn. Keiner hört mich und versteht mich, ich fühle mich so unsichtbar, fast glaub ich selbst, ich wär nicht da ..."

Als ich sie das erste Mal hörte, erschauderte ich, und die Beisitzer von der Straße, die immer häufiger fast andächtig die Proben miterlebten, grölten Applaus. Es war zweifellos für jeden Heimatlosen eine sich wiederholende Erfahrung, für Luft oder Unrat erachtet zu werden. Ich erkannte mich zu meinem Entsetzen selbst in jener Haltung. Nicht böswillig, eher aus Unsicherheit, vielleicht sogar aus Angst, war ich diesen Leuten oft aus dem Weg gegangen. Und jetzt saß ich hier fast Abend für Abend mit ihnen zusammen und fühlte mich als Freund. Es tat mir gut, hiermit einen Teil meiner Schuld auszugleichen.

Ich erfuhr, wie unterschiedlich die Schicksale der Leute waren. Erschreckend viele sind schuldlos und abrupt aus einem Leben gerissen worden, wie ich selbst eines führte. Mir wurde bewusst, ich konnte nicht für mich eintreten und mit Überzeugung behaupten, ich wäre in einer ähnlichen Situation stärker als sie.

Fast wäre ich vor einigen Jahren einen solchen Weg gegangen. Es ergab sich einfach. Ich fühlte mich so ohnmächtig und erdrückt von der Last, mit der ich nicht umgehen, über die ich mit niemandem sprechen konnte. Ich hasste diesen Mann nicht, dazu war meine Liebe zu ihm viel zu tief gewesen, aber ich war durch sein Handeln unfähig gemacht, jemals wieder Vertrauen zu schenken. Der Traum eines jeden jungen Mädchens, einen Freund zu haben, sich anzukuscheln und Verliebtsein zu erleben, war für mich zum Alptraum und doch auch Ziel meiner Sehnsucht geworden.

Damals stand ich, auf den Bus wartend, als ein zerzauster junger Mann vorbei kam, mich ansah und mir ein halbes Schälchen Erdbeeren schenkte. „Ich habe mich schon fast überfuttert", meinte er und ließ mich verwirrt mit meinen Gedanken und den Erdbeeren zurück. Und auch ein warmes Gefühl der Dankbarkeit und Zuneigung glomm in mir.

Tage später traf ich ihn erneut und wir unterhielten uns. Danach träumte ich von *meiner Erdbeere* und allem, was das Leben mir nicht bot. Als ich ihn abermals wiedersah, erinnerte er sich nicht an mich, war dennoch freundlich und lud mich ein, mit ihm und seinen Kumpels durch die Stadt zu ziehen. Ich merkte sehr bald, sie waren alle auf einem Drogentrip. LSD, sagte *Erdbeere* und bot mir davon an. *Über Bezahlung ließe sich schon reden,* hatte er süffisant gehaucht. Offensichtlich machte ich trotz meines jungen Alters ein wissendes Gesicht, denn er lachte mit den anderen und meinte, sie würden sich mit mir bestimmt einigen können. Aber ich hatte keinen Bedarf an Drogen, und so ging ich wieder fort.

Wenige Zeit später holte mich jedoch meine Vergangenheit gewaltsam ein, und ich wollte allem ein Ende setzen. Ich ging in die Stadt und suchte nach ihm und seinen Freunden. Samstagnachmittag am *Brunnen*, dem Jugendtreffpunkt in der City. Man trat sich fast auf die Füße. Ich bahnte mir den Weg durch die Menschenmasse, als ich zwei von ihnen weiter hinten entdeckte, verlor sie aber wieder aus den Augen. So stellte ich mich auf den Rand eines Springbrunnens, um besseren Überblick zu bekommen. In dem Moment, als ich ihn fand, sprach mich jemand an, und bevor ich die Fragen beantwortet hatte, war *Erdbeere* aus meinem Gesichtsfeld verschwunden.

Wie schnell wäre ich auf eben dem Weg gelandet, wo sich jetzt Josch, Rita, Karl-Heinz und die anderen befanden – selbst wenn sie längst nicht alle auf Drogen waren, der Weg zum Abgrund ist so kurz und unberechenbar.

Ich lernte, jeder Einzelne von ihnen war ein Mensch mit Empfindungen, Wünschen und Ehrgefühl. Durch mein persönliches Zusammentreffen hoben sich einzelne Schicksale aus der grauen Masse der Penner und Schnorrer hervor und ich schämte mich meiner früheren Gleichgültigkeit.

Natürlich gab es auch solche unter ihnen, die sogar in eigenen Reihen als Schmarotzer beschimpft wurden. Es gab Leute, die skrupellos gegen alle waren und ohne jede Selbstachtung den Weg des geringsten Widerstands gingen. Einige, die laut herausposaunten, das Geld vom *Sozi(*-alamt) sei leichte Knete. Aber was wiegen die gegen den einzelnen Menschen der so leben muss, aber nicht will oder den der arbeiten will, aber nicht kann. Josch zum Beispiel hatte sich inzwischen stabilisiert, er wollte neu anfangen. Doch wo sollte er beginnen? Den Betrieb seines Vaters gab es nicht mehr. Jetzt, ohne Wohnung und nach jahrelanger Obdachlosigkeit eine neue Arbeit zu finden, war so gut wie unmöglich.

Aber das Theaterprojekt gab ihm neuen Mut und Zutrauen in seine eigenen Fähigkeiten.

- ◊ • ◊ • ◊ -

Seelen – leben

Eines Nachmittags traf ich Josch auf der Straße. Er war ordentlich und sauber gekleidet und hatte obendrein die Haare gewaschen.

„Ich war eben auf dem Friedhof und habe mich geputzt“, strahlte er mich an. „Ich gehe zu einem Vorstellungsgespräch.“

Ich drückte ihm beide Hände und wünschte aus vollem Herzen Erfolg. Als er fort war, drehte ich mich noch einmal zu ihm um. Ich mochte Josch und ich würde mich sehr freuen, wenn ihm ein Neuanfang gelänge. Während ich ihm meine guten Gedanken hinterher schickte und meinen Weg im Rückwärtsgang fortsetzte, fand ich mich unvermittelt auf dem Straßenpflaster liegend wieder. Ein stechender Schmerz schoss durch meinen rechten Fuß.

Dank der Hilfe einiger Passanten, wurde ich bald darauf in ärztliche Behandlung gebracht. Ich hatte mir das Muskelband des Fußgelenkes angerissen. Das Bein wurde für die nächsten drei Wochen in Gips gelegt.

Erschöpft sank ich vor der Klinik auf eine Bank und schloss die Augen. Drei Wochen und länger nicht tanzen dürfen, das war verflixt hart. Aber nun war ich dankbar, weil ich kaum mehr an Aufführungen teilnahm. Bis zum Adventsauftritt war genug Zeit, bis dahin wäre ich sicher wieder fit, tröstete ich mich.

Schon nach wenigen Versuchen hatte ich keine Schwierigkeiten mehr, mit Hilfe der Gehstützen voranzukommen. Ich setzte mich im Bus in die hinterste Bankreihe und hing meinen Gedanken nach. Ob Josch in diesen Minuten seinem potentiellen Arbeitgeber gegenüberstand? *Ich wünsche dir Glück, Josch,* sagte ich tonlos vor mich hin.

Im selben Moment ließ sich jemand mit Schwung auf den Platz neben mir fallen und drückte sich bewusst noch etwas dichter an mich heran. *Wie ich diese plumpen Zudringlichkeiten hasse,* fluchte ich stumm. Wie sie mich zur Weißglut brachten diese Kerle die meinen, jede Frau sei Freiwild, dem man nachjagen dürfe. Aber ich war zu verkrampft um zu reagieren. So starrte ich nur verbissen auf den Boden.

„Mensch, kann man mit dir denn alles machen?“, hörte ich Herlas Stimme abfällig murren, und sie schüttelte ihre rote Mähne unter dem Hut hervor. Ich sah sie konsterniert und wütend an, dann drehte ich mich verlegen weg.

„Hey Josi, was is los mit dir?“

„Ach, lass mich“, sagte ich schroff, denn ich war noch immer in dem ersten Schrecken gefangen. Ich hatte bis heute nicht gelernt, mich selbstsicher und eindeutig gegen Zudringlichkeiten zur Wehr zu setzen.

„Fährst du nach Hause oder schon ins Theater?“, fragte sie jetzt.

„Erst mal nach Hause, ich habe das Bein in Gips, aber ich komme nachher rüber.“

„Du kriegst die Motten!“ Herla sah an mir herab und gebot liebevoll: „Ich komm mit, wenns recht is. Wir sind sowieso noch viel zu früh.“

Ich saß mit ihr eine Weile später in meiner Küche, während sie für mich am Herd stand und das Essen im Topf rührte.

„Was war das eben im Bus, Josi? Das is doch nich ganz knusper, wenn du so kuschst.“

Wie immer, wenn ich mich damit beschäftigte, wurde mir auch diesmal der Kopf heiß. „Herla, ich steh mir dermaßen im Hals, weil mich diese Kleinigkeiten total aus der Bahn werfen. Das sind Momente, da bin ich vollkommen lebensuntüchtig, möchte mich am liebsten auflösen oder weit fortlaufen.“

„Was meinst du denn?“ forschte Herla.

„Na, das Anschubsen und Anbaggern und so. Das alles halt. Ich komme nicht darüber weg, zugleich schäme ich mich, weil solch eine Lächerlichkeit mich am Leben verzweifeln lässt. Es macht mich wahnsinnig, raubt mir die Kraft zum Atmen und doch ist es das Simpelste, was tagtäglich an jeder Straßenecke hundertmal passiert. Aber ich fühle mich entsetzlich benutzt, es ist, als wenn jemand in meinen ganz privaten Bereich einsteigt und mein Herz und meine Seele zerquetscht.“ Ich ließ meinen Tränen freien Lauf. Herla nahm den Topf vom Herd, zog sich einen Stuhl heran und setzte sich neben mich. Wie ein kleines Kind legte ich meinen Kopf auf ihren Schoß und ließ mich fortschwemmen.

Leise sang sie das Berberlied und ich nahm es ganz in mich auf. Ich fühlte mich wie ein Nichts. Missachtet und in den Dreck getreten.

„Erzähl alles“, raunte sie. „Sags dem Jesus, der hört zu.“ Und sie summte weiter das Lied.

Wem ich es sagte, war mir egal, ich wollte es nur endlich beim Namen nennen. Ich erinnerte mich, wie Herla mir zu Anfang sagte, es sei nicht wichtig, was und warum etwas geschehen war, sondern entscheidend sei, wenn es *mir* weh getan hat, ist es für mich eine dringende Sache. Ich entschied mich in dem Moment, ihr zu glauben und nahm das Recht in Anspruch, verletzt und krank zu sein.

Ich schilderte ihr – oder halt dem *Jesus* – wie mir schon mit neun Jahren auf der Straße an die frühreife Brust gegrapscht wurde. Ich hatte das nicht verstanden, aber ich spürte es wie einen Raubüberfall. Ich sprach sie an, die ständigen kleinen Attacken auf meine noch viel zu junge Weiblichkeit. Ich fühlte mich entehrt, weil es offensichtlich jedem Mann erlaubt war, anzupacken, mit den Augen auszuziehen, zu pfeifen und konkrete Angebote zu unterbreiten. Ich verfluchte meine Hilflosigkeit, meine Schüchternheit, mein verhaltenes Lächeln – weil man ja Erwachsenen gegenüber nicht frech werden darf.

Selbst als mich ein Typ im Fußgängertunnel von hinten auf der Treppe überraschte und seine Hände zwischen meine Beine legte, habe ich bloß verwirrt gelächelt und zittrig den Kopf geschüttelt. Ich sah keine Berechtigung, ihm ein schmerzhaftes *Nein* zwischen seine Beine zu setzen.

Im Bus schob sich einmal drängend eine Hand auf meinen Schenkel und ich war von Angst und Schock gefesselt.

Ich schluchzte und sabberte Herla die Beine nass, sie saß da, summte leise und kraulte mir den Kopf. Ich erwähnte alles, was mir in den Sinn kam, lächerliche Lappalien. Zum ersten Mal in meinem Leben hatte ich das Gefühl, *ich* sei wichtig, so wichtig, dass sich jemand für diese Kinkerlitzchen interessierte. In meinen Gedanken wechselten ständig Erschrecken über die Vielzahl an Verletzungen, meine Jämmerlichkeit und die gehässige Unterstellung, ich schwelge in Selbstmitleid. Mein Verstand machte mir Vorwürfe, aber meine Seele schrie nach Heilung und Hilfe. Und Herla stellte sich auf meine Seite. Sie sagte, ich hätte ein Recht auf diese Schmerzen. Wir würden zwar niemals das Mannsvolk ändern können, aber wir könnten von unserer Vergangenheit genesen und für die Zukunft vorsorgen. Also schob ich die letzten Zweifel fort. Ob es Stunden dauerte oder nur Minuten, es war mein ganzes Leben, das ich da vor mir aussprach, vor Herla und vielleicht war *der schaurig tofte Gott* ja auch dabei. Ich nannte all die Dinge beim Namen, wo ein Mensch, ein Mann, über den Zaun meines ganz persönlichen Gartens gestiegen war und meine Pflänzchen zertrampelt hatte oder Fotos von meinem Innern geschossen und damit Plakate beklebt hatte. Alles, wo ich entblößt und schutzlos ausgeliefert gewesen war.

Als ich geendet hatte, schob ich mich von Herlas Beinen zurück auf meinen Stuhl und strahlte sie verquollen mit roten Augen an. „Das war gut! Ich dachte, ich bringe den Mut dazu nicht auf. Aber es ist eine hammerstarke Erfahrung – so würdest du das doch ausdrücken, oder?“

„Hammergeil-bombastico würde ich wohl eher sagen.“ Sie lachte breit, und wir machten uns mit gutem Appetit über das gerade noch lauwarme Essen her.

- ◊ • ◊ • ◊ -

„Au Scheiße, sieh dir Josch an“, fluchte Herla, als wir den Proberaum betraten. Sie ging auf ihn zu und legte ihre Hand auf seine Schulter. Josch saß in einer Ecke und hatte die langen Beine an den Körper gezogen, das Kinn auf die Knie gelegt und stierte gedankenverloren an die Wand.

„Lass ma’ den Kopf nich hängen, irgendwann klappts schon noch, bleib bloß bei der Stange, Alter“, sprach sie ihn an.

„Komm Jung, ich hab ne Zündkerze für dich, kriegst sie auch ganz umsonst“, rief Karl-Heinz hilfsbereit herüber.

„Mensch, Kalle, tu die bloß weg hier, sonst kassiert Herla die noch ein“, bemerkte Lupo aus seinem Winkel. Josch sah hin und zögerte. Dann setzte er sich entschlossen auf.

„Nee Leute, lasst mal. Ich habe in den Jahren genug gesoffen, für mich ist endgültig Schluss damit. Ich will nicht mehr, und ihr werdet sehen, ich schaffe es!“

Während Herla und ich ihn überrascht und freudig ansahen, zeigte sich in den Blicken der anderen eher Hohn oder Gleichgültigkeit.

„Habt ihr das gehört“, grölte Polly lästerlich in den Raum. „Unser Joschi will Spießer werden, nicht mehr saufen, aber arbeiten und wohl etwa noch'n Häuschen bauen. Mach du mal, Josch, ich halt dir derweil ne Bank warm.“

„Mensch lass ihn doch“, unterbrach Rita ungewohnt forsch.

„Vielleicht schafft er es wirklich“, fiel Lupo ein. „Dann gäbe es wenigstens *Einen* auf der anderen Seite, der nicht auf uns runterspuckt.“

„Leute hört auf.“ Herla hatte sich in den Raum gestellt und sah ihre Truppe, Einen nach dem Anderen an. „Josch kriegt das schon geregelt und ihr solltet ihm ruhig dabei zugucken, statt euch das Maul zu zerreißen. Polly, kannste noch mit der rechten Hand ans linke Ohr packen, sonst geh raus und komm morgen wieder. Oder Lupo übernimmt deine Rolle.“

Lupo war gleich in der Anfangszeit als Zuschauer dazu gekommen und hatte seither fast alle Proben mitgemacht. Vor sechs Wochen wurde extra eine kleine Nebenrolle erfunden, damit er auch noch Platz auf der Bühne fand. Mit ganzer Hingabe war er dabei und stolz wie ein Königskind. Er setzte sich am hinteren Kneipentisch zurecht und auch die anderen nahmen ihre Plätze ein. Es erstaunte mich wieder einmal, zu sehen, welch eine Autorität Herla in diesem Kreis besaß.

Selbst Polly erhob sich und bewies seine Noch-Nüchternheit, indem er seinen Stuhl besetzte und die Requisiten zurecht rückte.

In zwei Monaten ist Premiere, dachte ich mit leichter Aufregung. Schon jetzt hatte dieses Projekt einigen Wirbel verursacht. Zwei Presseberichte waren bereits erschienen und ein Fototermin würde einige Tage vor der ersten Aufführung auch noch stattfinden. Die Studiengruppe des Stadttheaters hatte mit ihren Vorbereitungen begonnen und sich vor drei Wochen eine Kostprobe des Stückes angesehen. Ich spürte bei ihnen eine ähnliche Unsicherheit, wie ich sie selbst vor fast einem Jahr erlebt hatte. Aber sie waren aufgeschlossen und einige zeigten sich ergriffen, nachdem sie die Truppe kennengelernt hatten. Anschließend saßen wir noch in einer offenen Runde zusammen. Die zurückhaltende Scheu auf beiden Seiten machte Neugier Platz. Fragen, mit teilweise erschreckender Offenherzigkeit, wurden beiderseits bestmöglich beantwortet. Es war, als wenn sich zwei Völker über ihre Leben und Kulturen austauschten. Vermutlich ging jeder, der den Abend miterlebt hatte, mit neuen, bislang ungekannten Gedanken nach Hause, oder dahin wo er heute seine Nacht verbrachte.

Polly, Josch und Rita offenbarten nachhaltig Veränderungen. Polly schimpfte und nörgelte nicht mehr pausenlos an allem herum, Josch trank nicht mehr, war jeden Tag frisch gewaschen, sauber gekleidet und suchte ernsthaft nach einer Arbeit, und auch Rita schien in ihrem Selbstbewusstsein gefestigter.

Herla und ich sprachen immer wieder über die erstaunlich positiven Folgen dieses Projekts.

- ◊ • ◊ • ◊ -

Trotz meines Gipsbeins wollte ich den sonnigen Tag nicht in meiner Wohnung verbringen. Ich fühlte mich fit genug auf Krücken durch den Wald zu laufen und machte mich auf den Weg. Gleich vorne unter den Bäumen stand eine Bank, bis dahin wollte ich erst einmal gehen.

Weil ich den Blick auf den Boden vor mir lenkte, hörte ich zunächst nur den Gruß, bevor ich aufschaute und Lupo, ebenfalls mit Gipsbein, dort sitzen sah.

„Was hast du denn gemacht? Das war doch gestern noch nicht da."

Lupo grinste verlegen und ein bisschen stolz. „Na, gestern hat der Anstreicher den kleinen Max angemacht, und der kann sich doch kaum wehren, hat ja bloß einen Stecken. Da hab ich dem Anstreicher gezeigt, wo's lang geht. Zu blöd, ich hab nicht auf den Boden geachtet, bin gestolpert und hab mir das Bein verdreht. Der Knöchel ist gebrochen. Schöne Scheiße."

Ich setzte mich zu ihm, und wir redeten ungezwungen über alles was uns einfiel. Lupo war nicht dumm, und das Gespräch war locker und unterhaltsam. Ich wunderte mich, warum ich hier nicht meine sonst übliche Befangenheit in Gegenwart eines Mannes spürte.

„Kommst du ein Stück spazieren humpeln?“, fragte ich munter und stand auf. Er verzog das Gesicht.

„Ich habe keine Krücken. Weiß nicht, ob die im Spital dachten, ich würde die versetzen. Jedenfalls bin ich bis hierher gehüpft und hab auch ein bisschen den Fuß aufgesetzt. Aber das mach ich besser nicht dauernd, sonst reißen die mir noch den Kopf ab.“

Ich sah auf sein Bein. Bevor mir klar wurde, was ich sagte, war es auch schon heraus. „Du hast das linke Bein in Gips, ich das rechte. Teilen wir meine Krücken und stützen uns in der Mitte gegenseitig.“

Ich erschrak über meinen Vorschlag, dann war es mir aber peinlich, ihn zurückzunehmen. Lupo erhob sich und griff mir um die Schultern. Ich versteifte mich und hielt die Luft an, ballte mit aller Gewalt die Fäuste, löste sie wieder und griff nach den Stöcken.

Seine Berührung hatte nichts Anbiederndes oder Forderndes an sich und langsam entspannten sich meine Muskeln. Wir alberten herum, als wir die ersten gemeinsamen Schritte versuchten. Nach wenigen Metern fanden wir allerdings den gleichen Rhythmus und schaukelten uns gemeinsam den Weg voran. Ich begann die Nähe des Menschen neben mir zu genießen, hatte jedoch keine Zeit, Antworten auf meine Fragen zu finden. Lupo erklärte mir übergangslos die Pflanzen, nannte Gräser und Sträucher beim Namen und zeigte mir, welches Blatt, zerrieben oder gekaut, Wunden heilt.

„Wenn dich unterwegs eine Wespe sticht, pflückst du ein Blatt Breitwegerich, der wächst fast überall.“ Er bückte sich, verlor das Gleichgewicht und landete lachend im Gras. Dort kniff er einige der Blätter ab und reichte sie mir. „Schau sie dir an, nicht zu verwechseln. Und wenn du dir mal eine Blase gelaufen hast, polster damit deine Schuhe aus, das hilft.“

Ich reichte ihm die Hand und er zog sich umständlich an mir hoch. Wieder fragte ich mich, warum seine Berührungen mir kein Unbehagen oder Angst bereiteten. Ich wäre bisher nie in der Lage gewesen, allein mit einem Mann durch den Wald zu gehen, geschweige denn Arm in Arm, wie wir es hier taten.

„Woher weißt du das alles?“ fragte ich ehrlich interessiert.

„Ich war Gärtner." Und als hätte ich hörbar danach gefragt, fuhr er fort: „Bis ich *gegangen wurde*. Die Tochter vom Chef war hinter mir her, ein intrigantes Weibsbild. Ich wollte nichts von der, genau das hat sie wütend gemacht. Sechs Jahre lang war ich in dem Betrieb. Wenn sie mal'n Macker hatte, ließ sie mich in Ruhe, einigermaßen jedenfalls. Manchmal hat sie mir sogar dann in einer Ecke aufgelauert. Ich machte mir nichts aus ihr, das wollte sie einfach nicht kapieren. Im Gegenteil, sie war total gekränkt. Sie war ein hübsches Mädel, das musste man ihr lassen. Aber link und hinterfotzig." Er sah mich an, als wenn ich mich in meiner Ehre als Frau gekränkt fühlen könnte. „Irgendwann ging sie zur harten Tour über. Sie wollte an mich ran, da hab ich sie angebrüllt und von mir geschoben. Aufgebracht und wütend schlug sie um sich und ging zuletzt mit den Händen durch die Scheiben vom Gewächshaus. Sofort setzte sie ein Sirenengeschrei an, aber ich wollte ihre Verletzungen sehen und ihr helfen. Da schrie das Aas doch glatt, ich wollte mich über sie hermachen, hätte sie befingert und in das Glas geschubst. Währenddessen war ich immer noch so blöd, ihr helfen zu wollen und griff nach ihren zappelnden Händen. Die Leute, die reinkamen, dachten natürlich, ich wollte ihr was tun." Lupo prustete und machte eine unwirsche Kopfbewegung. „Wie du dir denken kannst, hat ihr Vater nicht lange gefackelt. Am gleichen Tag hatte ich meine Papiere."

Ich bedeutete ihm, weiter zu sprechen.

„Weißt du, das war draußen auf dem Land. Die Leute reden viel, da kennt jeder jeden und so bekam ich keine Gelegenheit klarzustellen, wie es wirklich war. Darum ging ich irgendwann in die Stadt. Aber finde mal einen Job, wenn du ohne Zeugnis nur sagen kannst, du warst sechs Jahre Gärtner. Und was soll ein Gärtner in der Stadt? Zum Amt gehen mochte ich nicht. Ich gehe nicht betteln! Also lebe ich jetzt auf der Straße, komme ganz gut klar damit. Essen gibts in der Suppenküche oder bei der Caritas, waschen kann ich mich auch da, billiger noch auf dem Friedhof. Klamotten aus der Kleiderkammer, und ansonsten schlag ich mich halt durch. Mit Pfandflaschen, die ich aufsammele und zurückbringe, krieg ich schon ein paar Euro am Tag zusammen. Allerdings ist es, wenn ich ehrlich bin, nicht ganz das Leben, was ich mir so vorgestellt hatte. Weißt du, Josi, die Sache mit dem Theater finde ich gut. Endlich habe ich wieder das Gefühl, was zu erreichen. Ich war schon ziemlich geschockt, als ich merkte, wie viel mein Kopf in den anderthalb Jahren abgebaut hat. Dabei habe ich noch nicht mal groß gesoffen. Klar, im Winter. Sonst überstehst du die Kälte nicht. Aber danach hab ich kaum noch was angepackt. Ich merke jetzt, in den Monaten wo ich mit euch was Vernünftiges mache, ich wäre doch viel lieber wieder von der Straße weg. Ich fühle richtig, wie mir der Mut wächst. Vielleicht bin ich auch bald soweit wie Josch und traue mich, nem Chef Rede und Antwort zu stehen. Hut ab vor der Kante. Wie lange lebt der jetzt auf der Platte? Das sind doch auch schon ein paar Jahre oder nicht?“

Ich wusste es wirklich nicht und zuckte die Schultern, soweit das bei unserer Umklammerung überhaupt möglich war. Wir humpelten weiterhin einträchtig nebeneinander her und ich fühlte mich rundum behaglich, wie ich mir eingestehen musste. Allerdings stellte ich fest, es war nicht etwa ein Gefühl Lupo gegenüber. Ich empfand für ihn nichts, das heißt, nicht mehr, als für die anderen der Theatergruppe. Ich mochte sie alle wirklich gern. Aber was war es, das mich in Lupos Armen so ruhig sein ließ?

Am Abend kam Herla zu mir und ich erzählte vom heutigen Tag. Als ich meine ungeklärten Gefühlsfragen ansprach, lachte sie spöttisch. „Das weißte nich? Lupo is schwul.“

Jeder Ausdruck wich aus meinem Gesicht und ich starrte irritiert an ihr vorbei. Fast enttäuscht wiederholte ich leise das Wort. „Schwul? Das erklärt einiges. Mensch, und ich dachte es gibt doch noch Männer auf dieser Welt, die sich nicht gleich auf jede Frau stürzen. Da hatte ich gehofft, ich träfe mal einen, der mir Zeit gibt, mich an ihn zu gewöhnen, und dann kommt er von der anderen Seite. Das ist ja fast schon ein Jammer.“

„Tja Josi, da muss ich dich frusten, Lupo is 'n Freund für dich, aber der Liebste eines Anderen und hundertprozentig niemals ein Ehemann. Mach dir nichts draus, Kleine. Oft sind die besten Freunde im Leben die, mit denen man im Bett nix anfangen kann.“

Ich fragte mich, ob mein neustes Wissen etwas an meiner Einstellung oder meinem Verhalten Lupo gegenüber ändern würde. Gleichzeitig fand ich es armselig, wenn ich mich davon beeinflussen ließ. Schließlich war es ja gerade dieser offenherzige Umgang, der mir die Zeit mit ihm so angenehm gemacht hatte.

Herlas Blick ruhte auf mir. „Josi, ich glaub aber, jemand ganz anderes will dir Freund und Liebster sein.“

Beklemmung stieg in mir auf. „Wer?“, presste ich hervor.

Herla lehnte sich genüsslich zurück und kostete meine Unwissenheit aus. „Josch natürlich.“

Meine Augen weiteten sich.

„Haste ihn denn nie beobachtet? Er wird ganz verlegen wenn du bei ihm bist. Manchma' kriegt er krass ne rote Bombe, das is richtig süß."

Ich war wie vor den Kopf geschlagen. „Josch? Unseren Josch meinst du? Das kann ich mir nicht vorstellen. Der ist doch immer ganz in sich zurückgezogen, redet nicht viel und scheint sich für nichts weiter zu interessieren, als das, was er gerade macht."

„Da kennste ihn aber schlecht, Josi. Er is zwar'n Eigenbrödler, aber wenn er was in ner Gruppe macht, das Texten zum Beispiel, is er voll dabei. Und auch wenn er so tut, als kramt er bloß in seinem eigenen Topf, hat er seine Lauscherchen aber steil hochgestellt. Er is von allen, die ich auf der Straße kenne, der mit dem klügsten Kopf. Der hat wirklich was auf dem Kasten. Er hats bloß fein säuberlich vergraben. Und ich bin mir tierisch sicher, in dir sieht er mehr, als die anderen es tun, da verwette ich meinen Hut."

Ich lachte verstört. „Dann musst du dir ja sehr sicher sein. Aber was mach ich nun? Wie gehe ich damit um? Mir kriecht schon gleich wieder die Panik hoch. Ach Herla, es ist frustrierend. Nicht mal tanzen und springen kann ich im Moment, um mich abzureagieren, das ist doch zum Heulen." Wütend schlug ich auf mein Gipsbein ein.

„Josi, mach dich nich jeck. Der tut dir schon nix. Soweit ich weiß, hat der seit Jahren keine Frau mehr angefasst. Der hat die Schnauze voll, seit seine Alte übern Jordan gehüpft ist."

Wieder Willen musste ich schmunzeln. Herla hatte immer wieder Aussetzer in ihrer Sprache, weil sie scheinbar das normal übliche Vokabular verlegt hat.

Sie ließ mich zurück in meiner Wohnung, allein mit einer Fülle neuer Dinge, die sie mir mitgeteilt hatte. Ich entschied, die Zeit mit Lupo zu genießen. Die Nähe eines Menschen, in dem sicheren Wissen, von ihm droht mir keine Gefahr. Außerdem war er ein interessanter Mensch, mit dem es Spaß machte, sich zu unterhalten.

Was Josch anging, so beschloss ich, alles beim Alten zu lassen. Ich gab mir Mühe Herlas Ausführungen zu vergessen. Ich mochte Josch – möglicherweise ein bisschen mehr noch als die anderen. Er gefiel mir mit seiner zurückhaltenden und weisen Art. Im vergangenen Jahr hatte ich viel Zeit mit ihm beim Aufbau des Theaters verbracht. Er hatte in Problemsituationen, ähnlich wie Herla, nie den Kopf verloren. Sie hatte ihn mir damals als gutmütigen Bär beschrieben, und genau das war er. Ich habe ihn kein einziges Mal laut oder launisch erlebt.

Auch herbe und provokante Reden, sogar wenn sie an ihn selbst gerichtet waren, erwiderte er nie in eben solcher Weise. Er war anders als die anderen, ohne sich von ihnen bewusst abzuheben. Seinen feinen, kultivierten Hintergrund spürte ich deutlich heraus. Ich wollte die Freundschaft, die uns verband, nicht durch Ängste und vage Vermutungen kaputt machen. So entschied ich, Josch weiterhin so zu sehen wie bisher.

- ◊ • ◊ • ◊ -

Lupo saß bereits auf der Bank, als ich am nächsten Vormittag zum Wald kam. Sein Gipsfuß wies heute deutliche Gebrauchsspuren auf.

„Treib es nicht zu wild, sonst ist die Sohle kaputt, bevor dein Knöchel verheilt ist."

Er stand auf und hüpfte mit demonstrativ hoch erhobenem Bein auf mich zu. „Besser so? Schön dich hier zu sehen, Josi, meine zweite Hälfte."

Ich zuckte zurück und sah ihn befangen an, erkannte aber keine Hintergedanken, somit ging ich zögernd weiter auf ihn zu. Er fiel mir halbwegs in die Arme und stützte sich dann wie gehabt auf meine Schulter. Wie ein windgebeuteltes Schiff schwankten wir in den Wald hinein.

„Ist was?", fragte Lupo, und es ärgerte mich, weil ich nun doch nicht in der Lage war, Herlas Enthüllungen zu ignorieren. Nach kurzem Zögern erzählte ich ihm von unserem Gespräch. Er schnaubte.

„Das ist kein Geheimnis, weißt du. Aber warum sollte sich dadurch für dich etwas ändern?"

Ich schob meine Unsicherheit beiseite und erzählte ihm in groben Zügen von meinem Problem. Er nickte und ich spürte sein Verständnis.

Schade, überlegte ich, *er ist ein attraktiver Mann, seine Augen haben einen zarten Glanz, seine Lippen sind schmal und schön geschwungen und er ist ein prima Freund. Wirklich bedauerlich, dass er unabwendbar vergeben ist. Bei ihm könnte ich mich sicher fühlen.*

„Weißt du", sagte er jetzt und konzentrierte sich seltsam verlegen nach vorne auf den Weg, „ich habe Ähnliches erlebt." Seine Augen huschten über mein Gesicht und wandten sich wieder intensiv den vor uns liegenden Blättern zu. „Ich habe es nie jemandem erzählt, und ich fühle mich abartig unmännlich, weil ich jetzt davon angefangen habe. Aber", wieder streifte mich ein schneller Blick, „mir scheint, du bist der richtige Mensch, dem ich es sagen kann.

Ich war vierzehn. Du weißt, ich komme vom Land, da ist man in dem Alter noch nicht so weit. Jedenfalls vom Kopf her nicht." Er grinste unsicher. „Ich liebte den Wald, damals schon, und ich trieb mich oft stundenlang dort herum. Einmal habe ich unter einem Strauch geschlafen und wurde von einem leichten Kribbeln geweckt. Ich sah eine Frau, die neben mir kniete und mit der Hand über meinen Bauch strich. Ich fand es gut, ehrlich, aber auch ein bisschen komisch, weil ... das macht man doch nicht bei fremden Leuten. Aber ich sagte nichts.
Dann hat sie mir langsam die Hose aufgemacht und meinen Sack gekrabbelt. Mensch, so was kannte ich nicht und mein Schwanz schoss in die Luft. Ich wollte gerade die Hand darauflegen, weil ich es wahnsinnig peinlich fand, aber ihr gefiel das offenbar ganz gut so. Sie hat sich vorgebeugt und das Ding geschnullert – bis ich explodiert bin. Verdammt, ich dachte die Welt bricht zusammen und ich falle geradewegs in die Hölle. Weißt du, wir sind da draußen alle sehr fromm, jeden Sonntag ging es zur Messe und mindestens einmal im Monat mussten wir beichten. Wie vor hundert Jahren.
Dann ging die Alte weg, drehte sich nochmal um und sagte *Bis morgen um die gleiche Zeit* und verschwand. Ich fühlte mich wie unter Schottersteinen begraben, aber auch absolut geil.
Am nächsten Tag ging ich wieder hin. Ich weiß nicht, warum. Ich konnte nicht anders, als wenn ein riesiger Magnet mich hinzöge. Und gleichzeitig meinte ich, ich hätte meine Seele verloren.
Sie war schon da und fing gleich an, mich auszuziehen. Wieder blies sie mir einen. Verflucht, ich hatte mein Ding noch nie so riesig gesehen. Sie setzte sich auf mich und ritt mich wie einen Hengst, dabei schrie sie die abartigsten Töne aus sich raus. Ich kriegte Schiss, was ist, wenn der Förster uns hört und sie oben drauf auf mir abknallt.
Josi, ich fand es widerlich. Die hat mich zu was gebracht, was ich nicht kannte und nicht wollte und doch irgendwie gut fand. Als wäre sie eine Zauberin hat sie an mir rumgewerkelt und Sachen erreicht, die es bei mir noch nie gegeben hat. Als sie fertig war, stand sie auf und sagte lässig im Weggehen: *Schade, dass mein Wochenende hier vorbei ist.*
Ich drehte mich zur Seite und kotzte ins Gras.
Seither habe ich nie wieder eine Frau angefasst. Verstehst du?"

Ich verstand. Und ich war schockiert über die Erkenntnis, all dieses Schreckliche konnte auch einem Mann passieren. Ich hatte bisher nie darüber nachgedacht und mich überkam eine tiefe Scham, weil ich zu dem Geschlecht seiner Peiniger gehörte.

„Aber warum kannst du hier mit mir Arm in Arm durch den Wald gehen?“, ich schluckte betreten.

Lupo schaute mit einem süßen Lächeln zu mir auf. „Du bist lieb!“ Er räusperte sich kräftig. „Ich spüre, bei dir brauche ich keine Angst zu haben. Ich weiß es nicht. Du bist ein feiner Kerl, Josi, und ich mag dich. Ich sage so was nicht sehr oft, aber wenn ich es sage, meine ich es auch.“ Er drückte mir einen langen Kuss auf die Wange. „Lass uns Freunde sein, Josephine, geht das? Freunde, die keine Angst haben voreinander. Einverstanden?“

„Einverstanden“, sagte ich heiser und wir setzten unseren Weg der gegenseitigen Hilfestellung fort.

Ich war aufgewühlt und tief berührt. Was ich gehört hatte, was ich erlebte und fühlte überstieg meine Vorstellungskraft. Ich hatte eine ganz vertraute, liebevolle und doch absolut platonische Freundschaft zu einem Menschen, einem Mann, einem Obdachlosen, Homosexuellen. Schweigend gingen wir nebeneinander her und ich bewegte im Herzen das Gewicht dieses wertvollen Schatzes, der mir soeben zuteil geworden war.

- ◊ • ◊ • ◊ -

Unbekannte Wege

Ich saß, mein Gipsbein von mir gestreckt, auf dem Boden und bewegte mich zur Musik, tanzte mit allem was nicht eingeschient war. Herla hockte schon eine ganze Weile auf meinem Sofa und sah mir zu.

„Irre, wie du dich verbiegen kannst. Ich komm kaum mit'n Händen an meine Fußknöchel, und du sitzt da, mit gespreizten Beinen wie'n plattgefahrener Vogel und legst den Kopf auf die Knie. Sieht fast aus als wenn du's gemütlich findest."

Ich schielte sie an und drehte daraufhin den Kopf nach hinten, bog den Rücken durch und vollführte, soweit das mit meinem Klotz am Bein möglich war, eine Brücke. Seitwärts drehend wandte ich mich wieder nach vorne und amüsierte mich über ihr Gesicht.

„Boh, wie eine Schlange, das is ja cool. Sieht aus, als hätteste überhaupt keine Knochen im Leib. Wie machste das bloß?"

„Ach, das ist alles nur Übung. Wie gesagt, ich tanze bereits seit Kindertagen. Aber das eigentliche Vergnügen ist die Musik und die innere Veränderung, die man durch die Bewegungen erfährt. Egal wie graziös sie sind, wichtig ist für mich das Wohlgefühl dabei. Früher habe ich Ballett viel intensiver betrieben, doch das wurde mir zu erfolgsorientiert. Ich wollte nicht ständig für Auftritte proben. Darum mache ich jetzt nur noch das, was mir Spaß macht. Tanzen *just for fun*. Es sind viele jüngere und auch ganz kleine Mädchen dabei, genau das finde ich nett. Im Advent haben wir immer eine Aufführung, in der jedes der Kinder eine Rolle bekommt. Die Eltern, Oma, Opa und wer sonst noch im Publikum sitzt, sie alle sind hellauf begeistert von ihren Süßen. Und das reicht mir. Ich habe keine Ambitionen zum Profi."

„Wie geht das da ab, wenn ihr nen Tanz macht?", wollte Herla wissen. „Wie kann man so viel verschiedenes Volk unter einen Hut kriegen?"

„Mensch Herla, das musst du gerade fragen. Du bist es doch, die es geschafft hat, acht vollkommen unterschiedliche Typen zu organisieren und in ein und demselben Theaterstück unterzubringen."

Sie zog den rechten Mundwinkel hoch. „Hm, das ist auch wieder wahr." Ihr Blick zeigte eine gesunde Portion Stolz. „Und was tanzt ihr in so ner Vorführung?", forschte sie weiter.

„Letztes Jahr war es eine einfache Version des Schwanensees. Die kleinsten Mädchen waren zum Beispiel Seerosen, die sich auf den Wellen bewegten.“

„Find ich echt scharf, wie ihr Rücksicht auf die Kurzen nehmt. Und du? Du wars der schönste Schwan, was?

Gibts eigentlich auch Männer im Ballett? Ulkige Vorstellung, nen Macker in Ballettröckchen zu sehen. Gibts das?“

Ich lachte frei heraus und gluckste mich über Herlas Unbedarftheit.

„Klar gibt es Männer, aber recht wenige. Bei uns in der Gruppe sind es meist ein oder zwei. Und im Röckchen tanzen die bestimmt nicht. Gregor trägt bei den Proben Leggins und ein T-Shirt. Und zu den Aufführungen ein Kostüm, je nachdem, was er gerade darstellt.“

Herla neigte den Kopf zur Seite. „Und wie is es da für dich mit den Männern? Du tanzt doch manchma' mit einem, oder?“

Ich spürte selbst, wie mein Gesicht einen verzückten Ausdruck annahm. „Ja, ich tanze öfter mit ihnen, aber das ist was vollkommen anderes. Dabei habe ich noch nie das Gefühl gehabt, mir will einer was. Wir haben unseren Ablauf, unsere Schritte, und das gibt mir scheinbar die Sicherheit, vor Überraschungen gefeit zu sein. Das ist schon eigenartig, es ist schlichtweg so, wir fassen uns zwar an, aber der Zweck dahinter ist genau definiert. Keine Berührung hat einen anderen Grund, als den Tanz selbst. Ich habe, glaube ich, noch nie wirklich darüber nachgedacht.“

Wir schwiegen, bis ich die Schultern zuckte. „Ça y est. So ist es halt. Wollen wir beide nun tanzen?“

Herlas Augen traten hervor, ihr Gesicht verzog sich zu einer Grimasse. „Tanzen? Ich? Kannste dir vorstellen, wie das aussieht?“

„Du hast noch nie getanzt?“, platzte ich heraus. Herlas Ausdruck überzeugte mich. „Na dann aber los! Du glaubst nicht, wie viel besser es dir dadurch gehen kann. Schau, ich habe genau die richtige Musik für dich.“ Ich griff zur Fernbedienung meines CD-Players. „Der *Türkische Marsch,* auch bekannt als *Rondo Alla Turca* von Mozart. Das wird dir gefallen.“ Herla ließ sich das Wort auf der Zunge zergehen.

„Rondo Alla Turca. Klingt sehr schön! Und wie soll ich da tanzen, wenn ich fragen darf?“

„Mach die Augen zu, Herla. Ja, das ist gut, und nun strecke die Arme locker zur Seite.“

Sie tat es und ich wollte die Musik anstellen, als ich mich zurückhielt und sie einen Moment ansah. Vornüber gebeugt, wie ein Vogel kurz vor seinem Start, saß Herla auf dem Bett.

„Nein", unterbrach ich. „Du bist nicht frei, du verklemmst dich, beugst den Rücken und versteckst deine Brust. Du versuchst, dich zu verkriechen." Herla spähte unschlüssig durch zwei Schlitze, die Arme weiterhin ausgebreitet. Ich stutzte.

„Jetzt verstehe ich! Es fiel mir nicht bewusst auf, aber du trägst immer weite bunte Sachen, du versuchst dich zu verschleiern, stimmts?"

Ihre Arme sanken kraftlos herab. „Das wirds wohl sein. Ich habs nie überlegt, aber du hast Recht, ich verschanz mich unter all dem Kram."

Ich triumphierte spaßig: „Ha, endlich kann ich *dir* mal was sagen. Ich denke, es ist nicht gut, wenn du das tust, zumindest nicht, solange es aus Frust oder Angst geschieht. Vielleicht hilft dir der Tanz, nur wir zwei, ohne Zuschauer, dich mit deinem Körper zu versöhnen. Willst du es versuchen?"

Herla gab sich einen Ruck. „Packen wir's. Schmeiß die Kiste an und sag, was ich zu tun hab."

„Okay, öffne die Arme wieder, ich schließe meine Augen jetzt auch. Wir beide sind ganz allein. Hör auf die Musik, höre, was sie dir sagen will. Bewege die Schultern, danach die Arme, lass die Ellbogen gleiten als wären es Flügel. Strecke den Rücken durch, lass deiner Brust viel Raum zum Atmen. Du bewegst nach und nach alles, was sich nicht wehrt. Lass dich innerlich in die Musik fallen. Wenn du willst, steh auf und nimm die Beine dazu oder du legst dich und tanzt wie ein Käfer, der auf dem Rücken liegt. Wichtig ist, es fließen zu lassen, bewege jedes Gelenk bis in den kleinen Finger. Gehe einfach mit und lass dich treiben. Was wir hier machen, tun wir für uns und keinen anderen, Hauptsache uns gefällt es. Also dann ..."

Ich drückte die Taste und die Musik setzte ein. Ich tanzte sitzend, in der Freiheit ohne stilistische Feinheiten meine seelischen Empfindungen auszudrücken. Ich gab mich den Tönen hin und ließ mich von den Untertönen meiner Gefühle treiben. Ich liebte dieses Musikstück, sanft, verspielt und dann wieder so kräftig und machtvoll.

Irgendwann allerdings öffnete ich meine Augen ein wenig. Ich sah Herla, wie entrückt, losgelöst und vollkommen im Spiel ihres Körpers versunken. Es sah wunderschön aus. Echt und hingegeben.

Als das Stück zu Ende war, hielt sie inne in ihrer Bewegung und hauchte verzückt: „Krass! Mach ma' mehr an, ich bin noch nich fertig."

So ließ ich die CD durchlaufen. Später legte ich mich zurück und betrachtete Herla aufmerksam. Ich spürte fast körperlich, wie diese Form der aktiven Entspannung in ihrem Innern etwas bewirkte. Ich hatte nicht den Eindruck als wenn mein Zuschauen jetzt aufdringlich wäre. Sie hatte den Einstieg geschafft, ich hatte ihr Schutz und Vertraulichkeit zugesichert, und nun war es wie der freie Flug eines Schmetterlings. Ich wusste, ich darf zusehen, ich drang nicht in sie ein, sondern sie ließ mich teilhaben. Es war eine besondere Situation.

Als Herla den Endpunkt erreichte, sank sie erschöpft zu Boden. Lange Zeit sagte sie nichts, sondern horchte dem Nachhall des Erlebten hinterher. Dann setzte sie sich auf, kratzte recht undamenhaft mit beiden Händen über den Kopf, rieb sich durch das Gesicht und strahlte mich an.

„Mensch, – war – das – geil!“ Sie schnaufte noch einmal tief durch. „Ich fühl mich geölt, bis in die letzte Ritze, aber noch besser is das Feeling. Das is ja bärenstark. Das müssen wir unbedingt ma’ wieder machen, Josi, versprichste?“

- ◊ • ◊ • ◊ -

Glücklich und entspannt machten wir uns nach einem kleinen Imbiss auf den Weg zum Proberaum. Es war erst Nachmittag, aber die Leute des Tippel-Theaters trafen sich dort auch außerhalb der Probezeiten. Längst hielten sich alle an die Regeln des Alkohol- und Drogenverbots. Die Mitglieder des Theaters waren zu stolz auf ihre Teilhabe, um diese fahrlässig aufs Spiel zu setzen.

Unterwegs trafen wir Herlas Bekannte. Ich hatte Renate vor einigen Wochen kennen gelernt. Sie machte den Eindruck einer gesunden, lebenslustigen Frau. Wie ich allerdings wusste, nutzte sie die eigene kleine Wohnung des Nachts *geschäftlich*.

„Das ist das Einzige, von dem ich sicher bin, dass ich es kann“, hatte sie mir erzählt. Ihr vorheriges Schicksal war noch erschütternder. Sie hatte sechs Brüder, nur einer jünger als sie selbst. Als sie acht Jahre alt war, hatte ihr eigener Vater im Keller des Hauses auf sie gelauert und sexuelle Spielchen mit ihr getrieben. Aber als einziges Mädchen der *gutbürgerlichen* Familie, war das Helfen beim Kochen und Kartoffeln holen aus dem Keller ihre Aufgabe. Es war ihr unmöglich, den Zudringlichkeiten des Vaters zu entkommen. Ihr war bewusst, ein Hilferuf an die Mutter würde viel eher das Gegenteil bewirken, so ergab sie sich, wann immer ihre Ausflüchte ergebnislos blieben, in ihr Schicksal. Es war wohl eine Überlebensstrategie des Gehirns, die sie mit der Zeit denken ließ, das alles sei normal. Als sie älter wurde, ließ der Vater von ihr ab. Statt dessen lauerte der älteste Bruder ihr auf. Das arme Mädchen war vollkommen schutzlos. Somit hielt sie Jahr für Jahr den perversen Auswüchsen ihrer fünf Brüder stand.

Ich hatte Renate damals entsetzt angesehen, als sie lachend meinte:

„Aber meinen jüngsten Bruder habe ich nicht rangelassen. Den habe ich rechtzeitig unter der Knute gehalten."

Für mich blieb es ein unbegreifliches Wunder, wie sie, trotz dieser Erfahrungen ein lebenslustiger Mensch sein konnte,

Wir begrüßten uns also und entschieden spontan, noch auf einen kurzen Besuch mit zu Renate zu gehen. Sie war eine herzerfrischende Frau und ich zwang mich, meine belastenden Gedanken an ihre Vergangenheit zu verdrängen. Vielleicht sollte ich mich mal in Ruhe mit ihr unterhalten, schließlich schien sie nicht mehr unter ihrem Schicksal zu leiden. Auf der anderen Seite war ihr heutiges Leben sicher nicht das, was ich als gesunde Schmerzbewältigung ansah.

Ihre Wohnung lag unweit entfernt und ich genoss das ablenkende, ausgelassene Gespräch. Doch seit einigen hundert Metern folgten uns drei angetrunkene Männer, deren eindeutige Bemerkungen und Anmachen uns verärgerten. Wäre ich allein gewesen, hätte ich längst ängstlich die Flucht ergriffen. Aber ich war ja nicht allein. Sonderbar, ich fühlte mich durch Herlas und Renates Gegenwart geschützt.

„Mensch Josi", zischte Herla mir beschwörend zu. „Hör auf, dich verrückt zu machen. Lern endlich, für dich einzustehen!"

Ich hielt steif und mechanisch mit ihnen Schritt.

„Guck mal genau hin, Josephine", sagte Renate und hatte sich schon umgedreht, ging zielstrebig auf die drei zu, stellte sich vor den mittleren und meinte verführerisch, aber eiskalt: „Na, wollt ihr was von uns?" Und noch während sich die Mienen der Herren aufhellten, packte sie den beiden Außenstehenden zielsicher zwischen die Beine, und den Dritten schubste sie mit schwungvollen Hüftstößen einige Schritte nach hinten. Allen gefror die Selbstgefälligkeit auf dem Gesicht und sie suchten überstürzt das Weite.

Fassungslos, aber über alle Maße belustigt, starrte ich den Typen hinterher. Selbst Herla hatte der Auftritt imponiert. Kopfschüttelnd und laut lachend, lehnten wir uns an die Hauswand.

„Angriff ist die beste Verteidigung", sagte Renate trocken. Ich fragte dennoch scheu, was sie gemacht hätte, wenn die Kerle der Aufforderung nachgekommen wären.

„Dann hätten wir drei die Beine in die Hand nehmen müssen", räumte sie ein. „Ich würde diese Methode eher sparsam anwenden, Josi. Ich wollte dir nur zeigen, was meistens hinter solch plumpen Säcken steckt. Mürbe machen uns ja die ständigen platten Andeutungen und Grapschereien. Denen musst du Gelassenheit oder eine Mitleidsmiene zeigen und manchmal auch deutlicher. Übe zu Hause, schnell, ohne zu fackeln, zuzutreten.

Und die anderen Male, tja, da geht es zur Sache, da kommt es hart auf hart. Oft ist Glück im Spiel, für sie oder auch für ihn.

Was uns Frauen fehlt, ist das Selbstbewusstsein. Wir sind viel zu brav erzogen. Jetzt müssen wir uns umtrainieren. Lerne, dich zu verteidigen. Direkt gezielt treten, zumindest Ellbogen oder Handkante gebrauchen. Wer dich bloß was fragen wollte, wird in Zukunft wissen, er sollte das besser mit Worten statt mit Händen tun."

Mein Lachen klang gezwungen. Aber irgendwann würde ich es schaffen.

- ◊ • ◊ • ◊ -

Pünktlich erschienen wir im Proberaum.

„Ludger ist krank", warf uns Polly entgegen. „Vielleicht kann Josi ihn vertreten."

Ich kannte längst alle Rollen auswendig und so ging ich auf Ludgers Platz. Ich stand am Tresen und sah unbeteiligt über die anderen Gäste hinweg. Irgendwann merkte ich, wie mein Blick verstohlen und nicht gerade zurückhaltend an Josch hängen geblieben war. Er saß am anderen Ende des Raumes und hatte die langen Beine von sich gestreckt. Polly und Sven begannen, das Berberlied zu singen. Ob Josch auch so empfand? Er machte nicht den Eindruck eines frustrierten, gestrandeten Menschen. Er hatte viel durchgemacht, aber er sah nicht gebrochen aus. Im Gegenteil, in den letzten Monaten ist er wie Phönix aus der Asche gestiegen. Nur lebte er noch immer als OFW-ler – zwischenzeitlich hatte ich gelernt, ein Obdachloser nennt sich selbst **o**hne-**f**esten-**W**ohnsitz, also OFW-ler. Josch lebte auf der Straße, hatte keine Arbeit, keine Wohnung und ging auch nicht zum Amt, um Geld zu kassieren. Er wollte für sich selbst aufkommen, für seinen Unterhalt arbeiten. Wenn man ihn nicht ließe, werde er sich weiter über Wasser halten mit weggeworfenen Pfandflaschen oder ein paar Euro für kleine Hilfen im Getränkehandel, Kiosk und wo immer er einen Job fand. Aber er war zuversichtlich und fest entschlossen, mit dem Leben auf der Straße aufzuhören. Wenn es einer aus eigener Kraft schafft, dann Josch, dachte ich und sah weiterhin wie durch einen dicken Nebel zu ihm hin. Ich mochte ihn. Ich mochte ihn wirklich und ich wünschte mir inständig, sein Weg würde ihm gelingen. In der Vorstellung an diesen Erfolg lächelte ich ein wenig. Plötzlich realisierte ich Joschs Gesicht, ich musste ihn wohl schon eine ganze Weile angestarrt haben. Seine Zähne blitzten, als er mich angrinste, und ich sah irritiert von ihm weg. Jetzt erst bemerkte ich, diese Szene war nicht unbeobachtet geblieben. Die ganze Truppe guckte mich an – ich hatte meinen Einsatz verpasst.

„Ohou“, grölte Polly auch gleich. „Da bahnt sich ja was an, Freunde. Sollte das etwa des Bettelmanns Hochzeit werden?“

Wütend und beschämt hätte ich am liebsten den Raum verlassen. Statt dessen fuhr ich stur mit dem Stück fort und freute mich im selben Moment über des Schicksals Fügung: Mit tiefer alkoholgetragener Stimme wandte ich mich an Polly.

„Und Sie, Herr Doktor, haben außer ihren klugen Worten auch nichts weiter zu bieten.“

Damit war die Situation fürs Erste gerettet.

Herla machte eine ermunternde Geste in meine Richtung, und ich konzentrierte mich wieder voll auf das Stück.

Sie blieb mit mir noch zurück, als die anderen nach der Probe den Raum verließen. Ich erwartete schon eine Bemerkung zu dem Vorfall, aber sie sagte nichts.

„In fünf Wochen is Premiere, hoffentlich hält Ludger bis dahin aus. Es wär zu schade, wenn er die nich mehr mitkriegen würde.“

„Was hat er denn?“

Ludger war zwar grippeanfällig, doch das schien mir bislang kein Grund zur Sorge zu sein.

„Im Moment nur wieder ne Erkältung, aber lang schafft er's nich mehr. Ich würd ihm gern was von meinem Blut schenken, wenn ihm das helfen tät. Aber nix zu machen.“ Sie bewegte sich unentschlossen im Raum und ich entdeckte große Betroffenheit in ihrem Gesicht.

„Was ist los mit ihm?“

„Ludger hat Aids, HIV-positiv, verstehste. Der krepiert irgendwann an nem lächerlichen Schnupfen, das find ich einfach rau.“

Diese Eröffnung traf mich unvermittelt und ich stammelte dumm daher. „Wie … Warum … Woher …“

„Ach, Josi, das Woher is doch scheißegal. Und trotzdem, gerade bei Ludger is es so oberfaul und gemein. Er hat sich vorn paar Jahren ne Tätowierung machen lassen. Und weil er kaum Geld hatte, is er zu so nem Wichser gegangen. 'n feines Bild, das geb ich zu, aber die Ratte hat eben an teuren Geräten und Desinfektion gespart. Mit dem Bild hat er Ludger auchs Virus eingesetzt. Und das wars dann. Er hat immer weniger Abwehrzellen und ihn haut der kleinste Husten um. Wenigstens hat das Amt ihm inzwischen ne eigene Bude zugestanden. Ich geh morgen ma' hin.“ Sie schlug auf ihre Beine und erhob sich „Aufi, jetzt lass uns ma' düsen.“

Als sie die Tür zum Proberaum abschloss, trat Josch auf uns zu, offensichtlich hatte er gewartet. „Kann ich dich ein Stück begleiten?“, fragte er mich. Herla konnte sich ihr schiefes Grinsen nicht verkneifen und sah mich erwartungsvoll an.

Ich überlegte, hob eine Schulter und entschied: „Ich denke schon, also bis morgen“, und drehte mich zu Josch um. Schweigend humpelte ich neben ihm her und überlegte angestrengt, was wir Unverfängliches reden konnten.

Er setzte an: „Das musst du Polly nachsehen, der redet immer dummes Zeug daher.“ Wieder schwieg er und wir wussten nicht recht, wie wir die unangenehme Stille durchbrechen sollten.

„Hast du Lust, morgen Nachmittag mit mir durch den Wald zu laufen?“ versuchte ich es.

„Nimmst du das Laufen wörtlich?“ Josch grinste. „Aber ich komme gerne mit dir gehumpelt, wenn es dir Spaß macht.“

Das Eis war gebrochen. Wir unterhielten uns über das Theater, wie die Premiere vonstatten gehen würde und auch über Ludger. Josch sprach sehr einfühlsam von ihm.

Mir war schon aufgefallen, OFW-ler drückten sehr viel ungehemmter ihre Gefühle, ob Zuneigung oder Ablehnung, aus. Manchmal hatte es mich vor den Kopf gestoßen, aber im Grunde war ihre schonungslose Offenheit viel wahrhaftiger als meine gesellschaftliche Höflichkeit. Ich fühlte mich wohl im Kreis dieser Menschen, die auf der Schattenseite des Lebens standen. Ich erfuhr dort eine Freundschaft, die mir im Alltag meist verborgen blieb, weil wir in meinen Kreisen eher von Zurückhaltung geprägt sind.

Als wir voreinander standen, um uns zu verabschieden, rutschte mir unbedacht die Einladung heraus, ob Josch noch mit zu mir kommen wolle. Erleichtert stellte ich fest, er missverstand diese Worte nicht, sondern legte mir die Hände auf die Arme und sagte ruhig: „Heute nicht, Josephine, vielleicht ein anderes Mal.“ Mit einem leichten Druck seiner Finger drehte er sich um und murmelte: „Machs gut, wir sehen uns morgen. Ich hole dich ab.“

Verwirrt ging ich die Treppe zu meiner Wohnung hoch. Was hatte mich nur bewogen, derartig unüberlegt eine solche Einladung auszusprechen. Und doch tat es mir nicht ernsthaft leid. Ich hatte das gute Gefühl, er deutete meine Freundschaft richtig. Vielleicht würde anderes daraus wachsen, aber erst einmal verband uns Sympathie und der Wunsch, Zeit miteinander zu verbringen.

Schön, wie er meinen Namen ausgesprochen hatte, *Josephine*. Es klang ganz anders, als ich es sonst gehört hatte.

Im Bett liegend träumte ich von meinem Prinzen am Brombeerstrauch. Er war groß gewachsen, breitschultrig und kräftig. Erstmals erkannte ich ein Gesicht. Josch.

- ◊ • ◊ • ◊ -

Herla kam am späten Vormittag vorbei. Sie trug einen langen bunten Rock und wie üblich mehrere lose T-Shirts und Herrenhemden übereinander. Die roten Locken hatte sie lässig hochgesteckt. Sie wedelte sich etwas Wind unter die Hemden und wischte mit dem Ärmel über die Stirn.

„Na, wars noch nett, gestern? Josch is'n feiner Kerl, bei dem biste gut aufgehoben.“

Von Ludger brachte sie erfreuliche Nachrichten. „Der berappelt sich wieder.“ Dann platze sie heraus: „Morgen kriegen wir den ersten Satz Theaterkarten. Die Jungs sind schon ganz heiß drauf, die an den Mann zu bringen.“

Die Darsteller waren ebenfalls für den Vertrieb zuständig, das hatte sie ermöglicht. Von jeder Karte bekam der Verkäufer einen Euro. Und ein Anteil jeder Karte der Abendkasse, ging als Gage an die ganze Gruppe.

Herlas Projekt nahm richtig professionelle Formen an. Die Aufführung würde zwar nicht im Stadttheater dargeboten, aber wir konnten einen anderen Raum mit etwa fünfzig Sitzplätzen nutzen. Von der Studiengruppe kamen gelegentlich Leute vorbei und einige waren motiviert und angetan von dem Ergebnis, das sie nunmehr deutlich erkennen konnten. Silvana und Karsten wuchsen zu Freunden heran. Nun waren wir schon zu dritt. Drei Menschen aus *guter Gesellschaft,* die die Freundschaft zu Obdachlosen, sprich OFW-lern, schätzen gelernt hatten.

Die Premiere war zur Hälfte ausgebucht. Außer Zweifel waren es überwiegend diejenigen, die in irgendeiner Weise mitgewirkt hatten. Einige der Studenten brachten Freunde oder Familie mit. Es kam die örtliche Tagespresse, die außerdem in der Woche zuvor einen ausführlichen Artikel bringen wollte. Darüber hinaus hatten das regionale Fernsehen und der Lokalfunk ihr Kommen zugesagt. Ein ansehnliches Publikum hatte Herla für ihr Projekt interessieren können. Und als Krönung, wenn auch vorwiegend aus politischer Verpflichtung heraus, hatte sich der Sozialdezernent der Stadt angemeldet.

„Aber die Bombe kommt noch", schoss sie überschäumend hervor. „Die Studiengruppe hat ne Premierenfeier organisiert. Is das nich gigantisch! Die haben tatsächlich irgendwie'n Futterarsenal auf die Beine gestellt. Das bauen die vorher im Nebenraum auf, und nach dem Auftritt sollen wir mit den erlesenen Gästen schmausen und reden. Silvana und Karsten haben das angeleiert. Sie haben den anderen verklickert, wir bringen hier was, das es noch nie gegeben hat, *und darum Schule machen soll*, so haben sie's genannt. Das is ein Knaller, was, Josi."

Ich war fasziniert. In den vielen Monaten der Proben habe ich sichtbar Veränderung an den Leuten festgestellt und war überzeugt, allein dafür hätte sich der Aufwand gelohnt. Und Kosten sind im Grunde keinem entstanden. Einsatz haben die Schauspieler gebracht. Der Raum gehörte der Stadt und stand seit Ewigkeiten leer. Requisiten hat Karl-Heinz angeschleppt und die Organisation wurde Teil des Lehrstoffes der Studenten. Das war tatsächlich ein Projekt, das Schule machen konnte.

Und auch mir, als weitgehend unbeteiligtem Zaungast, hatte dieses Jahr ungeheuer viel gegeben. Ich hatte eine neue Sicht des Lebens bekommen, und Menschen, die eher am Rand vegetieren, haben mir neue Zuversicht und einen bislang unbekannten Blickwinkel eröffnet. Und ich hatte Freunde gewonnen. Menschen, mit denen ich vertraut war. Einige meiner bisherigen Bekannten schüttelten den Kopf darüber, andere waren neugierig geworden und wollten zumindest zu einer Vorstellung kommen. Ich war wirklich neugierig, was sich noch ergeben würde.

„Wollen wir was tanzen?", fragte Herla zu meinem Erstaunen und ich schaltete die Musik ein. Diesmal blieb sie nicht sitzen, sondern bewegte sich selbstvergessen durchs Zimmer.

Plötzlich warf sie sich aufs Sofa und bohrte: „Was mit Lupo war, haste mir nich erzählt, und das war wohl richtig so. Ich glaub, das geht mich nix an. Aber willste mir verraten, was mit Josch war? Was is mit dir und ihm?"

Ich zog eine Grimasse. „Ich weiß es nicht. Ich mag ihn. Aber wie viel? Das kann ich nicht einschätzen. Wir verstehen uns gut, und vielleicht wird was daraus, was auch immer. In jedem Fall ist es eine Freundschaft, die mir wertvoll ist."

Herla hob den Mundwinkel. Sehr vertraut erschien mir diese Mimik, allerdings auch wie die Oma zum Enkelchen.

- ◊ • ◊ • ◊ -

Josch wartete geduldig unten an der Klingel, bis ich mich zum Türöffner vorgearbeitet hatte. Dann nahm er mit großen Schritten zwei oder drei Stufen auf einmal und bremste, sichtbar verlegen, vor meiner Wohnungstür ab. Wir begrüßten uns und ich empfand ein winziges Stück Geborgenheit in seiner großen Hand, als sie die meine fast vollends umschloss.

„Nimmst du meinen Rucksack? Ich habe uns einen Kuchen gebacken."

Josch griff ihn, drehte sich zur Treppe und witzelte gutgelaunt: „Wahnsinn, wie so ein kleines Persönchen die vielen Stufen mit Krücken hoch und runter klettern kann. Soll ich dich vielleicht Huckepack nehmen?"

Wir schlenderten die weiten Wege durch den Wald und diesmal gingen uns die Gesprächsthemen nicht aus. Josch war ein gebildeter Mann. Es gab nicht mehr viel, was auf sein Leben ohne Obdach hinwies. Er war in der Regel ordentlich gekleidet, gewaschen und hatte keine Alkoholfahne, wie die meisten seiner Kollegen. Er arbeitete sich wirklich zu einem anderen Leben vor.

„Erzählst du mir von dir? Wie ist es, wenn man auf der Straße lebt?"

Diese Frage war unverschämt, wenn nicht gar diskriminierend, aber Josch verstand offensichtlich, wie ich es meinte.

„Na ja, ich habe mir dieses Leben nicht gerade ausgesucht, ich bin eher da hineingeschliddert. Du weißt, mir ging es damals nicht besonders gut, mein ganzes Leben brach auseinander, als unser Baby und dann meine Frau starb. Wir haben uns sehr geliebt, aber Lisa war nicht stark genug, das alles zu ertragen. Keine vier Wochen nach dem Tod unserer kleinen Anita, hat sie Schlaftabletten genommen. Und plötzlich stand ich allein da. Mich interessierte nichts mehr, ich versetzte meine Kunden, betrank mich und bin ohne Nachzudenken eines nachts

in die nächste Großstadt gefahren. Ich weiß nicht, was ich mir davon versprach, aber ich war weg von allem, was ich liebte, allem, was mein Leben ausgemacht hatte und was mir jetzt so schrecklich leer vorkam.
Es war ein warmer Sommer und ich trieb mich nächtelang am Flussufer herum oder lief durch die anonymen Straßen. Zu Anfang hatte ich noch genug Geld, um mir den Kopf zuzudröhnen.
Ich begriff schnell, wo die ruhigsten Schlafplätze sind und in welcher Kneipe ich gegen ein paar Handgriffe einen Teller Essen bekam. Aber die riesige Stadt lag mir nicht, so wanderte ich umher, bis ich hier gelandet bin. Das ist gut drei Jahre her. Hier gefällt es mir – hat es mir bis vor einiger Zeit gefallen. Seit ich Herla kenne, hat sich etwas geändert. Damals lebte sie noch auf der Platte, dann hat sie ihre Hütte gekriegt und sogar den Job. Das war nichts Dolles, aber ich beneidete sie ein bisschen. Obwohl Herla dadurch auf viele Freiheiten verzichten musste, war sie glücklicher als vorher."

Josch war in sich gekehrt, dann suchte er meinen Blick. „Weißt du, Josi, draußen zu leben ist auch herrlich. Wenn du einen schönen Platz hast und der Bauch ist voll, bist du im Einklang mit dir selbst. Du fühlst die Verbindung zwischen dir und dem Sternenhimmel. In solch Momenten meine ich, die Welt mit ihren Sorgen und ihrer Enge ist ganz weit weg." Er legte seinen Kopf in den Nacken und genoss das Gefühl der Erinnerung.

Dann relativierte er. „Es gibt natürlich auch Probleme, wie du dir denken kannst. Im Winter ist es heftig. Es gibt zwar die Wohnheime, aber dort gehe ich schon lange nicht mehr hin. Man muss aufpassen, weil einem tatsächlich die Schuhe von den Füßen gestohlen werden. Und es wird gesoffen und gegrölt bis früh in den Morgen. Nein, das ist nichts für mich. Ich habe gern meine Ruhe. Glaub nicht, ich lehne Menschen allgemein ab, das ist es nicht. Früher war ich sogar ein geselliger Mann. Aber ich suche mir meine Freunde gut aus. Es gibt einige, mit denen ich Kontakt und ein leidliches Auskommen habe, darüber hinaus bin ich halt unverbindlich freundlich. Ich will nicht ständig angebaggert und in Streitigkeiten reingezogen werden. Auf der Straße lebe ich, wie soll ich sagen, als jedermanns Freund, aber unabhängig von jedem."

„Das habe ich gemerkt", hakte ich ein. „Du kommst mit allen gut klar, und ähnlich wie Herla findest du immer einen Weg, gelassen zu reagieren. Das hat mich schon öfter fasziniert." Gern hätte ich ihn zur Bestätigung am Arm berührt.

„Danke“, sagte er ernst. „Ja, so habe ich mir die besten Plätze ausgesucht. Im Winter bin ich viel im Wald. Dort gibt es Ecken die windgeschützt sind, eine Bretterbude oder ich kenne ein verfallenes Haus, da ist es trocken und ich habe meinen Frieden. Aber es gibt auch diese bitterkalten Tage, wo man letzten Endes nur noch im U-Bahnhof übernachten kann. Das sind die schlimmsten. Die Bahnhöfe werden leider erst dann über Nacht geöffnet, wenn bereits zwei oder drei von uns erfroren aufgefunden wurden.“

Er senkte den Kopf und sprach leise weiter. „In den Momenten wird uns allen klar, wir selbst könnten es sein, die da in der Eisenkiste weggeschafft werden. Automatisch rückt man näher zusammen. Und jeder von uns trinkt im Winter mehr, weil der Alkohol ein kleines Feuer im Bauch anzündet, verstehst du? Wenn es anfängt zu erlöschen, schüttet man nach. Irgendwann kommt der Punkt, wo es ohne nicht mehr geht. Aber bis jetzt habe ich immer geschafft, darüber wegzukommen, wenn es Frühling wurde. Ich habe stets viel Wert auf meinen gesunden Verstand gelegt.“

Josch schien in meinem Gesicht nach Zynismus zu suchen, aber er konnte nichts dergleichen finden und so sprach er weiter. „Ich wollte mir nicht das Hirn versaufen, wobei ich keinen Grund nennen kann, warum das so war. Ich wollte und will einfach Herr meiner selbst bleiben. Wenn es gar nicht anders ging, habe ich mir im Sozialamt den Tagessatz für OFW-ler abgeholt. Das waren so je nach Stadt neun bis zwölf Euro. Davon kann man, außer essen, bei der Caritas oder ähnlichen Vereinen duschen und sogar Wäsche waschen. Ich denke, ich bin nie wirklich verkommen rumgelaufen, ich habe immer versucht so zu bleiben, dass ich vor mir die Achtung behalten kann.“

Er blieb erneut stehen und lächelte, als wüsste er, wie ich, um die Gratwanderung in seinen Worten.

Ich mag dich, Josch, dachte ich bei mir und ließ meine Augen sagen, was sie wollten. Sie wollten wohl, denn Josch legte seine Hand auf meine – *eine große weiche Bärenklaue* – und erklärte verhalten:

„Ich kann einer Frau nicht viel bieten, noch nicht, aber ich mag dich sehr gerne, Josephine.“ Dann drehte er sich wieder zum Weg und fragte: „Sollen wir noch ein Stück gehen, ich kenne in der Nähe einen hübschen Platz, da könnten wir vielleicht den Kuchen essen.“

Wir kamen an eine kleine, versteckte Lichtung. Die Nachmittagssonne fiel warm durch die kahlen Stämme der hohen Tannen. Josch krabbelte unter ein Gebüsch und zog einen Rucksack hervor.

„Du erfährst als Erste und Einzige, was ein Berber eigentlich nie verrät: Den Platz wo er sein ganzes Hab und Gut vergraben hat."

„So sehr vertraust du mir?", freute ich mich über diesen Beweis.

Er holte eine große Decke heraus und breitete sie auf dem Boden aus.

„Darf ich bitten, schöne Frau." Wir setzten uns nieder, und das Auspacken des Kuchens überdauerte meine Verlegenheit. Erneut stiegen alt bekannte Emotionen in mir hoch. Ich war angespannt, diesmal nicht aus Angst vor der Situation, sondern aus der Anstrengung heraus, eben jene Gefühle zu unterdrücken. Es war ein behagliches Miteinander, ich hatte keine echte Sorge, Josch würde mich zu etwas nötigen. Fast empfand ich Sicherheit vor möglichen Übergriffen und glaubte, ihm vertrauen zu können. So begann ich, mich nach einer Weile zu entspannen.

Josch sammelte nah herumliegende Äste und Blätter und baute daraus ein kleines Boot.

„Das ist schön", sagte ich. „Hast du so etwas schon oft gemacht?"

„Immer, wenn ich nichts zu tun habe." Er legte sich auf den Bauch und sammelte erneut Baumaterial.

Ich drehte mich ebenfalls und wir spielten wie kleine Kinder mit dem, was der Boden uns bot. Josch bastelte einen Käfer und wollte ihn mir ins Haar setzen. Er spürte mein Zurückschrecken, denn er hielt inne und kräuselte fragend die Stirn.

„Josi, ich tue dir nichts, hab keine Scheu vor mir. Ich werde dich nicht bedrängen. Ich selbst habe Angst und bin zu mehr noch nicht bereit. Vielleicht werde ich das später mal sein. Ich verspreche dir, ich werde dir nur so nah kommen, wie du es haben möchtest, glaubst du mir das?"

Ich hielt ganz still und sagte nichts. Was sollte ich auch sagen? Waren seine Worte nicht ähnlich denen, die ich schon einmal gehört hatte, damals vor langer Zeit, und sie wirkten heute noch betäubend auf mich.

„Josch, ich werde niemals die Frau sein, die einen Mann glücklich machen kann. Schlag dir das aus dem Kopf."

Er setzte sich schockiert auf. „Du?", wunderte er sich. „Du liebst *Frauen*? Wie konnte ich das nur nicht bemerken, ich dachte, so etwas würde ich mitkriegen ..." Sichtlich erschüttert und verwirrt sah er durch mich hindurch.

„Nein, Josch, so ist das nicht!" Vor Erregung über dieses Missverständnis legte ich meine Hand auf seinen Bein. „Josch, ich liebe keine Frauen, nein, ich bin nicht lesbisch. Aber ich kann auch keinen Mann lieben." Das sagte ich nun mit bleierner Resignation im Herzen. In Josch brodelte sichtbar ein Strudel an Gefühlen. Ich war ihm eine Erklärung schuldig, er war mein Freund, ein zu guter Freund, um ihn damit stehen zu lassen.

Ich drückte sein Knie. Meine Hand lag noch immer dort als gehöre sie dahin. „Josch, ich mag dich gern, aber ich habe Angst vor Männern. Ich gerate in Panik, beginne zu zittern, wenn sich mir einer nähert. Ich laufe weg oder fange hysterisch an zu weinen."

In seinem Blick fand ich echtes Bedauern und Mitgefühl. Lange Zeit sagte er nichts, dann bewegte er fragend die Hand mit dem Käfer auf mich zu und setzte den Schmuck sanft auf meinem Haar ab. Sehr zurückhaltend und doch von beglückender Nähe, spürte ich den Hauch seiner Berührung.

„Danke", sprach ich leise und legte meinen Kopf auf die verschränkten Arme. Auch Josch legte sich so nieder und wir begannen einen wortlosen Dialog. Wir waren uns nahe, so verbunden als würden unsere Gedanken miteinander verschmelzen.

Der Abendstern leuchtete schon hell am Himmel, als wir uns auf den Rückweg machten. Seine große Gestalt an meiner Seite gab mir das Gefühl von Schutz und Geborgensein. Etwas war passiert, ich war in der Lage, ihm zu glauben. Ich war sicher. Und ich hatte einen Freund.

- ◊ • ◊ • ◊ -

„Jetzt is dein Schinken ja noch magerer als sowieso schon", tönte Herla, wobei sie mein eben vom Gips befreites Bein betrachtete. „Du solltest das andere beim Essen hochschnallen, damit das hier erst ma' mehr zu futtern kriegt." Lachend verließen wir die Klinik. Etwas unsicher bei den ersten Schritten fühlte ich mich schon, aber das würde sich bald geben, dachte ich gut gelaunt.

„Endlich kann ich wieder baden. Kommst du noch mit zu mir, dann können wir nachher zusammen essen?"

Herla griff mir unter den Ellbogen. „Logo, ich kann dich doch nich allein lassen. Da muss mein heutiger Kartenverkauf eben ausfallen, das biste mir wert."

Fast hundert Karten waren schon im Eigenvertrieb verkauft worden. Ein ganz stattlicher Erfolg! Besucher für mehrere Vorstellungen waren sicher. Die Jungs, Herla und Rita standen Tag für Tag in der Fußgängerzone und rührten die Werbetrommel. In drei Wochen war Premiere. Die Nervosität der Akteure stieg zusehends. Es war als begriffen sie erst jetzt, sie würden ihr Stück vor einer Menge fremder Menschen aufführen müssen.

Sven bekam bei den Besprechungen immer öfter Schweißausbrüche, Lothar wollte doch lieber nicht als *feiner Pinkel* auftreten und bei Rita hatte ich gestern verkrampftes Zucken bemerkt.

Herla allerdings war zuversichtlich. „Ihr schafft das schon, Leute, ihr seid supergut, da kann gar nix schief gehen. Passt nur auf, sauft am Tag vorher nich so viel“, hatte sie ihre Truppe letztens beschworen. „Und wenn Theaterabend is, dann sowieso keinen Schluck, klaro? Die Ehre der Berber steht aufm Spiel, und die sollte uns das wert sein.“

Während Lupo seinem Lampenfieber durch ständiges Herumlaufen oder Zappeln Luft machte, tat Polly meist als ginge ihn das alles gar nichts an. Auch bei Joschs wuchs die Anspannung. Er sah in der Aufführung zudem seine ganz persönliche Generalprobe, sich wieder der Gesellschaft zu stellen. Er hatte sich vorgenommen, bei der Premierenfeier das Gespräch mit den anwesenden Gästen zu suchen. Die Theaterstudenten kannte er ja schon und so hoffte er, nicht verloren da zu stehen.

„Schneidest du unseren *Akademikern* heut die Haare?“, fragte Herla, als ich mich frisch gebadet an den liebevoll gedeckten Tisch setzte.

„Das werde ich kaum länger aufschieben können, jetzt, wo ich mich wieder vernünftig bewegen kann. Und“, fügte ich mit einer ausladenden Geste hinzu, „wenn ich so nett bestochen werde, mag ich mich nicht weiter drücken.“

- ◊ • ◊ • ◊ -

„Das wollt ihr Josi doch wohl nich antun“, empörte sich Herla, als Lupo und Ludger sich grinsend nebeneinander auf zwei Stühle setzten. „Geht euch erst ma’ die Schmandlocken waschen, bevor daran rumgeschnibbelt werden soll. Ihr habt vielleicht Nerven.“ Josch und ich nutzten die freien Minuten und gingen vor die Tür, um allein zu sein. Wir suchten die Zweisamkeit und verbrachten viel Zeit miteinander. Wir hatten beileibe nicht das, was man eine Beziehung nennt, aber uns verband Freundschaft, Sympathie und gegenseitiges Interesse, wir fühlten uns beieinander wohl, genossen uns und die gemeinsamen Gespräche. Ich erzählte Josch vom Ballett und den bisherigen Vorführungen. Er war begierig, mehr über meine Publikumserfahrung zu hören.

Josch klärte mich über den Alltag auf der Straße auf oder er erzählte von früher, wie es war, als sein Leben noch in festen Bahnen verlief. Er hatte in den letzten Monaten abgewogen, was er aufgeben würde, wenn er wieder ins bürgerliche Leben zurückkehrt. Josch war durch und durch entschlossen. Nach der Premiere des Tippel-Theaters wollte er mit festen Schritten darauf zugehen. Er war sogar bereit, sich vorübergehend ans Sozialamt zu wenden, weil es kaum möglich war, ohne jegliche Hilfestellung den Kreislauf der Erwerbs- und Wohnungslosigkeit zu durchbrechen. Ihm war bewusst, er musste auf der untersten Stufe beginnen und hätte bestimmt auch gegen Vorurteile und Niederlagen zu kämpfen. Josch ließ sich nicht entmutigen, wobei einige seiner *Kollegen* intensiv daran zu arbeiten schienen. Gleichmütig machte er dann eine wegwerfende Bemerkung und versprach demjenigen, wenn es soweit wäre, eine Extra-Münze in den Hut zu stecken.

„Was für ein wunderschöner Sommer das ist“, schwärmte Josch, als wir vor dem Proberaum auf einem Mäuerchen saßen. „Wenn ich nicht gerade etwas anderes vorhätte, wäre dies das ideale Jahr, um mit einem Leben auf der Platte anzufangen.“

Ich sah ihn gespielt tadelnd an. Er grunzte und fuhr mir mit der Hand durch die Haare. „Keine Angst, Josephine, ich weiß, was ich will. Doch ist es tröstlich zu wissen, du lässt dich als Aufpasserin nicht bestechen.“

„Da kannst du sicher sein! Aber, wenn du es selbst nicht wirklich willst, können dir auch keine Freunde helfen.“

„Ich bin zu Tode betrübt, wenn aus uns beiden nicht mehr als nur gute Freunde werden.“ Er reckte sich ausgiebig und zog mich am Arm. „Aber heute nicht, Josi, und jetzt komm, die warten bestimmt schon auf uns.“

Als wir eintraten, hatte Herla uns den Rücken zugewandt und Lupo empfing uns: „Ah, da sind J-J (Dschäi-Dschäi) ja endlich.“

„Dschäi-Dschäi?“, wiederholte Herla gedehnt, als wenn sie Lakritz zwischen den Zähnen hätte. Ich konnte ihr verzogenes Gesicht nahezu vor mir sehen. „Wer soll denn das sein?“

„Na, J-J eben“, sagte Lupo fröhlich. „Josch und Josi, die Unzertrennlichen.“

Ich sah Josch noch erröten, dann schob er mich vorweg und machte vermutlich eine sonderbare Grimasse, denn Lupo zuckte unschuldig die Schultern, und einige andere grinsten ihn an.

„Ist doch wahr“, brummte Lupo noch. „Schließlich lassen sich die Namen unmöglich zusammen aussprechen.“

Ungewollt verzog sich mein Mund zu einem Lächeln. *J-J, Dschäi-Dschäi*, klingt nett, dachte ich.

Dann begann ich, den angehenden Herren der feinen Gesellschaft die Haare zu schneiden. Das Ergebnis war verblüffend. Josch hatte einen vollen blonden Haarschopf und kurzgeschnitten zeigten sich sanfte Wellen.

„Ein richtiger Biedermann“, hänselte Polly. „Jetzt schneid noch den Bart, Josi, dann lässt ihn heute Nacht keiner mehr auf ne Bank.“

Ich blickte Josch fragend an und er sah in die Runde.

„Das mache ich schon selbst, später irgendwann“, sagte er und räumte den Stuhl.

- ◊ • ◊ • ◊ -

Endspurt und Ziel

Eine Woche vor der Premiere war mit keinem der Darsteller mehr etwas Vernünftiges anzufangen. Alle waren fahrig und nervös. Herla versuchte ihr Möglichstes, auch wenn sie selbst gegen fieberndes Herzklopfen zu kämpfen hatte.

„Los Leute, am Mittwoch kommt der Typ von der Zeitung, das is geil, da kriegen wir zum ersten Auftritt noch ne prima Werbung." Sie sah sich im Raum um und überlegte wohl, welches Motivationsmittel hier noch geeignet sei. „Macht euch nich ins Hemd, Kinders. Heute stehn wir zwar am Abgrund, aber morgen sind wir schon nen Schritt weiter." Dafür erntete sie nur ein müdes Lächeln.

Arglos zur Tür gehend, erklärte Herla fast nebenbei:

„Ich seh ma' nach, ob draußen jemand is, den ich als Ersatz für euch müde Backen gebrauchen kann."

Damit hatte sie gesiegt. Schnell wie sonst nie wurde Aufstellung genommen.

Es gab weiterhin kleine Unsicherheiten. Rita und Josch, die nun doch gemeinsam tanzten, stolperten aufgrund des enormen Größenunterschieds an zwei Stellen immer wieder fast übereinander. Sven brauchte unablässig persönliches Lob und Polly hatte bis jetzt nicht begriffen, warum er sich Kritik an den anderen bis nach der Szene aufheben musste. Wir fürchteten ernsthaft, er könnte dadurch unbedacht die Aufführung schmeißen. Also wurde geübt und mehrfach von vorne begonnen. Es war wirklich ein hartes Stück Arbeit, was die Truppe leistete, und ich zollte ihnen meinen Respekt für ihre Ausdauer.

Für die Pressefotos wurden nur einige Szenen in gekürzter Fassung gezeigt, bei denen Ludger, der wieder einmal von einer Erkältung schwer angegriffen war, diesmal am Kneipentisch sitzen blieb.

- ◊ • ◊ • ◊ -

Der große Tag kam. Alle Darsteller sollten zwei Stunden vor Beginn eintreffen. Als sich die Tür öffnete und Ludger hereinkam, verstummten die Anwesenden, dann ging ein leises Murmeln und Fluchen durch den Raum. Polly und Josch gingen auf ihn zu und griffen Ludger unter die Arme. Er konnte sich kaum aufrecht halten und der Schweiß lief ihm über die Stirn.

„Du gehörst ins Bett“, schimpfte Herla gutmütig und legte die Hand an seinen Kopf.

Es kostete ihn einige Anstrengung, dennoch raffte er sich auf.

„In die Kiste komm ich noch früh genug, aber ich will unseren Auftritt doch nicht verpassen.“

Herla und Josch sahen sich an. Es stach mir ins Herz, zu sehen, wie sie und alle die hier waren, tiefen Schmerz und Mitgefühl für Ludger empfanden.

„Am besten, du tauschst die Rolle mit Lupo, so kannst du jederzeit die Bühne verlassen, wenn es sein muss“, entschied Josch, und Herla nickte zustimmend.

„Komm mit nach hinten, wir legen Decken hin, da kannste dich noch ausruhen bis es losgeht.“

„Verdammt“, fluchte Polly vor sich hin, als die beiden mit Ludger unter dem Arm den Raum verließen. „Jetzt aber los, Lupo,“ kommandierte er sodann. „Lass sehen, ob du das hinkriegst. Wenn du's versaust, ersäuf ich dich heut Nacht. – Wo bleibt denn Rita bloß?“

Sie kam auch nicht, als die Presse bereits aufbaute.

„Als wenn das alles nich reicht“, knurrte Herla unwillig. „Muss die Alte nu auch noch verpennen?“

Ich hatte die Aufgabe übernommen, die besonders erlesenen Gäste persönlich zu begrüßen. Das Studienteam war engagiert bei der Sache. Ich konnte ihnen die Freude an ihrer gelungenen Überraschung, der Premierenfeier, deutlich ansehen. In einem fort liefen sie zu den Autos und mit Tabletts beladen zurück in den hinteren Raum.

Unsere eigenen Leute waren wie durchgeschüttelt. Lothar redete ununterbrochen, sagte seinen Text auf, äußerte alle nur möglichen Besorgnisse oder fragte zum hundertsten Mal, wie spät es sei. Karl-Heinz wurde von Durchfall getrieben und geriet mit Sven, der sich vor Aufregung laufend übergeben musste, in Streit um die Örtlichkeiten. Lupo zappelte und kratzte sich, als hätte ihn eine Horde Flöhe überfallen, während Polly in einer Ecke apathisch in sich selbst versank. Am liebsten hätte er sich unsichtbar gemacht. Nur Herla und Josch hatten keine Zeit für Nervositäten. Rita war bis jetzt nicht eingetroffen. Josch ging sie suchen.

„Wenn die sich aus Angst verkrümeln will, wird er schon wissen, wo“, Herla gab sich optimistisch. „Und wenn er sie nich findet, Josi, würdest du einspringen? Der Abend platzt, wenn die Wirtin weg ist. Ich hab meine Rolle, und tanzen kann ich sowieso nich. Schätzchen, tu es, für uns.“

Sie brauchte mich nicht zu überreden, es war mir selbstverständlich, hier aus der Bredouille zu helfen.

Josch hatte Rita gefunden. Völlig betrunken erklärte sie ihm, sie sei keine Schauspielerin, würde nicht kommen und wolle ihre Ruhe haben.

Der Raum war gefüllt mit Menschen, die Presse bereit, und auch der Herr Sozialdezernent hatte seinen Platz eingenommen.

„Noch drei Minuten", zischte Herla hinter der Bühne. „Traut euch, Leute, da draußen sitzen ne Menge Freunde von uns, also keine Panik. Ludger, du gehst schon ma' vor. Josch ... ach nee, du bist der Professor ... Josi, kannst du ihm helfen? Tu halt so als wär er nich mehr nüchtern. Setz ihn auf seinen Stuhl und geh dann hinter den Tresen."

Kurz zog ich eine Fratze, nahm Ludger am Arm und betrat die Bühne.

Ein stürmischer Applaus ertönte, und ich hörte Hurrarufe, die erkennen ließen, es waren die angetrunkenen Kumpane des von mir gestützten Schauspielers. Durch die Rufe ermutigt, betraten jetzt auch die anderen Akteure die Bühne.

Das Spiel konnte beginnen.

Ich bemerkte sofort, wie albern ich hinter der für die kleine Rita zugeschnittenen Theke aussah und beugte dezent die Knie. Nach einigen Minuten begann ich allerdings, dies zu bereuen, denn es bedeutete für mich voraussichtlich mehrere Tage Muskelkater, schließlich konnte ich mit dieser Art extremen Trainings im Alltag nicht mithalten. Außerdem musste ich auf dem Weg zu den Tischen zu meiner normalen Größe heranwachsen, was mir ein breites Grinsen aus Pollys Gesicht bescherte. *Hoffentlich hebt er sich seinen Kommentar bis nach der Vorstellung auf*, dachte ich besorgt.

Die Szene lief sehr gut an. Schon bald hatten alle ihre Sicherheit wiedererlangt, und nach dem ersten spontanen Applaus, wuchsen sie über sich hinaus. Polly war wirklich der geborene Schauspieler, und Sven fand nach einem kräftigen Räuspern zu seiner Stimme zurück. Sie legten sich ins Zeug und stellten mit bester Überzeugung ihre Rollen dar.

Ich sorgte mich um Ludger und bemerkte auch bei Herla ein unruhiges Augenzucken. In einem Moment, wo es seine Rolle zuließ, setzte sich Josch neben den Mann am letzten Tisch. Es sah nicht gut aus mit ihm, Ludger konnte sich kaum mehr auf dem Stuhl halten.

Polly und Sven sangen das Berber-Lied und wurden mit einem grölenden Beifallssturm belohnt. Ich erkannte in einigen Gesichtern ähnlich angespannte Betroffenheit, wie ich sie zu Anfang selbst erlebt hatte.

Die Gespräche und Diskussionen in der Kneipe wurden voll Inbrunst geführt, und jeder Darsteller gab sein Allerbestes. Ich war beeindruckt.

Das letzte Jahr intensiver Arbeit hatte sich nicht allein für den einzelnen Mann gelohnt, sondern wurde heute von sichtbarem Erfolg gekrönt.

Herla gewann in ihrer Rolle als begleitende Erzählerin eine Freimütigkeit, die ich selbst ihr nicht zugetraut hatte. Mit weit ausladenden Bewegungen kommentierte sie das Spiel.

Josch gab mit seinem kurzen Haar, der Nickelbrille und dem sauberen Kinnbart einen respektablen Akademiker ab.

Ich sah, wie Ludger in sich zusammensackte und verhalf Josch zu einer Gelegenheit, indem ich als Wirtin ihn fragte, ob er seinen abgefüllten Tischnachbarn nicht schnell nach Hause bringen wolle. Josch nutzte die Vorgabe, umfasste Ludgers Schultern und zerrte ihn hinter die Bühne.

Herla und ich hielten eine Weile den Atem an, weil wir befürchteten, zumindest Polly würde diese Situation nicht meistern können. Aber er sah in die Runde und bestellte bei mir außerplanmäßig noch einen Schnaps. Ich überlegte, ob er sich all die Zeit nur verstellt hatte oder lag es an diesem besonderen Moment, dass er sich nicht zu einer dummen Reaktion hinreißen ließ?

Während der zehnminütigen Pause waren die Akteure nicht wiederzuerkennen. Euphorie und Gejohle sprudelten aus allen Mündern. Selbst Ludger lächelte erschöpft von seinem Lager zu uns auf.

„Allererste Sahne!“, schwärmte Polly, als er von einem Abstecher in den Zuschauerraum zurückkam. „Die Leute sind begeistert.“

In der zweiten Spielzeit war die Atmosphäre deutlich entspannter. Vom Publikum begegnete uns spürbare Zustimmung und Ermutigung.

Die letzte Szene endete mit dem enthusiastischen Tanz zwischen Josch und der Wirtin. Ich hatte ihn und Rita zwar darin unterwiesen, doch selbst in Aktion zu treten, war niemals geübt worden. Ein wenig Sorge hatte ich, aber ich merkte schnell, Josch gab glücklicherweise nicht, aus Unsicherheit, die Führung an mich ab. So drehten wir uns ausgelassen und scheinbar einstudiert durch den Raum. Wir waren wie ein eingespieltes Paar und es machte mir große Freude mit ihm herumzuwirbeln. Das Publikum begleitete uns mit rhythmischem Applaus. Wie geplant, und doch bei weitem besser als bisher in irgendeiner Probe, erhoben sich die übrigen Kneipengäste und tanzten mit uns, bis wir alle hinter der Bühne verschwanden. Dort taumelten wir uns jauchzend in die Arme.

Überbrodelnd vor Freude riss Herla uns wieder vor die klatschenden Zuschauer und zeigte mit einer großartigen Geste auf ihre Truppe, die sich nach einigen Verbeugungen wieder lachend in den Hintergrund zurückzog.

Wir hatten es geschafft! – Sie, die Jungs und Herla, hatten es geschafft. Sie waren über sich hinausgewachsen und erlebten fassungslos den ihnen beschiedenen Erfolg.

Herla und tatsächlich auch Polly und Karl-Heinz liefen einige Tränen über die Wangen. Wann hatten sie jemals solche Anerkennung erlebt, freute ich mich mit ihnen. Josch umarmte mich spontan und Lothar drückte mir einen Kuss aufs Ohr. Der Freudentaumel wollte kein Ende nehmen.

„Wir habens geschafft!“, kreischte Herla, bemüht ihre Stimme im Zaum zu halten. „Leute, ihr wart fantastisch! Und jetzt lasst uns feiern.“

Sie ging auf Ludger zu, kniete sich neben ihn und strich ihm behutsam über den Kopf. „Ich bring dir nachher nen Happen vorbei, Alter. Penn dich nur schon was aus.“

Als wir den Nebenraum betraten, wurden wir herzlich empfangen und beglückwünscht. Der Fotograf war weiterhin in Aktion, auch die Leute vom Radiosender hatten sich noch nicht verabschiedet. Sie machten mit Herla ein Interview. Sie erzählte, wie sie zu der Idee gekommen war, beschrieb deren Entwicklung und welche Klippen sie überwinden musste. Aber aus allem, was sie sagte, klang die Begeisterung heraus, ihre Freude am Erfolg des Einzelnen und die Möglichkeit für jeden Berber, etwas erreichen zu können. „Tut euch zusammen, Jungs, stellt was auf die Beine, legt los und zeigt, was ihr aufm Kasten habt!“

Die Studiengruppe eröffnete das Buffet und ich unterhielt mich mit Silvana. Sie berichtete, wie sie zunächst im Bekanntenkreis vom Tippel-Theater erzählt hatten und viele kleinere Geldbeträge für die Premierenfeier angeboten bekamen. Dadurch ermutigt, dehnten sie den Kreis der Sponsoren aus, und Lehrer, Dozenten, Professoren, Kommilitonen, Familienmitglieder und Freunde gaben ihren Teil der Unterstützung dazu. Ich war fasziniert von diesem Einsatz, ihrem Mut und auch von der Bereitschaft der Leute uns, beziehungsweise die Premierenfeier, zu unterstützen.

„Das Geld haben wir zu Luzias Vater gebracht. Er führt zwei Restaurants und war bereit, das Essen zuzubereiten und die fehlenden Kosten abzudecken. Karsten hat über seine Tante aus einem Großbetrieb das Geschirr besorgt, schließlich wollten wir diese Feier nicht mit Plastikgeschirr begehen, das gehört sich einfach nicht, fanden wir."

„Ihr seid echt süß", sagte ich gerührt.

Wir sahen uns im Raum um. Sven und Polly standen mit drei Studenten zusammen, Herla und Josch unterhielten sich mit dem Leiter des Studien-Projekts und dem Stadt-Dezernenten, der sich wohl zu einem kurzen Bleiben verpflichtet sah.

Auch die anderen drei Akteure waren mit Studenten im Gespräch. Es war ein erfreuliches und ungewohntes Bild. Ich hoffte, der Fotograf würde es aufnehmen und veröffentlichen.

Einige der in die Vorbereitung involvierten Freunde der Studenten waren anwesend, und im Laufe der folgenden zwei Stunden ergaben sich viele interessante Gespräche. Silvanas Bruder sprach mich an, er wollte die heutige Vorstellung abwarten, jetzt habe er sich entschieden, einer Frau des Theaters eine Halbtagsstelle in seiner Firma anzubieten. Er suche eine Hilfskraft in Versand und Verpackung und würde sich freuen, wenn er mit seinem Angebot zwei Fliegen mit einer Klappe schlagen könne.

Solch eine spontane und konkrete Reaktion auf diesen Abend hatte keiner erwartet. Ich war als Altenpflegerin fest angestellt, außerdem kein OFW-ler , sondern nur mit ihnen befreundet, und auch Herla hatte einen zufriedenstellenden Job, so verabredeten wir, Rita würde sich in den nächsten Tagen bei ihm melden.

Erschöpft, gleichfalls aufgedreht vor Freude, machten wir uns am späten Abend auf den Heimweg. Karsten bot an, Ludger die wenigen hundert Meter zu seiner Wohnung im Wagen mitzunehmen, und Karl-Heinz blieb mit Lothar über Nacht bei ihm.

„Gebt ihm viel zu trinken", rief Herla ihnen hinterher. „Aber Tee, keinen Schnaps, ist das klar?"

Josch legte wie selbstverständlich seinen Arm um meinen Rücken und begleitete mich nach Hause. Zum Abschied drückte er mich rasch an sich. „Der Tanz mit dir war klasse! Das werde ich mir merken." Ein charmantes Lächeln umspielte seinen Mund. *Nur charmant?*, überlegte ich, *vielleicht sogar verliebt*. Was auch immer, es war ein warmes Lächeln, das er mir geschenkt hatte.

„Gute Nacht, Josch."

„Träum schön, Josi. Wir sehen uns morgen."

- ◊ • ◊ • ◊ -

Ludger geht weg

„So'n Scheiß, sonntags gibt es keine Zeitung", schimpfte Polly, als wir uns zu viert auf den Weg zu Ludgers Wohnung machten.

„Ich werd morgen früh um fünf gleich eine an der Tanke holen", sagte Herla, und ich konnte ihr die Ungeduld ansehen.

Das Türschloss war wie immer kaputt, und wir betraten sein Zimmer ohne Anmeldung. Als Kalle uns ansah, wussten wir sofort, es stand schlecht um Ludger.

„Glaube nicht, dass er nochmal hochkommt", raunte er uns zu. „Er hat hohes Fieber, aber zum Arzt will er nicht mehr. Er sagt, wir sollen ihn in Ruhe lassen, er hat genug."

Herla ging ans Bett und nahm Ludgers Hand. Schweiß stand ihm auf der Stirn, aber er öffnete die Augen und lächelte matt. „Ich war dabei, gestern ..."

„Und du wars spitze", erweiterte Herla seinen Satz. „Kriegst bestimmt ne prima Presse, Alter. Aber jetzt trink ma' nen Schluck, sonst vertrockneste wie ne Primel." Sie hielt ihm das Glas an den Mund und schob helfend ihre Hand hinter seinen Kopf. Er nippte nur sacht und ließ sich zurück in die Kissen gleiten.

Wir blieben den ganzen Tag. Immer waren im Wechsel ein, zwei Leute bei ihm am Bett und begleiteten Ludger auf seinem letzten Weg. Ich war bewegt von der Liebe und Ruhe, die diese Menschen für ihren sterbenden Kumpanen aufbrachten. Im Altenheim hatte ich allzu oft erlebt, wie Verwandte kopflos und hysterisch herumliefen und nach Hilfe jammerten oder das Personal, trotz der Aussichtslosigkeit der Situation, noch lebensverlängernde Maßnahmen durchführte. Und hier war ein junger Mann, jedenfalls zum Sterben noch viel zu jung, ein Mann den das Leben aufgegeben hatte. Er hatte keine Chance. Vielleicht könnte ihn die Medizin noch einmal für kurze Zeit zurückführen. Er hatte sich jedoch entschieden. Ludger wollte sich jetzt und hier, in seinem privaten Bereich, dem Tod stellen. Allerdings war er nicht allein. Er war umgeben von Freunden und Menschen, die ihn mochten. Wie reich war dieser Berber. Ein Mensch ohne Geld; ohne Zukunft. Aber, er hatte eine Gegenwart.

Als wir schweren Herzens das Zimmer verließen, blieben Polly und Lupo zurück. Sie würden die Nacht bei ihm wachen.

Mir war aufgefallen, Karl-Heinz hatte heute kaum *Zündkerzen geknackt* und auch die anderen hatten deutlich seltener eine Flasche angesetzt. Sie waren ebenfalls von der besonderen Stunde verändert.

In meinem Herzen schwang Trauer, gleichwohl friedliche Gelassenheit und Hoffnung, als ich mich in meiner Wohnung zur Ruhe begab.

Würde ich Ludger morgen noch lebend wiedersehen? Wollte ich das überhaupt? Sollte ich ihn nicht eher freigeben und ihm wünschen, schnell und sanft die Seiten zu wechseln? Wenn Herlas Gott, dieser Jesus, ein Herz für Berber hat, wie sie es meint, dann, *Jesus-Gott*, tu etwas für Ludger!

Mit einem Wohlgefühl aus Wärme und Entspannung schlief ich ein.

- ◊ • ◊ • ◊ -

Am Morgen rief ich auf der Arbeit an und konnte unter den besonderen Umständen zwei Tage frei nehmen, denn ich fühlte mich unfähig, dem Gerede unter Kollegen standzuhalten. Ich wollte Ruhe, und ich wollte zu Ludger und den Menschen, deren Herzen so echt und offen waren. Mit ihnen verband mich inzwischen viel mehr, als ich mir eingestand. Kaum waren mir zuvor so unverblümt Gedanken und Gefühlen begegnet, wie in den vergangenen Monaten. Ich hegte zwar keinerlei Ambitionen, mein Leben gegen das eines Berbers einzutauschen, aber ich hatte in ihrem Wesen eine Herzlichkeit entdeckt, die unter anderen Menschen meist verschleiert ist. Möglicherweise ist es das gemeinsame Leid, das sie befähigt, ihre Masken fallen zu lassen.

Ohne Frage gab es auch andere in dieser Szene. Menschen, die falsch und verlogen waren oder faul und egoistisch. Aber ich dachte an die Truppe, meine Freunde, jeder von ihnen war ein Mensch mit wertvollen Eigenschaften, und ich hatte viel von ihnen erfahren: Innere Wärme, Freundschaft und Vertrauen. Sie hatten mich gelehrt, was diese Worte bedeuten können. Mehr als nur Kontakt und Gespräch. Sie zeigten ihre Liebe so unverfälscht, wie auch ihre Abneigung.

Und jetzt hielten sie gemeinsam Wacht am Sterbebett ihres Freundes. Eine Fähigkeit, die ich in unserer *normalen* Gesellschaft schon oft schmerzlich vermisst habe.

Ich trat durch die unverschlossene Tür und sah Polly auf dem Bett sitzen. Im Arm hielt er Ludger, dessen Haar schweißverklebt war. Lupo wrang ein nasses Tuch und legte es ihm behutsam auf die heiße Stirn. Eine derart liebevolle Sanftheit hatte ich nicht oft erlebt.

Herla kam aus der Kochnische und lächelte mich, mit Tränen auf den Wangen und einer Kanne Tee in der Hand, an.

Ludger stöhnte undeutliche Worte, worauf Lupo zu einer abgelegten Zeitung griff und begann, den Artikel vorzulesen.

„Schon zum dritten Mal", flüsterte mir Herla zu. „Er kann einfach nich genug kriegen."

Ich hatte den Bericht bereits gelesen. Drei Fotos, eines von der Kneipenszene, einmal Herla allein als Initiatorin des gesamten Projekts und eins von der Premierenfeier, waren abgebildet. *Mit anschließendem geselligen Austausch,* stand darunter. Die Arbeit der Studiengruppe und deren persönlicher Einsatz wurden ebenso gewürdigt wie das Theaterstück in Darbietung und Drehbuch. Selbst Ludgers Unpässlichkeit wurde erklärt, was möglichen falschen Schlussfolgerungen verunsicherter Zuschauer entgegentrat. Sein *Erscheinen, trotz schwerer Grippeattacke*, wurde fast schon als heldenhaft dargestellt.

Wenn sie nur wüssten, wie ernst seine Krankheit und heldenmütig sein Auftritt war, dachte ich bitter. Dennoch war Ludger merklich stolz auf die eigens erwähnte Besonderheit. Lupo faltete die Zeitung zusammen und legte sie Ludger in den Arm.

Ohne Frage war die Euphorie der Leute deutlich gedämpft, aber sie sahen keine Schande darin, sich in Gegenwart eines Sterbenden am gemeinsamen Erfolg zu freuen. Die Stimmung wechselte laufend, und manchmal vermischten sich in den Augen Tränen der Trauer mit dem Glanz kindlicher Begeisterung. Zwischendurch wurde, auf und um Ludgers Bett sitzend, über den besonderen Abend geredet, einzelne Momente in Erinnerung noch einmal hervorgeholt und bis ins Detail beleuchtet. Dann wieder lief der Eine oder Andere unruhig im Zimmer umher, weil das Warten auf etwas Endgültiges, wie den Tod, auch an den eigenen Nerven zehrt.

Inzwischen waren Sven, Lothar und Kalle eingetroffen. Als Josch in Begleitung von Rita eintrat, verstummten für einen Moment die Stimmen. Ich wartete gespannt, was sich tun würde, aber so vielfältig die Möglichkeiten waren, so verschieden waren auch die Reaktionen. Von Vorwürfen, Fragen, Bedauern, bis hin zu einigen Gehässigkeiten musste Rita alles über sich ergehen lassen. Sie sagte kein Wort, zeigte auch keinerlei Reaktionen, sondern ging zielstrebig auf Ludger zu und strich ihm mit beiden Händen über den Oberkörper, dann hielt sie sein Gesicht und küsste ihn auf beide Augenlider, danach auf den Mund. Er sah sie an und ich erkannte tiefe Dankbarkeit in seinem Blick. Als er zu sprechen ansetzte, hielt Rita ihr Ohr an seinen Mund und sah in Richtung einer Kommode. Sie nickte und öffnete die Schublade, zog ein gelbes Blatt Papier heraus, warf einen Blick darauf und steckte es in die Tasche.

Sie setzte sich, wie zuvor Polly, auf Ludgers Bett und umgab den Sterbenden mit der Nähe ihres Körpers und ihres ganzen Seins.

Josch hatte sich neben mich gestellt und hauchte mir einen Kuss auf den Scheitel. Ich war froh über seine Nähe und lehnte mich gegen ihn. Seine Arme umfingen von hinten meine Schultern und ich fühlte mich aufgefangen und gehalten durch seinen Körper, fest an meinem Rücken. So standen wir eine ganze Weile, und ich atmete konzentriert, tief und entspannt.

Geborgenheit. Liebe. Sterben. Freundschaft. Und Freude. Alles geballt in einem kleinen Raum, einem Schuppen gleich, heruntergekommen und feucht. Plötzlich dachte ich an Weihnachten. *Der Stall von Bethlehem*, dachte ich fasziniert.

- ◊ • ◊ • ◊ -

Ludger war gestorben, als er in Ritas Armen lag. Ganz ruhig, er hörte einfach auf zu atmen. Und auch wir hielten einige Augenblicke die Luft an. Dann verabschiedeten wir uns von ihm ein letztes Mal. Rita, die esoterisch angehaucht war, malte mit dem Finger auf seine Stirn und Brust ein kleines Dreieck. Später, als Herla von Ludger wegtrat, zeichnete sie über Ritas unsichtbare Spuren ein Kreuz. Verständnislos fragte ich als wir auf der Straße waren, warum sie das getan hatte.

„Ich weiß nich genau, ich fand nur das Dreieck von der Rita so kantig und hart, ich dachte, da stolpert Ludger doch drüber. Darum hab ich halt 'n Kreuz gemalt. Vielleicht erkennt der Gott das ja, und es is so was wie ne Briefmarke oder einfach 'n Gruß von mir an den Jesus: Hey, den Ludger kenn ich, der war'n feiner Typ, sei nett zu dem – oder so."

Was konnte ich darauf noch erwidern?

Heute war die Beerdigung. Eine Frau vom Sozialamt hat sich um alles gekümmert. Auf dem städtischen Friedhof gab es einen Platz für Obdachlose.

Der Studienkreis hatte eine Anzeige in die Zeitung gesetzt, durch die Unterstützung des Reporters vom Premiereabend sogar eine mit Schmuckrahmen. Es war ein freundschaftlicher Nachruf auf Ludger.

Ich wunderte mich, wie viele Menschen hier versammelt waren. Herla erzählte mir, der Tod eines OFW-lers sei für alle ein einschneidendes Erlebnis.

„Weißt du, in so nem Moment wird dir klar, wie schnell du der Nächste sein kannst. Wir leben hier mit den gleichen Risikos und irgendwann raffts jeden von uns."

Es gab keine Andacht oder ähnliches, aber am Grab trat Herla vor und erzählte von Ludger, wie sie sich kennen gelernt hatten, was sie Ulkiges mit ihm erlebt hatte und welche Fähigkeiten und Veränderungen er in dem Jahr des Theater-Projekts gezeigt hatte. Daraufhin holte sie umständlich ein handtellergroßes, zerfleddertes Büchlein aus der Tasche.

„Das is die Bibel", sagte sie und ich staunte, denn ich kannte dieses Buch eigentlich nur groß und schwer, entweder aus der Kirche in Gold gebunden oder die gute alte Familienbibel, die wir nie anfassen dürften, obwohl für uns Kinder einige schöne Bilder darin waren.

Sie las einen Abschnitt vor, wo Jesus zu einem Zöllner ging, mit ihm zusammen aß und anschließend von den Pharisäern beschimpft und verurteilt wurde.

„Der Jesus war'n guter Kerl" erklärte sie jetzt. „Der hat sich mit so Typen wie uns hingesetzt, und den hats 'n Scheißdreck gekehrt, was die Leute sagen. Und der is der Sohn vom Gott. Er und der alte Gott leben heut noch, das könnt ihr mir glauben. Ich red schon seit Jahren mit dem, und das tut irre gut. Dem könnt ihr alles erzählen, was euch juckt. Und der hat gesagt, man is nich tot, wenn man stirbt. Danach gehts weiter. Und wir können entscheiden, wie's uns später drüben geht. Ich weiß nich, wo genau Ludger jetzt is, ich schätze, er quatscht gerade mit dem Gott. Ich bin granatensicher, der Jesus is fair und schnackt mit Ludger über alles. Aber noch einfacher is es, wenn wir die Sache hier schon fest machen und unsere Bestellung für später aufgeben. Leute, versuchts ma' und redet mit dem, das is echt geil. Der is total bärenstark, so chaotisch und so liebevoll, der Gott."

Schließlich begann Herla ein Gebet. Ich erkannte es nur, weil sie nicht mehr mit uns sprach, sondern zu *dem Jesus*. Erst war ich irritiert, peinlich berührt und zuletzt spürte ich, wie sich Ergriffenheit in mir breit machte. Verwirrt stierte ich ins Nichts, hörte ihre Worte und fühlte, Herla wusste genau, wovon und mit wem sie sprach. Sie kannte diesen Jesus, und sie war mit ihm befreundet, das konnte keine Einbildung sein. Aber wenn der Kerl, *jetzt rede ich tatsächlich schon wie Herla*, dachte ich, wenn dieser Jesus keine Scheu hat, mit einer Frau von der Straße zu verkehren, und Herla sagte, das gilt für alle Menschen, Penner, Berber, OFW-ler oder andere Bürger, dann war dies etwas völlig anderes, als das, was ich bislang unter Christentum verstanden und erlebt hatte. Sie sprach vertraut mit ihm, innig, fast intim, so wie sie es vor ein paar Tagen noch mit Ludger getan hatte. Herla hatte eine Sicherheit in ihrer Beziehung zu Gott – dürfte man das überhaupt Beziehung nennen? – zumindest empfand ich echte Verbundenheit zwischen ihr und ihrem Gott, als sie vor uns am Grab stand und betete. Ich konnte meine Tränen nicht mehr zurückhalten und rief im Stillen nach Herlas Freund.

Kurz darauf drehte sie sich zum Grab und sagte für alle vernehmlich: „Das was in der Kiste is, sind nur deine Reste, Ludger, du lebst weiter und bist bei uns in ganz vielen dufte Erinnerungen für immer eingegraben. Ciao, Junge."

Sie warf eine sorgsam ausgesuchte Wildrose, die sie unterwegs gepflückt hatte, ins Grab. Nach und nach traten wir anderen vor. Karl-Heinz zog etwas aus der Tasche, schraubte einen Flachmann auf und goss den Inhalt in die Grube.

„Das Beste, was ich zu geben hab, teil ich mit dir. Es ist deine Lieblingsmarke."

Ich musste mich zusammenreißen, um meine aufgewühlten Emotionen unter Kontrolle zu halten. Josch bot mir seinen Arm, den ich dankbar annahm. Ich sagte nichts und ließ mein Sträußchen Blumen ins Grab fallen. Als ich mich umwandte, erkannte ich, fast alle Anwesenden hielten eine Blüte in der Hand. Jetzt musste ich doch schmunzeln, denn offensichtlich hatte jeder zuvor einen Streifzug über den Friedhof gemacht.

- ◊ • ◊ • ◊ -

Der Auftritt am folgenden Wochenende fiel aus. Die Presse berichtete über den Sterbefall, und Ludger wäre sicher stolz gewesen, dem Theater eine Werbung besonderer Art beschert zu haben.

Wir brauchten keine häufigen Proben mehr, trotzdem trafen wir uns in unserem Raum.

„Das ist schon schade, wenn wir die Hütte bald nicht mehr nutzen werden", meinte Sven bekümmert. „Sollen wir nicht nochmal ein Stück einüben?"

Alle sahen ihn überrascht an. Dann erwachte Herla zu neuem Leben.

„Mensch, Sven, das is es. Kein neues Stück, aber warum sollen wir den Raum nich behalten? Der stand vorher sowieso leer. Was verlieren die da oben denn, wenn wir den kriegen? Vielleicht machen wir nen *Tippel-Treff* oder so daraus."

Sofort kamen die unmöglichsten Vorschläge, es wurde diskutiert und gestritten, bis zum Ende das Ergebnis blieb, Herla und Josch würden mit dem Sozialdezernenten sprechen. Der Gedanke war, in Eigenregie eine Anlaufstelle zu errichten, in der nicht nur die Acht aus dem Theater Kontakt und Hilfe fanden, sondern alle Berber und OFW-ler. Herla war fasziniert von der Idee. Die Erfahrung, was aus den Leuten wurde, als sie anfingen, sich für etwas zu engagieren, spornte sie an, ähnliches auch weiteren Menschen zu ermöglichen.

„Wir könnten immer samstags ne eigene Vorstellung machen, wo jeder, der Lust hat, was aufführen kann", ereiferte sich Polly.

„Und J-J können uns was vortanzen oder sogar mal ne Tanzschule mit uns machen", führte Lupo weiter aus.

„Mensch das wäre geil, ich war früher zu feige dazu."

Innerhalb weniger Minuten kamen Entwürfe für mehrere abendfüllende Programme zusammen. *Das ist wirklich eine tolle Sache*, dachte ich bei mir. Ich hatte schon überlegt, was passieren würde, wenn unsere Schauspieler nach Ende der Spielzeit wieder ziellos auf der Straße leben müssten.

Die Begeisterung steigerte sich, Pläne und Konzepte wurden gemacht, und die Kreativität wuchs ins Unerwartete, als die Tür knarzte und Rita eintrat. Sie strahlte über beide Ohren.

„Ich habe den Job, ich werde arbeiten gehen. Und ich habe auch fürs Erste ein Zimmer. Direkt neben dem Betrieb, sogar mit Wasserhahn und ner Tür, die ich abschließen kann."

Mit ungestümer Freude wurde sie erst begrüßt, dann überrollt von einer Lawine an Erklärungen über die eben gefassten Beschlüsse. Rita machte große Augen, trat wankend einen Schritt zurück und lehnte sich haltsuchend an einen Stuhl.

Mit leerem Gesicht hauchte sie fast tonlos: „Dann hat Ludger es tatsächlich geahnt."

Wir warteten, was kommen würde. Sie holte jenes gelbe Stück Papier aus der Tasche, das sie aus der Kommodenschublade mitgenommen hatte. Beim Auseinanderfalten erklärte Rita: „Das ist Ludgers Testament." Wir sahen uns verwirrt an. „Er hat es mir schon vor Wochen gezeigt, aber ich habe nicht gedacht, es könnte wirklich klappen." Sie erklärte, Ludger habe beim Tod seines Stiefvaters geerbt. Weil dieser allerdings am Tod seiner Mutter Schuld hatte, wollte er von dem Geld nichts haben.

„Für euch aber", las Rita stockend weiter, „ist das saubere Knete. Ich weiß nicht, ob ihr es schafft, falls doch, dann soll das Geld dafür gut sein. Wenn ihr vom Tippel-Theater die Sache weitermacht, und außer mir noch andere Leute neuen Spaß am Leben kriegen, dann soll mein Alter wenigstens etwas Gutes getan haben.“

Ludger hatte damals zehntausend Euro geerbt, und die lagen seit elf Jahren auf der Bank. Als er merkte, es geht mit ihm zu Ende, hat er dieses Testament geschrieben und in der Bank eine Kopie hinterlegt. Dort hatte er erklärt, das Geld dürfe nur in Verbindung mit seinem Totenschein und von mindestens fünf Leuten gemeinsam abgeholt werden.

„Das Theater hat mir wieder Mut gemacht. Hier und mit euch zusammen war die schönste Zeit in meinem Leben. Ich habe so was lange nicht gesagt, aber viel Zeit bleibt mir nicht, also DANKE.“

Fassungslos sahen wir uns an.

Neben dem Vorschlag, einen eigenen Treffpunkt zu organisieren, konnten wir der Stadt jetzt auch Mittel vorweisen, um nötige Arbeiten und Anschaffungen zu machen.

Sprachlos oder auch wirres Zeug redend, standen wir im Raum.

„Das sind ja feine Aussichten“, stöhnte Herla und ließ sich auf einen Stuhl plumpsen.

- ◊ • ◊ • ◊ -

Vielleicht wäre ich besser mit reingegangen, dann würde ich hier nicht wie verrückt hin und her rennen, überlegte ich und versuchte, mich zum wiederholten Mal ruhig an die Wand zu lehnen.

„Mama, das ist ne Pennerin, die habe ich in der Zeitung gesehen", hörte ich eine Kinderstimme in der Nähe rufen. Ich wand mich um und sah noch, wie die Mutter dem Kleinen hastig den unartig ausgestreckten Arm herunterdrückte.

Damit muss ich in Zukunft wohl leben, dachte ich ergeben, wenn auch amüsiert. Durch die Presse waren die Aktivitäten des Tippel-Theaters erstaunlich bekannt geworden. Doch ich war als Freundin unterstützend und nicht als obdachlose Schauspielerin aktiv, dazu fand sich leider nirgendwo ein Hinweis. Selbst auf meiner Arbeitsstelle hatte ich zu kämpfen gehabt. Mein Chef rief mich unwirsch ins Büro. Er wollte von mir eine Erklärung über diesen *unhaltbaren Zustand*. Da er im Begriff sei, das Altenheim zu verkaufen, und die Verträge den kompletten Personalbestand beinhalteten, legte er mir unter den gegebenen Umständen drängend ans Herz, das Haus schnellstmöglich zu verlassen. Dazu war ich allerdings in keiner Weise bereit, und so versah ich weiterhin meinen Dienst noch gewissenhafter als sonst. Im Kollegenkreis hatten die Artikel ebenfalls großes Aufsehen erregt und die Belegschaft teilte sich in zwei Lager. Die einen hatten Respekt vor meinem sozialen Engagement, die anderen empfanden das als blanken Unsinn. Sie waren nicht einmal bereit, über die Ursache von Obdachlosigkeit nachzudenken und sahen in jedem nicht berufstätigen Menschen einen faulen Taugenichts.

Hin und wieder wurden mir jedoch verstohlen einzelne Fragen gestellt. *Wie kann ein Mensch, der unter der Brücke schläft und auf der Straße bettelt, trotzdem Gefühle und Verstand haben?* Als hätte sich jeder von ihnen ausgesucht, mit Alkohol und Dreck leben zu wollen, kam es meinen Kollegen gar nicht in den Sinn, welch großes Unglück möglicherweise hinter dem Einzelnen steckt. Aber ich konnte niemandem einen Vorwurf machen. Ich hatte ja selbst vor nicht allzu langer Zeit ebenso gedacht – eher noch, überhaupt nicht nachgedacht.

Kürzlich rief mein Kollege Karl hektisch alle erreichbaren Mitarbeiter in den Personalraum. Der lokale Radiosender brachte das Interview mit Herla. Ich lächelte vor mich hin, als ich ihre Stimme hörte, wie sie in ihrer ganz eigenen

Sprache das Theater und seine Seelen beschrieb. Ich sah sie alle, einen nach dem anderen, vor mir und plötzlich wusste ich, ich hatte keinen Grund, mich zu verstecken oder zu schämen. Ich tat das Richtige. Ich fütterte keinen faulen Hund, damit er noch dicker und gefräßiger würde. Nein, ich unterstützte Menschen, die vom Schicksal verlassen und vom Leben betrogen worden waren. Doch was tat ich schon. Ich war da, überbrückte ihre Angst vor der bösen *besseren Gesellschaft* und hatte leicht Reden, wenn ich ihnen Mut zusprach. *Ich* wurde nicht ausgestoßen und angespuckt, *mir* wurde nicht die Ehre aus dem Leib gerissen und in den Dreck getreten. Ich hatte Anschluss, konnte Türen öffnen und hindurchgehen. Wie sollte ein Josch die ständigen Misserfolge und Absagen durchhalten, wenn ihm nicht einer den Rücken stärkte und ihn unterstützte. Er kam nicht vorwärts. Als hätte er einen Stempel auf der Stirn.

Ich hatte mich entschieden, zu ihnen zu stehen. Ich wollte mich nicht verunsichern lassen durch Aussagen, die mir in letzter Zeit oft wohlgemeint zugeflüstert wurden: *Die nutzen dich nur aus ... Wenn die wollten, hätten sie längst Arbeit ... Die möchten es ja gar nicht besser haben* ... Ich kannte zumindest acht, neun Leute, die meine Freundschaft wert waren. Viel konnte ich nicht geben, aber es bedeutete den Menschen auf der anderen Seite mehr, als mir bewusst war.

Einmal verdeutlichte Herla: „Weißte, du bist hier, bei uns, bei den Jungs, und das is für die, wie wenn der Wagen der Queen vorbeifährt und sie raus winkt. Jeder meint dann, die hätte nur ihm allein gewunken. Es putscht halt auf. Und du fährst nich nur an uns vorbei, du bist bei uns, du isst mit uns und gehörst zu uns, weil du den Menschen siehst und nich die Schale, den Siff oder die Schnapsfahne. Josi, du bist für die Jungs da drin wahnsinnig wichtig geworden, wie'n gutes Omen." Sie senkte die Stimme. „Und für mich bist du auch ganz wichtig. Du bist meine erste richtige Freundin. Ich kenn'n Haufen Leute, und ich mag viele von denen und die mögen mich, aber du bist für mich ne echte Kumpelin, verstehste das?"

Und doch war ich niemals nur die Gebende. Die mir gezeigte Freundschaft und offene Zuneigung, waren ein überraschender Reichtum, mit dem ich beschenkt wurde. Zu meinem fünfundzwanzigsten Geburtstag bekam ich von der Truppe einen Präsentkorb. Ich mochte bis dahin diese teuren, wie langweiligen Verlegenheitsgeschenke überhaupt nicht leiden, aber als Karl-Heinz und Polly mir das große Ding auf den Schoß stellten, kämpfte ich gegen die Tränen. Erst später, zu Hause, konnte ich entspannen, und aus mir heraus brach ein überwältigendes

Schluchzen über die Herzenswärme, die mir hier gezeigt wurde. Sieben Menschen ohne Wohnung, Arbeit und Geld kauften mir ein Geschenk, von dem sie meinten, es sei der Stil der guten Gesellschaft. Sie wollten mir nicht irgendetwas schenken, sondern eine Sache, von der sie annahmen, ich müsste mich darüber freuen. Also einen Präsentkorb.

Der kleine Junge war längst von seiner Mutter über den Platz fortgezogen worden. Schade, überlegte ich, er lernt heute schon, besser nicht zu sagen, was er denkt und fühlt, anstatt ehrlich, trotzdem freundlich zu sein.

Ich hob den Kopf, um auf die Rathausuhr zu sehen. Der Sommer war wirklich ungewöhnlich schön, sinnierte ich, als ich die Augen mit der Hand vor der blendenden Sonne abschirmte. In einer Stunde begann mein heutiger Dienst. Hoffentlich sind sie da drin bald fertig. Ich wusste nicht, ob ich ein fast einstündiges Gespräch als gutes oder schlechtes Zeichen werten sollte. Dann erkannte ich Herla, die wild an ein Fenster im ersten Stock klopfte. Noch bevor ich die schwere Eingangspforte erreicht hatte, preschte sie auch schon mit Josch im Gefolge, er etwas gesitteter als sie selbst, auf mich zu.

„Wir können drin bleiben", überschlug sie sich. „In jedem Fall, solange das Theater noch aufgeführt wird."

Ein offizieller *Tippel-Treff* hatte wenig Aussichten, weil eine soziale Arbeit unter diversen Kontrollen zu stehen hat, wo sich die Stadt, das Gesundheitsamt und andere Stellen mit eingeben müssten. Aber solange wir den Raum in bisheriger Weise eher privat nutzten und auch weiterhin weder Beschwerden noch Forderungen der Stadt angetragen würden, könnte der Zustand vorerst erhalten bleiben.

Das war zumindest keine schlechte Nachricht.

Wir verabschiedeten uns von Herla, denn Josch wollte mich noch zur Arbeit bringen – ein schönes Gefühl, dachte ich – so schlenderten wir langsam über den Rathausplatz.

Uns blieben zwanzig Minuten Zeit, die wir auf einer sonnigen Parkbank hinter dem Altenheim verbrachten. Josch legte immer häufiger seinen Arm um mich, und erfreut registrierte ich, wie mir diese zurückhaltende Zärtlichkeit behagte.

„Josi, weißt du was ich heute machen werde?", fragte er konzentriert. „Herla überlässt mir ihr Zimmer, und ich setze einen Brief auf. Einen richtig offiziellen. Ich schreibe an die Handwerkskammer meiner Heimatstadt und bitte um Kopien meiner Papiere. Meine Möglichkeiten werden sicher besser, wenn ich belegen kann, was ich damals gemacht habe. Du weißt, ich besaß tatsächlich irgendwann in einem anderen Leben einen echten Meisterbrief, auf dem mein Name stand. Damit kann ich bestimmt wieder neu anfangen. Wenn nicht als Zimmermann, dann vielleicht in einem anderen holzverarbeitenden Beruf."

Josch strahlte Zuversicht und Selbstvertrauen aus. Er beschäftigte sich in den vergangenen Monaten intensiv mit seiner Zukunft, und die erlebten Misserfolge hatten ihn nicht entmutigt, sondern viel mehr seinen Ehrgeiz geweckt. Ich bekam eine immer präzisere Vorstellung von dem Mann, der er einmal gewesen sein musste, auch mochte er derjenige sein, der den Weg zu mir finden und meine Wunden heilen könnte. Trotzdem hielt ich mich befangen zurück. Meinetwegen, aus der Angst heraus, übereilt zu handeln und dadurch in seelische Abgründe zu stürzen. Und seinetwegen, damit er bewies, er wolle wirklich für sich ein neues Leben beginnen.

Erfreut über diesen nächsten konkreten Schritt, den er heute unternahm, drückte ich ihm innig die Hände.

„Bis wann musst du arbeiten?", wollte Josch noch wissen und wir trennten uns mit der Absprache, am Abend den Heimweg gemeinsam zu gehen.

Den ganzen Nachmittag fühlte ich mich getragen von einer stillen Vorfreude auf dieses baldige Wiedersehen.

- ◊ • ◊ • ◊ -

In der zweiten Aufführung des Theaters spielte wieder Rita die Wirtin. Sie hatte zwar bis zum letzten Moment schwer mit sich zu kämpfen, aber Herla half ihr, indem sie Lothar mit auf die Bühne schickte und die erste Szene nicht, wie geplant, in der noch leeren Kneipe beginnen ließ. Auch dieses Mal war das Lampenfieber der Darsteller nicht zu übersehen, und es mischte sich mit Momenten der Beklommenheit, denn, als wir das letzte Mal in diesem Raum vor Publikum standen, war Ludger noch dabei. Sein Part wurde nun endgültig von Lupo übernommen und dessen bisherige Nebenrolle ersatzlos gestrichen.

Polly fügte ohne vorherige Absprache einen Nachruf ein, als er laut Drehbuch von seinem verstorbenen Bruder Thorsten sprechen sollte, und statt dessen Ludgers Namen einsetzte. Einen Augenblick lang konnte ich Verwirrung und Erschrecken über den unerwarteten emotionalen Angriff auf den Gesichtern erkennen, aber Josch fing sich schnell genug, um mit seinem Text fortzufahren.

Die Tanzszene zwischen dem großgewachsenen Akademiker und der sehr kleinen, ungebildeten Wirtin verdeutlichte nur um so mehr die sozialen Gegensätze, und statt befürchteter Belustigung trat bedrücktes Schweigen ein, was jedoch nach einem Moment der Besinnung in tobenden Beifall umschlug.

Ihr Stück kam an! Hier waren nun wirklich Menschen, die auf der Straße Eintrittskarten von Berbern gekauft hatten. Keine Freikarten, keine verpflichtende Notwendigkeit, keine höfliche Ermutigung. Was wir heute Abend erlebten, waren echter Applaus und Anerkennung. Während wir vor zwei Wochen zu einem anschließenden Beisammensein geladen waren, konnte diesmal das Bleiben der Besucher nur auf wahres Interesse schließen lassen. So gesellten wir uns nach der Aufführung unter das Publikum. Als ich einen Moment lang das gemischte Treiben beobachtete, drängte sich mir ein Wort in die Gedanken: Versöhnungsfest. Wie sehr hoffte ich für meine Freunde, diese Menschen, mit denen sie hier sprachen, hätten auch morgen auf der Straße noch einen Gruß für sie übrig.

Ich sah, wie Herla im Gespräch mit einem Herrn stand und sich suchend umsah. Dann entschuldigte sie sich wohl und ging durch den Raum, um in Begleitung von Josch wieder zu ihm zurück zu kehren.

Später, als sich der Raum leerte, begannen wir, hinter der Bühne aufzuräumen. Plötzlich hörten wir Herla überdreht schreien, begleitet von Stimmengewirr, das sofort in Jubelrufe umschlug. Auf halbem Weg prallte ich fast mit ihr zusammen und Josch riss mich stürmisch in den Arm, drehte mich durch die Luft und keuchte lachend, mit Tränen im Gesicht:

„Ich habe eine Wohnung, Josi. Ich habe eine Wohnung, ist das denn wahr! Ich habe es geschafft!“ Josch zog mich überwältigt an sich. „Komm her und lass dich von mir küssen.“ Er gab mir einen herzhaften Kuss auf den Mund, hielt mich wieder fest an seine Brust gedrückt und sank dann, mich in den Armen haltend, an der Wand hinab auf den Boden.

Glückwünsche und freudige Anteilnahme, unterstützt von unzähligen Händen, die ihm auf die Schulter klopfen oder die seinen drücken wollten, prasselten über uns herein.

Was war geschehen? Herla hatte eine Nachricht vom Radiosender bekommen. Auf ihr Interview hin hatte sich ein Herr Maiwald gemeldet und gebeten, mit der Initiatorin des Theaters in Kontakt zu treten. Herla erklärte er, er habe eine Wohnung zu vermieten und sei bereit, einem Obdachlosen damit den Rückweg ins *normale Leben* zu ermöglichen. Keinem von uns hatte sie davon erzählt und vereinbarte ein Treffen nach der Veranstaltung des Tippel-Theaters. Herrn Maiwald hatte sie bereits von Josch erzählt und sich offensichtlich sehr für ihn *ins Zeug gelegt*.

„Nach der Vorstellung wollt er ihn dann selbst kennen lernen. Er hatte durch die Aufführung nen ganz guten Eindruck von unserem Joschi und wollt ma' mit dem reden."

Josch, der immer noch mit mir am Boden saß, fuhr ergriffen fort: „Er hat mich gefragt, was ich beruflich vorhabe und meinte dann, ich könne morgen Mittag vorbeikommen und mir die Wohnung ansehen. Und, Josi, weißt du was das Allerbeste ist? Er gibt mir zwei Monate mietfreies Wohnen, damit ich erst mal Zeit habe, mir eine Arbeit zu suchen." Josch presste mich erneut an sich und ich spürte seinen Körper vor Freude, vielleicht auch unterdrücktem Weinen, zittern.

„Da gibt es doch glatt noch *richtige Menschen* unter denen da draußen", warf Karl-Heinz nahezu erschüttert ein.

Herla drehte sich zu den anderen. „Kommt Leute, lasst die beiden ma' was allein. Wir machen uns aus'm Staub", sagte sie und schob die Truppe aus dem Raum. „Ihr schließt dann ab, ja", rief sie uns noch aus dem Nebenraum zu.

Wir blieben zurück, glücklich und mit hundert Plänen und Ideen für ein Leben, das eben erst begonnen hatte. Nach wie vor saß ich bei Josch auf dem Schoß, teilte seine Freude und hatte das Gefühl, als wenn unsere Nähe zueinander in diesem Moment naturgegeben und zwingend notwendig sei. Ohne sie würden wir sicher platzten, dachte ich verwundert und glückselig zugleich. Ich lehnte mich an seine Brust und hörte zu, wie er übersprudelnd die Zukunft gestaltete. Er würde es schaffen, davon war ich überzeugt.

Irgendwann streckte Josch die Beine und bog den Rücken hin und her. „Mein Hintern ist eingeschlafen, Josi. Lass uns drüben auf die Decken gehen, das ist bequemer.

Eine Sekunde lang zögerte ich erschreckt. Dann erhob ich mich langsam und spürte, wie sich ein angstvolles Zittern in mir ausbreitete. Jetzt also doch, dachte ich enttäuscht und hätte am liebsten geweint. Ich fühlte mich mit einem Mal vollends verlassen und verraten – von Josch, dem ich glaubte, vertrauen zu können. Ich trat einen Schritt zurück und ließ ihn vor. Er zog mich an der Hand hinter die Bühne zu einem Stapel Decken. Gefügig folgte ich ihm und fragte mich, ob es immer so weiter gehen würde in meinem Leben. Oder war dies der normale Weg, nur ich war krank und abnorm? Ich wusste, was kommt und spürte ohnmächtige Hilflosigkeit. Warum Josch? Warum gerade er? Erstmalig hatte ich so etwas wie Liebe für einen Mann empfunden. Unsere gemeinsamen Wochen hatten mir ein Gefühl von Vertrautheit und Schutz gegeben, und nun fühlte ich mich von ihm in einen Abgrund gestoßen. Der Schmerz über diese Erkenntnis trieb mir Tränen in die Augen.

Während Josch die Decken zu einer weichen Unterlage faltete, hielt ich mich an die Wand gedrückt und überlegte krampfhaft, was ich tun sollte.

Vielleicht erwartete ich zu viel von ihm. Wahrscheinlich kann ein Mann gar nicht so lange freundschaftlich mit einer Frau umgehen, wie ich es brauchte und mir wünschte. Käme ich klar, wenn ich sein Spiel jetzt mitmachte? Könnte das, was an liebenden Empfindungen zwischen uns war, weiter wachsen oder würde es sterben? In diesem Moment wünschte ich mir, ich könne einfach aufhören zu existieren, ich wollte nur weg, mich auflösen und entschwinden und nie mehr wieder denken müssen.

Das *Bett* – meine Todesfalle – war gerichtet, und Josch setzte sich hin. Breit lächelnd streckte er die Hand nach mir aus. Ich zögerte und hielt mich fröstelnd an der Wand.

„Hey, Josi, was ist los, ist was passiert?"

Jetzt erst verstand ich seinen Blick. Schlagartig offenbarte sich uns beiden die Seele des Anderen.

Josch sprang auf und kam bestürzt auf mich zu. „Josi meine Kleine, ich tue dir nichts! Sieh mich an." Er strich mir fahrig über die Haare und hielt mich dann besorgt, mein Gesicht zwischen seinen großen warmen Händen, etwas von sich ab. Ich spürte den Schmerz in seiner Stimme: „Du dachtest, ich will mit dir schlafen?! Josi, es tut mir so leid, nein, das wollte ich nicht. Und ich wollte dir auch keine Angst machen. Wie konnte ich nur so dumm sein und dich das denken lassen. Nein, Josi, ich liebe dich! Das weiß ich inzwischen ganz sicher, und ich will dir niemals weh tun. Josephine, meine Mädchen", er drückte mich an sich, und ich brach weinend zusammen. Josch hob mich auf, legte mich auf die Decken, setzte sich dicht zu mir und strich mir sanft die Haare aus der Stirn, die andere Hand ruhte schützend auf meiner Schulter.

„Josch", schluchzte ich, „Josch ich habe gedacht … du wolltest … ich …" Unfähig mich zu artikulieren, ließ ich meinen Tränen freien Lauf.

„Josi, was hat man dir nur angetan." Er blieb ruhig neben mir sitzen und seine Hände zeigten mir Hingabe und Trost.

Nachdem ich meinen Schrecken und die darauffolgende Erleichterung überwunden hatte, tat ich im Stillen, dann auch Josch gegenüber, Abbitte für alles, was ich gedacht und vermutet hatte.

Er hatte den Kopf neben meinen gebettet und unsere Wangen berührten sich sacht. „Josi, ich werde warten, ich weiß, ich kann es! Ich habe seit über fünf Jahren keine Frau mehr berührt und jedes zärtliche Gefühl meinem Groll zum Opfer hingeworfen. Aber du hast mich wieder zum Leben gebracht und ich bin überzeugt, jede Regung in mir wird sich dir hingeben. Wenn du dich aus eigenen Stücken mir nähern möchtest, werde ich dich willkommen heißen, und bis dahin sollst du frei, ohne jeden Druck sein. Versprichst du mir das?" Ich konnte seinen Blick nicht sehen, aber eine weitere Träne drängte sich zwischen unsere Gesichter. Josch drehte den Kopf, zögerte und küsste sie mir behutsam fort.

„Sagst du mir auch, wenn du dich bedrängt fühlst?" Sein Daumen strich über meine Wange. „Ich will nicht denken, ich gebe dir etwas Liebes, und statt dessen stürzt es dich in Ängste. Bitte, Josephine, sei ehrlich zu mir."

„Josch, ich mag dich sehr gerne. Vielleicht liebe ich dich auch – ja, ich glaube, das tue ich. Und was du mir bisher gegeben hast, war nie zu viel oder zu schnell. Es ist gewachsen, wie ich zu dir gewachsen bin. Danke. Eben, da hast du gemerkt, dass etwas nicht stimmt, und du hast sogar gewusst, was es war. Mir scheint, du kennst mich schon viel besser als ich dich kenne. Ich habe dich lieb, Josch." Ich legte ihm einen leichten Kuss auf die Lippen.

Er nahm mich in den Arm und murmelte: „Diese Worte habe ich ewig nicht mehr gehört. Ich glaube ich fange wirklich wieder an, zu leben."

Wir blieben noch lange auf unseren provisorischen Sofa, in dem ich gänzlich unbegründet eine Bedrohung gesehen hatte, liegen. Wir spürten unsere Nähe und die Geborgenheit darin. Josch träumte von seiner Wohnung und wir versuchten, sie uns auszumalen.

Ich erzählte ihm von meinem geheimen Wunsch. „Irgendwann einmal möchte ich ein Gästehaus führen, nur Übernachtung und Frühstück. Viele nette Leute kennenlernen und, wie es bei den Briten üblich ist, ein tolles Frühstück zaubern. Ich habe mal Urlaub in England gemacht, das hat mich fasziniert. Ich wurde oftmals richtig in die Familien mit aufgenommen, und mit einigen von ihnen stehe ich heute noch in Briefkontakt. Ich habe jetzt schon ganz viele Ideen dafür." Dann lachte ich. „Das ist ein Traum, aber es macht mir Spaß, ihn weiter zu spinnen."

Wir waren voll mit Plänen, Gedanken und Gefühlen, so merkten wir nicht, wie die Zeit verging. Die Uhr zeigte halb vier. Josch zeichnete mir mit den Fingerspitzen feine Linien vom Ohr über den Hals, und ich ließ mich hinübertragen in einen Zustand glückseliger Schwerelosigkeit.

Als ich erwachte, sah ich durch die Oberlichter die Sonne strahlen. Ich musste mich bewegt haben, denn Josch öffnete jäh die Augen, dann grinste er mich an. „Auf der Straße lernt man, auch im Schlaf noch hellwach zu sein. Du würdest niemals näher als drei Meter an mich herankommen, ohne dass ich es merke." Er setzte sich auf. „Na, gut geschlafen?"

Ich nickte verlegen, rekelte mich und gähnte. „Wollen wir bei mir frühstücken?"

„Das muss mein Glückstag sein: Ich wache auf mit der Frau meines Herzens neben mir, bekomme ein Frühstück angeboten und habe in wenigen Stunden eine eigene Wohnung. Was kann das Leben mehr noch bieten."

- ◊ • ◊ • ◊ -

Gut eine Stunde lang blieb Josch in der Badewanne liegen. Irgendwann klopfte ich unsicher an die Tür, aber er lebte, genoss den Luxus und ließ es sich gut gehen. Er war mehr als einen Kopf größer als ich und deutlich kräftiger, sonst hätte ich ihm auch gern mit frischer Kleidung ausgeholfen.

Herr Maiwald war ein angenehmer Mensch, und die Wohnung war genau das Richtige: zwei Zimmer, inklusive einer fertig eingerichteten Kochnische, und ein kleines Bad. Ich merkte Josch an, er begriff jetzt erst, dies alles war Wirklichkeit. Er ging wie in Trance wieder und wieder durch die Räume.

Herr Maiwald hielt sich derweil an mich. „Werden Sie auch hier einziehen wollen?", fragte er etwas verunsichert, denn wenn er auf normal übliche Wohnverhältnisse Wert legte, war hier für zwei Personen wirklich nicht genug Platz. Aber ich konnte ihn beruhigen. Und als ich ihm Näheres von mir und meiner Beziehung zum Tippel-Theater erzählte, zeigte er zunehmend Interesse. Er war beeindruckt von meinen Erfahrungen und den Veränderungen, die sich in den einzelnen Personen vollzogen hatten. Möglicherweise würde er sich zukünftig an mich wenden, wenn er eine Möglichkeit sähe, in der einen oder anderen Weise zu helfen.

„Etwas muss man ja tun, damit die Welt nicht zugrunde geht", sagte er freundlich und ich verstand, was er meinte. Auch könne er Josch einige gebrauchte Möbel besorgen, falls dieser das nicht als Beleidigung ansähe. Ich versicherte ihm, Josch würde sein Angebot bestimmt gerne annehmen. Herr Maiwald machte auf mich den Eindruck, als wolle er aufrichtig der Not begegnen und nicht, sich als großmütiger Spender hervor tun.

Josch zeigte einen Ausdruck von kindlicher Begeisterung und Faszination, als ihm die Schlüssel überreicht wurden. Den Mietvertrag in der Hand, als sei er das zerbrechliche Fundstück eines Archäologen, verließen wir das Haus. Draußen sah er mich mit großen, blauen Augen an. Andächtig hauchte er: „Es ist wahr, Josephine, ich habe einen Anfang. Wer meint es nur so gut mit mir und lässt mich tatsächlich hier, mit dir im Arm und einem Mietvertrag in der Hand, stehen?“

Aber *eine* Nacht wollte Josch noch ganz bewusst auf der Straße verbringen.

- ◊ • ◊ • ◊ -

Der Vormittag will heute absolut nicht enden, dachte ich ungeduldig, als ich notgedrungen meiner Arbeit nachging. Danach ließ ich mich glücklich von meinem wartenden Freund in die Arme schließen. Er zeigte mir stolz seinen Ausweis; ein sauberer, neuer Aufkleber mit Adresse prangte, mitsamt offiziellem Stempel der Stadt, auf der zerbeulten Karte.

„Ich bin wieder wer! Josch Merkur, wohnhaft Zeppelinweg 84, na, wie klingt das?“

„Ich bin begeistert, mein Herr, ich gratuliere Ihnen. Stopp, halt“, unterbrach ich mich jetzt. „Lass mich das Bild sehen.“ Josch zog den Ausweis schnell fort, aber ich griff seinen Arm und bekam ihn zu packen. Unter seiner Gegenwehr drehte ich mich, lief von ihm weg und besah mir in sicherer Entfernung das Foto. Lachend entfuhr es mir: „Wie süß, wann war denn das?“

Josch grinste verlegen. „Ich war zweiundzwanzig, da sieht man halt so aus.“ Er hatte auf dem Bild ein kindliches Gesicht, noch etwas pickelig, war glatt rasiert, hatte kurze, akkurat gescheiltelte Haare und trug ein Hemd mit Krawatte.

Ich strich ihm mit dem Handrücken über die Wangen. „Sei nicht traurig, Joschi, es ist dennoch was ganz Passables aus dir geworden. Willst du mein Bild mal sehen? Ich war gerade sechzehn.“

Als er meinen Ausweis in der Hand hielt, lächelte er verträumt. „Man erkennt das Ballettmädchen in dir.“ Er schwieg und schaute mich sichtbar verliebt an. „Schön, dich bei mir zu haben!“

Er legte den Arm um meinen Rücken und hielt fragend inne, als er seinen Daumen in meine Hosentasche schieben wollte. Ich spürte einen Moment in mich hinein und sagte dann mit ehrlichem Herzen: „Ist schon in Ordnung, Josch“ und tat es ihm gleich.

- ◊ • ◊ • ◊ -

Im Proberaum wurden wir neugierig begrüßt. Nachdem Josch seine Wohnung bis ins Detail beschrieben hatte, wurde es wieder ruhiger.

Rita erzählte von ihrer neuen Stellung. Sie war nunmehr über eine Woche in der Firma und hatte sich gut eingelebt. Zu den Kolleginnen hatte sie aufgeschlossenen Kontakt und eine Frau war ihr nahe wie eine große Schwester, erzählte sie. Ihren Alkoholkonsum hatte sie auf ein Minimum reduzieren können und schaffte es seit dem dritten Tag, während des gesamten Vormittags vollständig zu verzichten. Sie arbeitete hart an sich, denn das neue Leben gefiel ihr.

Silvana hatte sich zu Ritas Fürsprecherin gemacht und mit ihr gemeinsam Behördengänge absolviert. Sie verhalf ihr zu einer Beratung im Sozialamt, wodurch Rita kostenlos an gebrauchte Möblierung ihrer Betriebswohnung kam. Ihren Bruder Harald bearbeitete Silvana, und so war er nicht mehr erpicht, die Räumlichkeiten schnellstmöglich zurück zu bekommen. Er überließ es jetzt Rita, ob und wie lange sie in den beengten, aber für sie kostenlosen Zimmern, bleiben wollte. Sie tat sich zu Anfang recht schwer mit der Arbeit, was weniger der körperlichen Belastung zuzuschreiben war, als der Gewohnheit, seit Jahren ein Leben ohne festen Tagesrhythmus zu führen. Jedoch gab die Arbeit ihr Selbstbewusstsein, und sie war gewillt, jede Hürde zu nehmen.

Polly maulte: „Mensch, bald gibts gar keinen mehr auf der Straße der vernünftig ist. Und jetzt ist der Ofen ganz aus, dass Rita mal meine Braut wird“, setzte er noch spaßend hinzu.

„Leute, ich hab was für uns“, schob sich Herla dazwischen. „Ich hab meinen Leierkasten mit gebracht. Josi, zeig uns, wie man tanzt“, diktierte sie. Ich besah mir die mitgebrachten Kassetten.

„Was für Musik wollt ihr denn, etwa Ballett?“

„Au ja“, kreischte Rita aufgedreht, „lass Polly Ballett machen.“

Sein lauter Protest ging im Gejodel der Freunde völlig unter.

Die Bänder waren weniger beschriftet als mit Symbolen gekennzeichnet. „Was ist das für Musik?“, wollte ich von Herla wissen.

„Ich hab gestern den ganzen Nachmittag vorm Radio gehockt und alles mögliche aufgenommen. Musste halt ma’ reinhören.“

Ich legte ein Band ein, Disco-Rock-Popmusik klang blechern aus dem alten Rekorder. Herla wippte ungelenk mit dem Fuß und Oberkörper. Die anderen saßen oder standen befremdet im Raum, bis Polly sich erhob und entschlossen Ritas Hand griff. „Komm Kleine, jetzt machen wir Party." Er wirbelte sie vom Stuhl, Rita fing sich im letzten Moment, begann aber gleich freimütig zu tanzen, während Polly komisch um sie herumhüpfte und vergeblich versuchte ihre Taille zu umklammern.

Lothar zog den überraschten Lupo vom Stuhl. „Du bist die Frau, steht dir auch viel besser", und schubste ihn in den Raum. Ich gluckste belustigt.

Herla zuckte die Schultern und sagte mit einem Blick auf Josch: „Du bist ja schon vergeben", dann schwankte sie breitbeinig auf den schüchternen Sven zu. Josch verzog das Gesicht, reichte mir die Hand und wir drehten uns zur Musik durch den Raum.

- ◊ • ◊ • ◊ -

Ein Haus und rote Stapelkästen

Ich hatte ihn schon mehrfach gesehen, diesen Mann, der in der Vormittagssonne, mitten in der Stadt, sitzend auf einer Bank schläft. Er genießt nicht, er schläft und wärmt sich, da war ich mir ganz sicher. Allerdings sah er nicht aus wie ein OFW-ler. Er war gut gekleidet, nur etwas ungepflegt; ich sah ihm an, er hatte auf der Straße genächtigt.

Die Gedanken an ihn, ein weiteres Schicksal, vielleicht der Anfang einer langen, traurigen Karriere, ließen mich auch nicht los, als ich in der sauberen Passage aus Glas und Stein meine Einkäufe erledigte. *Inzwischen hast du glatt für so einen unbekannten Penner ein Herz, Josi, das kann doch nicht richtig sein*, bremste ich mich. Aber ich entschied, es war sehr wohl richtig! Ich wusste nicht, was ich tun sollte, aber ich wollte ihm zumindest Raum in meinen Gedanken geben.

Als ich nach meinen Besorgungen aus dem glasumwobenen Luxus wieder ins Freie trat, wanderte mein Blick zielstrebig zu der Bank in der Sonne. Mittlerweile lag sie im Schatten. Der Mann war weg. *Ich nehme an, die kalte Vormittagsluft hat ihn geweckt, wer weiß, wo der arme Kerl die Nacht verbracht hat*, spekulierte ich mitfühlend.

Ich hatte noch genügend Zeit und setzte mich auf eine sonnige Café-Terrasse und bestellte mir ein Eis. Meine Anteilnahme gab mir selbst ein Rätsel auf. Was kümmerte mich dieser Mann? Ich kannte ihn nicht, und es ging mich auch nichts an, warum er hier war. Und doch fühlte ich mich betroffen. Hatten meine Freunde ebenso vor Jahren, hier oder anderswo, ähnlich gesessen? Mich beschäftigte das Schicksal dieses Menschen. Waren ihm Frau und Kind unter den Augen weggestorben, wurde er denunziert, gekündigt oder war er unheilbar krank? Er war noch nicht alt, Ende zwanzig vielleicht. Ob er keine Lust hatte zu arbeiten? Wenn er ein Drückeberger wäre, würde er sich statt Arbeit nicht lieber ein besseres Leben erschleichen als das des frierenden Obdachlosen? Ich wusste es nicht und doch schien mir, er sei ungewollt hier auf der Bank gelandet.

Ich schalt mich für meine Naivität, ständig wollte ich nur das Beste im Menschen sehen. Vielleicht hatte er ja auch ein Mädchen vergewaltigt, ist gerade aus dem Gefängnis entlassen – natürlich viel zu früh wegen guter Führung. Bei Kindesmisshandlung ist jede Entlassung zu früh, dachte ich nun erzürnt. Aber, welches Recht hatte ich, mir ein Urteil zu erlauben, zumindest was diesen Mann angeht? Wie kann ich ihn bestrafen nur für die Möglichkeit, ein Verbrecher sein zu können? Was, wenn er jemand ist wie Josch oder wie Herla oder Lupo?

Es ist schon unglaublich schwer, gerecht zu sein, sinnierte ich. Begnadet man den Schurken, so bestraft man gleichzeitig sein Opfer und umgekehrt. Also bleibt mir nur der Einzelfall, der Mensch, der mir persönlich den Weg kreuzt.

Mit schweren Gedanken machte ich mich auf den Heimweg. Zuvor holte ich eine Fotovergrößerung ab, die ich für Josch hatte machen lassen. Ein hübsches Bild, auf dem ich mit hochgestecktem Haar, Spitzenschuhen und Tütü eine Pirouette drehte. Den Rahmen hatte ich vorhin besorgt. *Josch wird sich gewiss freuen, wenn ich es ihm schenke*, überlegte ich und brachte mich bewusst auf andere Gedanken.

- ◊ • ◊ • ◊ -

Seine Haare standen in alle Richtungen und er sah wüst aus, strahlte aber über das ganze Gesicht. „Ich habe ein Bett, einen Sessel und einen Kleiderschrank", sagte Josch stolz, als er mich umarmt und hereingeführt hatte. „Na, wie sieht es aus? Oder meinst du, es ist besser, wenn ich den Schrank und das Bett tausche ..." Er bückte sich und zog das Holzgestell in den Raum, um gleich darauf den Schrank in die Ecke zu bewegen. „Ich habe bestimmt schon sämtliche Variationen ausprobiert und finde keine Lösung. Sag du mal etwas, mit deinem weiblichen Instinkt für das Schöne."

Ich ging auf ihn zu und legte meine Hände in seinem Nacken zusammen. Leise erwiderte ich: „Ich habe mich schon entschieden", und küsste ihn lange, ganz sanft.

Für das Bild fand er sofort den passenden Platz. Herr Maiwald hatte ihm sogar das Nötigste an Werkzeug geliehen, und im Nu hatte er mein Geschenk an die Wand gehängt, schob den Sessel in die gegenüberliegende Ecke, zog mich auf seinen Schoß und sagte:

„Es ist sehr schön! Du siehst so edel aus, so fein und – heilig fast. Ich wage gar nicht, diese Frau zu berühren, und doch möchte ich dir meine Hände um die Taille legen und mit dir durchs Universum tanzen."

Er summte einen Walzer, hob mich von seinen Knien, legte die Arme um mich, und wir schwebten durch den Raum, über die rosa Wolken unserer Träume hinweg, durch den Himmel der Unbeschwertheit, bis wir in einem sprudelnden Sternenregen lachend auf dem Bett niedersanken. Ich legte mich zurück und

Josch beugte sich über mich. Wir sahen uns lange an. Fragend, redend, glücklich.

Er nahm meine Hand und küsste sie. Dann legte er die Arme unter mich und trug mich in den Sessel. „Wir habe noch zu tun, schöne Frau. Ich brauche Arbeit und du hast das Schreibzeug. – Hast du es dabei?"

Ich gab ihm die Tasche mit Briefbögen, Stiften und Umschlägen. Josch legte sich auf den Boden und begann wieder einmal und unermüdlich, Bewerbungen zu schreiben. Seine Zeugnisse von der Handwerkskammer waren noch nicht angekommen, er versuchte es trotzdem. Auf dem Arbeitsamt war er nun als suchend gemeldet, aber es bestand wenig Aussicht, solange er seine Angaben nicht belegen konnte.

Ich nahm mir die Zeitung und überflog beiläufig die Immobilienanzeigen, bis ich plötzlich innehielt und erneut las.

„Josch, hier steht, *Wohnhaus mit Stallungen an geschickten Handwerker zu verkaufen*. Das kann doch nicht wahr sein, zu dem Preis. Entweder ist das ein Druckfehler, eine Hundehütte oder das Haus überlebt den nächsten Sturm nicht."

Josch war aufgestanden und sah mir über die Schulter. „Ruf dort an, dann weißt du, was das ist."

Er war selbst neugierig geworden und begleitete mich. Wir saßen bald darauf in meiner Wohnung, ich hielt den Hörer noch immer in der Hand und murmelte undeutlich:

„Das war kein Druckfehler. Vierzigtausend Euro für ein Haus mit Nebengebäuden und Gelände drum herum. Das gibt es doch gar nicht. Mist, ich muss heute arbeiten, ich glaube bis morgen dauert noch fünf Wochen."

„Mach dir keine Sorgen, deine Schützlinge werden dich schon genug auf Trab halten. Heute ist Vollmond und wie du erzählt hast, sind sie dann immer besonders unruhig und verrückt."

„Ja, verrückt sind zwei meiner Spezis ganz bestimmt. Die eine hat das letzte Mal den Klostuhl auseinander gebaut und das Papier für Girlanden gehalten. Hoffentlich denkt sie sich diesmal was anderes aus." Josch lachte übermütig, und ich suchte meine Sachen zusammen. „Schön, nicht mehr allein zur Arbeit gehen zu müssen", sagte ich zufrieden über diese Neuerung in meinem Leben.

Mein Dienst verlief anstrengend, aber annehmbar, und so saß ich am nächsten Vormittag mit Josch zusammen im Auto meiner Kollegin. Wir suchten nach der

Straße, die mir am Telefon genannt worden war. Sie lag etwas außerhalb der Stadt, aber nicht wirklich abseits. Der Beschreibung nach konnte sie gar nicht weit weg von meiner Wohnung sein. Irgendwo am Waldrand. Wir fuhren eine Weile hin und her. Die wenigen Leute, die wir sahen, kannten die Straße oder eher den Feldweg nicht. Schließlich fanden wir ein Schild und folgten der langen Zufahrt, die uns im Grunde wieder in die entgegengesetzte Richtung führte.

„Hoffentlich haben Marions Stoßdämpfer nicht schon einen Schaden", sagte ich besorgt, als wir endlich hinter einer langgezogenen Biegung ein heruntergekommenes Haus sahen. Davor stand ein dunkler Wagen, der unter der dicken Staubschicht wohl hochpoliert gewesen war.

„Hier muss es sein", meinte ich und hörte von Josch im selben Moment einen fassungslosen Ausruf. Verunsichert drehte ich mich zu ihm. „Was ist? Stimmt hier etwas nicht?"

„Doch", sagte er erstaunt. „Das Haus kenne ich." Jetzt wandte er sich mir verschmitzt grinsend zu. „Da habe ich schon öfter drin geschlafen. Das steht schon mindestens zwei Jahre leer. Aber es ist sehr hübsch. Und ein gutes Zeichen ist das auch, findest du nicht?"

Ja und nein, dachte ich bei mir. Zwei Jahre leer, da werden Ratten und sonstiges Getier womöglich die Oberhand gewonnen haben. Aber wir werden sehen.

Der Makler begrüßte uns geschäftig und begann gleich, sämtliche nur denkbaren Vorzüge aufzuzählen. Das Haus sei ein wenig vernachlässigt, das gebe er zu.

„Entschuldigen Sie mal", unterbrach Josch ihn höflich aber bestimmt. „Ich weiß aus sicherer Quelle, diese Hütte steht seit Jahren leer."

Herr Hartmann sah uns irritiert an. „Jahre?", fragte er gedehnt. „Ich denke, so lange ist es nicht. Aber sehen Sie sich erst einmal um."

Er bat uns herein. Nach alter Bauernweise führte der Eingang gleich in die geräumige Wohnstube, in der noch ein großer Ofen stand. Die Küche, ebenfalls ein großzügiger Raum, war durch eine schwere Holztür erreichbar. Daran angrenzend ging es in die Nebengebäude: Vorratskammern, Futterräume, Milchküche und Stallungen. An der anderen Seite der Kate befanden sich weitere Schuppen. Das Haus war in Hufeisenform gebaut, dabei zogen sich im Obergeschoss Wohnräume und allem Anschein nach der ehemalige Gesindetrakt über sämtliche Nebengebäude hinweg. Ich fand es hier wildromantisch. Ich konnte mir vorstellen, alles wieder wohnlich herzurichten. Wenn dort nur nicht irgendwelche Gefahren lauerten! Neben Ratten und Mäusen waren bauliche Mängel, Schwamm und was ich sonst wo gehört hatte, denkbar. Auch rätselte ich unsinnigerweise, ob das Haus vielleicht vor hundert Jahren von dahinsiechenden, Pest befallenen Bewohnern verlassen worden war.

Herr Hartmann ging mir auf die Nerven. Ohne Pause ereiferte er sich und pries den Kauf als außergewöhnliches Schnäppchen an. Ich konnte ihn nicht sonderlich ernst nehmen. Das Haus gehörte einer Erbengemeinschaft, die sich nicht einigen konnte, dies war mir durchaus eine plausible Erklärung für den heruntergekommenen Zustand.

Das Geld brächte ich wahrscheinlich auf. Ich hatte ein gutes Einkommen und eine kleine Rücklage. Aber was war mit den laufenden Kosten und den Reparaturen – als solches konnte man die anstehenden Notwendigkeiten kaum noch bezeichnen. Ich selbst könnte niemals einen solch großen handwerklichen Aufwand abdecken, weder in Arbeit noch in Lohnkosten. Aber ich war nicht allein, zumindest beratend hatte ich Menschen an der Seite, die bereit wären, mir zu helfen. Mein Patenonkel war Anlageberater. Der könnte mir sicher einiges sagen.

Marion hatte vor vier Jahren ein Haus gekauft, und obschon ihr Mann Maurer war, hatten sie sich eine Menge Ärger eingehandelt. Von diesen Erfahrungen mochte ich profitieren.

Ich musste in Ruhe nachdenken. Mit halbem Ohr vernahm ich, wie Josch, mit der unumstößlichen Sicherheit eines Handwerksmeisters, einen Mangel nach dem anderen aufzählte, und Herr Hartmann – inzwischen recht kleinlaut – von seinen geschwollenen Verkaufsreden Abstand genommen hatte. Wir verließen das Haus mit der Zusage, unsere Möglichkeiten und Konditionen zu erfragen und uns in Kürze melden zu wollen. Josch entließ den Makler mit der Aufforderung, seinerseits noch einmal sehr genau über den Preis nachzudenken, schließlich seien die Schäden nicht von der Hand zu weisen.

„Möglicherweise haben sich hier im Haus, außer Ratten, auch schon Penner eingenistet, man weiß ja nie, was hier draußen, so weitab, alles passiert."

Mit fassungslosem Gesicht und zu explosivem Lachen gereizt, versuchte ich diese letzte Bemerkung zu ignorieren.

„Bist du denn total verrückt", platzte ich hervor, als wir einen Moment später die Autotüren hinter uns geschlossen hatten. „Wie konntest du das bloß machen? Du hast mich gefährlich nah an einen Lachanfall gebracht und fällst zudem deinen eigenen Leuten in den Rücken, du Schuft." Eben noch konnte er meinem gezielten Stoß in die Seite ausweichen.

„Entschuldige, ich konnte mir das nicht verkneifen. Und auch bei euch, Leute", er breitete winkend die Arme aus „entschuldige ich mich." Dann tätschelte er mir freundschaftlich das Bein. „Na, was meinst du? Ist ne ganz nette Hütte, nicht?"

„Wunderschön", sagte ich meinen spontanen Empfindungen entsprechend. „Aber ich fürchte, die kriege ich nicht mehr hochgezogen. Geld, Arbeiter und Baumaterial, das ist zu viel für mich. Trotzdem versuche ich es. Ich werde mich erkundigen." Amüsiert fragte ich Josch noch: „Hast du gemerkt, er hat uns für ein Ehepaar gehalten? Meinen Namen wusste er ja und hat dich wie selbstverständlich auch so angesprochen. – Und du Clown hast nichts dagegen gesagt."

„Ich fand es ausgesprochen nett, mich als dein Mann zu fühlen. Er hätte ja fragen können. Außerdem schadet es nicht, wenn er meint, mehr als nur einer hilflosen, kleinen Frau gegenüber zu stehen."

„Das ist wahr. Du hast ihn ganz schön in die Enge getrieben mit deinem Wissen und den Forderungen." Ich ließ den Motor an und wir überlegten gezielt, bei welchen Personen oder Ämtern ich anfragen sollte.

- ◊ • ◊ • ◊ -

Ich besorgte mir als Erstes vom Makler die Daten und sämtliche Unterlagen vom Haus. Damit ging ich zum Bauamt und erfuhr, die Nebenräume könnten durch einen gesonderten Antrag zu Wohnräumen umbenannt werden. Der Nutzung als Gästehaus stünde nichts im Wege, aber ob ich wirklich glaube, dort, in die Einöde würde sich ein Urlauber verirren, wollte der freundliche Herr wissen. *Eigentlich schon*, dachte ich als ich vor meinem Eisbecher im Straßencafé saß. Warum nicht? Gerade in ein Haus am Wald würde ich fahren, wenn ich Ruhe haben wollte. Es liegt alles an einer guten, originellen Werbung. Darüber machte ich mir keine Sorgen. Ich sah gedankenverloren vor mich hin. Plötzlich erkannte ich den Mann von der Bank wieder. Er trug immer noch dieselbe Kleidung. Heute stand er an einen Abfalleimer gelehnt und sah starr in eine Richtung. Ich folgte seinem Blick und entdeckte, wie er auf einen Stapel roter Plastikkästen schaute. Sie standen an der Hauswand zwischen einer Bäckerei und einem Juwelierladen. – Oder beobachtete er etwas anderes? Möglicherweise plante er ja auch einen Überfall. *Josi, höre auf*, rief ich mich zurück in die Realität.

Meine Gedanken ließen nicht mehr von ihm ab. Ich aß mein Eis auf und setzte mich auf eine Bank, von der aus ich ihn unbemerkt besser beobachten konnte. Gleichzeitig war mir mein Verhalten peinlich. War jetzt aus meinem Mitgefühl

Voyeurismus geworden?, dachte ich schockiert. Aber nach einer kurzen Überprüfung meiner Motive erkannte ich erleichtert, meine Sorge galt tatsächlich dem Mann. Ich sah wieder zu ihm hin, und diesmal war ich mir ganz sicher, seine Aufmerksamkeit galt den roten Kästen. Was war damit? Spatzen flogen trudelnd auf und ab, stoben zwischen den Aussparungen der Griffe hindurch und piepsten aufgeregt durcheinander. Ich stand auf und gab vor, mir die Auslagen des Juweliers anzusehen.

In den Kästen waren Brötchen und Kuchen wild durcheinander geworfen. In dieser Sekunde wurde es mir schmerzlich bewusst: Dieser Mann hatte Hunger, und während die Vögel munter an den Broten pickten, würde er des Diebstahls bezichtigt, wenn er es ihnen gleich täte. Diese Erkenntnis stach mir ins Herz. Wir werfen das alte Brot lieber den Vögeln oder Schweinen zum Fraß vor, als es einem anderen Menschen ohne Bezahlung geben zu wollen. Entsetzen machte sich in mir breit. Wie tief sind wir gesunken in unserer Mitmenschlichkeit. Auch ich ging nicht gerade sparsam mit Lebensmitteln um und warf schon mal Essen weg, weil ich keinen Appetit darauf hatte.

Ich ging in die Bäckerei, kaufte drei belegte Brötchen und eine Flasche Vitaminsaft.

Verstohlen stand ich nun neben dem Eingang und sah zu dem Mann hin. Er spürte wohl meinen Blick und wandte sich zur Seite. Ich atmete tief ein und ging auf ihn zu.

„Hallo. Ich bin Josephine. Ich sehe Sie schon seit ein paar Tagen öfter mal zufällig.“ Ich druckste herum. Was sollte ich sagen, ohne ihn zu beleidigen und bloß zu stellen? „Ich habe hier ein paar Brötchen, darf ich Ihnen die schenken?“ Er schaute mich unsicher und abweisend an. „Ich möchte Ihnen nicht zu nahe treten, nur … ich habe Freunde, ich unterstütze das Tippel-Theater, ein Obdachlosen-Theater.“ Dann kam mir eine Idee. Ich drückte ihm die Brötchen in die Hand. „Hier, halten Sie mal bitte.“ Dann holte ich aus meinem Rucksack eine Eintrittskarte heraus und reichte sie ihm. „Wenn Sie wollen, kommen Sie doch vorbei. Vielleicht bringt das was. Und das Stück ist echt gut.“

Immer noch sah er mich distanziert an. *Das ist allzu verständlich*, dachte ich entmutigt. Dann legte ich ihm die Saftflasche in die Hand und sagte: „Tschüss, vielleicht sehen wir uns dort mal, ich würde mich freuen.“

Puh, es ist viel schwerer als ich dachte.

Mir fiel eine Geschichte ein, die ich als Kind einmal gehört hatte. Wieso kommt sie mir nach so vielen Jahren wieder in den Sinn? *Ein Jude erzählte, sie würden niemals betteln und es sei eine Schande, Almosen anzunehmen. „Aber vor euren Synagogen wimmelt es von Bettlern", verwunderte sich ein Fremder.*

„Das sind keine Bettler, das sind Händler. Es wäre nicht gut, einem Mann ein Geldstück zu schenken, das beleidigt ihn. Wenn du ihm aber eine seiner Nadeln abkaufst, selbst wenn du so viel gibst, wie für eine ganze Schachtel, dann verkauft er dir etwas. Er lebt nicht von Spenden, er führt ein Geschäft. Das ist ein großer Unterschied."

Die Idee dieser Geschichte war, wenn du gibst, lass den Anderen nicht merken, wie nobel deine Zuwendung ist.

Als Kind hatte ich diese Geschichte geliebt. Mir gefiel der alte Jude und ich konnte nachvollziehen, was er meinte. Wie unkompliziert Kinder doch sind, dachte ich, als mir die Erinnerung kam. Und wie scheinheilig und überheblich wir oft sind.

Lass den Armen nicht spüren, dass du ihm etwas schenkst.

Habe ich es richtig gemacht, fragte ich mich jetzt. Ich war nicht glücklich mit meiner Antwort, aber mir fiel auch keine andere Möglichkeit ein, wie ich es hätte besser machen können. Ich wünschte mir in dem Moment die Weisheit des alten Juden.

- ◊ • ◊ • ◊ -

Meine Nachforschungen über die Möglichkeiten des Hauskaufes gingen voran. Ich wusste bereits, die laufend zu zahlende Grundsteuer war gering, weil es sich bei dem umliegenden Gelände um Wald und kein Gartenland handelte. Mein Onkel gab mir rein rechnerisch grünes Licht, allerdings blieben mir für die Sanierung keine großen finanziellen Reserven.

Josch gab sich zuversichtlich. Er sah gute Chancen, den Preis weiter zu drücken, und bei den Arbeiten würden sicherlich auch unsere Freunde helfen. Das freute mich, jedoch wollte ich ein solches Projekt nicht auf Freundeszusagen aufbauen. Das leuchtete Josch ein, auch wenn es ihm einen Stich versetzte. Aber ich kam zu dem Schluss, selbst gestandene Ehen sind an ähnlichen Anforderungen gescheitert, wie viel riskanter ist es dann bei einer relativ jungen Beziehung?

Ich müsste die Arbeiten in kleinen Etappen erledigen. Wenn ich zunächst einen Bereich des Hauses bezugsfähig machte und dann meine Wohnung aufgäbe, hätte ich mehr Spielraum.

„Sollte ich das Haus wirklich kaufen“, sagte ich zu Herla und Josch, „dann gebe ich die Ballettschule auf.“

„Was?“, unterbrach mich Herla. „Das kannste doch nich machen, was soll dann aus dir werden? Ich hab die Wochen mit deinem Klumpfuß noch in strahlender Erinnerung.“

„Herla, so schlimm ist das nicht. Ich denke seit Jahren hin und wieder darüber nach, und seit einer Weile habe ich einen zeitintensiven Freundeskreis“ gab ich vielsagend zurück. „Außerdem habe ich, wie du weißt, mein Rotlöckchen, einen Annäherungsversuch zu einem männlichen Wesen gestartet, und dem möchte ich ungern noch weniger Aufmerksamkeit einräumen als sowieso schon.“ Josch erwiderte den Druck meiner Hand und mich durchzuckte ein blitzschnelles Glücksgefühl. „In jedem Fall werde ich an der Aufführung im Advent nicht teilnehmen. Den Einsatz will ich, mit oder ohne Hauskauf, nicht mehr bringen. Allerdings möchte ich eines noch arrangieren: Wenn Rita zurück ist, will ich sie mit ins Ballett nehmen. Ich denke, das ist was für sie.“

Rita machte seit kurzem eine Entziehungskur. Sie hatte sich in ihrem Job prima eingelebt, Silvanas Bruder war zufrieden mit ihr, und von den anderen Frauen und Männern im Versand fühlte sie sich angenommen. Dann erfuhr sie, ihr sehr viel jüngerer Bruder hatte mit fünfzehn Jahren einen tödlichen Unfall. Sie hörte zu spät davon, und konnte nicht einmal zu seiner Beerdigung gehen. Ihre Mutter war seit Ritas Absturz in die Obdachlosenszene unerbittlich und nicht bereit, jemals wieder ein Wort mir ihrer Tochter zu wechseln. Der Vater lebte in zweiter Ehe irgendwo bei Hamburg, und Tobias, ihr Bruder, war das letzte Glied, das sie noch mit Kindheit und Heimat verband – selbst wenn sie ihn seit über drei Jahren weder gesehen noch gesprochen hatte.

Die Nachricht seines Unfalls schleuderte Rita mit Wucht aus der noch frisch angelegten Bahn; sie schloss sich in ihrem Zimmer ein und betrank sich maßlos. Silvana und Harald brachten sie Montag mit einer Alkohol- und Tablettenvergiftung ins Krankenhaus. Seither machte sie einen geschlossenen Entzug. Ihre Stelle und die Wohnung blieben ihr erhalten. Harald war bereit, eine Aushilfskraft anzustellen, bis sie wieder gesund war. Er hatte Rita schätzen gelernt und verstand, es würde ihr das letzte Stück Boden unter den Füssen wegreißen, wenn sie erneut ohne jede Aussichten dastünde.

Ich hatte mir dieser Tage überlegt, sie zum Ballettunterricht mitzunehmen. Sie bewegte sich geschmeidig zur Musik und hatte großen Spaß daran.

Wir hatten den Proberaum erreicht. Lupo wühlte in einer Kiste.

„Brauchst du was?“, wollte Herla wissen.

„Papier und Stifte. Ich will die Strohköpfe der Penner da mal auf Trab bringen“, erklärte er sein Vorhaben, und so machten wir uns gemeinsam ans Werk und rissen einen Stapel kleiner Zettel. Auf den einen schrieben wir mit rotem Kugelschreiber jeweils einen Buchstaben des Alphabets, mit Ausnahme von X und Y. Mit dem anderen Papierstapel taten wir das Gleiche in blauer Schrift.

„So“, sagte Lupo feierlich. „Jetzt jeden Haufen getrennt mischen und andersrum hinlegen.“ Dann drehte er die oberen Zettel um. Wir sahen ein rotes P und ein blaues N.

„Wer als erstes ein zusammengesetztes Hauptwort findet, kriegt die Zettel.“

„Hä? Was sollen wir finden?“ Kalle sah Lupo nur dumm an.

„Hauptworte, na ganze Worte halt, so wie Pappnase. P wie Pappe und N wie Nase. Ist doch ganz easy.“

„Klar, das müsste auch so’n Hirnie wie du kapieren. **P**iss**N**elke eben“, mischte sich Polly hilfsbereit ein.

„**P**olly-**N**iete“, verstand Kalle nun augenblicklich die Regeln.

„**P**uff-**N**ummer“ – „**P**elz-**N**utte“ – „**P**immel-**N**arbe“

Herla sah mich leicht verlegen an.

„Sie habens geschnallt.“ Dann rief sie ihre Jungs zur Ordnung. „He, Leute, unser Treff is jugendfrei und außerdem kriegen die Ladys im Raum schon rote Ohren. Habt ihr eigentlich nix anderes aufm Kasten, als das, was in eurer Hose baumelt?“

„**P**enner-**N**onsens“, fuhr Polly grinsend fort und Karl-Heinz sagte noch mit einem angriffslustigen Blick zu Herla:

„**P**ech-**N**onne.“

Wir lachten und ich lehnte mich auf dem knarzenden Stuhl zurück. Das Spiel war gut. Ich fand es interessant, festzustellen, wie schon nach einiger Zeit die grauen Zellen geölt waren und der allgemeine Wortschatz zunahm.

Wir übten Leben in kleinster Ausführung. Nicht allein die Suche nach Worten bereitete Schwierigkeiten, sondern auch der Druck, unter dem die Spieler standen. Jeder wollte der Erste sein, Konkurrenz und in Folge das Zurückstecken müssen, wenn man nicht als Sieger hervorging, war eine harte Anforderung. Polly sprang verschiedene Male erbost auf und ging seinem Gegenüber an den Kragen. Einmal hielten sie es für nötig den Kampf auszutragen und er und Lupo gingen vor die Tür.

„Aber nich so laut, ihr wisst, bei Randale fliegen wir raus", rief Herla ihnen noch hinterher.

Auch stellte ich fest, Josch hatte offensichtlich nicht mit Wortfindungsproblemen zu kämpfen. Ich merkte, wie er sich mit seinem Beitrag zurückhielt, um den anderen den Vortritt zu lassen.

Es freute mich immer, wenn ich an ihm eine neue, unverhoffte Eigenschaft entdeckte. Er nahm Rücksicht und hatte ein gutes Gespür für Menschen.

- ◊ • ◊ • ◊ -

Erschöpft lehnte ich mich später in seinen Arm. Er verschränkte die Hände vor mir und ich legte den Kopf zurück.

„Josch, ich bin glücklich mit dir", sagte ich so leise, als sei es nicht für ihn bestimmt. Er verstärkte den Druck seines Körpers und schob mich sanft zu seinem Bett. Inzwischen fühlte ich mich bei ihm in Sicherheit. Das Bett nutzten wir nur, weil es außer dem Sessel die einzige Sitzgelegenheit war. Seine großen Hände waren für mich ohne Bedrohung und schenkten mir in jeder Berührung die Zusage, bewahrt zu sein und frei von jeder Forderung. Er hatte den Kopf in die Hand gestützt und fuhr mit den Fingern über meine geschlossenen Augen. Seine Rippen berührten mich leicht bei jedem Atemzug, dabei überkam mich der Wunsch, ihn ganz nahe bei mir zu fühlen. Ich legte den Arm um seinen Rücken und er ließ sich halbwegs auf mich rollen. Fragend sah ich ihn an.

„Oder ist es zu hart für dich, so nah zu sein und doch nicht weiter zu dürfen?"

Josch hielt meinem Blick stand, legte die Hände um meinen Kopf und küsste mich auf die Stirn. „Ich genieße deine Nähe, Josephine, und ich habe Gewalt über mich. Ich mag auf deinem Körper liegen und dir doch nicht näher kommen wollen – um deinetwillen, Kleines." Ich zog ihn an den Haaren zu mir hinab. Ich sehnte mich nach Zärtlichkeit und körperlicher Wärme, und doch schrie auch jetzt noch eine Angst aus den Tiefen meiner Seele.

Nach einer Zeit pustete ich übertrieben und schob ihn etwas von mir. „Du bist ein viel zu großer Kerl für mich, wir sollten die Plätze tauschen. – Darf ich deinen nackten Bauch fühlen?", fragte ich unsicher und kroch unter seinen Pullover, legte mein Gesicht auf seine Brust und suchte mit Händen und Armen so viel wie möglich von seiner Wärme aufzunehmen. Blind folgte ich seinen Händen, die sanft und zurückhaltend einen Streifen meines freien Rücken berührten. Ich hätte gerne mit meinem ganzen Körper seine Nähe gefühlt, aber ich wusste, das überstand ich nicht, es würde mehr kommen und alles Schöne zerstören.

Voll Dankbarkeit küsste ich seine Haut. „Josch, dich liebe ich wirklich! Bei dir finde ich tatsächlich all das, wovon ich dachte, das gäbe es nur in meinen Träumen“, murmelte ich behaglich und schmeckte seinen Duft auf meinen Lippen. Seine Hände umfingen meine Schultern, und ihr angenehm fester Druck schien meine Gefühle zu erwidern.

Eingehüllt in eine nie gekannte Vertrautheit, glitt ich in einen friedvollen Dämmerzustand.

„Nein, bitte nicht“, unterbrach mich Josch im Flüsterton, als ich mir die zerzausten Haare glattstreichen wollte; ich war mit einem seligen Lächeln wieder unter seinem Pulli hervorgekrochen. „Du siehst wunderhübsch aus.“ Er hielt mich mit ausgestreckten Armen vor sich und sah mich an. Noch nie war mir ein solch warmer, liebevoller Blick begegnet und erfreut, wenn auch verlegen, hielt ich ihm stand. „Wie viele Stunden werde ich dich nicht sehen können?“, fragte er. „Da möchte ich mir dein Bild, wie du hier, strubbelig und strahlend, vor mir sitzt, ins Herz prägen.“
Dann reichte er mir die Hand und wir erhoben uns. „Morgen Mittag hole ich dich wieder ab, Kleines“, seine Hand wuschelte mir über den Kopf. „Bis dahin haben wir beide leider viel zu tun.“

- ◊ • ◊ • ◊ -

„Hi, Josi“, grüßte mich Lupo mittags vor dem Altenheim und als er meinen fragenden Blick sah, fuhr er fort: „Josch hat zu tun, ich soll dir Bescheid sagen, es wird später, er kann dich heute nicht abholen.“ Lupo verzog sein Gesicht zu einer schelmischen Grimasse. „Was habt ihr beide ein Glück, dass ihr euch gefunden habt, da könnte ich fast neidisch werden.“

„Auf wen?“, grinste ich zurück und versuchte meine Enttäuschung und gleichzeitige Neugier zu verbergen. „Neidisch auf Josch oder auf mich? Du Schlawiner.“

Er legte mir unbefangen den Arm um die Schulter und ich ließ ihn gewähren. Durch unsere langen Spaziergänge mit geteiltem Krückenpaar waren wir uns sehr vertraut. „Was hat Josch noch zu tun?“, wollte ich endlich erfahren.

Lupo hob die Augenbrauen und raunte geheimnisvoll: „Das darf ich nicht verraten. Er wird dich schon finden, wenn er fertig ist, mach dir mal keine Gedanken. Wo willst du hin? Ich bring dich ein Stück."

Ich war zwar ungeduldig, zu erfahren was Josch vorhatte, jedoch ergriff ich die Gelegenheit beim Schopf und wandte mich in Richtung Einkaufszone. In den letzten Tagen hatte ich oft an meinen großen Unbekannten von der Straße denken müssen. Letztes Wochenende war er nicht zur Aufführung des Tippel-Theaters erschienen. Vielleicht käme er morgen. Aber etwas anderes zog mich in die Stadt. Die Begebenheit mit den Brötchenkisten und den Vögeln hatte mich nicht ruhen lassen. Ich wusste, was ich tun wollte. So verabschiedete ich mich nach einer Weile von Lupo und er küsste mich auf die Wange. Ich wunderte mich über den Reichtum an männlicher Freundschaft, der mir nunmehr beschieden war; auch wenn ich wusste, Lupo sah in mir eine Freundin und nicht die Frau.

Vor der Bäckerei blieb ich eine Zeitlang stehen und wartete, bis keine Kunden im Laden waren. Dann holte ich tief Luft und ging hinein, stellte mich kurz vor und erzählte von meinen *helfenden* Kontakten zum Tippel-Theater. Für dieses Unterfangen hielt ich es für nötig, die sozialen Grenzen deutlich zu setzen. So schilderte ich in kurzen Worten die Not der Leute und wie letztendlich jedem von uns zustoßen könnte, was ihnen widerfahren war.

„Ich habe zufällig gesehen, sie stellen das alte Brot offensichtlich als Abfall vor die Tür. Ist es möglich, einen Teil davon an Bedürftige weiterzugeben? Sie hätten keinen Verlust und den Menschen wäre ein gutes Stück geholfen."

Mein Brustkorb zitterte, während ich in das unschlüssige Gesicht der Verkäuferin sah. Sie war nicht abweisend und erklärte nun freundlich, sie habe einiges über dieses Obdachlosen-Theater gehört und gelesen. *Ein Hoch auf die Presse und unser Studententeam*, freute ich mich.

Sie würde mit ihrem Chef sprechen. „Im Grunde haben Sie Recht, es ist eine Schande was wir hier alles zum Bauern bringen." Hinter vorgehaltener Hand flüsterte sie noch: „Ich bin sicher, der holt sich selbst noch manch ein Brot aus dem Sack. Die sind ja gar nicht schlecht. Was gestern früh gebacken wurde, geht heute als Brot vom Vortag zum halben Preis weg, der Rest landet beim Bauern." Sie nickte mir zu und tätschelte meine Schulter. „Lassen Sie mal, ich werde es dem Chef schon richtig erklären. Können Sie Montag um die gleiche Zeit wiederkommen?"

Freudig erfüllt über solch spontanes Ergebnis verabschiedete ich mich, indem ich ihr noch eine Freikarte in die Hand drückte. „Sehen Sie sich die Leute mal an, das ist den Abend wert!“, und verließ mit strahlendem Gesicht die Bäckerei. Wie gerne hätte ich diesen Erfolg hier, auf der Stelle, mit meinen Freunden geteilt.

- ◊ • ◊ • ◊ -

Schock und Entsetzen

Vom wilden Lauf noch außer Atem, erreichte ich den Proberaum. Hoffentlich war schon jemand da.

Polly, Karl-Heinz und noch ein dritter Mann, den ich nicht kannte, saßen auf der Mauer vor dem Haus.

„Na, habt ihr keinen Schlüssel?", grüßte ich sie.

Missmutig warf Polly seine Zigarette vor sich auf den Boden. „Nee, Herla ist nochmal zurück, ihn holen." Er hob den Kopf, grinste breit und fragte: „Was bist du denn so doll am Hecheln? Ist das schon dermaßen schlimm für dich, wenn du mal ne Stunde als halbes J-J rumlaufen musst?"

„Was ist denn ein *Dschäi-Dschäi*?", wollte der Neue wissen.

Kalle erhob sich und schwankte, sein verkrüppeltes Bein hinter sich herziehend, auf uns zu, verbeugte sich unerwartet galant vor mir, und stellte mich mit einer übertrieben ausholenden Geste seinem Bekannten vor.

„Das, Roland, ist Josephine, genannt Josi, die zweite Hälfte von Josch, dem Großen, der sich jetzt so fein rausgemacht hat", sagte er mit einem Anflug von Zynismus, und im selben Ton fuhr er fort: „Die ist eine von den Andern, aber ganz in Ordnung. Und J-J, weil wegen Josch und Josi, verstehste?" Er wandte sich zu mir. „Josi, das ist Roland, schläft hinterm Bahnhof, säuft am liebsten was Feines, nämlich Chantré, pisst dauernd in die Hose und wäscht sich nur, wenn man ihm Schläge androht. Aber er ist'n guter Kerl."

Ich musterte Roland befangen. Der lachte ungeniert über Kalles Beschreibung und schlug ihm auf den Rücken. Traurig registrierte ich, Kalle war heute wieder einmal restlos abgefüllt. Roland ebenso. Das konnte ja heiter werden. Meine Begeisterung über das Erlebnis beim Bäcker flaute deutlich ab. Ich hatte dafür eine Menge Mut aufgebracht und eine überaus positive Reaktion erlebt. Die Freude daran wollte ich mir nicht von dummen Sprüchen aus benebelten Köpfen dämpfen lassen.

„Hi Josi", rief mich Herla von hinten an, und ich versetzte ihr einen Knuff in die Rippen.

„Musst du dich so anschleichen? Ihr macht mich heute noch ganz fertig."

„Haben die Jungs dir was getan? Passt bloß auf, sonst kriegt ihr eins aufs Maul. Das Mädchen steht unter meinem ganz persönlichen Schutz, kapito?" Sie hob drohend die Fäuste, aber in ihren Augen erkannte ich statt spaßigem Flunkern einen unbekannten, kalten Ausdruck. Kalle kreuzte zur gespielten Abwehr die Arme vor dem Kopf.

„Keiner wird unserer *Kleinen* was tun, wir passen schließlich zu dritt auf sie auf", empörte er sich.

„Eben", meinte Herla trocken und schloss die Tür auf. War was mit ihr, überlegte ich befremdet. Irgendwie war sie anders als sonst. Doch ich war zu voll und ungeduldig, von meinem Erlebnis zu berichten, um weiter darüber nachzudenken.

Noch beim Reingehen fragte ich scheinheilig: „Sag mal, könnt ihr Brot gebrauchen? Oder Brötchen und so?"

Herla reagierte erstaunt. „Wie meinste das?"

Nun erzählte ich meine Geschichte. Die Gesichter meiner Zuhörer schauten aufmerksam, überrascht, leicht entsetzt und schließlich hellauf begeistert drein.

„Das ist ja bombenfett, du bist ne echte Wucht, Kleine." Herla drückte mich in ihre Arme. „Auf so ne Idee wär ich nie gekommen, und ob ich den Mumm gehabt hätte, weiß ich auch nich. Aber das is ehrlich oberaffengeil. Und du meinst wirklich, das klappt?"

„Wenn die Verkäuferin tatsächlich Einfluss auf ihren Chef hat, denke ich schon." Ich freute mich über die gelungene Überraschung und genoss die Tatsache, endlich einmal etwas Handfestes für die Leute tun zu können. Trotzdem spürte ich in Herlas Begeisterung eine gewisse Zurückhaltung.

Die Eingangstür quietschte und wir drehten uns um. Im Durchgang erkannte ich den Mann von der Holzbank. Er sah sich suchend in dem noch unbeleuchteten Raum um. Verlegen hob er an:

„Hallo! Man hat mir gesagt, ich fände hier die Josephine. Sie hat mir ne Karte fürs Theater geschenkt, und sie sagte mir auch, ich könne mal nur so vorbei kommen."

Ich war aufgestanden, ging auf ihn zu und streckte zum Gruß meine Hand entgegen. Er sah mich zaudernd an, dann auf meine Hand und wieder in mein Gesicht. Erst nachdem er sie kurz an der Hose abgewischt hatte, reichte er mir die seine. Er hatte einen kraftlos weichen Händedruck und wirkte im Gesamten überaus menschenscheu.

„Komm rein", sagte ich freundlich. „Schön, dich hier zu sehen! Ich bin Josi, aber das weißt du ja. Und das sind Herla, Polly, Kalle und Roland. Und wie heißt du?"

„Äh, ach ja, Bert, streng genommen Herbert, aber ich mag lieber Bert genannt werden." Dann wusste er nicht, was er sagen sollte.

Um die erste Hemmschwelle zu überbrücken, erzählten Herla und ich, teilweise laut von den Männern unterstützt, was wir derzeit machten, vielmehr gemacht haben.

„Mittlerweile is das hier so'n Stück Zuhause geworden. Die von der Truppe treffen sich und manchma' kommen auch andere mit. Wir wollten eigentlich 'n richtiges Tippel-Treff hochziehen, aber die Herrschaften von der Stadt stellen sich quer. Na egal, oder auch nich, jedenfalls können wir erst ma' noch ne Weile drin bleiben." Herla erzählte ohne Punkt und Komma, jedoch vermisste ich ihre übliche Begeisterung. „Aber pennen darf hier keiner, und auch Saufen und Randale sind out." Provokant prüfend klebte ihr Blick an Bert.

Irritiert stotterte er: „I-ich t-trrink-ke n-nicht."

„Is schon gut Junge", entschärfte sie schnell. „Ich wollts nur ma' gesagt haben." Dann wandte sie sich mit dem ganzen Oberkörper an Roland und sagte deutlich fester: „Das gilt auch für dich, Krücke, is das klar? Und du Kalle", ihn griff sie jetzt am Oberarm, „wenn du dich das nächste ma' zudröhnen musst, mach hinne und halt von hier Abstand. Wenn das erst ma' anfängt, sind wir in drei Tagen geschmissen, das willste doch nich aufm Gewissen haben, oder?"

Herla war ungewohnt direkt. Das war nicht untypisch für sie, aber die Schärfe, mit der sie sprach, war mir neu. Ich werde sie gleich fragen was los ist, nahm ich mir vor.

Bert saß verschreckt und kleinlaut auf seinem Stuhl. Ich wüsste gerne, wer er war, aber zugleich spürte ich seine Scheu und Unsicherheit.

Polly holte die Buchstabenzettel aus der Kiste am Boden und legte die Stapel auf den Tisch. W – B lagen oben auf. Karl-Heinz hatte Pollys Aktion skeptisch beobachtet und fuhr ihn jetzt mit unkontrollierter Stimme an:

„**W**indel-**B**aby muss wieder spielen, statt **W**ein-**B**rand saufen oder **W**eiber-**B**rüste zu begrapschen."

„Schade", sagte ich, um die gespannte Atmosphäre etwas zu beruhigen, „Kalle hat mit schwerem Kopf tatsächlich die schnellsten Gedanken."

Aber Herlas Stuhl schabte laut über den Boden, als sie sich heftig und deutlich gereizt erhob, dann bezwang sie sich und sprach ruhig mit gewohnt autoritärer Stimme:

„Kalle, ich schätze du gehst jetzt nach Haus, wir hatten ausgemacht, hier nur mit klarer Birne aufzutauchen, also mach dich vom Acker. Und frag deinen

Freund, ob er mit dir gehn will oder sich an unsere Regeln halten kann. Wir sehen uns morgen und denk dran, am Abend is Theater. Machs besser, Junge." Kalle stierte sie an, erhob sich aber folgsam und trottete vor sich hin murmelnd, mit Roland im Kielwasser, zur Tür heraus.

„Is doch wahr" kommentierte Herla und pustete in die Luft. Das Eisentor öffnete sich abermals und Lupos gut gelauntes Gesicht kam zum Vorschein.

„Was ist denn hier los? – Ach so, ich verstehe, draußen zwei volle Säcke laut schimpfend auf das rote Lockenweib und hier drinnen Totenstille und hohle Gesichter. Herla-Schätzchen, mach dir nichts draus, das hast du schon richtig getan. Einer muss ja die Zügel in der Hand halten, und du machst das gar nicht so verkehrt."

„Lupo, fühl dich geküsst. Danke. – Mir läuft heute, verdammt nochma', alles verkehrt. Es gibt Tage, da könnt ich nur heulen oder wieder mit Saufen anfangen. Oder sonst nen Scheiß machen."

„Was ist passiert, Süße?", erkundigte Polly sich besorgt.

Herla lief unruhig umher, warf die Arme durch die Luft und versuchte wohl, Ordnung in ihr verworrenes Innenleben zu bringen. Dann raufte sie sich die Haare.

„Ach, Schitte is passiert. Auf der Arbeit is die Angelika mit'm Ärmel in die Zahnwalze gekommen, der Eisenkiller hat sich weiter gedreht. Und keine Sicherung hat abgeschaltet! Sie brüllte – Leute den Schrei krieg ich im Leben nich mehr aus'm Kopf. Die Hand is zwischen die Zahnräder gekommen und zerquetscht worden, und die Walze hat sich immer weiter gedreht. Das Ding hätte Angelika bei lebendigem Leib aufgefressen, und als ich endlich merkte, was da passiert, hab ich mir ne Eisenstange geschnappt und der Maschine ins Getriebe gestoßen. Das hat gescheppert und gekreischt, und dann war Ruhe. Bis auf das Schluchzen und Sabbern von der Angelika. Ihre Pfote ist Matsch, die kriegt keiner wieder hin. Und der Chef, das aufgeblasene Arschloch, hatte nix besseres im Hirn, als mir die kaputte Maschine unter die Nase zu reiben. Da bin ich ausgetickt. Ich hab ihn angebrüllt und alles an Dampf raus gelassen, was gerade in mir kochte. Ich hab ihn beleidigt und in Grund und Boden geschrien. Er hat zurück gebrüllt, und irgendwann meinte der, ich könnt ja gehen, wenns mir nich gefällt. So hab ich mich rumgedreht und bin gegangen."

Schmerzverzerrt tat sie einen tiefen Atemzug. „Angelika geht es soweit. Ich war eben bei ihr. Sie liegt noch auf Intensiv, die Hand wurde abgenommen, und 'n Stück vom Unterarm. Jetzt hat die Frau nen Stumpen." Herla liefen die Tränen

über das Gesicht, aber sie redete weiter. „Dieter, ihr Mann, war bei ihr und kam dann raus zu mir. Er hat sich *bedankt*. Kinders, könnt ihr das verstehen, seine Frau ist zum Krüppel gemacht, und er bedankt sich bei mir.
Und was mach ich jetzt? Zurückkriechen, einzig um den Job nich zu verlieren? Ich weiß es nich, ehrlich nich. Ich will für so nen Menschenfresser nich arbeiten müssen."

Verzweifelte Unentschlossenheit schwankte in ihrer Stimme. Was sollte sie auch tun? Die Situation war nicht nur entsetzlich schmerzvoll und traurig, sondern was Herla anging, geradezu vertrackt.

Sie saß auf einer großen Kiste und hatte sich an den hinter ihr stehenden Lupo gelehnt. Der strich ihr tröstend durch die langen Locken. Nach einer Weile zerknirschten Schweigens ging ein Ruck durch ihren Körper und sie setzte sich auf. „Wollt ihr tanzen? Abtanzen, austoben, was auch immer."

Polly hatte sich schon erhoben und schaltete den alten Kassettenrekorder ein. Soul-Bluesmusik lief vom Band und er wollte wieder abschalten, als Herla ihn unterbrach.

„Lass ma' Polly, das is gut." Sie stand auf, ging an den freien Platz den wir als Bühne nutzten, schloss die Augen und begann sich mit weit ausgreifenden Bewegungen zur Musik zu winden.

Ich wollte ihr Gesellschaft leisten, so nahm ich Lupo an die Hand und ging mit ihm aufs *Parkett*.

- ◊ • ◊ • ◊ -

Herla hatte sich beruhigt und wir ließen die Männer mit dem Schlüssel im Proberaum zurück. Ich begleitete sie zu ihrer Wohnung und bot an, die Nacht bei ihr zu verbringen.

„Das is nich nötig, Josi, danke. Aber ich brauch jetzt was Zeit allein. Ich hab ja deine Kassette mit dem Alla Turca. Mit dem werd ich noch was abhängen." Herla sprach diese fremd klingenden Worte immer wieder gerne aus.

Ich hatte ihr meine CD überspielt und sie bewegte sich oft hingegeben zu der Musik. Es gefiel ihr, darin Ruhe und sich selbst wieder zu finden.

„Dem Gott gefällt die Musik auch", hatte sie mir einmal anvertraut. „Ich fühle dann oft, wie er ganz nah ist."

So begab ich mich allein in meine Wohnung. Was Herla heute erlebt hatte, lag auch auf mir wie eine erdrückende Bleidecke. Ich war ebenfalls ratlos, was sie nun tun sollte. Zurückgehen und um ihren Job betteln? Ich konnte ihr aus vollem Herzen nachempfinden, einem solch berechnenden Menschen nicht mit ihrer Arbeit dienen zu wollen. Andererseits standen ihre Aussichten schlecht, eine neue Stelle zu bekommen. Ich hielt sie zwar in keiner Weise für labil, aber einer Vollzeitbeschäftigung mit durchschnittlichem Anspruch war sie wohl nicht gewachsen. Ideal wäre, wie bisher, eine Halbtagsstelle, wo sie nach Anleitung arbeiten konnte.

Mir kam Mirko in den Sinn. Er war seit kurzem in unserem Altenheim als Hausmeistergehilfe angestellt. Der neue Heimleiter, Herr Klasen, hatte ihn mitgebracht. Überhaupt hatte sich der Verkauf des Hauses als sehr positiv erwiesen. Der komplette Bestand an Bewohnern und Pflegepersonal war übernommen worden. Herr Klasen hatte sich nach und nach mit jedem von uns unterhalten und sich als freundlicher, kompetenter und aufgeschlossener Mann gezeigt. Er suchte den Austausch mit seinen Mitarbeitern und war bemüht, den Bewohnern eine optimale Versorgung und erfreulicherweise auch menschliche Nähe zu gewähren. Die Atmosphäre im Haus hatte sich seither deutlich verbessert.

Mirko wurde uns vorgestellt. Er sei der Sohn eines guten Bekannten, und Herr Klasen wäre erfreut, wenn wir Mirko freundschaftlich in den Kreis der Mitarbeiter aufnähmen.

Heute wusste ich, warum ihm daran so viel gelegen war. Mirko war geistig ein wenig zurückgeblieben. Er war ein lieber Junge von vielleicht zwanzig Jahren, aber gehemmt und relativ unfähig ein fließendes Gespräch zu führen. Seine Aufgaben mussten ihm deutlich und haarklein erklärt werden, dann aber erledigte er sie sauber und gewissenhaft. Ich fand es vielversprechend, in meinem neuen Chef nicht nur einen guten Manager zu wissen, sondern einen Menschen mit der Befähigung, sich für die Not eines anderen zu interessieren. Das war wohl auch der Grund, weshalb ihm die mir unterstellte Obdachlosigkeit keine Probleme bereitete. Er hatte sich, wie ich im Nachhinein erfuhr, meine Akte gesondert aufgerufen und dann entschieden, die Situation zunächst belassen und beobachten zu wollen. Seitdem hatte er schon mehrere Gespräche, zwei in seinem Büro und einige zwischen Tür und Angel, mit mir geführt. Als er von meinem Kontakt zum Tippel-Theater und den daraus resultierten Missverständnissen erfuhr, hatte er nur den Kopf geschüttelt.

„Ich möchte ja nichts Schlechtes über meinen Vorgänger sagen, aber meiner Meinung nach sollte eine soziale Arbeit, wie die Leitung eines Altenheims, unbedingtes persönliches Interesse voraussetzen.“ Über weitere Einzelheiten hielt er sich geschlossen.

Nun kam mir der Einfall, Herrn Klasen von Herlas Problem zu erzählen. Ich war sicher, mich für sie verbürgen zu können und würde ihn fragen, ob sie als Aushilfe bei uns einsteigen könne. Ob bei den Putzfrauen, in der Küche oder im pflegerischen Bereich, war mir egal. Ich wollte Herla nur liebend gerne zu einer Arbeit mit Menschen unter Menschen verhelfen.

Je mehr ich darüber nachsann, um so größer wurde meine Begeisterung bei diesem Gedanken. Diese Frau war zu schade, am Fließband verheizt zu werden. Sie hatte eine offene, erfrischende Art an sich, die vielen alten Menschen guttäte. Ja, gleich Montag früh wollte ich Herrn Klasen ansprechen.

Mein Teewasser kochte gerade, als es Sturm schellte. Kaum hatte ich den Türöffner gedrückt, hörte ich schwere Schritte die Treppe hinaufstürmen. Josch fiel mir ungestüm um den Hals, hob mich hoch und wirbelte mich in die Wohnung, warf die Tür hinter uns ins Schloss und trug mich mit wilden Drehungen ins Zimmer. Unvermittelt auf dem Sofa abgesetzt, versuchte ich, mir einen Reim auf sein Verhalten zu machen. Er kniete sich vor mich auf den Boden, schloss seine großen warmen Hände um die meinen und zog sie an die Lippen. Joschs Augen flimmerten und glänzten, als er mich ansah und seine Erklärung hauchte.

„Josi, Kleines, ich habe Arbeit! Ich bin in meinem Beruf und werde meinen Lebensunterhalt verdienen. Ich bin kein Penner mehr, ich bin wieder ein Zimmermann. Und ...“, sein Blick drang mir tief ins Herz, „wenn du mich möchtest, werde ich dir einen Heiratsantrag machen.“

Ich musste überrascht ausgesehen haben, denn er lachte unsicher, fing sich jedoch sofort und meinte:

„Nicht heute, Josi, ich lasse uns noch Zeit. Aber ich darf dir doch sagen, dass ich dich liebe, oder?“ Er küsste mir wieder und wieder die Hände und hielt mich dann glücklich an sich gepresst.

Stückweise erfuhr ich, was sich ereignet hatte. Am Vormittag war er in der Wäschekammer des Roten Kreuzes und der Caritas gewesen, um sich einzukleiden. Schließlich besaß er jetzt einen Kleiderschrank und hatte vor, ins bürgerliche Leben zurückzukehren. Als er schwer beladen in seine Wohnung kam, steckte ein Brief für ihn im Kasten. Die Handwerkskammer hatte seine Zeugnisse geschickt. Euphorisch machte er sich auf den Weg zu Schreinereien und Zimmereibetrieben.

„In den ersten zweien hatten sie keinen Bedarf. Im dritten sahen sie sich meine Papiere an und waren ganz aufgeschlossen. Als sie danach fragten, wo ich in den letzten Jahren gearbeitet hatte und ich von mir erzählte, gingen bei ihnen die Jalousien runter. Mehr oder weniger freundlich drehten sie ab. So ging es einige Male. Es war brutal, zu sehen wie die Vorurteile wirken. Alles, was sie vorher aufgrund meines Meisterbriefes und den anderen Schreiben gesagt hatten, verschwand unter einem Berg Argwohn und Ablehnung, als wäre ich durch die Jahre auf der Straße zum Monster mutiert." Verständnislos strich er sich durchs Haar. „Bei den schriftlichen Absagen ist das ja nicht so rüber gekommen, aber heute sah ich in den Gesichtern jedes Mal eine deutliche Veränderung. Josi, ich hätte nicht gedacht, wie viel es kostet und mit welch harten Rückschlägen es verbunden ist, wenn ich wieder in mein altes Leben einsteigen will. Doch dann habe ich an dich gedacht", ein wehmütiger Blick streifte mich, „und ich wusste, ich darf nicht aufgeben. Josi, Kleines, du hast mir Kraft geschenkt. Ich habe dich innerlich an die Hand genommen und bin mit dir zusammen zum nächsten Betrieb gelaufen. Immer und immer wieder. Alles Bisherige war ja nur Jobsuche. Die *richtigen* Firmen wollte ich mit meinen Papieren in der Hand abfragen. Ich mochte es auch nicht anonym und schriftlich machen, sondern gleich persönlich vorbeigehen. Und ich hatte Recht. So schwer es auch war, den Leuten bei ihren Absagen, scheinheiligen Begründungen oder manchmal auch beleidigender Offenheit ins Gesicht sehen zu müssen.
Josi, ich habe im letzten Jahr unentwegt an mir gearbeitet und eine Menge gelernt. Habe ich dir mal erzählt, ich lasse mir in Apotheken regelmäßig Rätselhefte geben, um meinen Kopf wieder in Gang zu bringen? Mensch, der war am Anfang ganz schön stur und eingerostet. Aber ich habe gemerkt, wie viel ich durch dieses Training erreichen kann."

Ich unterbrach ihn ungeduldig und rüttelte seinen Arm. „Nun red schon weiter, wie war es dann endlich?"

Ein Strahlen flog über sein Gesicht. „Ein Herr Gedezick nahm mich mit in sein Büro. Josi, der hat mir seine Karte gegeben, wenn du den Namen liest, wirst du nicht glauben, dass er so ausgesprochen wird." Er kramte in seiner Jackentasche und reichte mir das Stück bedruckte Pappe. Ich staunte tatsächlich, als ich die Buchstabenfolge sah: Gdczyk.

Josch erzählte, wie er den Atem anhielt, nachdem er seine Vergangenheit aufgedeckt hatte. Doch Herr Gdczyk reagierte nicht, wie die anderen, gleich nach einer Schrecksekunde ablehnend oder schroff.

„Er blieb ruhig auf seinem Stuhl sitzen", erinnerte Josch sich mit gedämpfter Stimme. „Bestimmt eine Minute lang schwieg er vor sich hin, dann bewegte er den Kopf und sah prüfend über seinen Brillenrand: *Wie lange sind sie schon auf Arbeitssuche?,* fragte er mich. Als ich sagte, es sind vier Monate und ich habe heute die Papiere gekriegt, mit denen bin ich von Firma zu Firma gegangen, meinte er sehr ernst: *Ich denke, sie sind ein guter Mann und fähiger Arbeiter. Wenn jemand solch einen Starrsinn aufweist, steht ihm eine Unterstützung zu.*" Josch hatte feuchte Wangen und er kuschelte den Kopf in meinen Schoß. „Josi, er kennt mich nicht und hat *das* zu mir gesagt."

Ich streichelte dem Mann über den Kopf, der – groß und stark wie ein Bulle – hier verletzlich und sensibel an mich geschmiegt lag und sich seiner Tränen nicht schämte.

Ich erfuhr weiterhin, Herr Gdczyk hatte am Premiereabend im Publikum gesessen und war ein Freund von Luzias Vater – dem Mann, in dessen Restaurant das Buffet hergestellt worden war und der sich selbst mit Arbeit und Geld in diese Aktion investiert hatte. Herr Gdczyk war berührt und innerlich aufgewühlt von diesem Abend zurückgekehrt. Als Josch heute seinen Betrieb betrat, hatte er ihn sofort erkannt. Noch bevor er ihn in sein Büro bat, machte er sich Gedanken, ob und unter welchen Umständen er den vor der Tür wartenden Mann einstellen würde. Denn er war überzeugt, dieser bewerbe sich um Arbeit.

Josch war haltlos glücklich.

Sie hatten aufgrund der besonderen Situation eine Probezeit von neun Monaten ausgemacht. Herr Gdczyk wollte, trotz aller positiven Einstellung, abwarten, ob Josch dem geregelten Leben und den Ansprüchen einer nunmehr ungewohnten, körperlichen Arbeit gewachsen war. Aber Josch war zuversichtlich und auch ich sah keinen Grund zu skeptischen Äußerungen.

Am nächsten Ersten, am Dienstag schon, könne er anfangen, zu den Konditionen eines Gesellen.

Wir waren aufgedreht und ermattet zugleich. Josch stand jetzt wieder richtig im Leben, würde Geld verdienen und seine eigene Wohnung und Leben finanzieren können.

„Josch?", fragte ich verlegen. „Willst du heute Nacht bei mir bleiben? Einfach kuscheln, nicht mehr! Es wäre zu schade wenn wir uns jetzt auseinander reißen müssten. Ich möchte bei dir sein, weiter hören, die Freude mit dir teilen und dich genießen."

Er schaute mich still an. Langsam erhob er sich vom Teppich, auf dem er die ganze Zeit zu meinen Füßen gehockt hatte. Er setzte sich hinter mich und lehnte meinen Rücken an seine Brust, die Arme gekreuzt, drückte er mich an sich. Derart eng verbunden ließen wir unsere wild tanzenden Gefühle zur Ruhe kommen, bis Josch mir das Ohr liebkoste und meinen Hals hinab knabberte.

„Ich war im Leben noch nie so glücklich wie jetzt hier mit dir, einer eigenen Wohnung und einer Anstellung in meinem Beruf. Weißt du, Josephine, ich war mit ganzer Hingabe Zimmerer. Ich liebte diesen Beruf und ich liebe ihn noch heute." Er drehte mich und unsere Lippen fanden sich zu einem Versprechen liebender Verbundenheit.

Dann erzählte ich Josch von meinem Erlebnis beim Bäcker. Er war angetan von dem Einfall und meinem Mut.

„Das wird sich wie ein Lauffeuer herumsprechen, glaube ich. Wenn die Jungs erst mitkriegen, im Proberaum gibt es was umsonst, kommen sie alle angelaufen. In größeren Städten sind bereits verschiedene Tippel-Treffs und Kaffee-Stuben ins Leben gerufen worden. Es gibt warmes Essen, geschmierte Brote oder auch was zum Mitnehmen, je nachdem. Aber solange sich kein Mensch für solch eine Arbeit stark macht, kann es nicht funktionieren, genau wie mit unserem Theater. Da musste auch erst eine Herla aufstehen und uns andere motivieren, bevor daraus was werden konnte."

Nun war es an mir, ihm von den schrecklichen Ereignissen auf Herlas Arbeitsstelle zu berichten. Wie zu erwarten, ging es ihm nicht anders als uns. Er war geschockt, sprachlos und wütend. Und noch einen anderen Gedanken sprach er aus.

„Angelika kann froh sein über ihren Mann. Wenn sie ohne ihn und nur mit normalen Nerven ausgerüstet wäre, könnte sie bald neben dem einbeinigen Max auf der Straße betteln gehen. Du glaubst nicht, wie schnell das geht, Josi. Bis die Behörden und Ämter zahlen, kann dir schon längst die Wohnung wegen Mietrückstand unterm Hintern weggepfändet worden sein. Nicht jeder kann sich an guten Freunden oder einem Partner festhalten, und nur wenige haben in sich selbst die Kraft, dem Leben noch etwas Zuversicht abzuringen. Viele geben sich auf. Das ist schon ein Jammer. Heute denke ich, was mir alles erspart geblieben wäre, wenn ich mich damals nicht fallen gelassen hätte." Seine Hände kraulten über meinen Kopf. „Wir müssen was für Herla tun", schreckte er ruckartig auf. Ich krabbelte neben ihn und erzählte von meinem Plan, Herrn Klasen zu fragen.

„Super, Josi. Mensch, das müssen wir ihr sagen, sie wälzt sich bestimmt vor Sorgen im Bett rum – wenn nicht Schlimmeres". Er erhob sich und machte Anstalten, die Jacke überzuziehen. Mein Blick schweifte unschlüssig zur Uhr.

„Josch, es ist nach eins, da können wir doch nicht mehr bei ihr aufkreuzen."

„Und wenn sie in diesem Moment vor einer Flasche Schnaps sitzt und mit der diskutiert, ob sie sich öffnen lassen will? Josi, Kleines, das können wir nicht zulassen." Er hatte mich schon zu sich gezogen und legte mir eine Jacke über die Schultern.

Kleines sagte er. Zu Anfang hatte ich überlegt, ob er mich damit aufziehen wolle. Aber er hatte Recht, ich *war* klein. Besonders auffällig, wenn ich wie jetzt neben ihm stand. Außerdem hörte ich, zumindest aus seinem Mund, etwas ritterlich Beschützendes heraus. Es gefiel mir, auch wenn ich manchmal schmunzeln musste.

Josch hatte keine Scheu, um diese Uhrzeit freimütig auf die Klingel zu drücken. Offensichtlich hatte er Recht. Herla war wach, denn schon einen Moment später ertönte der Summer. Als wir auf ihrer Wohnetage ankamen, war die Tür nur angelehnt. Josch ging vor, und noch ehe ich das Schloss eingeklinkt hatte, hing Herla ihm schon heulend in den Armen. Er führte sie zum Bett, legte sich mit der Selbstverständlichkeit zweier vertrauter Freunde neben sie und ließ sich die Brust nass weinen.

Minuten später saß Herla, die roten Locken wüst über sich und Josch verteilt, in seine Umarmung gehüllt und wischte sich schniefend mit dem Ärmel über das Gesicht. Sie sah mich mit einem matten Lächeln an und meinte zittrig: „Danke, dass du ihn mir leihst."

Josch zog ihr liebevoll eine nasse Haarsträhne von der Wange und legte sie ihr hinters Ohr. Ich sah ihnen zu und erkannte dankbar, welch feinsinnigen, mitfühlenden Mann ich zum Freund hatte, trotzdem war er kompromisslos und stark. Wieder überkam mich ein warmes Gefühl des Glücks.

„Josi hat eine Idee für dich", hörte ich Josch sanft sagen.

Er erzählte alles, was er wusste, auch von Mirko und wie gut er behandelt wurde. „Herr Klasen scheint ein Mann mit dem Herzen an der richtigen Stelle zu sein", sagte er abschließend. „Wir werden sehen, was Josi am Montag in Erfahrung bringt. Mach dir keine Sorgen, Rotschopf, wir sind ja bei dir."

Herla hatte sich inzwischen gefangen und fragte Josch, ob er was Neues zu berichten hätte.

Er setzte sich ein wenig zurecht und sagte mit gedämpftem Stolz: „Ich habe eine Stelle.“

Herla vergaß im selben Moment die eigene Not und drehte sich abrupt zu ihm um. „Du hast sie? Du bist angenommen?“ Sie riss ihn in den Arm, schob ihn wieder von sich, strahlte in seine Augen, schmatzte ihm einen Kuss auf die Stirn und drückte ihn, bis auch einem Josch die Luft wegblieb.

Er berichtete nun ausführlich von allem, was er erlebt hatte, wobei er eine Geste in meine Richtung machte und mich zu sich auf die Matratze zog. So lagen wir drei in Freundschaft vereint, und als die Sonne die ersten hellen Farben an den Himmel zeichnete, ordnete Herla an, aufzustehen, damit wir die Decke hervorholen und über uns ausbreiten konnten. Friedlich und erschöpft sanken wir in den Schlaf.

- ◊ • ◊ • ◊ -

Das klare Licht eines sonnigen Herbsttages zuckte durch die kahlen Bäume, als wir uns auf den Weg zu dem Bauernhaus machten. In erster Linie wollten wir Herla die lange Wartezeit bis Montag verkürzen, sie wusste noch immer nicht, was sie tun sollte, wenn ihre Schicht wieder losging und sie keine Alternative gefunden hätte. Aber auch Josch und ich wollten gerne in Ruhe um das Haus herumgehen und nach weiteren Mängeln suchen. Darüber hinaus hatte Josch vor, durch den ihm bekannten Zuweg Einlass zu finden. Mir war es zwar unangenehm, möglicherweise als Einbrecher und doch Kaufinteressent angetroffen zu werden, jedoch wollte ich darüber nicht nachdenken.

Nachdem ich wusste, Josch kannte den Weg durch den Wald, verzichteten wir auf die holprige Autofahrt und genossen die frische Morgenluft und den Spaziergang durch raschelndes Laub.

Das Haus lag auf einer Lichtung und stand schon am Vormittag in der vollen Sonne. Das gefiel mir. Wir gingen um die Stallungen herum, wobei Herla einen alten Heukarren entdeckte.

„Was meinste, was wir hier alles finden werden, wenn wir erst ma’ richtig loslegen“, rief sie begeistert. Es machte Spaß, herumzustöbern und Geschichten zu erfinden, Pläne zu schmieden und unserer Fantasie freien Lauf zu lassen. Ja, das war schon ein glückliches Fleckchen Erde, dachte ich versonnen und wanderte weiter um die Ecken. Josch war bereits im Innern des Hauses verschwunden.

„Ohne den Makler im Nacken, kann man viel freier an die Wände klopfen und auch mal hinter einen Schrank schielen“, hatte er verschmitzt gesagt, bevor er durch die kaputte Brettertür verschwunden war.

Meine Kreativität sprühte einen Impuls nach dem anderen. Das Haupthaus war aus Stein gebaut, die Nebengebäude aus Holz, aber offensichtlich waren sie zum Wohnen geeignet. Die Bauten auf der anderen Seite waren nicht massiv, aber für deren Verwendung fiel mir sicher noch etwas Geeignetes ein. Wenn ich erst einmal im Haus meinen privaten Bereich einrichtete, vielleicht sogar für Josch und mich zusammen … Der Gedanke daran ließ mich vor Aufregung rot glühen. Ich hatte das sichere Gefühl, den Mann für eine gemeinsame Zukunft gefunden zu haben.

So absurd es war, ich hatte Ruhe über die Absicht, dieses Haus zu kaufen, es ging mir gut bei dem Gedanken. Ich war nicht anspruchsvoll und könnte mich auch im Provisorium mühelos etablieren. Ob und inwieweit Josch dabei wäre, ließ ich auf mich zukommen. In jedem Fall war er an meiner Seite, wenn auch nicht sofort als Mitbewohner. Wir hatten uns Zeit gegeben und die brauchte ich noch immer.

Schrittweise würde ich an meinem Vorhaben, einem Ferienhaus, arbeiten. Die Art, wie die Kate angelegt war, erlaubte mir, Stück für Stück einen Gästebereich zu eröffnen und auszubauen. Ich war voller Zuversicht.

Ich hatte hinter einem Brombeergestrüpp versteckt Platz genommen, um in Abgeschiedenheit meine Gedanken zu sortieren. Plötzlich entdeckte ich Josch auf der anderen Seite des Strauches. Er hatte mich nicht bemerkt, stand versunken mit Blick auf das Haus und zog einige Grashalme durch die Finger. Die Morgensonne strahlte ihn von der anderen Seite an und ich sah seinen Kopf goldumrandet. Er sah wirklich eindrucksvoll aus, mit seinen breiten Schultern und den langen Beinen. Die braune Lederweste spannte über seinem Rücken, als er die Arme vor der Brust verschränkte und mit schräg gelegtem Kopf das Dach abmaß.

Ich wollte ihn ungesehen noch etwas beobachten und legte mich leise zurück ins Unterholz. *Habe ich tatsächlich den Mann gefunden, der mich liebt und mit dem ich glücklich sein kann?* Benommen entspannte ich mich auf dem weichen Boden. Einige Äste knackten unter mir und Josch drehte suchend den Kopf, doch er konnte mich nicht entdecken, denn ich wollte mich in diesem Moment nicht finden lassen. Zu sehr beschäftigte mich all das Neue, das Haus, die Möglichkeiten die es mir bot. Freilich war mir auch schon der Gedanke gekommen, vorübergehend einigen von der Theatergruppe ein Obdach zu gewähren. Platz genug hätte ich ja, und solang kein Gästebetrieb eröffnet war, störte es niemanden. Aber bis dahin war es noch weit. Letztendlich war das alles ja nur eine verrückte Fantasie. *Warum nicht?*, dachte ich bei mir. *Wer nicht träumt, hat auch keine Kraft zum Leben*, hatte ich irgendwo gelesen. *Ja, wie wahr das ist,* überlegte ich. Josch, – in jeder Bewegung meiner Gedanken tauchte er auf – Josch hatte Kraft zum Leben, und er hatte geträumt. Er hat sich ein Leben außerhalb der Straße vorgestellt, hat sein Ziel gesteckt und nicht eher aufgegeben, bis er es erreicht hatte. Immer wieder ist er aufgestanden, egal wie schwer der Rückschlag und die einzelne Enttäuschung auch gewesen war.

„Josch, wie sehr ich dich liebe!“, sagte ich lautlos und nahm sein Bild in mich auf wie er dort stand, markant und doch so sanft und zurückhaltend, wenn er sich mir näherte. Ich schickte seinem Herzen Liebesgrüße aus meinem Innern. Als hätte er sie gehört, drehte sich Josch in meine Richtung und ging auf das Gesträuch zu. Er besah sich die Ranken und prüfte letzte vorhandene Brombeeren, ob sie noch essbar waren. Mit einem Mal deckte sich die Szene mit meinem Film der letzten Jahre, der Illusion, die mir oft Hoffnung und Mut geschenkt hatte, wenn Verzweiflung und Aussichtslosigkeit mich erdrückten: Mein Märchenprinz, der von irgendwoher auftaucht und am Brombeerbusch mit mir zusammentrifft. Ich glaubte nie wirklich daran, aber ich brauchte dieses Trugbild, um mich über gefährliche Abgründe hinweg zu tragen. Und jetzt sah ich eben jene Szene vor mir.

„Josch“, flüsterte mein Herz voll Dankbarkeit.

Vielleicht bestand eine solch tiefe Verbindung der Seelen, denn er schien mein Rufen zu vernehmen. Er blickte zur Seite und ging langsam suchend ums Geäst herum, bis er aus dem Sonnenlicht auf mich zu trat. Er blinzelte überrascht, legte sich zu mir ins Laub und öffnete die Arme.

„Josi, hier bist du, was machst du so allein und wo ist Herla?“

Ich überging seine Frage. „Bobbi, weißt du was. Ich schätze, das ist mein Haus. Und ich glaube, dies ist für uns beide der nächste Schritt von vielen tausend Glücksschritten in unserem Leben.“ Mit diesen Worten warf ich mich übermütig auf ihn, was zu einer spaßigen Rangelei führte, bis Josch perplex stutzte.

„*Bobbi*? Hast du eben *Bobbi* zu mir gesagt?“

Ich errötete und drehte mein Gesicht zur Seite. „Magst du den Namen nicht? Ich habe das Gefühl, er passt zu dir. Für mich drückt er das aus, was du bist:

groß, lieb, sanft, dennoch stark und zielstrebig und das, ohne etwas platt zu treten. Ich finde, der Name bist einfach Du."

Er lächelte und jetzt war es an ihm, rot anzulaufen.

- ◊ • ◊ • ◊ -

„Nee, nee", sagte Herla und zog dem Mundwinkel schräg in die Höhe. „Ich lass euch Turteltäubchen lieber was allein. Das soll gar nich so gesund sein, die ganze Zeit nen Zugucker dabei zu haben."

So trennten wir uns von ihr mit einer festen Umarmung. Es war ein intensiver, vielschichtig gefüllter Tag gewesen. Nach unserem Waldspaziergang haben wir noch lange zusammen gesessen und über die Möglichkeiten der Hausnutzung und Sanierung gesprochen. Herla war, ebenso wie Josch, überzeugt, auf der Straße Männer zu finden, die bereit und fähig waren, mitzuhelfen. Viele von ihnen hatten handwerkliche Erfahrung, wenn wir auch nicht übersahen, wie dringend notwendig es werde, ihre Arbeiten zu begleiten und ein Auge darauf zu halten. Aber es freute mich, den Enthusiasmus von Herla und Josch mitzuerleben.

„Dann habn wir doch noch ne Ablösung für unser Theater gefunden", meinte Herla wie berauscht. „Ich hatte schon Angst, meine Jungs würden nach Ende der Vorstellungen wieder im Nichtstun versaufen. Josi, du bist'n Sonnenstrahl!"

„Nun mal langsam, Herla", unterbrach ich sie. „Noch gehört mir das Haus nicht. Aber ich gebe zu, der Gedanke daran behagt mir immer besser."

Jetzt wandte sich Herla um, und ich ging mit Josch allein weiter in Richtung meiner Wohnung. Ein weiterer Theaterabend lag hinter uns und ich hatte wieder einmal Ritas Rolle übernommen. Nächste Woche waren wir zu einem Gespräch in der Klinik angemeldet. Wir wollten versuchen, Rita für die Vorstellungen samstagabends frei zu bekommen. Wir nahmen an, es sei nicht allzu riskant, da wir ja striktes Alkoholverbot zu den Auftritten hatten. Zudem könnte die aktive Teilnahme an den Aufführungen hilfreich für sie und ihr angebrochenes Selbstwertgefühl sein. Wir würden sehen, was die Ärzte und Betreuer dazu sagen.

Die Abende im Theater waren jedes Mal von Erfolg gekrönt. Wir erlebten ohne Ausnahme, wie das Publikum berührt wurde. Oft hatte es im Anschluss an die Vorstellung noch spontanen Austausch gegeben, manchmal sogar lange, interessante Gespräche mit Zuschauern.

Heute Abend erkannte ich unter den vielen Menschen die Verkäuferin aus der Bäckerei. Sie hatte mich ebenfalls gesehen, kam herüber, stellte sich jetzt auch namentlich vor und wir unterhielten uns angeregt. Frau Justus war in Begleitung ihres Mannes gekommen, dem sie eine zusätzliche Eintrittskarte gekauft hatte. Ihr Interesse gestern war nicht nur eine leere Phrase, sondern sie wollte sich wirklich ein eigenes Bild machen. Abschließend kaufte sie zwei weitere Karten für ihren Chef.

„Dann kann er sich kaum noch vor einem Besuch bei Ihnen drücken", hatte sie mir augenzwinkernd zugeraunt. Offensichtlich war sie fest entschlossen, alles zu tun, um der Arbeit – den Menschen – zu helfen, und mich ermutigte ihre Einstellung.

Josch hielt seinen Arm wärmend um mich, als wir um die Straßenecke bogen. Ich legte den Kopf in den Nacken und er verlangsamte den Schritt, um mich lange zärtlich auf den Mund zu küssen. „Auf Wiedersehen, Josephine, ich sehe dich dann morgen."

Ich zögerte. „Josch, – magst du noch mit reinkommen?"

Er bewegte sich nicht. Dann sagte er leise: „Wenn dir danach ist, Josi."

Ich hatte das große Bedürfnis, ihm nahe zu sein. Er sollte noch nicht gehen, denn ich wollte nicht allein zurück bleiben.

Auf dem Sofa kuschelte ich mich wieder in seine Arme – wie eine Maus, die sich unter den Achselhöhlen verstecken will.

„Ich mag deine Nähe, Bobbi, ich verkrieche mich gerne bei dir, du bist groß, wie der uralte Baum neben meinem Haus. Weißt du, der, der hinten am Ende des Gartens erhaben und unerschütterlich dasteht."

Josch ließ ein schnaufendes Lachen hören. „Josephine, wenn dir nach Knuddeln zumute ist, dann krabble ruhig unter meine Wurzeln." Unter dem beruhigenden Streicheln seiner Hand schlief ich ein.

Es war stockdunkel, als ich aufwachte und fror. Josch konnte, wie ich bereits wusste, gut im Sitzen schlafen, aber er hatte jetzt eine eigene Wohnung und ein Bett, da fand ich es nicht richtig, ihn in eine unbequeme Position zu zwingen.

„Josch, komm, steh auf, wir legen uns ins Bett, da ist es wärmer", flüsterte ich.

Er schlug die Augen auf. *Schlaftrunken ist er wohl nie,* amüsierte ich mich. Wir erhoben uns und krochen unter die Bettdecke. Wir hatten schon oft – aus Mangel an Sitzgelegenheiten – beieinander gelegen, und so schlief ich bald darauf mit Josch im Rücken ein.

Ich dachte, es sei mein Wecker gewesen, rasch wurde mir jedoch bewusst, heute war Sonntag und so rollte mich wieder zusammen. Josch regte sich gemächlich hinter mir.

Zu dieser Zeit fand ich, erst einmal wach, schlecht zurück in den Schlaf. Zufrieden sann ich über meine Situation nach. Ich stand kurz davor ein Haus zu kaufen! Aber was, wenn es mit Josch doch nicht klappen sollte? Ich wusste, dieser Ort wäre *meine* Zuflucht. Und wenn ich dort mit Josch gemeinsam lebte, um so besser. Ja, ich war mir sicher, ich wollte dieses Haus kaufen.

Dann wanderten meine Gedanken zu Herla. Ob ich ihr würde helfen können? Wie sehr hoffte ich das! Arme Herla, schoss es mir durch den Kopf, was mochte jetzt alles in ihr vorgehen. Was täte ich an ihrer Stelle? Zurückgehen in die alte Firma? Es war nur konsequent und richtig, dort wegzubleiben.

Ich wünsche dir Erfolg, Herla, was immer du jetzt tun wirst. In meinem Innern sandte ich diesen Gruß an sie ab. Sie hatte es verdient, glücklich zu sein.

Und Angelika? Was wäre mit ihr geschehen, wenn Herla nicht so beherzt eingegriffen hätte?

Sollte diese dafür nun bestraft werden? Das dürfte nicht sein.

Angelika, hoffentlich bleibt dein Mann fest an deiner Seite, und du findest einen neuen Anfang, einen Weg, mit deinem schlimmen Schicksal umgehen zu können.

Wie viele Gedanken jagten durch meinen Kopf, ich konnte gar nicht so rasch mitkommen, wie sie gedacht wurden. Sie sausten hin und her, von einem Hirn zum anderen. Das ging mir zu schnell, fast hektisch, ohne Ruhe und Pausen. Ich atmete tief ein, in der Hoffnung, dadurch eine Art Bremse anziehen zu können.

Ich dachte an Josch. Mein Geliebter – Mensch auf meinem Weg. Ich war so glücklich bei ihm, über ihn, mit ihm. Noch immer war es mir wie ein Traum, dass wir uns gefunden hatten.

Ich spürte das Gewicht seines Armes auf meiner Schulter, seine Brust, die sich an meinem Rücken gleichmäßig hob und senkte, der Hauch seines Atems an meinem Hinterkopf. Er lag nahe an mich gedrückt und unsere Wärme wallte zwischen unseren Körpern. Ein schönes Gefühl, verbunden und losgelöst zu sein.

Dann bemerkte ich eine kleine Bewegung hinter mir: kurzes, pulsierendes Zucken. Es waren nicht seine Hände, die im Reflex des Schlafes die Finger zusammenkniffen. Es war etwas unter meinem Rücken.

Plötzlich erkannte ich seine Erregung, und in Bruchteilen einer Sekunde verkrampfte sich mein Körper zu einer starren Figur. Kreischende Verzweiflung wollte mich fortreißen. Dabei bin ich gerade noch so geborgen gewesen!

Ich hielt die Luft an und lauschte in die Stille. Josch atmete ruhig und tief. Er schlief.

Er schläft!, sagte ich mir, *er will nicht über dich herfallen, er kann nichts dafür*.

Gewaltsam versuchte ich, die Schultern zu entspannten und atmete in abgehackten Zügen. Dann drückte ich meine Augen zu, die vor Schreck weit aufgerissen waren.

Es war nicht Josch, der mir etwas antun wollte! Da waren Verletzungen und angstvolle Erfahrungen. Aber Josch, *mein Bobbi*, der Mann, der mir nur Zuneigung und Verständnis bewiesen hatte, konnte nichts dafür.

Meine Panik tobte gegen die Logik des Verstandes. *Josi*, beschwor ich mich. *Mädchen werd ruhig! Mach nicht alles wieder kaputt. Er liebt dich. Josi! Josch, dieser Mann hier neben dir, hat sich dir verschrieben, du hast es ihm geglaubt, du konntest ihm glauben. Und du kannst es jetzt noch. Sieh doch, er schläft, er will dir nichts tun, gib ihm die Möglichkeit, es zu beweisen*.

Bewegungslos hielt ich mich still in meiner Position. Mein Atem ging stockend, aber ruhiger. Ich konzentrierte mich auf das, was ich an meiner Rückseite spürte. Hart regte sich Josch an meinem Steißbein. Nach einer Weile beruhigte er sich wohl, denn es zuckte nicht mehr unkontrolliert – und mich erschreckend – in kleinen Stößen umher. Es lag, nein, es stand gegen meine Wirbel und bewegte sich ruhig, fast schwingend. Josch schlief wirklich, er tat nichts dazu, dessen war ich mir nun sicher.

Ich war allein mit meinen Beobachtungen und das war auch gut so. Ich gab mir die Zeit, innerlich nachzuempfinden, was ich körperlich fühlte.

Es mögen Minuten gewesen sein, in denen ich mich umhertreiben ließ, ohne reagieren, mich rechtfertigen oder wehren zu müssen. Ich dürfte einfach nur in mich hineinhorchen, ohne Druck und Erwartung.

Aus meiner panischen Angst wurde neutrales Beobachten, dann angespannte Gelassenheit, bald Ruhe und zuletzt Leere. Nichts. Ich fühlte nichts mehr.

Ich liebe ihn, und er liebt mich. Diese Gedanken füllten den freigewordenen Raum in mir aus, bis ich durchdrungen war mit der Sicherheit, die diese Worte mir gaben.

Wenn er mich liebt, dann ist seine Reaktion – Erektion – ungewollt im Schlaf, ein Ausdruck seiner Sehnsucht. Nicht kalte, bloße Berechnung. Sein Körper ist losgelöst vom Verstand und zeigt sein Bedürfnis.

Mich überlief ein warmer Schauer bei der Erkenntnis, Intimität könne tatsächlich Ausdruck von Zuneigung sein. Ich bewegte diese Offenbarung in mir und erfuhr völlig unerwartet Freude und auch ein wenig Stolz. Ich bin ihm so nah, dass Josch mich auch im Schlaf spürt und seine Sehnsucht ihn bestimmt.

Noch nie konnte ich in meinem bisherigen Leben darin einen Zusammenhang sehen. Nähe, Wärme und Geborgenheit ja, allerdings gab es für mich keine angenehmen Gefühle unterhalb der Gürtellinie. Aber in diesem Moment erlebte ich zum allerersten Mal eine Andeutung von Wohlempfinden zwischen meinen Beinen. Ich wandte meine Aufmerksamkeit auf diese unbekannte Besonderheit und hatte wieder das überraschende Bedürfnis, Josch zu berühren, seine Haut zu fühlen und ihm ganz nahe zu sein.

Was kommt auf mich zu, wenn ich dem jetzt nachgebe?, fragte ich voll vager Befürchtungen. Wenn wieder ein *Mann* sichtbar hinter der Erregung steht, wäre ich dann noch in der Lage, Josch darin zu erkennen? Oder würde ich nur den Akt, die äußere Form wahrnehmen und keinen Bezug mehr zu unserer Liebe finden?

Ich musste mich wohl bewegt haben, denn Josch erwachte jäh aus dem Schlaf und setzte sich senkrecht im Bett auf. Als er mich erkannte, ließ er sich mit einem süßen Lächeln wieder zurückfallen. Plötzlich merkte er, was ich bemerkt hatte. Er warf sich auf die Seite, einen Sprung von mir weg, und starrte mich mit offenem Mund entsetzt an. Vollkommen verwirrt stammelte er:

„Josi, entschuldige, ... nein, ich wollte nicht, ... ich habe es nicht gemerkt, ehrlich, ... ich, ... bitte, glaub mir“, er wollte mich tröstend streicheln und hielt doch angsterfüllt seine Hände von mir. Als ich seine konfuse Reaktion sah, brachen Tränen der Erleichterung und zittriges Lachen aus mir heraus.

„Josch, nein es ist gut, es ist in Ordnung, bitte komm her.“ Wir fielen zueinander. „Bobbi, ich habe dich an mir gefühlt, und ich dachte ... Aber dann habe ich gemerkt, du schläfst. Josch, ich weiß, du wolltest mir nichts tun. Und ich bin wahnsinnig glücklich über deine Reaktion gerade!“ Beklommen hielten wir uns in den Armen, ganz nah, ganz innig und murmelten schluchzend immer wieder Erklärungen.

Ich konnte mein Glück nicht fassen. Der Schmerz, Angst und Schrecken, die ich in dem Moment in Joschs Augen gesehen hatte, ließen mich wissen: Niemals würde dieser Mann mehr von mir nehmen, als ich zu geben in der Lage war. Die Tränen liefen mir vom Gesicht den Hals hinab, aber mein Herz war erfüllt von Ruhe und Erleichterung.

Lange Zeit blieben wir beieinander liegen.

Irgendwann holte ich tief Luft und Josch hob den Kopf. Sein intensiver Blick mischte sich mit einem Lächeln und er streichelte meine Wange mit dem Daumen. „Nie!“, sagte er ganz ruhig und eindringlich. „Nie, Josi, hast du mich gehört?“

Ich hatte und schrieb mir diese Worte in mein Herz.

„Josch?“, meine Stimme war belegt und ich räusperte mich matt. „Bobbi, ich ... ich möchte dich fühlen ...“, verlegen malte ich Wellen auf sein Schlüsselbein. „Dich, deine Haut, dich ganz.“

Josch blieb völlig still, sah mich lange prüfend an, dann legte er den Kopf neben meinen und streichelte mir das Gesicht, umkreiste die Ohren und küsste meinen Hals. Er nahm sich viel Zeit und gab sie mir. Jede seiner Bewegungen begleitete er mit einer unausgesprochenen Frage und wartete die Antwort ab.

Er schob meinen Pullover hoch, legte sein Ohr auf meinen Bauch und hielt die großen Hände um meine Taille.

„Kennst du das?“, fragte er. „Man hört das Bauchgluckern, und wenn ich die Augen schließe, fühle ich mich wie ein Baby im Bauch der Mutter, vertraut und geschützt.“ Josch lauschte.

Nach einer Weile zog ich ihn am Haarschopf. „Ich möchte auch mal“, und er legte sich zurück. Tatsächlich. Was ich da hörte, war nichts als weiche Wärme. Seine Hände gaben mir von allen Seiten Halt.

Unversehens fuhr ein Trecker durch seinen Bauch und ich krabbelte lachend auf ihn bis sich unsere Nasen fast berührten. „Wollen wir frühstücken?“

Josch grinste mich an. „Ich fürchte, ich habe mich verraten, he?“ Ich blieb aber noch einige Zeit auf ihm liegen und spürte in erwartungsvoller Neugier die Veränderung in meinem und Joschs Körper.

Wir hätten uns bald die Finger verbrüht, als wir versuchten, den Kaffee mit übereinandergelegten Händen in die Thermoskanne zu füllen, und als Josch mir den Rücken hochkitzelte, hätte ich vor Schreck fast das Brot aus der Hand geworfen.

Mit gutem Appetit und vielen zärtlichen Unterbrechungen aßen wir gemütlich im Bett, immer noch voll bekleidet, aber das störte uns nicht. Wir hatten Zeit, es war Sonntag und darüber hinaus lag ein ganzes Leben vor uns.

- ◊ • ◊ • ◊ -

So viel Gutes

Zögernd und etwas ängstlich stand ich vor Herrn Klasens Büro. Doch es ging um Herla. So legte ich meine Hand fest entschlossen um die Klinke und überlegte ein letztes Mal, wie ich mit meinem Anliegen beginnen sollte. In dem Moment wurde die Tür von innen schwungvoll geöffnet, und ich flog mit einem kurzen Aufschrei ins Zimmer – direkt in die Arme meines Chefs.

„Nanu, so stürmisch Fräulein Josephine?"

„Ups, ich … entschuldigen Sie." Schnell schob ich mich auf sittliche Distanz und zupfte verlegen an meiner Kleidung. „Darf ich Sie gerade stören?"

„Aber bitte! Kommen Sie herein", sagte er freundlich lachend und verschloss hinter mir die Tür. „Ich nehme an, Sie spurten sonst nicht in dieser Weise in die Zimmer, also ist es wohl an mir, mich zu entschuldigen."

Er hatte mich in die Besucherecke und nicht an seinen Schreibtisch gebeten. *Ein gutes Zeichen*, dachte ich, er erwartet demnach kein schwieriges Mitarbeitergespräch.

Als wir auf den Ledersesseln saßen, rutschte ich unentschlossen umher. Herr Klasen sah mich aufmunternd an, griff, ohne den Blick abzuwenden, vom Tisch zwei Metallkugeln, die einen kaum hörbares Klimpern von sich gaben, und drehte sie in seinen Händen.

„Wie kann ich Ihnen helfen, mir scheint, Ihr Schuh drückt ziemlich fest."

Ich war dankbar über seinen ungezwungenen Auftritt, setzte mich in Position und legte ihm Herlas Erlebnis dar. Er hörte mir aufmerksam zu, während die Kugeln in seinen Händen kreisten. Er ist ein genauer Beobachter und zieht seine Schlüsse, folgerte ich, als meine Geschichte beendet war.

„Das ist eine schlimme Erfahrung für ihre Freundin – und noch schlimmer wohl für diese Angelika. Aber warum berichten Sie *mir* davon?" Bevor ich zum eigentlichen Teil meines Anliegens kam, fuhr er fort: „Verstehen Sie mich nicht falsch, ich kann mir vielleicht denken, warum Sie das tun. Aber da Sie zu meinen Mitarbeitern gehören, möchte ich gerne von Ihnen selbst den Grund erfahren. Wir vermeiden eine Menge Missverständnisse, indem wir unsere Wünsche äußern, statt sie lediglich zu denken."

Verlegenheit ließ meinen Ohren glühen. Dann erklärte ich ohne Umschweife, wie sehr ich Herlas Zurückhaltung, wieder in diese Firma zu gehen, teile und fragte Herrn Klasen, ob bei uns im Altenheim die Möglichkeit bestünde, sie als Aushilfskraft unterzubringen. Er rieb sich das Kinn, dann wollte er mehr über Herlas beruflichen Hintergrund wissen und fragte mich zuletzt nach meiner persönlichen Meinung.

„Es ist lobenswert, wie Sie sich für diese Frau einsetzen, aber sind Sie tatsächlich überzeugt, es täte ihr *und* auch unserem Haus gut, wenn sie zu uns käme?"

Das war ich! Uns als ich Herrn Klasen von Herlas Arbeit, Organisation und Aufbau des Tippel-Theaters erzählt hatte, war er sehr angetan.

„Ihre Freundin scheint über eine starke Persönlichkeit zu verfügen, und soweit ich verstanden habe, ist sie im Umgang mit Menschen ausgesprochen fähig. Ich würde Ihnen beiden, und auch mir selbst, gerne den Gefallen tun und diese Herla einmal kennen lernen. Ich habe zwar derzeit keine freie Stelle, aber wie Sie wissen, ist immer irgendwo Not am Mann, und wenn Fräulein Herla bereit wäre, in den jeweiligen Arbeitsbereichen einzuspringen, kann sie gerne vorbeikommen und mit mir über alles Weitere sprechen." Während er noch redete, zuckten meine Mundwinkel und es ging ein immer größer werdendes Strahlen über mein Gesicht. Als Herr Klasen fragte, ob morgen um vierzehn Uhr passe, musste ich mich fast zügeln, ihm nicht um den Hals zu fallen.

Er öffnete die Bürotür mit größter Vorsicht. „Es könnte ja mal einer mitsamt der Klinke hereinstürzen", meinte er spitzbübisch und entließ mich meinem Freudentaumel.

Ich sah auf die Uhr, zwei Stunden hatte ich noch. Was würde Herla erst sagen, überlegte ich ungeduldig. Was für ein Tag! Was für ein Chef! Euphorisch ging ich nach draußen, spülte meine Lungen mit kalter Herbstluft und machte mich wieder an die Arbeit.

Josch wartete schon vor dem Haus, küsste mich und nahm mich kurz, aber kräftig in den Arm. „Herla ist total aufgeregt. Sie wartet hinter der Ecke." Er wies mit dem Kopf zu dem Blumengeschäft an der nächsten Querstraße, das schon die ersten Adventsgestecke und Grabgebinde vor dem Laden ausgebreitet hatte. „Hast du schlechte Nachrichten, sollten wir hintenrum gehen", er deutete in die andere Richtung. „Sie wird es wissen, wenn in der nächsten Zeit keiner von uns kommt und will erst mal niemanden sehen."

Kommentarlos setzte mich in Bewegung. Ich lief schnell, aber Josch, der zunächst verwundert stehen geblieben war, spurtete los, hatte mich bald eingeholt und strahlte. „Du hast es also geschafft?"

Er sprang über einige dekorierte Tannengrün am Boden und, während wir um die Ecke bogen, rief ich ihm ein begeistertes *Ja!* zu.

Herla stand vor dem Fenster eines Fahrradverkaufs. Sie trug eine weite dunkle Hose, darüber eine hüftlange, bunt besetzte Jacke und ihre roten Locken sahen aus, wie die Strahlen der Sonne, deren Mittelpunkt eine knallbunte Mütze mit vielen kleinen Plömmeln bildete. Aber der eingezogene Kopf und ihre ganze Gestalt drückten Mutlosigkeit aus. Alsbald bemerkte sie mich aus dem Augenwinkel, drehte sich ruckartig um, starrte uns eine Sekunde an und kam dann mit einem inbrünstigen Aufschrei auf mich zu gerannt.

Sie war fast so groß wie Josch, umschlang mich mühelos und schleuderte mich wild im Kreis umher, wobei ein Passant fluchtartig in Sicherheit sprang.

„Es hat geklappt, Josi?! Das is ja Wahnsinn, ich werd verrückt, wenn ichs nich schon bin." Sie setzte mich unsanft ab, küsste mir die Stirn, griff Josch um den Hals und schmatzte uns beiden abwechselnd ungestüm auf die Backen.

„Erzähl!", forderte sie ungeduldig. „Was hat er gesagt? Was hast du gesagt? Wie wars? Wann kann ich anfangen? Was muss ich tun? Meinst du, ich schaff das? Sind die Leute nett? Die Alten und die, mit denen ich arbeiten werd? Mensch sag schon was, Josi, spann mich nicht so auf die Folter."

„Wenn du mal Luft holst", versetzte ich lachend, und während Herla in unserer Mitte ging und wir alle durch Umarmung verbunden waren, schilderte ich, was sich am Vormittag zugetragen hatte. „Also, zuerst bin ich Herrn Klasen um den Hals gefallen ..." Verwirrt sahen die beiden mich an.

„So sehr haste dich für mich ins Zeug gelegt?", forschte Herla gerührt mit einem skeptischen Unterton, während Josch eine verstörte Miene machte.

Ich erklärte das Missgeschick und beschrieb daraufhin den Ablauf des Gespräches, wobei Herla jedes Detail erfragte, jede Reaktion und den genauen Wortlaut erfahren wollte. Sie war vollkommen aus dem Häuschen.

„Morgen Mittag um zwei", hauchte sie andächtig und Josch zwinkerte mir zu.

Dann trennten wir uns von Herla, und ich ging, von Josch begleitet, zu meiner zweiten großen Prüfung dieses Tages.

Wieder warteten wir, bis in der Bäckerei keine Kunden mehr standen und gingen hinein. Frau Justus erkannte mich sofort und grüßte freundschaftlich.

„Da sind sie ja schon, Frau Halbach. Ich habe gute Nachricht. Der Chef ist einverstanden. Sie können ab sofort abends kurz vor halb sieben ihr Brot abholen."

Das war eine fantastische Nachricht und wir bedankten uns überschwänglich.

Dann sah sie Josch unsicher an. „Gehören Sie auch dazu?“

Ein bisschen unverschämt war die Frage schon, Josch reagierte jedoch gelassen, wenn auch mit vernehmbarem Stolz.

„Nein, ich bin Zimmerer und arbeite in der Firma Gdczyk. Aber im Tippel-Theater spiele ich noch. Früher habe ich auch auf der Straße gelebt, jetzt nicht mehr.“

„Ich spiele ja auch mit“, ergänzte ich. „Eine Frau der Gruppe ist ausgefallen, für die springe ich ein. Ich denke, dies sollte man nicht zu eng sehen. Wenn ich auch zugeben muss, meine Teilnahme hat im Bekanntenkreis für Furore gesorgt“, räumte ich spöttisch ein.

Frau Justus hatte unverblümt gefragt. Das fand ich besser, als wenn sie aus Scheu jeden Kontakt vermieden hätte, so konnte ich ihr diese Neugier nicht verübeln.

Wir verabschiedeten uns mit der Zusage, heute kurz vor Ladenschluss vorbeizukommen.

Josch hielt mir die Tür auf und ich schlüpfte unter seinem Arm hindurch, zog mir die Kapuze über den Kopf und wir traten hinaus in den Regen.

„Wollen wir was essen?“, fragte er und schlug den Kragen hoch. „Würstchen, Brot und etwas Salat hätte ich zu bieten, und wie sieht es bei dir aus?“ Er umschloss meine Hand, die andere verschwand in der Jackentasche.

„Bei mir käme noch eine Dose Fisch dazu, Nudeln oder Reis, Milch und ...“, ich deutete auf meinen Rucksack, „eine Flasche guten Traubensaft, den hat mir Frau Blumenau, eine meiner Omas, heute geschenkt.“

„Überredet“, grinste er und wir änderten die Richtung.

- ◊ • ◊ • ◊ -

Herla hatte unseren Leuten Bescheid gegeben, und so war die komplette Truppe versammelt, als wir mit einer dicken Reisetasche voll Brot und Brötchen im Proberaum ankamen. Mit großem Hallo wurden wir empfangen und unserer Last entbunden.

Ich entdeckte Bert, der sich unaufdringlich zurückhielt. Mit einem Brot und zwei Mandelhörnchen, an denen die Ecken fehlten, ging ich auf ihn zu.

„Grüß dich, Bert.“ Ich reichte ihm das Gebäck.

Während die anderen den Inhalt der Tasche unter Schubsen und Drängen verteilten und sich dann kauend unterhielten oder spielten, was wieder einmal nicht ohne Streit und Obszönitäten abging, versuchte ich, einen Zugang zu dem verschlossenen Menschen vor mir zu finden. Bei unserem ersten Gespräch vor zwei Wochen hatte er mir erklärt, er habe aktuell Probleme mit seiner Verwandtschaft und ich spürte sehr genau, dies war lediglich eine allzu verständliche Notlüge. Ich wollte ihn damals, wie auch jetzt, nicht drängen und beließ es dabei. Wir sprachen miteinander, wobei Bert meist zuhörte und vereinzelte Fragen stellte. Offensichtlich trank er nicht, noch nicht, musste ich leider befürchten, sprach kaum und hielt sich bei allem sehr im Hintergrund. Aber er hatte wache Augen, die sein Umfeld, trotz hängendem Kopf und den gebeugten Schultern, aufmerksam beobachteten.

Nun berichtete er mir mit zunehmender Offenheit und spürbarer Erleichterung, endlich reden zu können, er sei, kurz bevor ich ihn beim Bäcker angesprochen hatte, tatsächlich im Streit von seiner Familie weggegangen. Die Eltern waren vermögend und sein Vater ein erfolgreicher Bau-Unternehmer. Bert sollte Betriebswirtschaft studieren und später das vom Großvater aufgebaute Imperium übernehmen. Er hatte keine Möglichkeit, sich gegen die elterliche Autorität durchzusetzen, obwohl alles in ihm schon seit frühster Kindheit an der Basis arbeiten wollte. Er hatte keine Ambitionen, hinter einem Schreibtisch zu sitzen, Bert wollte den Kran führen, einen Bulldozer lenken oder auf den Gerüsten arbeiten. Immer wieder hatte es zu Hause Streitereien gegeben. Die Eltern konnten mit ihrem Standesdenken nicht zu vereinbaren, wenn der Sohn und einzige Nachfolger sich in der Arbeiterschaft bewegen würde. Zuletzt hatte der Vater gedroht, ihn zu enterben.

„Dieser Satz hat mir die Augen geöffnet. Ich brach mein Studium ab und wollte lieber mit einem kleinen Einkommen leben, als für immer der Willkür meiner Eltern ausgesetzt zu sein. Als mein Vater davon erfuhr, hat er mich aus dem Haus gewiesen und gesagt, er wolle mich nicht wiedersehen und ich würde, soweit sein Einfluss reicht, keinen Fuß auf den Boden bekommen. Leider sollte er Recht behalten." Berts Gesicht war von einer dunklen Wolke verhangen.

Er tat mir leid. Was konnte ich tun? Außer Mut machenden Worten hatte ich keinen Einfluss auf sein Leben, aber ich versuchte mit ihm gemeinsam, konkrete Schritte zu planen, die ihn vor einem weiteren Abstieg in die Hoffnungslosigkeit bewahren sollten. Josch hatte neben uns Platz genommen und, nachdem er still zugehört hatte, tauschte er mit mir einen fragenden Blick und sagte dann:

„Josi, was meinst du, sollen wir Silvana fragen, ob sie ihren Bruder überreden kann, Ritas Zimmer vorübergehend zu vermieten? Er wird wohl nicht allzu viel dafür verlangen können." Er sah Bert eindringlich an. „Ich denke, du gehörst zu denen, die sich nichts schenken lassen. Wenn du wieder auf dem Damm bist, kannst du uns das Geld ja zurückzahlen."

Josch besaß ein feines Gespür für die verborgenen Regungen im Menschen, und ich war sicher, wenn er sich so sehr investierte, musste er überzeugt sein, richtig zu liegen.

Bert schaute uns abwechselnd an. „Das würdet ihr tun?"

„Wenn du erst eine Adresse nennen kannst, wirst du auch bald Arbeit finden", war Josch überzeugt. Dann kräuselte er nachdenklich die Stirn, stand vom Stuhl auf. „Moment mal", und ging zu Karl-Heinz, um einige Worte mit ihm zu wechseln. Als er sich wieder zu uns setzte, meinte er: „Kalle nimmt dich heut Nacht mit zu sich, und morgen sehen wir weiter, in Ordnung?"

Bert strahlte und fuhr sich mit der Hand durchs bebende Gesicht. „Danke, Mann. Ich war schon dabei, mich aufzugeben. Das ist verdammt hart, so verloren da zu stehen."

Josch grinste freundschaftlich. „Mit der Zeit hättest du schon kapiert, wo du Essen und Wasser herbekommst, aber es ist ein Drecksleben, das sag ich dir. Sei froh, wenn du drum herumkommst."

- ◊ • ◊ • ◊ -

Josch brachte mich nach Hause und ging dann allein in seine Wohnung zurück, schließlich war morgen sein erster Arbeitstag. Ich gab ihm noch einen Wecker mit, drückte ihn an mich und wünschte von ganzem Herzen Erfolg.

Als ich später in meinem Bett lag, ließ ich den vergangenen Tag Revue passieren. Viel Gutes hatte sich ereignet, freute ich mich zufrieden und lenkte meine Gedanken auf Josch. Mich bestärkte jede Minute unseres Zusammenseins in der Überzeugung, wir waren füreinander geschaffen. Er war in allen Punkten der Mann, den ich mir erträumte – mit Ausnahme der letzten sechs Jahre seines Lebens. Mit solch einer Vergangenheit hatte ich nicht gerechnet. Aber vielleicht hat erst diese Zeit das aus ihm gemacht, was er war. Andererseits besaß er eine gute Erziehung, war charmant und zuvorkommend, alles Eigenschaften, die er ohne Obdach wenig nutzen konnte, dennoch hatte er mir und später den Studenten gleich von Beginn an liebevolle Achtung zukommen lassen. Auch im Umgang mit seinen Straßenkollegen sah man ihm seine Selbstdisziplin und das Führungswesen des ehemaligen Firmenchefs an. Er hatte nie einem anderen die Verantwortung für sein Dilemma zugeschoben. Josch entschied selbst über sein Leben, und das war es wohl, was aus ihm eine solch starke Persönlichkeit machte. Obendrein wusste er Menschen einzuschätzen und mit ihnen umzugehen. Oft beobachtete ich, wie er ruhig aber nachdrücklich die teilweise handfesten Auseinandersetzungen anderer OFW-ler schlichtete. Zwar mischte er sich nie ungefragt in Streitereien ein, jedoch schien er eine Art Bürgermeister oder Richter für die Jungs zu sein. Wer, wenn nicht Josch, war für solch eine Position geeignet?

Selbst als Karl-Heinz einmal mit der Faust zum Schlag gegen ihn ausholte, wurde er weder unwirsch noch handgreiflich. Er fing Kalle am Handgelenk ab, drehte ihm den Arm und meinte gefasst, aber ohne Widerspruch zuzulassen:

„Kalle, halt die Backen! Du gehst jetzt nach Hause und schläfst deinen Rausch aus. Vor morgen will ich dich hier nicht mehr sehen." Karl-Heinz hatte es akzeptiert, ging vor sich hin protestierend aus dem Raum und knallte die schwere Tür ins Schloss. Ich hatte damals staunend daneben gestanden.

Josch, dieser Bär von einem Mann, neben dem ich mich unter anderen Umständen ängstlich und eingeschüchtert gefühlt hätte, war nun der Mensch, der mich lehrte, was Liebe bedeutet. Die Freundschaft und intensiven Gespräche, die uns verbanden, waren ein Teil dessen. Aber auch seine Nähe, seine großen und doch sanften Hände, die zögerlich meine Haut berührten, und seine Zurückhaltung sich mir körperlich zu nähern, zeigten mir, Liebe vermag tatsächlich Wunden zu heilen. Früher einmal hatte ich bitter über diese Aussage gelacht. War es doch die sogenannte Liebe, die meine Grundfeste zerstört hatte. Josch hat mich verbunden, behütet und gepflegt, hat mir die Zeit gelassen die ich brauchte und noch immer brauche.

Als wir am Sonntag zusammen im Bett frühstückten, hielt er sich zurück, bis ich mich ihm näherte. Er begleitete meine Bewegungen, aber vermied es, mir voranzugehen oder mich zu treiben. Ich war diejenige, die das Geschehen bestimmen durfte, und das gab mir die Sicherheit die ich benötigte. Ich lag in seinem Arm und spürte den warmen Geruch seiner Haut. Unsere bloßen Oberkörper berührten sich. Noch nie hatte ich meine Weiblichkeit als etwas Schönes empfunden. Aber als Josch mich ansah und streichelte, drängten sich weder Angst noch Peinlichkeit in meine Gefühle, obwohl ich ihm doch schutzlos ausgeliefert war.

Auf ihm liegend spürte ich durch seine dünne Leinenhose hindurch sich etwas regen und ich schwankte zwischen aufkeimender Panik und dem Wunsch, Josch glauben zu können und ihm nahe sein zu wollen. In dem Moment nahm er mich in den Arm. Er hielt mich nicht gefangen, sondern er tröstete mich und flüsterte heiser:

„Josephine, es tut mir leid! Aber ich kann nichts dafür, es kommt halt. Bitte, lass dich nicht verrückt machen, ich kann mich zurückhalten!“, er fixierte mich. „Ich werde dir nichts tun, Kleines. Kannst du mir das glauben? *Willst* du mir glauben?“

Ich bezwang mich, legte langsam den Kopf zurück auf seine Brust und konzentrierte mich auf das, was ich von ihm fühlte.

In mir wuchs ein fremdartiges Bedürfnis und ich bewegte mich zögernd auf seinem Körper. Es war schön, was ich empfand, aber mehr wollte ich nicht, mehr würde mich überfordern. Josch hielt sich ruhig. Nur seine Hände liebkosten meine Haut. Ich spürte mich getragen von Wellen ungekannten Glücks und genoss den Reiz dieses Augenblicks.

Bis Josch sich unter mir wand und mich mit gepresster Stimme beschwor: „Josi, entschuldige, ich muss mal unterbrechen. Lässt du mich bitte ins Bad?“

Minuten später kam er sichtlich entspannt ins Bett zurück. „Da bin ich wieder, Kleines.“ Er hob mich schwungvoll auf sich und wir setzten unsere neu errungene Nähe fort.

- ◊ • ◊ • ◊ -

Den ganzen Tag stand ich unter Hochspannung. Immer musste ich an Josch denken. Wie wird der Neueinstieg sein? Was hat er zu tun, und kann er sich an die Dinge aus seinem ganz anderen Leben noch erinnern? Werden die Kollegen und Leute in der Firma ihm dumme Fragen stellen? Ich konnte keinen klaren Gedanken fassen.

Gegen vierzehn Uhr fing ich Herla am Hauseingang ab und wünschte ihr mit einer Umarmung alles Gute zum Vorstellungsgespräch.

„Ich hab ganz weiche Knie“, sie verdeutlichte ihre Worte durch übertriebene Gebärden. „Aber du hast versprochen, dein Boss beißt nich, also wird schon alles schief gehn.“

„Atme tief ein, *bevor* du die Hand an die Klinke legst“, sagte ich noch und sie verschwand schulterzuckend um die Ecke.

Kurz vor Feierabend ließ mich Herr Klasen in sein Büro bitten. Er öffnete die Tür und streckte mir gutgelaunt seine Hand zum Gruß entgegen.

„Na, da haben Sie mir ja ein Herzchen ins Haus gebracht“, scherzte er und mir wurde jetzt erst richtig bewusst, Herla wurde mit ihrer speziellen Art nicht überall verstanden. „Aber ich denke dennoch, wir werden mit Fräulein Herla gut auskommen, sie scheint trotz ihrer Eigenheiten ein verständiger Mensch zu sein. Und ich glaube, sie wird sicherlich einen guten Zugang zu unseren Bewohnern finden. Das wollte ich Ihnen nur schon einmal mitteilen. Ich ...“, er zögerte ein wenig und rieb sich die Nase. „Halten Sie mich bitte nicht für indiskret, wenn ich das frage, aber ... der junge Mann gestern, den Sie so heißblütig vor dem Haus begrüßt haben, ich sah es zufällig aus dem Fenster, ich nehme an, er ist Ihr Freund. Kann es sein ... ich glaube, ich habe ihn auf dem Foto des Obdachlosen-Theaters gesehen? Ist er ... ich meine ...“

Ich war irritiert und ein wenig empört über seine unverschämt persönliche Frage, so antwortete ich schnippisch:

„Ja, er war obdachlos und nein, er ist es nicht mehr! Er ist Zimmermann. Mit einem Meisterbrief“, fügte ich noch bekräftigend hinzu. „Und mit wem ich liiert bin oder nicht, ist doch hoffentlich nicht Sache meines Arbeitgebers, oder wie denken Sie darüber, Herr Klasen?“

Ich hatte mich in Rage geredet, sah ihn provokant an, und Herr Klasen war sichtlich bestürzt und peinlich berührt.

„Ich möchte mich in aller Form bei Ihnen entschuldigen, Frau Halbach. Ich wollte Ihnen nicht zu nahe treten und dennoch habe ich es getan. Bitte, verzeihen Sie. Es war, wie soll ich sagen, eine Art Neugier dem Unbekanntem gegenüber. Sie scheinen mir sehr vertraut zu sein mit den Menschen des Theaters, und für mich – für uns allgemein – ist dieser Teil der Gesellschaft mit Vorurteilen und Unsicherheiten behaftet. Ich wollte im Grunde nur mehr darüber erfahren und es ist mir entsetzlich unangenehm, dabei einen so ungeschickten Weg gewählt zu haben.“ Er sah mich an mit einem Blick, den wohl selten ein Chef seiner Angestellten entgegenbringt, und ich konnte ihm seinen Fehler nachsehen. Dann beschrieb ich meine Erfahrungen mit den Menschen von der Straße, meine eigene Verwunderung und Berührungsangst in den ersten Wochen und insbesondere die positiven Verwandlungen, die wir durch das Proben des Theaterstückes erlebt hatten.

„Viele dieser Menschen wollen gerne wieder etwas machen, selbst wenn sie einmal allem gleichgültig den Rücken zugekehrt hatten. Irgendwann erreichen sie den Punkt, wo sie dort raus wollen. Einige schaffen es, andere sind so tief in ihrem Teufelskreis gefangen und trinken um jeden Frust zu betäuben, wodurch sie sich noch mehr verstricken. Wieder andere haben und geben sich selbst noch eine Chance. Wir haben es bei den Proben gemerkt. Für Josch, meinen Freund, war das der i-Punkt, den er gebraucht hat. Auch eine Frau aus der Gruppe hat neuen Mut bekommen, weil sie gemerkt hat, sie ist den Anforderungen gewachsen und hat dadurch ihre Leistungen gesteigert." Ich bat Herrn Klasen um Verständnis und Mitgefühl für die Situation dieser Menschen.

„So, wie Sie mir das erklären, sollte mal eine Abhandlung publiziert werden. Sagen Sie, wann finden die Vorstellungen des Theater statt?"

Herr Klasen war wirklich interessiert, und seinen plumpen Fehltritt zu Beginn des Gespräches wollte ich vergessen. Er entließ mich mit guten Wünschen für *weiteren Erfolg am Menschen* und dem Versprechen, mich spätestens im Tippel-Theater wiederzusehen.

Ich fand Herla, die unter dem Dach der Bushaltestelle hin und her lief. Als sie mich sah, rannte sie mit wehenden Haaren zu mir und ihr Überschwall riss mich fast zu Boden.

Aber der Tag war noch nicht zu Ende. Wir machten uns auf den Weg zur Klinik, um Ritas Möglichkeit, an den Aufführungen teilzunehmen, mit den Ärzten zu besprechen. Auch dort kamen wir zu einem sehr positiven Ergebnis. Eine Gruppe von drei oder vier Patienten, alles Alkohol- oder Drogenabhängige, würde mit einem Betreuer an der Veranstaltung teilnehmen. Ein solches Unternehmen ließe sich gut in den Resozialisierungsprozess mit einbauen, sagte man uns.

Rita war sichtbar erleichtert, als wir ihr davon berichteten und ebenso zuversichtlich, ihre Rolle ohne weitere Proben, mit nur einer kurzen Abfrage am Abend, meistern zu können. Mir entging nicht die stolzgeschwellte Brust, als sie sagte:

„Da werden die anderen aber staunen, wenn sie mich auf der Bühne sehen." Überaus zufrieden machten wir uns auf den Heimweg.

„Dich bekomme ich heute wohl gar nicht mehr auf den Boden?", neckte ich, als Herla auf dem Weg zum Bus verrückte Luftsprünge vollführte. Sie war vollkommen überdreht und wusste kaum, wohin mit ihrer Energie.

„Ich will jetzt noch ins Krankenhaus, nach Angelika sehen", sagte sie, und ich wandte mich, um wie abgesprochen mit Silvana zu Harald zu gehen.

Tatsächlich gab er nach kurzem Zaudern sein Einverständnis, Ritas Zimmer vorübergehend an Bert zu vermieten.

„Weißt du was?“, meinte Silvana spontan. „Ich werde mit den anderen aus unserer Gruppe reden, aber ich gebe dir jetzt schon das Versprechen, wir übernehmen für Bert eine Patenschaft. Ich stelle eine Sammeldose auf und ich bin überzeugt, meine Leute sind bereit, das fehlende Geld für die Miete dazuzulegen. Wir haben letztens schon mal darüber gesprochen, wie schade es ist, wenn unser Projekt in ein paar Wochen ausläuft. Es hat uns gut getan, einmal etwas Konkretes zu geben, ich meine, gezielt zu helfen. Ich bin ja schon froh, weil ihr den Raum vorerst behalten könnt, dann wissen wir euch dort wenigstens als Gruppe anzutreffen.“

Erstaunt hakte ich nach: „Meinst du wirklich?“

„Na klar, nun guck doch nicht so dämlich. Glaubst du nicht, es gibt uns ein gutes Gefühl, jemanden vor der Straße zu bewahren? Und keiner bricht sich dabei das Kreuz. Das ist schon in Ordnung, Josi. Hand drauf, ich regele das.“

Wie betäubt machte ich mich auf den Heimweg. Wenn ich den heutigen Tag durchdachte, war mir schleierhaft, warum überhaupt noch jemand in Not lebt, wenn doch so viele hilfsbereite Menschen herumliefen. Selbstverständlich war mir bewusst, die Erlebnisse heute und in den letzten Tagen waren Zufälle oder zumindest Ausnahmen, aber ich fühlte mich im Moment überrollt von einer Glückslawine. Auch wenn sie nicht meine eigene war, so konnte ich doch daran teilhaben.

Auf der Straße traf ich Polly und bat ihn, Bert die gute Nachricht zu überbringen und mit Karl-Heinz zusammen für eine Grundausstattung der Wohnung zu sorgen. Sie hatten ihre Quellen.

Ich schüttelte ihm die Schulter. „Polly, hast du begriffen, was ich dich gefragt habe?“ Er war offensichtlich betrunken, das hieß aber noch lange nicht, er wäre unfähig, das Gehörte umzusetzen.

„Klar doch, mein Sonnenstrahl, ich mach alles, was du sagst.“

Er blies mir eine Kusshand zu und machte auf der Hacke kehrt. Ein lieber Kerl war er, aber offensichtlich brauchte er einen gewissen Alkoholpegel im Blut.

Jetzt konnte ich endlich in meine Wohnung zurückkehren und zu Joschs Empfang einen schönen Abendbrottisch decken.

Als hätte er an der Tür gelauscht, kam er auch schon in dem Moment, wo alles gerichtet war. Abgekämpft, aber bis hinter die Ohren strahlend, fiel er mir in die Arme und dann auf den Küchenstuhl.

„Josi, es war gigantisch! Ich fühle mich, als sei ich doppelt so breit und groß. Seit Ewigkeiten habe ich nicht mehr so viele Muskeln an einem Tag angestrengt. Aber es war fantastisch."

Ich goss uns Tee ein und er griff zum Brotkorb, nahm gleich zwei Scheiben auf einmal heraus und schmierte sich einen dicken Doppeldecker. Mit vollen Backen erzählte er weiter. „Entweder wussten die Kollegen nichts von meinen letzten Jahren oder sie sind super gut drauf. Keiner hat nen dummen Ton verlauten lassen."

Er schilderte seine Erlebnisse in allen Einzelheiten und ich freute mich mit ihm über seinen Erfolg. Kaum hatten wir uns ins Wohnzimmer gesetzt, hörte ich auch schon ein Schnarchen neben mir.

Ich werde ihn halt morgen rechtzeitig wecken müssen, dachte ich gutmütig, *dann kann er sich noch duschen*. Weil ich ihm nicht mit Kleidung aushelfen konnte, musste er morgen wohl oder übel einen frühen Spaziergang zu seiner Wohnung machen.

Verträumt sah ich auf Josch, der mit lang von sich gestreckten Beinen und hängendem Kopf im Sessel lag und tief entspannt atmete. Das Leben beginnt sich zu sortieren, freute ich mich und legte eine Decke über ihn.

- ◊ • ◊ • ◊ -

Ich traf Herla im Pausenraum. Sie war fürs Erste in der Bügelstube eingesetzt worden.

„Ätzende Arbeit", sagte sie und zog spöttisch den Mundwinkel schräg. „Aber da haste Zeit zum Quatschen, es is auch immer mindestens eine Frau mit im Raum, das is schon lustig und die Leute sind alle ganz nett."

Herla nippte an ihrer dampfenden Tasse Tee und sah mich über den Rand hinweg an, aber ich konnte dennoch die Verlegenheit in ihrem Gesicht erkennen. „Weiß du, was ein *Mau-Mau* is?"

Ich stutzte und überlegte, ob es außer dem Kinderspiel noch eine andere Bedeutung für diesen Ausdruck geben könnte.

„Ich weiß nicht recht, ich kenne das Wort nur als Name für ein Kartenspiel, meinst du das vielleicht?"

Herla setzte erleichtert ihre Tasse ab und wischte über den Mund, offensichtlich hatte sie sich die Zunge verbrannt. „Na, dann ist ja gut. Erklärst du mir, wie's geht? Mirko hat mich gefragt, ob ich heute Nachmittag mit ihm ne Runde Mau-Mau spiele. Ich wusste ja nich genau, was der von mir wollte."

Bemüht, sie mein Lächeln nicht sehen zu lassen, beschrieb ich ihr die simplen Regeln und freute mich für sie beide, dass sie aneinander Anfänge einer Freundschaft entdeckt hatten.

Josch kam auch am zweiten Abend ebenso glücklich wie körperlich erschöpft bei mir vorbei. Diesmal war er allerdings zuvor in seiner Wohnung gewesen, hatte geduscht und sich umgezogen. Mit einem Blumensträußchen, das er unterwegs aus verschiedenen Vorgärten zusammengestellt hatte, begrüßte er mich warmherzig und erzählte mit geröteten Wangen.

„Heute habe ich das Balkenwerk für ein Vordach zugeschnitten. Josi, ich bin so erleichtert, endlich wieder etwas Sinnvolles zu tun, das kann ich dir gar nicht beschreiben." Er küsste mich sanft am Hals, und wir ließen uns zum Abendbrot am Tisch nieder. *Trautes Familienglück*, schoss es mir durch den Kopf, und ich folgte interessiert seinen Ausführungen.

Auch ich hatte meine Pläne weiter vorangetrieben. Mein Onkel berechnete jetzt konkret die Finanzierung meines Hauses. In einigen Tagen würde ich einen Bekannten von ihm treffen, der anhand des Exposés und der Pläne, die mir vorlagen, die Rechtfertigung des Kaufpreises einschätzen wollte. Sollte sich alles so weiterentwickeln wie es im Moment den Anschein hatte, wäre ich ab Dezember Besitzerin einer kleinen verfallenen Kate am Waldrand.

Josch legte den Arm und mich und meinte ein wenig verlegen:

„Ich denke, in zwei, drei Tagen habe ich die körperliche Umstellung überwunden, Josi. Es tut mir leid, im Moment bin ich zu nichts mehr zu gebrauchen. Möchtest du noch bei den anderen im Treff vorbei schauen?" Fast kniefällig sah er mich an und ich knuffte ihm liebevoll in die Seite.

„Bobbi, du bist süß! Wenn du dich sehen könntest, wie du hier im Sofa hängst, ein stattlicher Handwerksmeister, der völlig saft- und kraftlos um Gnade wimmert." Ganz so geschwächt, wie ich dachte, war er wohl doch nicht, musste ich mir eingestehen, als er mich mit einem Ruck auf seinen Schoß zog und an sich drückte.

Ich bot ihm an, hier zu bleiben und morgen nach einem gemeinsamen Frühstück zur Arbeit zu gehen.

„Dich in meinen Armen zu halten, wird mir bestimmt doppelt guten Schlaf bescheren", sagte er und wir schmiegten uns im Nebenzimmer unter der Decke aneinander.

Es lagen nur noch vier Auftritte des Tippel-Theaters vor uns, aber wir ahnten, damit war nicht alles abgeschlossen. Die Truppe hatte bereits eine Einladung, im kommenden Mai während der Projektwoche einer Jugendarbeit in Bochum, auf der Straße eine Vorstellung zu geben. Ich freute mich, weil unsere Arbeit bekannt geworden war und zu ähnlichen Initiativen Mut machte.
Rita kam pünktlich in Begleitung ihres Betreuers und drei weiteren Patienten. Herla holte sie hinter die Bühne, während ich mich mit den Vieren über das Stück und den Aufbau des Ganzen unterhielt. Andreas war interessiert, Herla zu einem ausführlichen Gespräch in den Mitarbeiterkreis der Klinik einzuladen. In jedem Fall würde er den heutigen Abend in den nächsten Tagen zum Gesprächsthema machen, erklärte er mir. Nach allem, was er nun schon über den Inhalt des Theaterstückes wusste, sei es sicherlich eine gut auszubauende Diskussionsgrundlage unter den Bewohnern seiner Station.
Auch entdeckte ich während der Aufführung Herrn Klasen im Publikum. Ich konnte nicht umhin, ihm ab und zu einen verstohlenen Blick zuzuwerfen. Er war tief gerührt, ich erkannte Betroffenheit in seinem Gesicht. Er machte den Eindruck, als versuche er, in den einzelnen Menschen hineinzusehen. Mit besonderer Aufmerksamkeit bedachte er Josch. War es die unangenehme Neugierde des Arbeitgebers oder das echte Interesse eines mitfühlenden Menschen, fragte ich mich, von Wohlwollen und Unwillen hin und hergerissen.

Aber als er nach der Aufführung suchend Ausschau hielt, mich dann leutselig begrüßte und zielstrebig auf Josch zuging, tat ich im Stillen Abbitte für meine anklagenden Gedanken. Er schüttelte Josch die Hand und legte zur Bestätigung seine linke darauf.

„Herrööh …“

„Merkur, Josch Merkur“, sagte dieser zuvorkommend.

„Herr Merkur, ich bin zutiefst ergriffen über das, was ich hier heute Abend gesehen habe. Dies alles war eine herausragende Darstellung des Menschen und erschreckend überführend.“ Er verbeugte sich kurz. „Mein Herr, ich danke Ihnen, und richten Sie meine besten Grüße aus an Fräulein Herla und an die anderen Darsteller.“ Eine leichte Verbeugung in meine Richtung, ein schneller Händedruck. „Fräulein Josephine“, dann verließ er fast fluchtartig den Raum. Josch und ich sahen uns erstaunt an.

„Na, den hat es aber getroffen, glaub ich“, sagte Josch. „Wer war das überhaupt?“

- ◊ • ◊ • ◊ -

Ein neues Kapitel

Wir strahlten wie Kinder am Heilig Abend. Josch hatte den Arm voll Brennholz, während ich die weniger schweren Äste zum Anmachen trug.

„Montag gehört es mir“, quietschte ich ausgelassen und drehte mit meinem Bündel vor der Brust einige weniger grazile Sprünge. Josch lief hinter mir her und rammte gegen mich, ich stolperte seitwärts, ließ das Geäst fallen, um mich im letzten Moment aufzufangen. Übermütig warf auch er das Holz von sich und drehte mich in seinem Arm.

„Kleines, du bist Großgrundbesitzerin.“ Ein langer Kuss unterstrich seine Gratulation.

Herr Hartmann hatte mir heute den Schlüssel ausgehändigt, was konnte schon passieren? In drei Tagen war Notartermin, die Finanzierung war geklärt und er war froh uns und die verfallene Kate endlich los zu sein. Josch hatte den Preis noch kräftig gedrückt, obwohl ich in Erfahrung gebracht hatte, allein das Grundstück mit dem halb verfallenen Gebäude war das geforderte Geld wert. Aber vermutlich saß dem Makler die Erbengemeinschaft im Nacken und wollte zeitnah Geld sehen, jetzt, nachdem sie sich endgültig zum Verkauf durchgerungen hatte. Er ließ sich von Josch überzeugen, dieses Haus würde nach einem weiteren unbewohnten Winter schlimmere Schäden davontragen und stimmte zu, den Preis abzusenken.

Nun war es soweit. Ich hatte mich entschieden, baldmöglichst in dem unteren Wohnraum einzuziehen. Strom- und Wasserversorgung waren gesichert und würden gleich in den nächsten Tagen wieder eingeschaltet werden. Was hielt mich dann noch in meiner alten Wohnung? Ich würde mir hier schon bald eine gemütliche Behausung einrichten, davon war ich überzeugt.

Aber heute hatten Josch und ich vor, wie Landstreicher in mein eigenes Haus einzubrechen und gemeinsam eine Nacht in der romantischen Einfachheit eines ausgeliehenen Lebens zu verbringen.

Jedoch hatten wir einiges zu unserer Bequemlichkeit mitgebracht. Außer mit genügend Decken und Schlafunterlagen, waren wir auch mit einem Korb voll Lebensmitteln und Kerzen hier eingetroffen. Wohlweislich hatte ich mir vor Wochen einen Kombi zugelegt, denn wenn auch nicht abseits aller Zivilisation, so sollte ich doch für Einkäufe, Baumaterial und Möbeltransport besser einen eigenen Wagen haben.

Wir klaubten unser Brennholz vom Boden und gingen gutgelaunt auf die Haustür zu.

„Willst du aufschließen oder wollen wir hinten einsteigen?“, fragte Josch verschmitzt.

Ich legte den Kopf schief und lächelte ihn um Nachsicht heischend an. „Hm, ich bin vielleicht eine Abenteurerin, aber ich fürchte, eine sehr bequeme. Wie wäre es, wenn wir erst das Feuerholz und unsere Sachen aus dem Wagen reinbringen und danach wieder abschließen, um von hinten einzusteigen?“

Josch lachte, legte seine Äste neben dem Eingang ab und ging auf das Auto zu, um unsere Vorräte zu holen.

„Du solltest den Wagen besser hinter die Büsche fahren, sonst entdeckt uns noch jemand, das wollen wir doch nicht, oder?“

So kletterten wir einige Minuten später durch den geborstenen Hintereingang der Milchküche ins Haus. Josch drehte sich abrupt zu mir um.

„Psst! Du weckst ja die ganze Nachbarschaft auf mit dem Krach, den du machst.“

Er tat sehr geheimnisvoll und mir prickelte der Nacken wie ich es zuletzt als Kind beim Durchstöbern fremder Gärten erlebt hatte. Josch nahm meine Hand und zog mich durch die halbdunklen Räume. Neben dem großen Kaminofen angekommen, sagte er um Ernst bemüht:

„Lektion Nummer eins, hinterlasse keine Spuren, sonst wirst du entdeckt und dein schöner Schlafplatz wird dir genommen. Lektion Nummer zwei, sieh zu, dass du es warm hast – zumindest wenn die Frau deines Herzens bei dir ist“, fügte er lachend hinzu und drückte mich an seine Seite. Dann begann er mit geübten Handgriffen im Kamin den Zunder aufzuschichten und in kürzester Zeit züngelten Flammen am Holz entlang, auf das er nach und nach dickere Äste legte. „Normalerweise mache ich nie Feuer, jedenfalls nicht in Häusern, da wird man zu schnell aufgespürt. Doch ich zog mich meist nur zum Schlafen zurück, da reichten mir meine Decken.“ Josch grinste breit. „Auch wenn ich inzwischen wieder weiß, wie viel angenehmer ein geliebter Mensch wärmen kann.“

Seine Hand glitt mein Bein hinauf und blieb schwer auf meiner Hüfte liegen. Josch gab noch ein Wurzelstück in den Ofen, schloss die kleine Eisentür und als er sich erhoben hatte, schob er seine vom Feuer erhitzten Finger hinter mein Ohr.

„Josephine, ich bade in einem See voll Glück, seit du bei mir bist." Seine weichen Lippen legten sich auf meine kalte Stirn und ich lehnte mich an seine Brust, nahm seine Wärme in mich auf, dann sah ich ihn an.

„Wollen wir was essen?"

Zur Antwort nahm Josch meine Hand und zog mich durch das Zimmer. „Jetzt zeige ich dir, wie wir auf der Straße unseren Kaffee kochen." Er griff in die Nische hinter einem Schrank – offenbar hatte er dort vor Zeiten seine Utensilien versteckt – und holte einige verbeulte Gegenstände hervor.

„Das ist ein Bodensehkocher", dozierte er und füllte in eine leere Konservendose etwas Spiritus ein. Darauf setzte er eine etwas kleinere Büchse, an deren oberen Rand aus einem Drahtbügel eine Art Griff befestigt war, damit sie nicht vollständig in dem größeren Gefäß versank. Diesen Aufbau stellte er auf ein, wiederum aus Kleiderbügeln gebogenes Gestell. „Die untere Dose braucht Luftkühlung, das ist wichtig, sonst schmilzt sie dir weg."

„Ich hoffe nicht, mein neues Wissen jemals einsetzen zu müssen, aber ich danke dir für die Erläuterung", erwiderte ich trocken, dennoch faszinierte mich diese einfallsreiche, durchdachte Erfindung. Nun goss Josch Wasser in die kleinere Dose und setzte den Spiritus in Brand. Die Flammen leckten an der Blechwand hoch und gaben ein bläuliches Licht ab.

„Pulverkaffee – was anderes kochen wir in der Regel nicht – nennt man bei uns *Kaffeebombe*."

„Also müsste ich dann fragen: *Kannst du mir was Kaffeebombe abgehen*?"

Josch lachte laut auf und verstrubbelte mein Haar. „Du bist drollig, aber wahrscheinlich würdest du auch damit durchkommen."

Ich überlegte, ob er meine Frage oder das Drolligsein meinte.

„Nein, wenn du Kaffee haben willst, fragst du einfach *Haste was Bombe?* Aber wir wollten doch Tee trinken, oder nicht?"

Schon kramte ich in meiner Kiste und zog zwei Teebeutel aus einer Dose. „Und woraus trinkt ihr?"

„Wenn wir gar nichts haben, aus der Blechdose, aber da verbrühst du dir schnell die Lippen. Meist hat jeder einen alten Joghurtbecher oder Plastikpott vom Kaffeeautomaten bei sich. Ach übrigens", er hängte die Beutel in das inzwischen brodelnde Wasser, „eine *Kanne* ist nicht etwa ein Kännchen Kaffee, sondern eine Flasche Bier."

„Ja, das habe ich mitgekriegt. Polly zieht Karl-Heinz öfter auf, weil er *Zündkerzen knackt*, anstatt *ne Kanne zu köpfen*. Und ein *Flachmann* ist Schnaps, das weiß ich auch schon – während Roland, der was Besseres ist, nur Chantré trinkt.“

Josch schnaubte, was wohl ein Lachen sein sollte.

„Du hast ja schon einen ganz guten Durchblick, Kleines. Du magst die Leute, stimmts?“

Ich rieb meine Nasenflügel. „Ja, ich mag sie. Sie tun mir leid, aber ich mag sie auch, schlichtweg als die Menschen, die sie sind.“ Ich sah ihm still in die Augen. „Und dich, Josch, mag ich auch. Aber anders. Ganz anders. Und ich mag dich so sehr, wie ich noch nie jemanden gemocht habe.“

Verliebt hielten wir uns an den Händen, dann streckte Josch den Rücken, erhob sich, zog mich nach und legte von hinten die Arme um meine Schultern. Seine Worte kitzelten in meinem Ohr, als er nuschelte: „Wollen wir Abendessen? Mein Bauch schlägt schon Purzelbäume.“

Wir fegten den Staub vom Tisch und ich legte eine mitgebrachte, grobgewebte Tischdecke auf.

„Ich sehe schon jetzt, dieses Haus wird in Kürze einen ganz gemütlichen, anheimelnden Charakter haben. Ich weiß nicht, ob ich es dann noch schaffe, mich abends wieder von dir zu verabschieden.“

Ich hatte bis jetzt vermieden, weiter zu planen, als bis dahin, möglichst bald in den Wohnraum einziehen zu wollen. Wir waren ein Paar, genossen jede Minute miteinander und ich sehnte Josch in den Zeiten der Trennung herbei. Aber ganz bewusst hatte ich ihn aus dem offiziellen Teil des Hauskaufes herausgehalten, ebenso wie aus der Planung über meinen Einzug. Ich wollte unsere Beziehung nicht durch äußere Umstände künstlich beschleunigen. Ich genoss Joschs Nähe, ebenso seine Zärtlichkeiten – ich konnte sie tatsächlich genießen! Wir teilten des Öfteren unser Bett, selbst wenn darin nicht mehr geschah als liebende Nähe. Wir hatten bislang nicht miteinander geschlafen und ich war dankbar, weil Josch tatsächlich so viel Geduld aufbrachte.

So erwiderte ich auch jetzt nichts auf seine Bemerkung. Er war schon mehrfach spontan über Nacht geblieben oder ich bei ihm. Warum sollte sich etwas ändern müssen.

Als wir am schlicht gedeckten Tisch saßen, meinte Josch aus tiefen Gedanken heraus: „Roland ist schon eine arme Socke. Er ist bloß deshalb noch am Leben, weil er sich zum Sterben zu schade ist – wenigstens so viel ist er sich noch wert.“ Josch sah dunkel vor sich hin. „Er war Maler, Künstler. Und ich glaube, ein recht guter. Ich habe mal was von ihm gesehen; im Ruckzuck hatte er eine

Szenerie gemalt, die er vor sich sah. Ich war schon beeindruckt. Aber er ist auch eigensinnig. Maler und sonst nichts, und Bilder, nur wie er sie wollte. Da waren die Aussichten sehr schlecht. Und heute ist er es immer noch."

Joschs Mund verzog sich spöttisch, doch die Augen blieben unverwandt auf einen Punkt in seinem Innern gerichtet. „Eigensinnig und stur, meine ich. Chantré ...", blaffte er. „Der Penner säuft das Beste oder gar nichts. Und er lässt sich verkommen."

Ich entdeckte, wie er gegen die Feuchte blinzelte. Dann sah er mich blind an.

„Josi, manchmal kommt es mir hoch. Es ist so entsetzlich ungerecht und gemein. Ich kenne Leute auf der Straße, die haben es absolut nicht verdient so leben zu müssen. Sogar als ich noch selbst auf der Platte war, haben sie mir leid getan. Mir hat es dort nicht allzu viel ausgemacht. Ich konnte derart leben. Ich kam zurande, hatte meine Quellen. Und ich habe meine Selbstachtung nicht verloren! Weder verloren noch verkauft. Verstehst du, was ich sagen will?" Er hielt mich bei den Schultern, als wolle er mich zwingen zu begreifen. Aber das tat ich doch! Und mit meinem ganzen Herzen konnte ich ihm nachfühlen was er meinte.

„Josi, ich wurde zwar auch ungefragt aus meinem Dasein geschleudert, aber dann irgendwann wurde ich wach und entschied mich bewusst, dort außerhalb der Gesellschaft leben zu wollen. Womöglich hielt ich das für eine Art Sühne, was auch immer, ich bin nie dahinter gekommen. Ich wollte meine Zukunft einsam verbringen. Wir kennen uns zwar alle untereinander und viele haben zu mir aufgesehen, ich weiß nicht warum. Dabei hielt ich mich immer abseits, keine Absprachen, Treffen, Cliquenwirtschaft. Und getrunken hab ich, wann und wo *ich* wollte, und aufgehört habe ich auch, weil ich es wollte. Aber Leute wie Roland, Lothar, Polly, Kalle und so viele andere ..." Er sah mich verzweifelt an. „Josi, ich könnte heulen, wenn ich an ihren Weg denke."

Und doch hatte er mit ihnen ebenso gelebt, dachte ich. Er legte den Kopf auf meine Schulter und ich spürte ihn weinen.

„Weißt du", sagte er und nahm einen tiefen Atemzug, „Kalle hat dermaßen viel Pech erfahren und welche Aussichten hat er noch? Er zieht das Bein nach, der Arm ist verkrüppelt, und hast du ihn gesehen, wie er fürs Theater rangeschleppt und gewerkelt hat? Er hat tatsächlich alles geschafft. Klar, das hat seine Zeit gebraucht. Aber war es das nicht wert? Nicht allein die Arbeit selbst. War Kalle es nicht wert? Der Stolz in seinem Gesicht, als er die Theke endlich fertig hatte. Ich habe ihn noch nie so gesehen wie in den Monaten des Theaters. Auch Polly. Ich dachte eigentlich, er hätte sich schon den Großteil seines Verstandes versoffen. Aber was er in der Zeit geleistet hat, den Text zu lernen, die Spielabläufe zu behalten, das alles hätte ich ihm nicht mehr zugetraut. Und dann die Sache mit Ludger. Polly hat nicht einmal daneben gehauen, als wir die Szenen umschmeißen mussten. Mensch Josi, Polly ist noch längst nicht so hinüber wie er scheint. Warum gibt den Jungs keiner eine Chance, kannst du mir das sagen?"

Er sah mich wie nach Hilfe suchend an, doch dann drehte er sich ein wenig zur Seite und murmelte halblaut:

„Klar, wer kann es sich heute schon noch leisten, so viel Zeit in Arbeit zu investieren, die andere viel schneller erledigen können. Josi, entschuldige, ich höre mich schrecklich undankbar an. Ich habe eine Anstellung, Herla ist geholfen worden und die Studenten legen zusammen, um Bert die Wohnung zu zahlen. Es ist ja gar nicht so wie ich mich gerade fühle. Und doch, es gibt noch Tausende, denen nicht geholfen wird."

Jetzt lächelte er wehmütig. „Josephine, die Jungs nennen dich Sonnenstrahl, und genau das bist du. Du bist zu uns gekommen, einfach so und hast uns spüren lassen, wir sind vollwertige Menschen. Ich erinnere mich noch genau, wie du mich zu Anfang gesiezt hast. Du sagtest mir später mal, das hast du getan, weil du mir deutlich machen wolltest, mir steht die gleiche Ehre oder Höflichkeit zu wie anderen Fremden. Weißt du, ich habe mich damals wirklich vornehm gefühlt." Sein Lächeln wärmte mir die Brust. „Wenn die Menschen, die vorbeigehen, doch nur kapieren würden, wie wichtig ihr Anblick ist. Ich verstehe ja die Unsicherheit und Angst, aber statt die Nase wegzudrehen, würde ein Gruß oder ein ruhiger Blick uns schon weiterhelfen."

Josch griff meine Hände und sagte formvollendet: „Josephine, jetzt und hier möchte ich dir im Namen unserer ganzen Truppe danken für das was du uns geschenkt hast. Du warst da für uns, hast mit uns gegessen, geredet und hast uns als Menschen wertgeschätzt. Wir haben gespürt, du fühlst wirklich mit uns, das ist etwas anderes als schmalziges Mitleid zu empfinden. Josi, die letzten eineinhalb Jahre waren für unseren ganzen Haufen eine sehr schöne Zeit, und du hast durch deine Anwesenheit Wunden geheilt, ich weiß es! Ich weiß es von Lupo, Kalle, Sven, Rita, eigentlich von allen. Jeder hat von dir etwas bekommen, was er seit Jahren nicht mehr erlebt hat. Gemocht und wahrgenommen werden und das Gefühl, geachtet zu sein. Danke, Josi." Sein Blick veränderte sich abermals. „Und von mir einen ganz besonderen Dank. Mir hast du noch viel mehr gegeben."

Josch zog mich auf seinen Schoß und wiegte mich lieb hin und her. Ich war bedrückt und getröstet zugleich.

Als ich meine Gedanken halbwegs geordnet hatte, wandte ich mich wieder an ihn. „Bobbi, was meinst du, können wir hier im Haus fortsetzen, was Herla mit dem Tippel-Theater angefangen hat? Es ist Platz da um sich zu treffen, ein Stück Zusammenhalt zu spüren. Vielleicht kann Kalle oder auch jemand anderes bei den Arbeiten helfen und wieder Zutrauen in seine Fähigkeiten kriegen? Ich – wir – haben Platz genug zum Unterkommen, sie bräuchten sich nicht zu sorgen, ob ihre Ecke heute Nacht schon belegt ist." Zögernd sprach ich weiter. „Es wäre zumindest ein Anfang, jeder könnte das einbringen, was er vermag, und ...", ich überlegte einen Moment, „möglicherweise hilft es, wenn jemand hier eine Meldeadresse hat, so wie bei Bert. Die Aussichten sind damit besser, eine Stellung zu finden."

Als ich dies sagte, wurde mir erst die Vielfalt meiner Möglichkeiten deutlich. Natürlich hatte ich schon vorher an diese Dinge gedacht, aber letztendlich war mein Haus ja noch weit entfernt gewesen.

„Du magst sie wirklich, Kleines", bekräftigte er und wir hingen eine Weile unseren Gedanken nach.

Während des Essens berieten wir dann, was wir tun könnten. Josch machte mich darauf aufmerksam, dieser Weg bringe gewiss auch eine Menge Probleme ein.

„Es wird garantiert nicht ohne handfeste Streitereien abgehen. Auf der Straße sind Neid und Eifersucht an der Tagesordnung, das weißt du. Trotzdem denke ich, unsere Leute haben schon einiges gelernt. Mensch Josi, das ist eine Bombenidee! Du musst ihnen allerdings erklären, es ist nicht von Dauer, schließlich hast du mit dem Haus was ganz anderes vor."

So ließen wir unsere Ideen durcheinander über den Tisch rollen und sich zu einem großen Knäuel hoffnungsvoller Pläne verbinden. Glücklich über all die vielversprechenden Aussichten gingen wir später, jeder mit einer brennenden Kerze in der Hand, durch das dunkle Haus. Mit ganz neuen Gedanken im Hinterkopf besah ich mir die Räume.

„Josch, das wird etwas ganz Tolles. Eine Bau-WG: Leute von der Straße, die sich noch nicht aufgegeben haben."

Meine Begeisterung bekam einen zweifelnden Stich. „Hoffentlich gebe ich damit nicht die Fäden aus der Hand, oder was denkst du dazu?"

Josch sah die Gefahr, erklärte aber zuversichtlich, er werde schon Acht geben, damit mir niemand mein Haus *unterm Hintern wegziehe*.

„Sag mal", begann er unternehmungslustig, „sollen wir noch einen Spaziergang durch den Wald machen? Der Himmel ist sternenklar, aber es ist bestimmt schrecklich kalt." Während ich mir die Jacke anzog, legte Josch noch etwas Holz nach. Dann tasteten wir uns durch die Milchküche zurück zur Einstiegsluke.

„Den Durchgang hier werde ich als erstes reparieren, ich möchte dich schließlich ohne nächtliche Besucher und in Sicherheit wissen." Er lachte und wir schlüpften hindurch.

Die frostklirrende Nachtluft spannte mein Gesicht und ich drückte mich nahe an Josch heran. „Lange bleiben wir aber nicht hier draußen, sonst friert mir noch die Nase ab." Lachend legte er seinen Arm um mich und lotste uns in die Finsternis. Mir wurde bewusst, er konnte deutlich besser in dieser Dunkelheit sehen als ich. Es war ein behagliches Gefühl, von ihm geführt und gehalten zu werden. Ich schloss die Augen, denn im Moment waren sie nutzlos. Als ich stolperte, fing Josch mich auf und hielt mich noch dichter an seinem Körper.

„Wir sollten gar nicht so weit gehen, auch hier am Haus ist die Luft frisch und der Himmel klar." Jetzt hob ich den Kopf und sah hinauf. Über mir zeigte sich ein atemberaubender Sternenhimmel. Josch zog mich langsam rückwärts und wir lehnten uns an den Heukarren, besser gesagt, Josch lehnte und ich war an ihm warm und weich gepolstert. Meine Schultern an seiner Brust, hielt er die Hände vor mir verschränkt und blies den wärmenden Atem an mein Ohr. Ich könnte ewig so stehen bleiben, dachte ich verträumt und legte den Kopf nach hinten, um mich küssen zu lassen.

Josch drehte mich zu sich um. „Du zitterst ja, Josi, komm lass uns zurück gehen."

Die Kerzen, die wir am Eingang gelassen hatten, brannten noch und Josch schob die Bretter der Tür sorgfältig an ihren Platz.

Der Wohnraum war behaglich warm, trotzdem setzte ich mich zunächst an den bullernden Ofen, während er unsere Decken zu einem gemütlichen Lager drapierte. Dann steckte er zwei Kerzen sicher auf den Haltern fest und krabbelte unter die Decke. Es würde kalt werden in der Nacht, darum ließ auch ich meine Kleidung an und legte mich zu ihm. Aber seine Nähe und die Abgeschiedenheit, in der wir waren, erweckten in mir den Wunsch, Josch zu spüren, seinen Körper an meiner Haut zu fühlen. So begann ich. Meine Hände glitten über ihn, streichelten seine Brust und ich lockte ihn mit den Lippen. Er stöhnte leise und erwiderte meine Zärtlichkeiten. Mit sanften, sehr langsamen Bewegungen half er mir aus meinem Pullover und strich dabei über meine Brüste. Er umwarb mich und stellte doch in einem fort die wortlose Frage: „Möchtest du das wirklich?"

Mein Körper und meine Augen antworteten ihm: „Ja, Josch, ich möchte."

So fuhren seine Hände meinen Rücken hinab, über die Beine und wieder hinauf zu meinem Bauch. Er ging nicht weiter, drängte mich nicht, sondern überließ es mir, die nächsten Schritte zu tun.

„Josephine", sagte er so weich wie nur Josch es sagen konnte. „Du bist so schön, und fast kann ich nicht glauben, du meinst mich."

Ich hob den Kopf und lächelte ihn an. „Es gibt keinen, den ich sonst meinen will." Dann lief ein Schauer über meinen Körper und er drückte mich an sich.

„Ist dir kalt? Warte, ich werde noch Holz nachlegen."

Er stand auf und ging, nackt wie er war, zum Ofen und legte einige dicke Äste hinein. Seine Erregung war nicht zu übersehen und erneut beschlich mich angsterfüllte Erinnerung. Aber ich schaffte es, sie zu trennen von dem Moment des Jetzt. Hier bei Josch wusste ich mich geborgen. Ich konnte ihm vertrauen. *Nie, niemals, Josephine*, hatte er gesagt, und ich war gewiss, er meinte es genau so. Josch konnte seine Gefühle offen und unverfälscht zeigen, wie er es noch vor einer Stunde im Gespräch und dem Schmerz für andere getan hatte. Aber er war gleichermaßen in der Lage, sie gewaltsam unter Kontrolle zu halten.

Er kroch wieder unter die Decken und ich empfing ihn mit belegter Stimme.

„Josch ... Bobbi ... ich, ich habe Angst vor deinem ... – es war damals auch so, der Typ kniete sich hin, um die Musik anzuschalten und da ... Er ist so groß, fast bedrohlich ... darf ich ... ihn – anfassen? ... ich meine, ihn vielleicht kennenlernen? Geht das?"

Verlegen und dankbar für das schwache Kerzenlicht, das mein Gesicht verbarg, lächelte ich ihn an. Josch nahm meine Hand. Sensibel erkannte er jedes Zaudern und ließ mir Zeit. Aber er begleitete mich, bis ich die Erstarrung, die mich hielt, überwunden hatte. Er legte meine Hand auf seinen Unterbauch und gab die seine beschützend darauf. Ich wusste mich in Sicherheit und bewegte die Finger leicht umher. Mit der Zeit erkundeten sie sacht, wie die tastende Hand eines Blinden, was ich von Josch noch nicht kannte. Ich bemerkte wie sein Körper, vor Anstrengung sich zurückzuhalten, zitterte. Er hatte die Hände fest auf den Boden gepresst und atmete stockend.

Meine Neugier, Furcht und Befangenheit waren der Lust gewichen, Josch ganz nahe sein zu wollen, ihn zu berühren, mich mit ihm zu vereinigen. Ich schob meinen Körper dichter an seinen heran, legte mich auf ihn und fühlte seine Härte an meinen Bauch gedrückt. Josch hielt den Atem an. Ich öffnete langsam die Beine und ließ die feine Haut dazwischen spüren, wer sich ihr näherte.

„Es ist schön, Josch. Ich mag dich fühlen“, hauchte ich ihm zu, während ich lauschte, was ich da erlebte.

Josch zog die Luft scharf ein.

„Tu ich dir weh?“, fragte ich erschrocken und hob mich etwas von ihm weg.

Er lächelte gequält und schluckte hart. „Nein, Kleines, es ist nur ... es ... es ist wunderschön!“

Seine Hand legte sich auf meine Rückseite, und er drückte mich sanft zu sich hinab, ließ dann aber los, als wolle er fragen, ob ich mich lieber zurückziehen will.

„Josephine“, seine Stimme klang gepresst und er stammelte heiser, „ich habe Angst, ich platze.“

Verstört sah ich ihn an. Das Licht der Kerzen ließ sein Gesicht noch markanter erscheinen, die Kiefernknochen waren scharf geschnitten und seine Stirn trat breit hervor. Dann legte er fragend die Hand auf meinen Rücken.

„Josi, magst du jetzt mit mir schlafen? – Oder, lass mich bitte einen Moment nach draußen, wenn ich nicht abkühle, zerreißt es mich.“ Ich sah ihn lächeln, aber ich hörte auch die Ernsthaftigkeit in seiner Stimme.

So ließ ich mich von ihm leiten, und mit zunehmender Erregung erwartete ich unsere Vereinigung. Die Zurückhaltung verblasste, als ich ihn hart und doch so behutsam in mir spürte. Er hielt sich ruhig und gab mir wiederum die Möglichkeit, tief in mir wahrzunehmen, was ich da fühlte.

All meine Ängste und Parallelen zum bisher durchlittenen Geschlechtsverkehr hatten nichts mit dem gemein, was ich hier mit Josch erlebte. Vorsichtig bewegte er sich in mir, hielt mir sanft die Hände unter den Bauch und schob mich schwebend wie ein Vogel auf und ab. Er beobachtete mich, und unter seinem angespannten Blick las ich deutlich seine Frage.

„Ja, Josch, ich mag es, und ich will dich! Du brauchst nicht mehr zurückzuhalten.“ Auch ich kam in Bewegung, und stetig schwangen wir zueinander.

Ich sank wie betäubt in seine Arme. Josch überrollte es ebenso und zitternd umfing er mich, als wolle er diesen Augenblick festhalten.

Von den kräftigen Bewegungen seiner Brust wurde ich wie auf Wellen getragen. Benommen vor Glück ließ ich mich in den Schlaf schaukeln. Sein Atem in meinem Haar war der Wind, der mich auf den sanften Wogen begleitete.

Ich war glücklich.

- ◊ • ◊ • ◊ -

Penner!

Ein grelles Licht riss mich aus meinen Träumen. Ich schirmte die Augen ab und sah Josch kerzengerade auf unserem Lager sitzen. Auch sein Gesicht war hell angestrahlt und jetzt erst vernahm ich die Stimme, die uns aus der anderen Richtung harsch anrief.

„Na sieh einer an, heute sogar Streuner im Doppelpack. Wenn das nicht unser Glückstag ist. Dürften wir gleich mal eure Papiere sehen?"

Josch richtete sich auf, wurde aber von derselben Stimme zurückgehalten. „Lass mal stecken, ihr müsst sowieso mit auf die Wache. Also, Herrschaften, auf, auf!"

Ich begriff noch immer nicht, was hier vor sich ging, aber Josch hatte sich schon eine Decke umgelegt und sagte beherrscht:

„Die Dame ist die rechtmäßige Eigentümerin dieses Hauses, ab Montag jedenfalls." Ich hörte den unterdrückten Zorn in seiner Stimme, als er scharf, aber höflich forderte: „Dürfte ich Sie bitten, sich umzudrehen, damit sie sich ankleiden kann."

„Blas dich bloß nicht auf, Junge, ihr treibt es doch sonst noch ganz woanders, also was soll das Theater. Die werden ja immer dreister diese Penner, ich zeig dir gleich was ..."

„Hör auf, Holger", sagte jetzt eine zweite Stimme deutlich ruhiger. „Halt dich zurück, das gibt nur Ärger und unsere Schicht ist fast vorbei. Ziehen Sie sich an", sagte er zu uns und drehte sich wohl zur Seite, während die hellen Lichtkegel weiterhin in unsere Richtung schienen.

Josch war schon fast fertig und stellte sich schützend vor mich. Kaum begann mein Verstand zu arbeiten, erhob ich mich, nun ausreichend bekleidet, und ging auf die Herren in Uniform zu.

„Dieses Haus gehört tatsächlich mir. Zumindest ab Montag. Aber ich habe gestern schon den Schlüssel vom Makler bekommen und wir wollten ..."

„Halts Maul, Mädchen", wurde ich derb unterbrochen. „Das werden wir gleich alles erfahren. Los, geh vor, Langer", wies er Josch an und versetzte ihm einen Schlag zwischen die Schulterblätter. Josch spannte den Rücken, besann sich aber eines Besseren. Er nahm meine Hand und zog mich beschützend an sich vorbei.

Ich hörte die zweite Stimme noch leise sagen: „Treib es nicht wieder zu doll, Holger."

Ich wollte vorangehen, da schob sich der zweite Polizist zwischen Josch und mich. Was würde mit ihm geschehen? Mir verkrampfte sich der Magen, dies hier war wie in einem schlechten Krimi, dachte ich, und dennoch beängstigend real. Da ich mich durch die Dunkelheit tasten musste und der Strahl der Taschenlampe von hinten zwischen meinen Beinen nur dürftig Licht hindurch ließ, ging ich sehr langsam und vorsichtig. Ich beruhigte ich mich ein wenig, als ich hörte, auch Josch und dieser *Holger* folgten mir. Ich kroch durch das Loch in der Hintertür – allem Anschein nach hatten die Polizisten zuvor den gleichen Weg gewählt.

Draußen schlug mir ein eisiger Wind entgegen, und ich drängte mich an dem *Einen* vorbei und suchte Schutz in Joschs Arm. *Holger* sah einen Moment lang so aus, als wollte er etwas einwenden, ließ es dann aber und führte uns zu dem Streifenwagen, der direkt vor dem Haus geparkt war.

„Ist das da drüben Ihr Auto, junge Frau?", fragte *Einer* und ich nickte steif mit dem Kopf.

„Hat es dir die Sprache verschlagen, oder willst du nicht mit uns reden?", provozierte mich *Holger*. Joschs Druck um meinen Rücken verstärkte sich, aber er sagte nichts.

„Es ist mein Auto", antwortete ich gereizt und so laut, als spräche ich mit der schwerhörigen Frau Berghaus.

„Wir werden ja sehen", brummte *Holger* und schob uns unsanft in den Fond seines Wagens. Josch allerdings stemmte sich so lange gegen den Türrahmen bis ich eingestiegen war, erst dann zog er schnell den Kopf ein und rutschte neben mich. Er hielt die ganze Fahrt über meine Hand, die inzwischen deutlich zitterte.

„Hab keine Angst, Kleines, die können uns nichts."

Fast wären mir die Tränen gekommen über seinen väterlichen Trost, da hörte ich von vorne diesen *Holger* brüllen:

„Schnauze, geredet wird hier nicht!"

Nun hielt ich mich ruhig und so eng wie möglich an Josch gepresst. Die Fahrt dauerte nicht lange und ich blinzelte, als mich das grelle Licht der Wachstation blendete. Dort wurden wir auf eine Bank befehligt und die zwei Herren in Uniform gingen in einen Nebenraum.

„Pennerpärchen … unerlaubter Einstieg in fremdes Wohneigentum … Saufgelage … Sexorgie …", waren nur einige der Worte, die ich verstehen konnte. Aber Josch sah mich zuversichtlich an.

Als bereits über eine halbe Stunde vergangen war und keiner Notiz von uns nahm, ergriff mich eine Welle des Muts. Ich ignorierte mein Herzklopfen und bevor ich mich versah oder Josch verstand, was ich tat, war ich schon an der Klingel angekommen und drückte den Knopf. Der wachhabende Polizist kam freundlich auf mich zu, erkannte dann in mir die Frau, die eben noch auf der Bank gesessen hatte, und sagte nur gleichgültig:

„Sie müssen noch warten."

Mir rauschte das Blut in den Ohren und ich musste mich zwingen ruhig zu bleiben, ballte eine Hand zur Faust und sagte dann höflich, aber scharf: „Mein Name ist Josephine Halbach, ich kann mich ausweisen, ich bin amtlich gemeldet und wurde mitten in der Nacht geweckt, in einem Haus, für das ich am Montag den notariellen Kaufvertrag unterschreibe. Die Schlüssel wurden mir bereits gestern vom Makler, Herrn Hartmann, ausgehändigt. Dieser Mann …", mein unerschrockener Redeschwall riss mich weiter und ich zeigte auf Josch, „ist ebenfalls amtlich gemeldet und kann sich ausweisen. Ich wüsste nicht, worin Sie einen Grund sehen, uns weiterhin hier festzuhalten." Dann schaute ich mein Gegenüber herausfordernd an.

Sein Kopf schwenkte irritiert umher und er sah durch die offene Tür zu seinen Kollegen. Josch und ich hatten unsere Ausweise auf die Theke gelegt und ich fühlte mich stark genug für den nächsten Angriff. „Können wir jetzt gehen, oder liegt noch irgendetwas gegen uns vor?"

Als ich das verstörte Gesicht vor mir sah, konnte ich es nicht lassen und sagte: „Gibt es hier vielleicht einen ranghöheren Kollegen oder sollen wir auch noch über eine Dienstaufsichts-Beschwerde nachdenken wegen der Behandlung, die uns schon auf dem Weg hierher zuteil geworden ist?"

Ich machte eine wirkungsvolle Pause und fragte dann: „Würden Sie uns bitte ein Taxi rufen? Oder wie kommen wir nach Hause?"

Der Herr in Grün sah sich unsere Papiere an, einschließlich des Scheins, der mich als Halter des blauen Kombis im Wald auswies, und warf einen Blick über den Bündel Hauspläne und Exposé mitsamt Adressen des Maklers, meines Onkel Anlageberaters und Telefonnotizen mit dem Notar. Er nahm einiges davon und ging, sich höflich entschuldigend, in den Nebenraum an den Kopierer. Dann gab er mir alles zurück und empfahl uns seinen Amtsgenossen, die uns selbstverständlich wieder nach Hause fahren würden. Milde lächelnd ließen wir den erfreulich kleinlauten *Holger* an uns vorüberziehen und folgten ihm und seinem Kollegen zum Auto.

Erst jetzt begann ich zu zittern, vor Schreck über mein autoritäres Auftreten, und atmete gegen die Wucht, mit der mein Herz gegen die Rippen schlug.

Bald wird die Sonne aufgehen, dachte ich, als wir, den kalten Wind im Nacken, hinter dem abfahrenden Wagen hersahen. Dann drehte Josch sich zu mir um, hielt mich mit aller Kraft an sich gepresst und bedeckte mein Gesicht mit Küssen.

„Josi, beachtlich, wie du das gemacht hast, so viel Courage für so ein kleines Frauchen ..."

Als wir auf den Eingang zugingen lächelte er mich an und der Schalk blitzte aus seinen Augen.

„Schließlich ist es dein Haus, da kannst du reinspazieren, wo du willst", sagte er und zog mich in den Garten. Während wir durch die losen Bretter der Hintertür stiegen, meinte er kopfschüttelnd: „Ich hätte es gestern schon reparieren sollen. Schlimmer als OFW-ler sind die kleinen grünen Männchen."

Wir kuschelten uns wieder unter den Decken aneinander und Josch sagte mit belegter Stimme:

„Weißt du, wer das war?" Ich sah ihn gebannt an. „*Holger* ist der dreckigste Bulle in der Stadt, der kann Obdachlose nicht ausstehen. Es ist schon vorgekommen, dass er jemanden die Treppe runtergeschubst hat. Selbst vor Frauen macht der keinen Halt. Es hat für uns keinen Zweck, uns gegen ihn aufzulehnen, er ist und bleibt der Stärkere, wir würden immer den Kürzeren ziehen." Dann atmete er gequält ein und meinte bitter: „Sonst hätte ich mich gewehrt – und dich verteidigt. Aber bei *Holger* wäre es bloß noch schlimmer geworden. Entschuldige, Josi."

Er wagte nicht, mich zu berühren und starrte vor sich hin. Die erlebte Ohnmacht belastete ihn wie eine schwere Schuld.

Ich nahm sein Gesicht in die Hände und sah ihn aus der Nähe an.

„Josch, du bist nicht mehr ohne Obdach. Du brauchst nicht mehr zu kuschen. Aber ich finde es trotzdem einen feinen Zug von dir, weiterhin mit den anderen zu fühlen." Ein Blick huschte über mein Gesicht. Unendliche Traurigkeit, Scham und Schmerz entdeckte ich darin. „Josch, hör auf damit", beschwor ich ihn. „Bitte! Sieh mich an!" Seine Augen hoben sich nur schwer.

„Josi. Vermutlich bin ich doch nicht der Richtige. Ich beweise gleich zu Beginn, ich kann dich nicht beschützen." Er sah durch mich hindurch, offensichtlich in tiefe Abgründe hinein.

Ich schüttelte ihn beschwörend. „Josch, lass das! Hör auf, so einen Unsinn zu reden." Meine Worte verklangen ungehört. In wütender Verzweiflung schlug ich die Faust gegen ihn. „Mensch, Kerl, was lässt du dich von diesem blöden *Holger* fertigmachen. Du bist kein Schlappschwanz, das hast du bewiesen."

Ungewollt prusteten wir beide los. Ich boxte trotzdem mit Tränen in den Augen auf ihn ein. Gleichzeitig begann mich ein befreiendes Lachen zu schütteln. Josch schützte reflexartig seine empfindlichsten Teile und wir kullerten übereinander, kämpften und balgten die hereingebrochenen Emotionen aus uns heraus, bis wir eng umschlungen, benommen und seelisch erschöpft liegen blieben.

„Josi. Ewig lang war ich allein, weil ich es so wollte, und kaum habe ich dich an meiner Seite, erlebe ich meine Unfähigkeit stark zu sein. Es tut mir leid, das hat mich mitgerissen." Er strich mir über das Haar, und ich spürte seine Not.

„Bobbi, hör bitte auf dir Vorwürfe zu machen. Du konntest nichts tun, das hast du selbst gesagt, und doch habe ich mich sicher gefühlt, weil du da warst. Meinst du nicht, das reicht?" Ich sah ihn herausfordernd an. „Hey, schau nicht an mir vorbei, Kleiner! Ich habe dich lieb, und du hast erreicht, was nicht viele schaffen. Du bist stark und fähig, weißt was du willst, hast es erlangt und bist noch längst nicht am Ende. Und dieser aufgeblasene *Holger* kann uns den Buckel runterrutschen, okay!? Außerdem ..." jetzt lag in meinem Blick eine ganz andere Aussage, „bist du der erste und einzige Mensch auf der Welt, der es schafft, mich mit der Liebe zu versöhnen. Ist das nichts?"

Joschs gepresste Lippen verzogen sich zu einem vollen Lächeln und er näherte sich mir zu einem hingegebenen Kuss.

„Doch, meine Süße, das ist mehr, als ich verkraften kann." Wir atmeten tief und ruhig. Sein Gesicht veränderte sich zum gewohnt selbstbewussten und doch so sanftem Ausdruck.

„Josi, *Holger* ist ein Aas! Aber er ist der Einzige seiner Sorte den ich kenne, das sollte ich der Gerechtigkeit halber noch sagen. Die meisten Bullen sind anders, und es gibt tatsächlich einige unter ihnen die es wirklich gut meinen. Ich habe schon dufte Typen dabei erlebt, die waren wirklich nett."

„Sag mal, wieso kamen die überhaupt hierher?"

Josch zuckte die Schultern. „Ich schätze, der Förster ist auf uns aufmerksam geworden." Nun grinste er mich an, als er fortfuhr: „Du solltest dich ihm möglichst bald vorstellen, denke ich. Es wäre besser, wenn er weiß, das Haus ist wieder bewohnt. Und von wem. Es ist gar nicht so verkehrt, wenn jemand anders noch ein Auge auf dich hält, meine kleine Josephine." Ich legte mich genießend zurück.

„Sag es nochmal, Bobbi, ich höre es so gerne, wie du meinen Namen ausssprichst."

„Josephine. Josephine – Josephine." Seine Stimme klang nah an meinem Ohr und es kitzelte. Ich drehte den Kopf und unsere Lippen berührten sich unerwartet, verschmolzen miteinander und uns kam wohl beiden die Erinnerung an die letzten wachen Minuten, die wir hier verbracht hatten, bevor uns das grelle Licht traf.

- ◊ • ◊ • ◊ -

Joschs dichtes, helles Haar stand widerborstig in alle Himmelsrichtungen ab, und seine Augen waren ebenso wie meine von der unerfreulich verkürzten Nacht verquollen. Dennoch entdeckte ich in ihnen einen Glanz, der mir neu war. Nachdem er den Arm voll Decken im Kofferraum des Wagens abgelegt hatte, blieb er strahlend vor mir stehen. Ein freudiges Kribbeln durchlief mich und ich drückte mich an ihn.

„Diese Nacht werde ich im Leben nicht mehr vergessen, Josi. Es war – abenteuerlich." Seine Miene verriet, damit meinte er nicht allein unseren unerquicklichen Besuch, so lächelte ich ihm meinerseits Bestätigung zu.

„Josch, ich habe nicht geahnt, wie schön das sein kann. Und", trotz meiner Verlegenheit sah ich ihm direkt ins Gesicht, „danke, dass du es ausgehalten hast." Mehr brauchten wir nicht zu sagen, sondern machten uns auf zu einer warmen Dusche.

Auf dem Weg zu Herla sahen wir noch im Proberaum vorbei. Heute war Samstag, also konnten wir damit rechnen, die Akteure des Theaters ausnahmsweise nüchtern anzutreffen. Allerdings dürfte ich zugeben, selbst Polly und Lothar waren nicht mehr ständig bis über den Rand hinweg abgefüllt.

Offensichtlich setzte sich auch in ihnen die begonnene Veränderung fort. Lothar war zwar nach wie vor durch erschreckende Faulheit gelähmt, aber in den vielen Monaten mit der Truppe hatte er gelernt, er konnte nur dabei bleiben und Erfolg haben, wenn er seinen Teil dazu tat.

Am liebsten *hing er mit Kumpels ab*. Das Leben auf der Straße machte ihm augenscheinlich nicht allzu viel aus. Er war schlichtweg arbeitsscheu. Der Unterschied zu früher war jedoch, heute gab er es auch zu. Er hatte akzeptiert, zumindest vom Kopf her, es waren nicht seine bösen Chefs, die ihm zu viel abverlangt hätten, sondern er selbst hatte zu hohe Ansprüche an seinen Verdienst im Vergleich zu seiner Leistung gestellt.

Letztens gestand er mir: „Josi, ich brauche jemanden, der mir in den Arsch tritt, allein komm ich auf keinen grünen Zweig. Wenn du zum Beispiel öfter mal nachfragst, ob ich was erreicht hab, käme ich bestimmt ganz bald wieder hoch." Dabei hatte er tief in meine Augen gesehen und mir seine Alkoholfahne ins Gesicht geblasen. Ich schob die Hand, die sich, wohl zur Bestätigung seiner Worte, auf mein Knie gelegt hatte, fort und drückte ihn an seiner Schulter ein Stück auf Distanz.

„Lothar, wenn du einen Arschtritt brauchst, dann frage doch Josch oder auch Herla, die sind schließlich ein bisschen kräftiger als ich."

Er sah mich ernüchtert an und wischte sich mit dem Handrücken über die Nase, dann grinste er frech. „Aber von dir wär mir das bedeutend lieber!"

Ich wusste inzwischen mit den oberflächlichen Annäherungsversuchen *unserer Leute* umzugehen und zeigte mich wenig beeindruckt. Lothar war ein Mensch ohne Plan und Ziel. Er lebte in den Tag hinein und wartete, bis die Welt im richtigen Moment für ihn stehenblieb, damit er seelenruhig zusteigen könne. Er war erst Mitte zwanzig, aber naiv und dumm, womit ich nicht fehlende Intelligenz meinte, sondern seine enervierende Gutgläubigkeit, alles werde sich irgendwann zum Besten wenden. Lothar hatte den Anschluss verpasst. Er hatte nach Ende der Schulzeit seine begonnene Ausbildung abgebrochen, weil er den Eindruck bekam, Verkäufer sei für ihn doch nicht das Richtige, er wollte lieber Autos bauen, statt sie *zu verscherbeln*. Nachdem er sich viele Monate im Nichtstun gesonnt hatte, begann er in einer Kfz-Werkstatt. Das war ihm allerdings zu viel Stoff in der Berufsschule und er ließ sich auch dort nicht mehr sehen. Von Kumpel zu Kumpel zog er und hielt sich auf Kosten der Freunde über Wasser. Ab und zu arbeitete er für ein paar Tage, bis er genug Geld in der Hand hatte und die Kurve kratzte.

Mittlerweile zeigte sein Lebenslauf über fast sieben Jahre Löcher und Unzuverlässigkeiten auf, und mit jedem Tag wurde es schwerer für ihn, ins Berufsleben zurückzufinden.

Es tat mir leid, mit anzusehen, wie ein noch junger Mann Schritt für Schritt seine Zukunft verbaute. Aber ich war sicherlich nicht die Person die in der Lage gewesen wäre, ihm in der richtigen Form den Weg zu weisen. Allerdings versuchte ich des Öfteren in Gesprächen, ihm seine Möglichkeiten aufzuzeigen. Leider mit wenig Erfolg, doch ich gab nicht auf. Ich fragte manchmal, ob er heute etwas unternommen hätte, aber ich hielt mich weit genug auf Abstand, damit er nicht in die Gefahr kam, sich von mir abhängig zu machen.

Polly hingegen hatte kaum noch Perspektiven. Er war vierundfünfzig und auf dem Arbeitsmarkt nicht mehr vermittelbar. Er hatte sich mit dem Leben auf der Straße arrangiert. Damals war er Steuerberater gewesen – für mich eine unmögliche Vorstellung. Viel wusste ich nicht von ihm, denn sein früheres Leben war für Polly aus und vorbei. Offensichtlich hatte er schon während seines Berufslebens Probleme mit Alkohol gehabt, er selbst meinte immer verächtlich: „Nicht *mit* Alkohol, nur ohne!“ Und nach einigen peinlichen Vorfällen musste er die Firma verlassen. Er machte erst eine, danach eine weitere erfolglose Entziehungskur mit. Dann kündigte er frustriert seine Wohnung und lebte seither meistens in Rohbauten von Häusern. Er hatte einen ganz guten Draht zu den jeweiligen Bauarbeitern, die ihn unter der Hand duldeten. Kurz vor deren Arbeitsbeginn verließ Polly seine Schlafstatt und ging in den Bahnhof, um sich aufzuwärmen oder er wartete in Ladezonen großer Supermärkte in der Hoffnung, von Lieferanten etwas zugesteckt zu bekommen. Er gab sich große Mühe, einen zufriedenen Eindruck zu vermitteln, aber hinter seinem Blick flimmerte bisweilen verstecktes Bedauern auf.

Ich mochte Polly. Hinter seiner ungehobelten, oft lästerlichen Art erkannte ich den Kern eines verwundbaren und liebebedürftigen Menschen. Polly konnte ich mich nähern in dem Wissen, er sah in mir die Tochter oder gute Freundin. Während ich bei Lothar und manch anderen, die ich nun schon kannte, ihr Verlangen spürte, eine Frau anzufassen, nicht der Freundschaft wegen, sondern aus purem körperlichen Bedürfnis.

Frauen auf der Straße sind rar, das hatte mir Herla einmal erzählt: *Für die is es noch am allerschlimmsten. Die sind allein, und oft fallen die Männer nachts über sie her. Eine Frau, die draußen pennt, muss starke Nerven haben. Meistens tut sie sich dann mit nem Kerl zusammen, der ihr Schutz verspricht, aber der will, na klar, auch was für seine Dienste. Aber dann haste immerhin bloß einen am Bein – vorausgesetzt, der is echt. Es kann dir nämlich auch passieren, der versucht, aus dir seinen Reibach zu schlagen. Nee Josi, den Frauen aufer Platte gehts echt beschissen, das lass dir ma' gesagt sein. Und unsere Rita, die schlägt sich tapfer. Ich bin schon herbe froh, weil die Kleine jetzt beim Theater dabei ist. Die Jungs von der Truppe halten alle 'n Auge auf sie.*

Obwohl es erst Nachmittag war, saß fast die komplette Truppe im Proberaum versammelt. Außerdem waren da Bert, Roland und noch zwei weitere Männer, die ich als den Max mit nur einem Bein und Gerhard kannte.

Als Josch die Tür hinter sich schloss, rief Polly uns entgegen: „JJ, so darf ich Sie bitten, auf meinem Stuhl Platz zu nehmen.“ Dabei verbeugte er sich tief und grinste über den spontan eingesetzten Theatertext.

Ich hörte Polly plump den Neuen erklären: „*Dschäi-Dschäi* ist englisch und heißt J-J, das sind die beiden", er nickte mit dem Kopf in unsere Richtung, „Josch und unser Josi-Sternchen."

Ich wunderte mich über seine Redensart und noch mehr, als Lupo aus einer Ecke hinter einigen Kisten hervorkam und mir mit den Worten: „Josi, meine Herzensliebste", einen Kuss auf beide Wangen drückte. Von Lupo ließ ich es mir gefallen, wir alle wussten, er war homosexuell. Aber, *Was war hier los?*, fragte ich mich verblüfft.

Auch Josch blickte unschlüssig in die Runde, dann meinte er tiefernst:

„Da mich keiner von euch mit Küssen und Kosenamen empfängt, denke ich, es muss an Josi liegen. Gibt es hier was zu feiern, wovon ich noch nichts weiß?"

Plötzlich drehte er sich zu mir um und griff meinen Arm. „Du hast doch nicht etwa Geburtstag, Josephine?" Entsetzt starrte er mich an. Ich lächelte, wobei sich meine Mundwinkel ratlos nach unten zogen, und hob unbestimmt die Schultern.

Polly hatte mir einen Stuhl zugeschoben und Lupo setzte mich behutsam darauf ab, während Lothar und Sven auch Josch eine Sitzgelegenheit weiterreichten.

„Der soll auch nicht leben wie ein Hund", grinsten sie sich an.

„Schließlich legt er unserem Herzblatt ja ganz heimlich die Ketten an, damit sie so bald nicht wieder verduften kann."

Josch ließ sich vorsichtig nieder, als erwarte er, die Stuhlbeine seien angesägt. „Jetzt mal raus mit der Sprache, was ist hier los?"

Polly und die anderen verzogen ihr Gesicht. „Na, die Josi hat uns doch den Bäcker aufgemacht. Und jetzt kriegen wir hier jeden Tag was Feines zu futtern, das ist schon geil."

„Besonders der Kuchen", ergänzte Max und leckte sich die Lippen. Er war gelernter Koch und man konnte ihm seine Vorliebe fürs Essen auch jetzt noch ansehen.

Sven, der sich wie üblich etwas hinter den anderen zurückhielt, meinte mit einem scheuen Lächeln um die Mundwinkel:

„Wir haben eben darüber geredet, und wir dachten es wäre gut, dir das mal zu sagen, also, wie toll wir das finden und so."

Ich guckte unbeholfen auf die Männer, die mir hier ganz ehrlich und unverblümt ein Dankeschön entgegenbrachten. Ich war gerührt und wusste nicht, was ich sagen sollte. Dann rettete ich mich in oberflächliche Ablenkung.

„Wie klappt es denn jetzt mit dem Abholen? Ist schon jemand unterwegs?“

Wie auf Kommando öffnete sich quietschend die Eisentür und Karl-Heinz holperte fluchend über die Schwelle. „Kann mir mal einer von euch Säcken helfen?“, schimpfte er und riss ungeduldig an dem Handkarren auf dem die große Reisetasche voll Brot lag. Auffallend hilfsbereit stürzte die Hälfte der Männer zu ihm, und sie zogen den Wagen in den Raum, öffneten sofort die Tasche und griffen eilig hinein. Auch die anderen waren dazu gekommen und es wurde gestoßen und geboxt, bis Josch aufstand und beschwichtigend die Arme hob.

„Leute, wenn das so weitergeht, gibts bald die schönste Keilerei. Es ist genug da und jeder kriegt was ab, also bleibt cool.“ Seine Worte verhallten nahezu ungehört. Er sah mich kurz an, dann hob sich seine Brust und ein lautes „Finger weg, alle Mann“, donnerte durch den Raum. Erschreckt sahen sich die Männer um. In gewohnt ruhigem Ton begann Josch, für Ordnung zu sorgen.

„Sven, kannst du die Jungs in Schach halten? Wenn es zu Schlägereien kommt, werde ich höchst persönlich dafür sorgen, dass es mit der Freude wieder vorbei ist.“

Ich staunte, warum er ausgerechnet Sven mit dieser Aufgabe betraute, aber schon einen Moment später erkannte ich, wie wohlüberlegt er gehandelt hatte. Sven, der von Natur aus zurückhaltend war, lief nicht Gefahr, ebenfalls gleich draufzuhauen. Er war zwar erschrocken über Joschs Aufforderung, fügte sich aber, und ich lächelte ungesehen, als er mit den Worten „Du hast gehört, was Josch gesagt hat“, Polly, Lothar oder wer immer gierig nach mehr griff, in seine Schranken wies.

Nachdem jeder unter Svens Überwachung seine Brote oder Brötchen in Tüten und Taschen verstaut hatte, wurden die Teilchen für alle auf den Tisch gestellt. Ich leckte die Creme einer Puddingbrezel von meinem Berliner Ballen und sah zufrieden in die Runde. Alle kauten genüsslich und friedlich nebeneinander her. Es würde schwierig werden, wenn sich die Gruppe weiter vergrößerte. Durch die intensive Zusammenarbeit im Theaters waren Josch und Herla für unsere Leute anerkannte Autoritäten geworden. Aber ich wusste, sie hegten keine Ambitionen, sich überall als Schlichter oder Besserwisser zu betätigen.

Während ich meine Finger ablutschte, erhob sich Josch mit einem auffordernden Blick in meine Richtung. „Wir treffen uns noch mit Herla“, sagte er, als ihn fragende Gesichter ansahen. „Bis heute Abend dann, Leute. Auf ein erfolgreiches Letztes Mal.“

In warme Jacken gehüllt und mit hochgeschlagenen Krägen machten wir uns auf den Weg. Der Wind blies mir frostig ins Gesicht. Mitfühlend dachte ich an die, die in dieser Kälte ohne Obdach waren. Ja, ich wollte ihnen in meiner Kate ein Heim bieten. Nicht allen, das war mir klar, dafür waren es zu viele. Ich mochte auch nicht wirklich ein Asyl errichten, damit gäbe ich wohl mein eigenes Leben und meine Träume auf. Aber ich wollte Menschen, einigen meiner Freunde, anbieten bei mir unterzukommen.

Herla war beeindruckt, als sie von unserer Idee der letzten Nacht erfuhr.

„Josi, du bist'n patentes Frauenzimmer. Aber ich geb dir nen Rat: Sags den Jungs nich so, wie du's mir gerad erzählt hast. Dann läuft dir nämlich sämtliches Volk von der Straße die Bude ein, und im Ruck-Zuck biste deine Hütte los." Sie sah mich entschuldigend an. „Auch wenns so klingt als würd ich den eigenen Leuten in 'n Rücken fallen, es is so. Du muss sie an die Kandare nehmen oder die tanzen dir aufm Kopf rum und rupfen dir die Haare einzeln aus, Kleine. Du willstn Gästehaus herrichten und da gehts nich an, wenn in die Ecken gepinkelt und gekotzt wird, oder? Also überleg dir gut, wen du darein nimmst. Und denk vorher nach, was du dir gefallen lassen willst und was nich. Die Jungs brauchen Regeln. Die meisten von denen jedenfalls.", fügte sie noch mit einem schrägen Blick auf Josch hinzu.

Ich stopfte mir ihr Kopfkissen in den Rücken und griff nach meinem alten Freund, Herlas Schlaflöwen. Wie ramponiert er aussah! Er hatte scheinbar schwer mit ihr gelitten in der Nacht nach Angelikas Unfall. Herla reichte uns die Teebecher und ließ sich dann in ihrem Sitzsack nieder.

„Ich habe mir überlegt", sagte ich jetzt, auch mit einem Blick zu Josch, mit dem ich darüber noch nicht gesprochen hatte, „wir könnten, nachdem das Theater heute zu Ende geht, nächsten Samstag eine Art Einweihungsfeier bei mir machen. Ich muss zugeben, mich überfordert der Gedanken, all den Leuten, die fast täglich zum Proberaum kommen, meine Situation darlegen zu müssen. Aber unsere Fünf, bei denen fühle ich mich wohl, ich denke, denen kann ich erklären, was ich meine."

Herla und Josch stimmten leidenschaftlich zu.

- ◊ • ◊ • ◊ -

Zweifellos hatten die Männer in den letzten Wochen schon von meiner Kate gehört und lautstark vernehmen lassen, sie würden *den Schuppen schon wieder in Schuss bringen*, aber ich hielt mich mit weiteren Ideen und Ausführungen zurück. So waren sie überrascht und sichtlich erfreut bei der Einladung, heute mit mir die Einweihung feiern zu dürfen.

Das Haus war verständlicherweise noch immer in verwahrlostem Zustand, wenngleich ich diese Woche angefangen hatte, das Gröbste zu räumen und auszufegen. Josch und Herla hatten mir nach besten Möglichkeiten geholfen und waren auch jetzt eifrig dabei, mein Auto leer zu räumen. Ich hatte einen großen Topf Suppe gekocht und bewusst nur alkoholfreie Getränke besorgt. Karl-Heinz kannte das Haus und wollte gemeinsam mit Lupo, Lothar, Sven und Polly hier eintreffen.

Die Suppe brodelte auf dem großen Ofen, der Raum war wohlig warm und Josch goss gerade die dritte Kanne Kaffee auf, als wir von draußen lautstark die Ankunft der Theatertruppe vernahmen. Ich öffnete dem grölenden Pulk die Tür – und wich fassungslos zurück. Josch fing mich von hinten und Herla grinste breit, als sich die Männer ihrer Jacken entledigten und der volle Glanz ihrer Erscheinung sichtbar wurde: Sie waren alle mit Anzughosen, weißen Hemden, teilweise zugehörigen Jacketts, Krawatten oder Fliegen bekleidet. Alles war zerknautscht und offenkundig aus Wäschesäcken gezogen. Zur Krönung des Ganzen erschienen die Männer nüchtern.

Polly warf die Arme in die Luft und rief begeistert: „Da sind wir, Sternchen, und wie es sich gehört, fein säuberlich in Feierkleidung, na, da staunste, was!"

Ich staunte wirklich und konnte meine Augen gar nicht von dem eigenartigen Anblick abwenden.

„Josi", sagte Lupo jetzt, als wolle er mich in die Gegenwart zurückholen, „das ist doch klar, zu einer Einladung von dir wollten wir nicht in unserem Alltagsfrack erscheinen. Und da bin ich mit Kalle durch die Kleiderkammern gezogen, bis wir für jeden von uns was Passendes gefunden und uns für dich rausgeputzt haben."

Ich hätte sie am liebsten alle umarmt. Statt dessen beließ ich es dabei, Joschs Hand zu greifen und fest gedrückt zu halten.

Herla strahlte und brüstete sich hoheitsvoll: „Das is *meine* Truppe."

Benommen lächelte ich jeden Einzelnen an und setzte mich matt auf einen Stuhl. „Ihr seid fantastisch, Leute. Ich bin ganz verzaubert von eurem Auftritt. Und vollkommen sprachlos." Die Blicke, die mich trafen, waren stolzerfüllt und von freudiger Verlegenheit.

„Na, da bist du maultod, Mädchen, was?“ Karl-Heinz bleckte die Zähne und ging auf den Ofen zu. „Hier riecht es aber gut, ist das etwa für uns?“

Während ich mich noch auf dem Stuhl von dem erholte was mich gerade eben überwältigt hatte, schöpften eifrige Hände die Schüsseln voll. Josch drehte die Musik an und die erlesene Gesellschaft ließ sich schmatzend auf Stühlen und Bänken nieder.

Ich stützte den Kopf in die Hände und verweilte, um mich wieder zu fangen, dann rieb ich mir das Gesicht, stand auf und holte mir ebenfalls einen Teller Suppe. Polly legte mir im Vorbeigehen seinen Arm um die Schulter.

„Nicht weinen, Josi, wer wird denn gleich losflennen, nur weil wir uns für dich in Schale geschmissen haben.“

Herla stand bei mir und meinte: „Die Jungs haben ja selbst Spaß daran, hier die Sause machen zu können. Und jetzt los. Polly, haste schon gelöffelt? Lass uns das Tanzbein schwingen.“

„Was hast du überhaupt mit dem Kasten vor?“, fragte Lupo, als ich mit meiner Schüssel neben ihm Platz genommen hatte. „Du kannst nicht zufällig einen Gärtner gebrauchen? Ich kenne da jemanden, der würde dir mit Vergnügen helfen, und ein bisschen Zeit hat er auch noch übrig.“ Verschmitzt flackerten seine Augen und er schob sich einen dampfenden Löffel in den grinsenden Mund. Ich hatte mich noch nicht entschieden, wie ich dieses Thema heute oder ein anderes Mal anschneiden wollte, darum war ich froh, wie es sich im Gespräch mit Lupo ohne Anstrengung ergab.

„Von dem Gästehaus, das ich machen will, wisst ihr ja bereits. Ich habe tatsächlich überlegt, ob nicht einige von euch vorübergehend mit hier wohnen wollen – im Schuppen, nicht bei mir!“, kam ich den deutlich sichtbaren Gedanken entgegen, doch er gab sich keine Mühe seinen neckischen Gesichtsausdruck zu bezwingen. Ich schlug ihm auf die Schulter. „Lupo, hör auf, was soll das? Also, wenn du mir helfen willst, freue ich mich wirklich, nur habe ich kein Geld, dich oder sonst wen zu bezahlen. Vermutlich ist es jedoch eine Hilfe, wenn du nachts weißt wohin?“ Ich war unsicher, ob er mein Angebot richtig verstand. Annäherungsversuche meinerseits schloss er aus, das wusste ich. Doch womöglich dachte er, ich wolle ihn und die anderen für meine Zwecke einspannen, ohne den gerechten Lohn zu zahlen. Diese Frage beschäftigte mich seit Tagen, wozu Herla und Josch meinten, ich solle das gelassener sehen: Wer helfen will, kann es gerne tun, selbst wenn ich mir das Recht vorbehalte, zu bestimmen was und wie gearbeitet wird. Wer keine Lust mehr hat, ist zu nichts verpflichtet und darf ohne Weiteres gehen. Die Zeit dazwischen wird getragen vom Geben und Nehmen, Arbeiten, Schlafen unter einem festen Dach und einem Zusammensein, wie wir es bis jetzt im Proberaum hatten. Nur wird wieder, wie vor den Aufführungen, sinnvoll etwas getan.

Herla hatte gesagt, ich solle mir *keine dumpfen Gedanken machen*, wenn es freiwillig war, konnte sich auch keiner beschweren.

Lupo guckte mich interessiert an. „Du meinst, ich kann auch hier pennen? Und fast wie in ner richtigen Familie ist immer mal irgendwer da? Josi, ich glaube ganz bestimmt, das will ich!“ Übermütig drückte er meine Hände, bis er sich vorbeugte und mir die Wange küsste. „Das musste einfach sein, Josi, tschuldigung, kommt ein bisschen häufig vor, he?“

Feixend drängte mich Lupo, mit ihm in den Garten zu gehen und zu sehen, was zu tun sei. Bald würde es dunkel, darum erhob ich mich und lud alle zu einer Hausbesichtigung ein.

Als wir das Gebäude komplett umrundet hatten, fragte Polly:

„Josi, ist das alles nicht ein bisschen groß für dich? Selbst wenn Josch, die breite Kante, noch mit bei dir ist.“

Röte stieg mir ins Gesicht und ich linste zu Josch hinüber. Er hatte sich abgewendet, ich erkannte aber an der glühenden Farbe seines Nackens, er war offensichtlich noch verlegener als ich. Wir hatten bis heute nie unser Gespräch auf dieses Thema gebracht, und Josch hatte selbst in diesem Punkt die Stellung des zurückhaltenden Liebhabers eingenommen.

Ich erzählte nun der Truppe ansatzweise von meiner Idee, mit ihnen Raum und Arbeit zu teilen. In all dem aufgeregten Stimmengewirr das folgte, hörte ich Erstaunen und Begeisterung heraus.

„Aber nich alle auf einmal“, unterbrach Herla die aufkommende Euphorie. „Außerdem werden die Regeln vom Proberaum übernommen und noch verschärft. Habt ihr das geschluckt?“

„**P**ech-**N**onne, hab ichs euch nicht gesagt“, brummte Kalle vor sich hin.

Wir besahen uns die Räume innen und Lupo entschied, in der Milchküche sein Zelt aufzuschlagen.

„Klar doch, Lupo immer voran. Der hat echt ’n Stein im Brett bei den Weibern“, klang es aus einer Ecke.

Herla spähte im Kreis umher und schoss bissig: „Wenn einer motzen will, kann er sich gerne an mich wenden. Josch und ich sind da, glaubts mir, wir sorgen schon dafür, dass ihr die Josi nich plattmacht. Kapiert?“

Ich war dankbar für ihre Unterstützung, fühlte ich mich jedoch durch diese Reden peinlich berührt.

Polly nahm mich später am Abend zur Seite: „Josi, ich helfe dir gerne, ich weiß, ich bin noch zu gebrauchen, und ich könnte auch ne Weile mit hier unterkommen, das spart Zeit. Aber glaub bloß nicht, ich bleibe für lange, es ist nur, bis du aus dem Gröbsten raus bist.“

Ich freute mich über seine Worte, und während nochmals wild getanzt wurde, erzählte ich Josch von meinem neusten Angebot. Sein Arm lag schwer um meine Schultern und er gestand milde lächelnd:

„Josephine, ich bin froh, wenn die beiden es sind, die den Anfang machen. Ich muss zugeben, ich war besorgt und wusste nicht was ich tun soll, wenn andere schon zu Beginn dabei sein würden. Aber mit Lupo und Polly wirst du klarkommen, die sind okay. Trotzdem werde ich mit deiner Erlaubnis gleich als Erstes eine abschließbare Tür zu deinem Wohnbereich einbauen. Ist dir das recht?“ Ich blickte ihn erleichtert an, seine Lippen legten sich sanft auf meine Stirn. „Polly ist zwar kein Handwerker, aber er ist nicht dumm. Ich glaube sicher, er wird sich hier ganz nützlich machen.“

Nach einem abwechslungsreichen, gelungenen Abend holte jedermann sein am Vormittag ins Auto verladenes Schlafzeug hervor, und suchte sich – außer Polly – eine Ecke im beheizten Raum. Polly waren dort zum Schlafen zu viele Menschen, und er verzog sich in die Vorratskammer. Josch hatte mir eine sichtgeschützte Nische hinter Stühlen gebaut und legte sich in kurzem Abstand davor. Ich hätte ihn gerne bei mir gehabt, aber angesichts der Situation mit einer Reihe lediger Männer im Raum, hatte ich für diese Maßnahme vollstes Verständnis. Josch war nicht gewohnt mit so vielen Menschen den Raum zu teilen und ich war ihm dankbar, weil er mir zuliebe nicht mit Polly das Weite gesucht hatte. Allerdings konnte ich ihm am Morgen den schlechten Schlaf deutlich im Gesicht ablesen.

Wir stiegen über herumliegende, gefüllte *Penntüten*, dann stocherte Josch das Feuer, während ich Kaffeewasser aufsetzte. Herla wurde wach und holte aus dem Wagen die dicke Tasche mit Broten.

„Ist das jetzt also ein Penner-Frühstück?“, forschte ich leise und amüsierte mich über die schlafenden Gestalten am Boden.

„Penner frühstücken nicht. Jedenfalls nur die wenigsten von ihnen“, zischte Josch mit breitem Mund zurück. Er war trotz des schlechten Schlafs hellwach und sah nach einem Besuch im primitiven Badezimmer frisch und tatendurstig aus. Was man allerdings von den anderen so nach und nach erwachenden Figuren nicht sagen konnte. Brummig und missmutig schlichen sie umher, um im Laufe der nächsten zwei Stunden zu den Lebenden zurückzukehren.

Polly stolperte rotwangig herein. „Das Haus ist stark, Josi. Ich hab mich mal was umgesehen, hier ist ja tatsächlich ne Menge Platz drin, ich schätze, da kann sogar ich es ne Zeitlang aushalten. Meister-Josch, was meinst du, was hier als Erstes zu machen ist? Ich hör mal nach, vielleicht kann ich Werkzeug ranschleppen.“

- ◊ • ◊ • ◊ -

Neubeginn

Es war zwar Sonntag, aber für die Leute von der Straße war das die schlimmste Zeit in der Woche. Die Geschäfte hatten geschlossen und die, die in der Fußgängerzone saßen, bekamen an diesem Tag kein Geld. Es lohnte sich nicht, und so traf man sich üblicherweise und wartete, bis der Tag zur Neige ging. Heute allerdings gab es etwas Neues. Der Reiz des vergrabenen Schatzes lockte die Männer, und sie begannen mit mir die Räume zu durchstöbern, Kisten zu öffnen, Schränke zu durchforsten und zu sortieren, was nützlich oder unwichtig war - wobei ihr Verständnis deutlich von dem meinen abwich.

Ich wusste bereits von einem Werkraum im Haus, den die Erbengemeinschaft wohl eher für ein Ersatzteillager gehalten hatte. Josch machte mit Karl-Heinz eine Bestandsaufnahme. Mit zerzausten Haaren und dreckverschmiert traf ich sie an, als sie aufgeregt in Schränken und Regalen wühlten. Kalle hatte es nicht für nötig gehalten sich seines weißen Hemdes und des Anzugs zu entledigen, und so erschien er wie ein Buchhalter, der vor drei Tagen an die Luft gesetzt worden war. Aber sein Gesicht strahlte. Er zog seinen Hosenbund hoch und hielt mir ein verrostetes Eisenstück entgegen.

„Josi, du glaubst gar nicht, was du hier für heiße Sachen rumliegen hast. Das ist ja glatt ne Meisterwerkstatt, da haben wir fast alles, was man braucht, um die Hütte wieder fit zu kriegen." Josch nickte zustimmend und zwinkerte sich den Staub aus den Augen. Dann griff er meine Hand und zog mich durch ein Gewühl von Werkzeug, Metall, Stangen, Stäben, Schaufeln und allen möglichen urtümlichen Gerätschaften in die gegenüberliegende Ecke des Raumes.

„Das ist wirklich eine Fundgrube, Josi. Es gibt sogar Elektrowerkzeuge, die sehen noch nicht einmal schlecht aus. Wer damals hier gewohnt hat, war sicherlich ein echter Tüftler, oder so. Eindeutig jemand, der sich selbst helfen konnte. Mit dem, was wir bis jetzt gefunden haben, können wir schon eine Menge anfangen. Kalle und ich sind fast durch, dann räumen wir die Sachen vernünftig in die Fächer, damit man sie wirklich nutzten kann. Es ist alles da, Öl, Schleifpapier, Feilen und was wir sonst noch brauchen, um die Maschinen fit zu machen." Josch war in seinem Element. Ausgelassen drückte er mir einen Kuss ins Gesicht, er roch nach frischem Schweiß und Arbeit.

„Darf ich auch mal?“, bemerkte Kalle keck grinsend und erntete von Josch eine drohende Gebärde. Vergnügt verließ ich den Raum, um zu erkunden, wo sich die anderen herumtrieben.

Lupo war durchs Gelände gestreift und bearbeitete Lothar gerade mit der Idee, draußen hinter dem Haus Ordnung zu schaffen und zusammenzuräumen, was überall herumlag. Das Anwesen hatte einiges von seinem, vor Jahren offensichtlich gut organisierten, Urzustand eingebüßt. Als die beiden mich kommen sahen, sprang Lupo glückstrahlend auf mich zu und bestürmte mich eifrig mit Plänen und Anregungen, worin Lothar die Gelegenheit erkannte, sich aus dem Staub zu machen.

Obwohl es bitterkalt war, ging ich mit Lupo raus und hörte mir seine Vorstellung von einem gepflegten, aber naturnahen Garten an. Er war tatsächlich ausgesprochen kreativ und begabt. Seine Vorschläge, den Obstgarten zum Leben zu erwecken, ein Wildblumenbeet als überleitende Grenze zum Wald hin anzulegen und der beschriebene Rasen zwischen Sträuchern und Büschen gefielen mir. Es fügte sich auch in meinem Kopf zu einer harmonischen Einheit mit dem natürlichen Umfeld zusammen. Ich war gespannt, ob Lupos Können und insbesondere sein Durchhaltevermögen ebenso gefestigt waren wie sein Konzept.

„Lupo, ich bin beeindruckt von deinen Ideen, und ich könnte mir keinen besseren Gartenarchitekten vorstellen.“ Freundschaftlich drückte ich die Schulter des kleinen Mannes, der stolz und verlegen dreinsah. „Wenn ich hier einen normalen Fachmann ranlasse, will der mir bestimmt ein Zigtausend-Euro-Projekt andrehen.“ Ich lächelte beifällig. „Lupo, du bist eingestellt. Ich ernenne dich hiermit zu meinem ersten Gartenkommandanten.“

Er bewegte sich kurz in meine Richtung, hielt sich dann jedoch zurück. „Josi, Süße, das mit dem Küssen lass ich lieber, sonst krieg ich irgendwann noch Stress mit Josch.“ So wir gingen einmütig und zufrieden zurück ins Haus.

Lothar lag versteckt in einem dunklen Winkel der Vorratskammer auf dem Boden eines großen Regals.

„Ey, du Penner“, fuhr Lupo ihn an.

Lothar spuckte auf den Boden, drehte sich rum und schnauzte aggressiv: „Ach, leck mich doch.“

Lupo nahm mich am Arm und wir verließen den Raum. „Josi, wenn ich dir was raten darf, häng dir den Sack nicht ans Bein, da wirst du nur Ärger haben.“

Verständig nickte ich und schaute mich in der Milchküche um. Es gab einen gemauerten Trog mit Wasseranschluss und hinter einem steinernen Wall stand eine Anzahl Tonkrüge und Blechgefäße.

„Mensch, das ist ja wirklich wie in einem Zaubermärchen“, bemerkte ich hingerissen. „Aber, Lupo, ich schätze, du suchst dir besser eine andere Kammer als Wohnung aus, die hier eignet sich nun wirklich am besten dafür, in einen Waschraum umfunktioniert zu werden. Schließlich sollt ihr ja nach der Arbeit bei mir nicht noch zum Duschen auf den Friedhof gehen müssen“, setzte ich kichernd hinzu.

Lupo starrte eine Weile vor sich hin, dann gestand er: „Hör mal, Josi, ich hab das Gefühl, als fängt für mich jetzt was ganz Neues an. Du weißt, ich mag dich“, er grinste verlegen. „Na, du verstehst schon. Aber ehrlich, ich hab da ein Gefühl in mir, wie ich es lange nicht mehr hatte. Ein bisschen wie Weihnachten ist das. Weihnachten, wie ich es von früher kenne. Ich hatte, ich habe, einen Bruder. Wir haben uns ständig gekeilt, nur wenn Weihnachten kam war es anders. Und jetzt kommt mir das seit langem wieder hoch. Ich habe ewig nicht an Axel gedacht und an Weihnachten auch nicht.“

Wir hatten uns auf die alte Holzbank gesetzt und Lupo sah mich mit seinem immer noch kinderweichen Gesicht zaghaft an.

„Weihnachten auf der Straße ist die Hölle. Nicht nur weil es kalt ist. Tagelang sind die Geschäfte zu, die Stadt ist wie ausgestorben. Die paar Leute, die man sieht, sind fein gekleidet und haben Geschenke unterm Arm und du weißt genau, die gehen jetzt zu Freunden oder zur Familienfeier. Da kommt einem besonders deutlich hoch, wie man sein Leben verbaut hat. Alles hinüber, keine Familie mehr, keine Freunde, höchstens Saufbrüder, Penner und bekifftes Gesocks. Josi, es kotzt mich an. Und ich bin einer von denen! Ich will da raus, aber ich bin nicht wie Josch. Ich schaffe es nicht. Ich habe mich nicht so im Griff wie der Kerl. Dir kann ichs ja sagen: Ich zieh meinen Hut vor ihm. Was der geleistet hat, wie der durchgehalten hat. Ich bin nicht so stark wie er, ich halte es nicht aus, abgekanzelt zu werden. Ich weiß ja selbst nicht mehr, wer ich bin. Josch hatte immer Achtung vor sich. Ich habe keine Ahnung, woher er die genommen hat, er lebte mit uns auf der Straße, fraß genau wie wir aus dem Müllcontainer, aber irgendwas hatte der an sich. Wir wussten es – und er wusste es auch. Was es war, wer weiß? Es hielt ihn halt aufrecht, er war nie das arme Schwein wie wir anderen, er war immer Jemand, zu ihm konnten wir aufsehen. Komisch, Josi.“ Dann fuhr er sich durch die Haare und verstrubbelte sie zu einem wilden

Schopf. „Was solls, Süße. Komm, lass uns gucken, was sich hier noch machen lässt."

Aber ich war nicht gewillt, das Gespräch so plötzlich abzubrechen und zog Lupo auf die Bank zurück.

„Hey, Lupo, mein Freund. Hör auf, dich niederzumachen. Du bist so ein feiner Kerl, gib dich nicht auf! Dein Hirn ist noch intakt und du bist beileibe nicht dumm. Du wirst es schaffen. Wenn du willst, kannst du dich offiziell hier melden, dann hast du eine Adresse auf dem Ausweis, das allein ist schon was wert. Und wenn du dich im Garten austobst, entdeckst du bestimmt wieder eigene Perspektiven, du wirst sehen." Ich hielt ihm die Hand hin. „Versprichst du mir, dich nicht aufzugeben, sondern nach dem Positiven in dir zu suchen?"

Er schaute bittersüß und auf seinem schön geschwungenen Mund zeigte sich ein Lächeln. Dann legte er seine Hand in die meine und drückte sie zu einem Gelöbnis.

„Fühl dich geküsst, du schöne Braut."

Verlegen drehte ich mich nun doch von ihm weg.

„Sag mal, Lupo, wie heißt du eigentlich richtig? Das ist doch nicht dein wirklicher Name, oder?"

Jetzt war es Lupo, der sich beschämt zur Seite drehte und wie wild den Hinterkopf kratzte.

„Nein, Lupo heiße ich, weil ... wegen meiner großen Nase." Er starrte mich an, als wenn ich in brüllendes Lachen verfallen würde. „Und früher hieß ich Bernhard."

Ich zog die Augenbrauen hoch und zweifelte. „*Bernhard*? Nee, da passt Lupo aber tausendmal besser zu dir. Und das bestimmt nicht wegen deiner Nase. *So* dick ist die außerdem gar nicht", versuchte ich es mit schwachem Trost. „Lupo heißt für mich einfach jemand, der ganz lieb ist, lustig, nett und liebenswert. Lupo heißt halt ein echter Freund, okay?"

Ergeben und dankbar blieb er bewegungslos sitzen. Dann nahm er meine Hand und zog mich auf die Beine. „Mal sehen, wo sich die anderen rumtreiben."

Im beheizten Wohnraum trafen wir auf Herla, Polly und Sven. Jetzt zur späten Mittagsstunde machte sich wohl das fehlende Frühstück bemerkbar. Die Brottasche stand am Boden, ein Papptablett mit angedrückten Teilchen auf dem Holztisch, und alle drei kauten genüsslich, wobei sie sich lebhaft unterhielten.

„Josi, deine Hütte is echt 'n geiler Traum“, brummelte Herla und schlürfte einen Schluck Kaffee zu ihrem Bissen.

„Kann ich auch hier wohnen?“, fragte Sven ungewöhnlich direkt.

Auch wenn mich seine Offenheit freute, schien es mir das Klügste zu sein, ihn vorerst zu vertrösten. „Sven, ich brauche ein paar Wochen, um die Situation hier zu klären. Ich weiß noch nicht genau, wie alles laufen soll. Wenn du möchtest, kannst du herkommen und dabei sein. Nur mit feste Wohnen möchte ich noch warten, sonst wächst mir alles über den Kopf.“

Trotz meiner Absage strahlte er mich an. „Ich darf also mithelfen?“

„Klar, Sven, wenn es dir Spaß macht.“

An Herla gewandt erklärte ich jetzt: „Ich habe mir überlegt, aus der Milchküche eine Art Badezimmer zu machen. Und dieser Wohnraum soll später einmal das Speisezimmer werden, bis dahin ist es unser Gemeinschaftsraum. Nebenan bleibt die Küche, daneben die Vorratsräume, einer für Essen, einer für Hausrat, Putzkram und so. Oben werde ich mich einrichten, danach stückweise die Gästezimmer renovieren, dann bleibt hier unten Platz zum allgemeinen Leben. Wie findest du das?“

„Stark“, staunte Herla und riss lachend den vollen Mund auf. „Polly geht in die Kornkammer, hat er gesagt.“ Sie drehte sich ihm zu. „Junge, wolln wir hoffen, dass dich da nich der Hafer sticht. Wenn du noch mehr durchknallst, als sowieso schon, is es mit dir vorbei.“

„Rotes Weibsstück“, polterte er zurück und bekräftigte: „Nee, Josi, das ist okay, wenn ich in dem Schuppen da hinten unterkriechen kann. Da geht mir wenigstens keiner auf den Sack, so weit abseits vom Schuss.“

Polly brauchte seinen Freiraum, das wussten wir. Wenn er zu lange mit anderen in einem Raum war, wurde er nervös. „Ich bleib gleich heute schon hier, Mädchen, dann ist wenigstens jemand im Haus, wenns recht ist.“

Sven erhob sich, um Kalle und Josch zu holen, die waren sicher auch hungrig. Als sich die Tür erneut öffnete, nahm Polly den Topf mit der Suppe vom Ofen und stellte ihn mittig auf den Tisch.

„Du hast Manieren“, missbilligte Sven gereizt, trug ihn zurück und schöpfte vom Herd aus einige Schalen voll.

„Auweia, unser Pinkelchen hat mal wieder zu mosern“, provozierte Polly auch gleich und griff die hinter sich am Boden stehende Dose Bier. Die anderen fixierten ihn gebannt, ihre Blicke wechselten von Polly zu mir, dann rüber zu Josch und Herla.

Sie blies die Backen auf und meinte nach einem abwartenden Moment:

„Josi, wenn das dein Haus is und auch bleiben soll, musst du selbst die Regeln durchsetzen. Sonst haste in kürzester Zeit nix mehr zu melden."

Ich spürte die explosive Atmosphäre, ein gebanntes Abwarten, was ich tun würde. Bislang hatten Herla und Josch gesagt, wo es entlang ging, aber sie hatte Recht, dies war mein Haus, ich war gefordert, meinen Maßstab durchzusetzen. Daher spannte ich mich innerlich und appellierte an Polly:

„Du hast es gehört. Was vorher galt, gilt auch jetzt. Wer abgefüllt ist oder hier drinnen trinkt, kann gehen, bis er wieder nüchtern ist."

Weiter wusste ich nicht, was ich sagen sollte. Aber Polly stand auf, wobei er den Stuhl absichtlich hart über den Boden schaben ließ, verzog sein Gesicht zu einer Grimasse, die kein echtes Lächeln war, und verließ mit der Dose in der Hand das Haus.

„Na klar, Schätzchen, du bist hier der Boss. Ich tu doch alles, was du sagst."

Der Raum war totenstill und ich war Lupo dankbar, als er die Musik anschaltete. Die Gespräche wurden fortgesetzt. Ich spürte Joschs Blick, er erkannte offensichtlich mein Bedürfnis, jetzt allein zu sein. Mir ging es mies. *Ich führe mich wie ein arroganter Arbeitgeber auf!* Frustriert ging ich ans Fenster und stierte hinaus. Ob Herla und Josch in den letzten Monaten auch so empfunden hatten? Unwahrscheinlich. Sie waren Teil der Gruppe. Ich kam von außen, ich gehörte zu denen, die tagtäglich auf ihrer Selbstachtung herumtraten. Womöglich war es doch keine so gute Idee, eine *Berber-WG* zu machen. Ich bliebe immer jemand anderes. Zudem hatte ich Wünsche und Vorstellungen, die ich hier im Haus – in meinem Haus – umsetzen wollte. Ich stellte tatsächlich Bedingungen. Aber das wollte ich auch. Für mich! Jetzt fragte ich mich allerdings, was das für die anderen bedeutete.

Konfus und zerrissen war ich. Energisch wandte ich mich um und ging nach draußen. Ob das richtig war oder die Sache noch schwieriger machte, wusste ich nicht.

Ich hatte meine Jacke vergessen, trotzdem stapfte ich mit festen Schritten in den Wald. *Ich werde mich schon warm bewegen*, beschloss ich trotzig.

Verflixt, was sollte ich tun? Tränen rollten mir über das Gesicht. Das fängt ja gut an, schniefte ich resigniert und rieb meine Arme. Die Kälte biss mir in die Haut, aber ich wollte nicht zurückgehen, erst musste ich eine Antwort finden. In großem Bogen lief ich um das Haus, querfeldein durchs Gestrüpp. Ein dünner Zweig peitschte mein Gesicht und ich haute vor Schmerz und Wut wild in der

Luft herum. *Was kann denn der Baum dafür?*, dachte ich einen kurzen Moment, aber das war mir egal und ich traktierte ihn mit Fußtritten. Dann rannte ich, sprang mit ganzer Kraft, um an höhere Äste zu schlagen und blieb nach einiger Zeit erschöpft an einen Baum gelehnt stehen. *Das ist mal wieder typisch für mich. Da passiert eine winzige Kleinigkeit, und ich raste aus. Worüber rege ich mich eigentlich auf?* Herla hatte der Truppe gestern bereits deutlich erklärt, hier bei mir gelten die gleichen Regeln wie bislang im Proberaum.

Da hat Polly nie eine Dose hervorgeholt und er wusste auch genau, warum nicht. Nun gut, womöglich ist es wie bei Tieren, wenn da ein neuer Chef auftaucht, wird erst einmal getestet, ob er wirklich das ist, was er darzustellen versucht. Vielleicht wollte Polly nur wissen, ob ich zu dem stehe, was ich sage. Und genaugenommen war er gar nicht sauer, als er den Raum verließ. Eher so, als wollte er mich provozieren.

Ich schloss die Augen, und um mich abzulenken spürte ich der Kälte nach, die auf meiner Haut sämtliche Härchen hochstehen ließ. Ich fühlte, wie die eisige Luft durch meinen Hals in die Lungen floss und konnte den nahenden Winter riechen.

Etwas knackte im Geäst und ich zuckte herum.

„Hör mal, Josi", keuchte Polly und grinste breit, als er mein Erschrecken bemerkte. „Das hast du vorhin doch nicht krumm genommen, oder?"

Ich war verstört durch sein Auftauchen und mir fiel keine vernünftige Ausrede ein, also versuchte ich es mit der Wahrheit.

„Ich, ... ja und nein. Ich war wütend über dich und mehr wohl noch über mich selbst."

Polly krauste verwundert die Stirn. „Wütend? Über mich *und dich*? Wie kann denn das gehen?"

Ich erzählte ihm von meinem Zwiespalt, wobei er mich am Ellbogen nahm und aufs Haus zuführte.

„Mädelchen", er lachte jetzt gutmütig, „das darfst du doch nicht so eng sehen. Du weißt, ich hab meine Kanne immer dabei, und ich hatte halt meinem Spaß daran, sie anzusetzen."

Er lenkte mich vom Eingang fort und wir gingen auf die Tür der Waschküche zu. Er wollte in Ruhe mit mir reden.

„Josch hat mir gesagt, du machst dir bestimmt schwere Gedanken und hat mich hinterher geschickt. Aber dass es so dolle ist, hab ich nicht gedacht. Josi, du weißt, wir drehen immer mal auf, wenn wir unternander sind. So ist das eben. Mach dir darüber keinen Kopf. Es ist vollkommen richtig, wenn du hier klar Schiff machst und sagst, wo es langgeht. Hast du doch bei Herla gesehen, hätte sie die Truppe nicht so im Griff gehabt, wäre daraus nie ein echtes Theater geworden, glaub es mir." Unglücklich blickte ich ihn an. „Komm schon, Mädchen, lass dir keine grauen Haare wachsen. Das mit mir war deine Feuerprobe. Jetzt wissen die anderen wenigstens, wie es zu laufen hat."

„Und du meinst nicht, es ist überheblich, wenn ich hier Regeln aufstelle, mit denen ihr zu leben habt?"

„Na, ist das nu dein Haus, oder unser? Was glaubst du, wie der Schuppen in ein paar Wochen aussieht, wenn du nicht den Daumen draufhältst. Keine Sorge, ich pass mit auf, damit dir hier kein faules Volk die Bude versaut."

Er stand auf und ging nun in Richtung Wohnraum. Ich zögerte, dann blies ich die Luft hörbar aus und folgte ihm.

Polly wurde mit spöttischen Reden empfangen, während mir keiner einen schrägen Blick zuwarf. *Dabei ist er es, dem Respekt gebührt*, dachte ich und setzte mich zu Josch, der mir aufmunternd über den Rücken strich.

„Alles klar, Josephine?"

Polly und Lupo blieben im Haus zurück und wir fuhren die Sachen in den Proberaum. Karl-Heinz saß mit im Wagen. Der lange Weg war ihm beschwerlich, obwohl er keinen Ton darüber verlauten ließ. Die anderen kamen zu Fuß nach, um ihr Schlafzeug wieder in Empfang zu nehmen. Die Unstimmigkeit des Nachmittags war schnell vergessen gewesen und wir verbrachten noch eine unterhaltsame Zeit. Alle waren einstimmig der Meinung, sich morgen wieder in der Kate einzufinden – alle, außer Lothar, der ahnte, was da auf ihn zukäme. Sie wollten die Nebengebäude leer räumen und die Sachen durchsortieren.

Lupo hatte sich für eine andere Kammer entschieden, die er zu seiner Heimstätte machte. Polly blieb wie gehabt im hintersten Kornschuppen. Fast alle Nebenräume hatten einen separaten Eingang zum Garten, und so blieb den zukünftigen Bewohnern ihre Freiheit erhalten.

Ich war etwas nervös, die Männer allein im Haus zu wissen. Aber letztendlich beruhigte ich mich, im derzeitigen Zustand könne dort, außer einem Totalschaden durch Feuer, kaum noch etwas Schlimmes passieren.

- ◊ • ◊ • ◊ -

Auf meiner Arbeitsstelle hatte sich der Hauskauf schon herumgesprochen und im Kollegenkreis begegneten mir herzliche Glückwünsche sowie neidische Blicke gleichermaßen.

So erzählte ich heute von unserer Einweihungsfeier und wie ich entschlossen auf die Renovierung zuging. Der Hausmeister bot sogar an, in konkreten Fällen mit Hand anzulegen oder mir, soweit ihm das möglich war, materiell auszuhelfen. Ich dankte ihm für das Angebot, erleichtert über eine weitere Aussicht auf Hilfe.

Herr Klasen fing mich im unteren Hausflur ab und begann ein offensichtliches Ausfragemanöver.

So langsam wurde die volle Bettpfanne in meiner Hand zu schwer und ich stellte sie auf den Boden, um ihm weitere Auskünfte zu geben. Er staunte nicht schlecht, als er von meinen freiwilligen Helfern und Übergangsbewohnern erfuhr. Allerdings hatte ich nicht den Eindruck, als mache er sich verschrobene Hintergedanken. Im Gegenteil, während er mir ganz praktisch seine Unterstützung anbot, entschied ich, seinen Fehltritt damals, als er mich nach Josch befragte, endgültig in die Kategorie der Ausrutscher abzuheften. Er machte den Vorschlag, ich solle mit dem Hausmeister in den Anbau gehen und mir von den dort gesammelten Möbeln verstorbener Heimbewohner aussuchen, was ich haben wollte.

„Ich freue mich über ihr Engagement, Fräulein Josephine, und ich bin froh, wenn ich Ihnen ein wenig beistehen kann." Er sah sich kurz um, ob jemand unser Gespräch hören könnte und sagte gleichsam mit gedämpfter Stimme: „Ich gebe ehrlich zu, ich bewundere Sie – und beneide Sie auch ein wenig." Dann ging er den Flur hinauf und überließ es mir, zu entscheiden, was er mit seiner letzten Bemerkung wohl gemeint hatte.

Ich nahm die Bettpfanne wieder auf und brachte sie in den Putzraum, während meine Gedanken umherturnten und sich nicht einigen konnten. Aber ein leichtes Lächeln blieb auf meinen Lippen liegen.

Mein Dienst war zu Ende und ich traf Herla, die beim Kaffeeverteilen am Nachmittag aushelfen sollte.

„Hi, Josi. Du wirst nicht glauben, was dich in deiner Hütte erwartet."

Ein leises Unbehagen kroch in mir hoch und war mir offenbar ins Gesicht geschrieben, denn Herla beschwichtigte sofort:

„Nur keine Panik, Kleine, die Butze steht noch, wenn auch nich mehr alles so ganz an seinem Platz is.“

Dieses schräge Grinsen, dachte ich, *das kann mich manchmal wild machen.*

„Die Jungs haben die Schuppen geräumt und waren eben dabei, das Gemeinschaftsbad zu taufen. An deiner Stelle würd ich klopfen, bevor ich da reinstürm.“ Ihr Mund zog sich noch mehr in die Breite und mir schwante Schreckliches.

Josch kam erst am frühen Abend. Schaffte ich, aufzuhalten was dort womöglich auf mich zugerollt kam, überlegte ich unsicher und schloss die Wagentür auf. *Kaum besitze ich ein Auto, verwandle ich mich auch gleich in einen dieser mobilen, faul sitzenden Zeitgenossen*.

Diesmal war es gut, den Holperweg nur im Schneckentempo voranzukommen, da konnte ich mir in Ruhe überlegen, was ich machen würde, wenn ... *Wenn was nur?*, fragte ich mich zum wiederholten Male.

Ich sah die Gestalt eines Mannes zügig einher schreiten und erkannte erst beim Näherkommen Bert, der auffallend schneidig seinen Weg nahm. Als er sich umdrehte und meinen Wagen erkannte, lief er ausgelassen winkend auf mich zu, riss die Beifahrertür auf und warf sich jauchzend auf den Sitz.

„Weißt du, was los ist, Josi? Ich habe einen Job!“ Seine Augen strahlten wie Sternenblitze. „Von wegen, mein Vater schafft es, mir meine Pläne zu verbauen. Da hat er nicht an seinen schärfsten Nebenbuhler gedacht: Firma Riesling und Sohn. Josi, kannst du dir ausmalen wie das war? Ich bin da hineingegangen, habe mich vorgestellt und gefragt, ob ich hier arbeiten könnte. Der alte Herr Riesling war platt, und als er meine Geschichte hörte, nicht die ganze, aber das Wichtigste, da hat er gesagt, es sei ihm eine Ehre, den Sohn und Nachfolger seines ärgsten Konkurrenten auszubilden.“

Bert juchzte einen inbrünstigen Laut und ballte siegreich die Fäuste. „Josi, ich bin zwar schon vierundzwanzig, aber liebend gerne setze ich mich zwischen die Kids, frisch aus der Schule, und lerne von der Pike auf das Maurerhandwerk. Ich werde Polier, wie ich es immer gewollt habe. Meine Scheine für die Baufahrzeuge habe ich ja, Gott sei Dank, damals durchgesetzt. Und jetzt kann ich sogar mitten im Ausbildungsjahr einsteigen. Herr Riesling war der Meinung, die fehlenden drei Monate würden mir kaum etwas anhaben. Wenn ich dann fertig bin, mache ich meinen Meister und ziehe eine eigene Baufirma hoch. Eine, wo der Chef noch selbst mit auf den Bau geht und echte Qualitätsarbeit abliefert.“ Ein seliges Seufzen beendete Berts Redeschwall.

„Gigantisch!“, gratulierte ich ihm und staunte im Stillen, wie viel Energie in diesem Mann versteckt war, den ich bislang für introvertiert gehalten hatte.

Wir fuhren um die langgezogene Kurve, die zum Haus hinführte. Ich erzählte Bert in Stichworten, was ich von Herla gehört hatte und welche Befürchtungen ich nun hegte.

„Ich komme mit dir, Josi, denk nur nicht, ich sei ein Schwächling. Ich glaube, ab heute wachse ich über mich hinaus.“

Ich stellte den Wagen vor dem Haus ab und wir horchten in die Stille. Aber ganz so still war es gar nicht, wie wir jetzt bemerkten. Die Stimmen kamen aus dem Garten. Wir gingen an den Stallungen vorbei und die Rufe schwollen weiter an. Als die Hinterfront vor uns lag, sahen wir, wie sich zwei Männer, nur spärlich bekleidet, miteinander ringend über den Boden wälzten. Die anderen, die ebenfalls nicht für winterliche Temperaturen ausgestattet waren, standen im Kreis um die Kämpfer herum und spornten sie lautstark an. Ich erkannte Polly, den zweiten Mann hatte ich noch nie gesehen. Sie droschen mit Fäusten aufeinander ein, während das Gegröle immer hitziger wurde.

In dem Moment wo ich Blut spritzen sah und sich der Fremde die Hand vor die Nase hielt, griff Lupo, gefolgt von Karl-Heinz auch schon ein.

„Alles klar, Leute, jetzt haben wir unseren Spaß gehabt. Martin, gib die Socken zurück.“ Der Angesprochene setzte sich auf den kalten Boden, zog die Strümpfe aus, reichte sie Polly, der sich mit einer hämischen Fratze verbeugte, und trottete barfuß zurück ins Haus. Die anderen gingen einträchtig hinterher, klopften Polly zustimmend auf die Schulter, lachten oder rissen derbe Witze.

Ich sah Bert betreten an. Er zuckte die Achseln und bemerkte unschlüssig: „Damit kenne ich mich auch nicht aus.“

„Vielleicht tun wir so, als hätten wir das alles nicht mitgekriegt? Was meinst du?“

Wir schlichen eilig zurück vors Haus und traten harmlos plaudernd durch die Vordertür ein. Der Raum war leer, wenn man von Bergen an Kleidungsstücken absah, die auf dem Boden verteilt waren. Die Luft, vom Ofen gut erwärmt, entbehrte nahezu jeden Anteils an Sauerstoff und war darüber hinaus mit Alkoholdünsten angereichert. Ich ging an die Luke zur Milchküche und klopfte vehement dagegen.

Lupo steckte seinen Kopf hindurch und flötete fröhlich wie immer:

„Tag, Josi, wir kommen gleich. Äh, kannst du dich einen Moment umdrehen, wir haben nämlich gerade geduscht und unsere Sachen liegen noch hier.“

Weil ich keine große Lust hatte mit einer Handvoll halbnackter Männer den Raum zu teilen, zog ich es vor, mir an Ort und Stelle noch einmal Gedanken über die Gestaltung des Vorgartens zu machen.

Zehn Minuten später gab man mir grünes Licht und ich trat, Bert schützend vorausschiebend, langsam ein und sah mich um. Tatsächlich, sie waren alle mit Wasser in Berührung gekommen, ihre Haare tropften noch und die Rücken der Pullover waren durchnässt.

Polly kam meinem fragenden Gesichtsausdruck zuvor. „Wir haben den Duschraum ausgeräumt und geputzt, und dann haben wir gedacht, uns selbst würde das auch ganz gut tun." Er entblößte seine Zähne und sah jovial zu mir herüber. Die Haut unter seinem linken Auge war geschwollen und dunkel verfärbt. Ich nutzte die Gelegenheit, ging auf ihn zu und tat so, als wollte ich auf diese Stelle drücken.

„Aber da bist du noch ganz schmierig, Polly."

Er wich zurück und rieb sich verlegen das Veilchen. „Nee, nee, das ist kein Dreck ... Das war Martin." Mein Blick schweifte zu dem Mann, der mit blutverschmierter Nase, aber aufrecht auf einem Stuhl saß.

„Ihr habt euch geschlagen?", fragte ich scheinheilig und tat entsetzt. Aus dem Stimmengewirr erkannte ich, es war *ein Spaß*, ein *Grund zur Wette*, eine *Sache der Ehre*, *gar nichts Wichtiges*, etwas *bei Männern Übliches*, *wegen geklauter Strümpfe* oder auch *eine Freizeitbeschäftigung*.

„Na, da kann ich mir fast vorstellen, wie euer Alltag im Allgemeinen so abläuft", erwiderte ich trocken. „Aber weil ich nicht vorhabe, hier ein Freizeithaus zu eröffnen, hoffe ich, ihr werdet solche und ähnliche Spielchen nicht mehr auf meiner Kate austragen, ist das einzusehen?"

Ich hatte ruhig und sachlich gesprochen, trotzdem füllte sich der Raum mit betretenem Schweigen, was jedoch alsbald in ein zustimmendes Gemurmel überging. Ich rieb mir mit der Hand über Mund und Nase, um das Zucken eines Lächelns zu verbergen. Ich hatte es tatsächlich geschafft. Sie haben meine Worte und meine Regeln akzeptiert!

Nun war ich neugierig auf den Waschraum und mir präsentierte sich eine bis zur Decke nass gespritzte ehemalige Milchküche. Außer den gemauerten Becken und niedrigen Zwischenwänden war der Raum leer. An den zwei vorhandenen Wasserhähnen, nein, jetzt sah ich drei, waren, teils mit Schellen, teils mit Klebeband kurze Schlauchstücke angebracht. Auf einer Mauer stand eine Bratpfanne in der ein Stück Seife lag.

Ich drehte mich zu meinen Leuten und gestand aus vollem Herzen:

„Ich bin absolut stolz auf euch, Jungs. Ihr habt an nur einem Tag ein richtiges Badezimmer installiert, und seid sogar alle Mann frisch geduscht. Das finde ich wirklich stark!"

Sie strahlten wie kleine Schuljungen und ich schmunzelte über sie, wie auch über mich, weil ich die Männer – keiner jünger als ich selbst, einige sogar mehr als doppelt so alt – als *Jungs* angesprochen hatte.

Nachdem sie ihr Lob aufgesogen hatten, kam Bewegung in die Runde. „Wir haben auch in den anderen Schuppen aufgeräumt."

Ich wurde durch Badepfützen geschoben, bis ich aus dem Durchgang nach außen und im nächsten Eingang wieder eingestiegen war. Die direkte Zwischentür klemmte und wir hatten sie bislang nicht geöffnet bekommen. Nun stand ich in einem der Räume, der gestern noch bis an die Decke vollgestopft war mit Gerümpel.

„Wie habt ihr denn das geschafft?", fragte ich fassungslos.

Lupo grinste stolz. „Hinten in den alten Ställen steht ja kaum was drin, und da haben wir alles hingepackt und gleich sortiert. Das meiste haben sogar *wir* für Sperrmüll angesehen. Den Rest haben wir in den Stall daneben geschafft, da kannst du in aller Ruhe gucken, was du noch gebrauchen willst."

Ich war ohne Übertreibung hoch erfreut über die Arbeitsleistung meiner Freunde.

„Apropos Sperrmüll, wo bleibt eigentlich Lothar? Ist der nicht dran mit Brotholen? Wenn der sich mit der Tasche dünne macht, dann hau ich ihn platt."

Am liebsten hätte ich Polly gebeten mich anzuhauchen, aber dann war ich mir nicht mehr sicher, ob ich seine Aggression auf den Alkohol oder viel mehr den Verzicht desselben schieben sollte. Außerdem wurde mir bewusst, vor mir standen sechs ausgewachsene Männer, die an meinem Haus gearbeitet hatten und jetzt mit Recht Hunger verspürten. Für heute war vorgesorgt, im Kofferraum stand eine Palette mit Ravioli, die würde es nachher geben. Fürs erste holten wir den großzügigen Rest Brot, der noch von gestern übrig war, und schnitten einige Würste an.

Jeder erzählte nun haarklein, welche Arbeiten *er* erledigt hatte. Offensichtlich hielten tatsächlich Polly und Lupo die Zügel in der Hand. Karl-Heinz tat seine Arbeiten räumlich begrenzt, um nicht unnötig viel über das noch unwegsame

Gelände zu humpeln. Roland und Martin, die nicht zur Theatergruppe gehörten, waren trotzdem dabei und halfen unermüdlich mit, den Müll aus dem einen Raum über den Platz vor dem Haus in die Stallungen zu tragen. Anscheinend übte die Arbeit an sich oder das gemeinsame Tun einen Reiz auf sie aus.

Sven bewies auch hier seine Vorliebe für Reinlichkeit und Ordnung. Er hatte die Milchküche so oft gefegt, bis er es für sinnvoll hielt, mit Wasser die Endreinigung vorzunehmen. Auch die anderen beiden Räume hatte er gefegt und sah mich stolz, um Lob heischend an. Ich hatte allen Grund, damit spendabel zu sein.

Lupo schob sich neben mich auf die Ecke der Bank und bemerkte gewitzt:

„Sag mal, Josi, wenn hier öfter so viele Leute helfen sollten, wäre es doch sinnvoll, jemanden zu haben der sich ums Essen kümmert, oder?"

Aufgeschlossen lud ich ihn ein, seine Idee näher zu erläutern.

„Also, ich dachte da an zwei Sachen: Erstens, könntest du einen Mann für die Küche gebrauchen, einen Koch oder so? Max zum Beispiel, ich glaube der steht gerade nirgends unter Vertrag."

Ich lächelte. Die Idee hatte einiges für sich.

„Zum Zweiten", fuhr Lupo treuherzig fort, „habe ich überlegt, wenn das mit dem Bäckerbrot so locker geklappt hat, willst du es nicht mal mit einem Supermarkt probieren? Dann bekämen wir vielleicht Grünzeug und Aufschnitt. Was wir bisher im Hof aus den Containern ziehen konnten, ist bestimmt noch netter aus einer sauberen Kiste zu fischen. Was hältst du davon?"

Ich war fasziniert von dieser Idee und streckte in Gedanken die Beine von mir. Lupo sah mich gespannt an und zappelte ungeduldig auf der Bank umher.

„Du hast Recht", entschied ich zaudernd, jedoch mit aufkeimendem Interesse. Der Vorschlag war sehr vernünftig, denn die zahlreichen Männer regelmäßig satt zu bekommen, stellte kein leichtes Unterfangen dar. Darüber hinaus war ich nicht erpicht, tagtäglich einen Großeinkauf zu absolvieren, schließlich wollte ich meine freie Zeit ja aktiv in mein Haus investieren. Und die Kosten, die unter diesen Umständen auf mich zukämen, überstiegen wahrscheinlich meine derzeitige finanzielle Lage.

Ich begann in Gedanken meinen Wortlaut zur Fragestellung zurechtzulegen und mir die möglichen Reaktionen der Geschäftsleitung auszumalen.

„Tatsächlich, ich werde es tun! Hast du eine Ahnung, welches Geschäft geeignet ist? Ich gehe gleich morgen dorthin." Ich verkniff mein Gesicht und seufzte ergebenen. „Puh, so etwas ist ja nicht unbedingt mein Fall, aber da muss ich wohl durch."

Mit einem Mal öffnete sich die Haustür und Josch duckte sich unter dem Türrahmen hindurch. Er war noch in Arbeitskleidung und man konnte ihm seinen anstrengenden Tag ansehen. Dennoch grüßte er gutgelaunt in die Runde, ging dann auf mich zu und beugte sich für einen Kuss zu mir herab. Großzügig überhörten wir die aufmunternden Rufe um uns herum und Josch schaute mit vielsagender Miene auf Lupo, der noch immer eng an mich gedrückt auf der Ecke neben mir saß.

„Nett, wie du so gut auf meine Kleine aufpasst, aber ich schätze, Josi wird schon nicht runterfallen, wenn du die Kante freigibst."

In verständnisvoller Übereinstimmung grinsten sie sich an und Lupo erhob sich langsam, sehr zögerlich und wartete scheinbar, bis Josch ihm mit einem Schub in den Rücken die gesagten Worte verdeutlichte. Lachend ließ er sich neben mir nieder, aber für Joschs breite Hüften reichte der Platz nun wirklich nicht mehr und er nahm mich abrupt auf seinen Schoß.

„Na, Josephine, wie war dein Tag?"

Ich schilderte ihm amüsiert, aber leise, damit kein anderer mithören konnte, die Erlebnisse des Nachmittags. Josch lachte dunkel, bedeutete das Verhalten der Leute aber als sehr positiv.

„Sie sind zum Prügeln nach draußen gegangen, das ist ein gutes Zeichen; sie haben Respekt vor deinem Eigentum. Und die Sache mit der Dusche, das ist wirklich beachtlich. Du sagst, selbst Roland ist dabei gewesen? Da siehst du mal, was dein Einfluss bei den Männern bewirkt."

Sein Arm war weich um meinen Rücken gelegt, und als ich von Berts erfolgreicher Arbeitssuche erzählte, schob Josch mich ein wenig nach vorn und rief ihn hinter mir an. Bert erhob sich und kam erwartungsvoll auf uns zu, stellte den mitgebrachten Stuhl hin, und genau wie am Nachmittag berichtete er begeistert von seinem Erlebnis. Josch gratulierte und drückte ihm fest die Hand. Ich bestaunte, was sich vor meinem Bauch abspielte – ich saß noch immer auf Joschs Beinen: Bert, der mir bei unserer ersten Begegnung einen zurückhaltend weichen Händedruck zukommen ließ, erwiderte hier gleichwertig, was Josch ihm zudachte. Offensichtlich hatte die Mutlosigkeit ihn seiner Kräfte beraubt, und nun waren seine Zuversicht und der ihm beschiedene Erfolg die Quelle, die ihm seine Stärke zurückgab.

Da der Tagesablauf unserer Leute gut sechs Stunden hinter dem eines Normalbürgers herhinkte, rief Josch, nachdem alle Mägen gefüllt waren, zur Weiterarbeit auf. „Ich werde jetzt zwei Türen bauen und wer mir helfen will, kommt mit."

Schleppend, dennoch willig, folgten ihm die Männer. Nur Sven blieb zurück.

„Kann ich dir was anderes helfen, Josi? Die Handwerksarbeit liegt mir nicht so sehr." Ich unterdrückte mein Lächeln und stieg mit ihm in die obere Etage. Hier wollte ich so bald wie möglich meinen privaten Bereich einrichten. Wir sahen uns in den Zimmern um. Sie waren größtenteils noch vom Vorbesitzer eingerichtet. Die alten Möbel aus Massivholz wollte ich zunächst in die hinteren Zimmer stellen und später über deren Verwendung nachdenken. Wir begannen, die Wäsche die ebenfalls zu meinem *Erbe* gehörte, auszusortieren. Da die Menschen mit denen ich hier lebte und arbeitete, andere Ansprüche stellten als ich gewohnt war, überließ ich es Sven, zwischen Müll und noch gebrauchsfähig zu entscheiden. Er war erfreut über die Fülle an Handtüchern, Decken, Kissen und wollte Lupo überraschen und ihm das Bett mitsamt Matratze und Zudecke zum Geschenk machen.

Weil Sven von gebrechlicher Gestalt war, ließen wir die großen Schränke stehen und trugen Säcke und Kisten zur Entsorgung in den Stall. Was noch verwendet werden sollte, stellten wir auf das Bett, und Sven machte sich danach eifrig an die Reinigung meines Badezimmers. Das war tatsächlich noch in einem soliden Zustand, selbst wenn Einrichtung und Installation recht antiquiert wirkten. Aber ich musste zugeben, mich reizte die Andersartigkeit, und es passte damit auch viel besser in den Stil dieser alten Kate.

Ich betrat die Werkstatt, in der ich nach zwei starken Trägern für die Kleiderschränke Ausschau halten wollte. Mir zeigte sich ein Bild wie bei den Kölner Heinzelmännchen: Karl-Heinz stand an einem Tisch und bearbeitete mit dem Hobel ein Brett, während Polly und Martin es festhielten, wobei sie lauthals zotige Reden durch den Raum warfen. Bert sägte emsig und stellte das zugeschnittene Holz zu weiterem, das schon an der Wand lehnte. Roland behandelte die von Kalle gehobelten Bretter mit Schleifpapier, und Josch stand über einen Tisch gebeugt, um mit Schraubenzieher und Beitel ein enorm großes Türschloss in das Holz einzupassen. Ein einzigartiger Anblick, dachte ich und ließ den friedlichen Eindruck auf mich wirken.

Bert entdeckte mich zuerst und sah lächelnd herüber, dann schaute auch Roland von seiner Arbeit auf, strich sich das mit Sägemehl bestäubte Haar aus dem Gesicht und meinte:

„Ach nee, da ist ja ne halbe *Dschäi-Dschäi*." Und mit einem fragenden Blick zu Lupo, der am Boden kniend Bretter aus einer rostigen Verschraubung löste, erkundigte er sich: „Hab ich das jetzt richtig ausgesprochen?"

Munter berichteten sie nun durcheinander von ihrer gemeinschaftlichen Arbeit an der entstehenden Wohnungstür.

Polly und Martin folgten mir bereitwillig, wobei ich aus dem Augenwinkel sah, wie Martin beim Verlassen des Raumes mit den Hüften wackelte und den anderen ein hämisches Grinsen zuwarf. Ich entschied, dies als Ausdruck seiner Erleichterung über den Arbeitswechsel zu sehen und nicht auf meine Person zu beziehen. Dennoch hielt ich eine bewusste Distanz zwischen uns ein.

Am Abend aßen wir heiße Ravioli und Brötchen, die Lothar mit dem Handkarren aus der Bäckerei geholt und tatsächlich bis zum Haus gebracht hatte. Immerhin übertraf er damit die Erwartungen seiner Kumpane und dürfte sich als Dank ebenfalls einen Teller Nudeln nehmen. Aus den Gesprächen erkannte ich Genugtuung über den Erfolg des heutigen Tages.

Josch unterrichtete die Männer noch, wie sie morgen mit weiteren Arbeiten für die Zimmertüren vorgehen sollten. Lupo ließ sich für den Vormittag entschuldigen, er habe etwas in der Stadt zu tun, und Karl-Heinz, Roland, Sven und Martin wollten morgen wiederkommen.

- ◊ • ◊ • ◊ -

Schritt für Schritt

Ich erkannte Herla, die die Stufen zu meiner Wohnung hinaufkeuchte. Ungewöhnlich früh am Tag hatte sie bei mir geklingelt und neckte jetzt grinsend:

„Hi Josi, haste was Bombe für mich?“ Sie wusste, Josch hatte mich kürzlich über die Gepflogenheiten des Obdachlosenlebens aufgeklärt. „Aber du kannst mir auch nen richtigen andrehen, wird besser sein.“

Ich begrüßte sie und wir schenkten uns in der Küche eine Tasse Kaffee ein. Erwartungsvoll setzte ich mich, denn es musste einen konkreten Grund geben, weshalb sie um diese Zeit bei mir auftauchte.

„Darf ich?“, begann sie mit einem Blick auf den Brotkorb. „Mensch du, ich hatte ja gestern zu arbeiten, Spätschicht helfen, war ganz okay. Aber du weißt ja, der olle Drangenstein is am Sterben, der kräucht seit Tagen nur noch so dahin. Und bei dem war ich gestern Abend noch.“ Sie biss herzhaft in ihr Brot und sprach unbeirrt weiter. „Der solln fieses Miststück gewesen sein, hab ich gehört; mir hat der ja nie was getan. Grantig war er, allerdings kenn ich da ganz andere Schoten. Aber deine Leute können den wohl nich ausstehen.“

„Oder er sie“, führte ich Herlas Satz aus. Ich kannte Herrn Drangenstein selbst recht gut. Er war ein schwieriger Mensch, unzufrieden mit allem was man tat oder auch unterließ. Keiner konnte ihm etwas Recht machen, und diese Haltung wurde noch unterstrichen durch seine verbitterten, harten Gesichtszüge. Seit gut einer Woche war er mehr und mehr in sich zusammengefallen, vermutlich würde er in Kürze das Zeitliche segnen. Da es keinen plausiblen Grund gab, ihn in ein Krankenhaus einzuweisen, blieb er auf Station, und die Schwestern verweilten immer erst einen Augenblick vor seiner Tür, um sich Mut anzusammeln.

Ein gedankenverlorener Ausdruck legte sich auf Herlas Gesicht, als sie fortfuhr:

„Wo ich dann Schluss hatte, war ich nochma' bei dem drin. Josi, der Mann war gerad am Abnippeln. Ich hab schnell der Marion Bescheid gesagt und die kam gucken, konnte aber nix machen, sie wollte öfter mal nach ihm sehn. Weißte, das fand ich großen Bockmist. Wieso lassen die den Alten denn allein, wenn er schon über die Kante hüpfen muss?“

Ich erkannte an ihren Augen, das Bild von gestern Abend stand deutlich vor ihr.

„Dann bin ich einfach bei ihm geblieben. Er war am Schnaufen und ich hab seine Hand gedrückt. So habn wir die halbe Nacht durch gehockt, aber plötzlich ließ er mich los und wühlte sich im Bett hoch. Ich stand senkrecht wie mit ner Nadel gestochen und guckte ihn blöd an. Weißte was der dann gemacht hat?"

Ich bewegte meinen Kopf wortlos hin und her.

„Der is ausm Bett gekrochen, Ey, ich dachte, da wärn Geist in dem drin und wollte nach der Marion brüllen. Aber dann blieb ich stehen, hab ihn angeglotzt und gehofft, dass er mir bloß nich aufs Maul fällt. Dann – Josi, das stimmt! – dann hat er sich, ich weiß nich wie, vors Bett gekniet und die Hände gefaltet, so wie zum Beten in der Kirche. Ich stand da, als wär ich vorn Schrank gelaufen. Aber es war auch unheimlich geil und ein tolles, warmes Gefühl im Bauch. Da war wirklich jemand im Zimmer. Der Gott. Das konnte ich richtig fühlen." Herlas Blick war weit weg, der Mundwinkel selbstvergessen schräg hochgezogen. „Dann is er wieder aufgestanden, hat sich ganz langsam berappelt und ins Bett geschoben. Ich war baff. Aber es war auch irgendwie supergut und ich hab dem Jesus gesagt, dem Mann tut das jetzt wohl leid, auch wenn ern Arschloch is. Und als ich da noch so drüber nachgrübelte, hörte ich plötzlich, dass ich nix mehr hör. Da hat der alte Drangenstein aufgehört zu pusten. Das war hart. Aber es is schon doll, man kann mit dem Gott reden, auch wenn man 'n Wichser is. – Schade nur, weil er's so spät gemacht hat, sonst hätten die Leute ihn bestimmt viel besser leiden können."

Ich starrte vor mich hin, und während ich noch meine Gedanken sortierte, sagte Herla: „Josi, ich bin eben schnell ma' da gewesen, ich musste einfach hin. Der liegt ja heute ne Weile in der Kapelle, da wollt ich den nochma' sehen. Und glaubst du, ich hab den Mann in all den Wochen nich einmal so gucken sehn, wie er jetzt guckt. Der sieht echt freundlich aus, raffst du das?"

Ich trank meinen Kaffee leer, sah Herla eine Weile schweigend an und goss uns dann erneut die Tassen voll.

Ich hatte einige Zeit gebraucht, um mich von Herlas Bericht zu erholen. Was war es, das mich so mitnahm? Das von ihr Erlebte oder der Tod eines mir bekannten Menschen? Ich wurde mir nicht klar darüber. Tatsächlich war ich ergriffen über Herrn Drangensteins Buße, seinem Bekenntnis oder wie ich es auch nannte. Außerdem erschütterte mich die Beobachtung, er habe tot freundlicher ausgesehen als zu Lebzeiten. Darüber hinaus wurde mir einmal mehr bewusst, wie begrenzt das Leben ist und was von einem Menschen letztendlich zurückbleibt. Herr Drangenstein hatte sich beileibe nicht beliebt gemacht unter den Leuten mit denen er Umgang hatte. Selbst wenn es einen Gott gab, der *alles wieder gut macht*, wie Herla immer betonte, was ist mit den Menschen, die zurückbleiben? Enttäuscht, verletzt, vielleicht auch Schlimmeres.

Ich hoffte, ich würde mein Leben, mein Verhalten, Denken und Tun umsichtig steuern. Wie schnell ist man in die Gleichgültigkeit des Alltags abgerutscht.

- ◊ • ◊ • ◊ -

Um auf andere Gedanken zu kommen, ging ich zunächst einkaufen. Ich suchte mir bewusst den von Lupo beschriebenen Supermarkt aus und nahm mir ungewöhnlich viel Zeit, in den breiten Gängen umherzulaufen und zwischen den Regalen das Geschehen und die Menschen zu beobachten. Als ich herausgefunden hatte, wer vermutlich der Geschäftsführer war, legte ich die letzten noch notwendigen Teile in meinen Einkaufswagen und begab mich zur Kasse. Nachdem ich alles im Kofferraum verstaut hatte, ging ich zurück in den Laden und suchte nach dem Herrn im weißen Kittel mit leicht ergrauten, kurzen Haaren.

Er lief eilig umher. *Das ist ein ungünstiger Moment*, entschied ich und studierte vorgeblich die Preise an der Kühltheke. Es dauerte gut zehn Minuten, bis ich der Meinung war, Herr Bogen-Borchert, das stand auf seiner Anstecknadel, sah nicht mehr ganz so abgehetzt aus. Ich erwartete ihn am Durchgang zum Büro und den Lagerräumen. In diesem Teil des Geschäftes waren kaum Kunden anzutreffen, registrierte ich erleichtert. Nervös rieb ich die Finger und legte mir laufend meine Worte neu zurecht. Als er auf mich, oder vielmehr den Pausenraum hinter mir, zuging, spannte ich den Rücken: *Schultern gerade, Brust raus, Bauch rein, Josi, das kennst du doch!*

„Herr Bogen-Borchert?“, sprach ich ihn freundlich an. Er kam beflissen auf mich zu. Allerdings erkannte ich seine Irritation, weil ihn eine Kundin auf der Suche nach Käse oder Eiern mit Namen ansprach. Auf sein freundliches „Ja bitte?“, stellte ich mich namentlich vor und beschrieb mit wenigen Worten mein privates Engagement für Obdachlose.

„Sie haben vielleicht von den Auftritten des Tippel-Theaters gehört. Die Presse hat sehr ausführlich darüber berichtet ...“ Dann trug ich ihm meine Bitte vor: Wenn er welk gewordenes Obst und Gemüse oder auch verpackte Waren, deren Haltbarkeitsdatum abgelaufen ist, uns gebe, statt sie wegzuwerfen, würde er

Menschen helfen und darüber hinaus auch Containerkosten sparen. – Diesen Hinweis hatte mir Lupo gestern noch mit auf den Weg gegeben.

Der stattliche Herr sah mich nachdenklich an, dann sprach er sehr bedacht: „Und wie sollte das Ihrer Meinung nach vonstatten gehen, Frau …"

„Halbach", sagte ich frisch. „Wie wäre es denn für Sie am einfachsten?"

Er sah sich suchend um, dann bat er eine zufällig vorbeigehende Verkäuferin, die Kollegin, Frau Heinrich, zu holen.

Wenig später erschien eine kurzgelockte junge Frau und ließ sich von Herrn Bogen-Borchert mein Anliegen beschreiben.

„Wie denken Sie, können wir das einrichten, Frau Heinrich?"

Sie hatte mich die ganze Zeit forschend angesehen, nun drehte sie den Kopf kurz zu ihrem Chef und wieder mir. „Sie haben ein Auto, nehme ich an? Dienstag und Freitag werden die Kühlregale aussortiert, wenn Sie dann zwischen sechs und acht Uhr abends vorbeikommen, könnten wir ihnen die Kisten über die Rampe rausgeben. Lässt es sich so für Sie einrichten?"

Jubel wollte ihr entgegenspringen. Ich erklärte noch, im Pflege-Schichtdienst tätig zu sein und vereinbarte mit ihr, im Einzelfall die Abholung auf den nächsten Morgen zu legen.

Beeindruckt von dem reibungslosen Ablauf, dankte ich und wandte mich zum Gehen, als Herr Bogen-Borchert hinter mir herrief. „Frau Halbach? Können Sie heute Abend kommen?"

Tatsächlich, heute war Dienstag.

„Ich muss gleich zur Arbeit, ist es morgen früh recht?"

„Kein Problem, wir sehen uns morgen."

Aufgeregt und ebenso befreit stieg ich in mein Auto. Auf dem Weg zu meiner Kate machte ich mir Gedanken über Lupos Vorschlag, Max als Koch einzustellen. Das nähme mir gewiss eine Menge Arbeit und Verantwortung ab. Ich würde später Josch und Herla nach ihrer Meinung fragen, sie kannten ihn gewiss etwas näher.

- ◊ • ◊ • ◊ -

Ich erreichte das Haus und wurde von Sven empfangen, der mir winkend vom Fenster in der oberen Etage zurief. Ich staunte nicht schlecht. Er rieb tatsächlich gerade mit einem Tuch über die Glasscheibe. *Da werden in meinem halb verfallenen Haus doch glatt die Fenster geputzt*, dachte ich kopfschüttelnd und trug meine Einkäufe hinein. Sven kam bereits heruntergerannt.

„Hallo, Josi, komm, guck mal was ich heute alles gemacht habe." Am Jackenärmel zog er mich die Treppe hoch und in drei leere, reinlich geputzte Zimmer.

„Das ist supertoll", freute ich mich. „Jetzt kann ich schon fast einziehen."

Sven stärkte die Brust. „Und aus zwei anderen Zimmern habe ich den ganzen Müll in den Stall getragen, komm, sieh dir das an." Wir betraten die ersten Gästezimmer und ich erkannte, wie kräftig er sich eingebracht hatte. Seine glasigen Augen strahlten mich an.

Während ich noch durch die Räume ging, meinte er eifrig: „Ich mach schon mal weiter", und bückte sich um einen Stapel alter Zeitungen vom Boden aufzuheben. Dabei fiel ein kleines Päckchen aus seiner Brusttasche. Ich hob es auf und gab es ihm. Erst als ich seinen verlegenen Blick sah, begutachtete ich, was da in meiner Hand lag. Amphetamine waren es, ein Medikament zur Steigerung der Leistungsfähigkeit und Behebung von depressiven Zuständen, sprich, ein suchterzeugendes Aufputschmittel.

Traurig schaute ich ihn an. „Sven, hast du das geschluckt?" Er nickte mechanisch. „Hier im Haus?" Ich hoffte er würde abstreiten.

Ihn überkam nervöses Zittern. Er schwankte an eine Kommode, riss unkontrolliert die Tür auf und setzte sich eine kleine Flasche an den Mund, die er offensichtlich dort versteckt hatte.

Enttäuscht und ratlos ließ ich mich auf dem Fußboden nieder, stützte den Kopf in die Hände und überlegte, was zu tun sei. Sollte ich es durchgehen lassen? Herla und Josch hatten mir inständig geraten, keine Ausnahmen zu machen, damit könnten sie nicht umgehen.

Aber vielleicht wird Sven es nicht verraten?

Nein, mir war klar, das stellte keine Hilfe dar. Wenn ich den Leuten einen Platz geben wollte an dem sie sich erholen, bestenfalls zu sich selbst finden und einen neuen Anfang machen können, dann musste dieser Ort frei sein von Drogen und Rauschmitteln.

Ich hielt mich gewiss nicht für berufen, die Männer von ihrer Sucht zu befreien. Jedoch konnte ich hier eine Art Heim schaffen, wo der Reiz der Droge und auch der Druck, es dem anderen gleich zu tun, geringer waren. Ich ahnte, draußen steckte sicher in jeder zweiten Nische eine Flasche oder Bierdose. Allerdings war bekannt, im Haus dürfte nicht getrunken werden, und wem der Alkoholgenuss anzusehen war, der musste gehen. Das Gleiche galt für Drogen, so war es abgesprochen.

„Sven“, sagte ich und konzentrierte mich auf den Kloß in meinem Hals. Ich mochte den Jungen, er war auf seine Art wie ein Kind das gerne weiterhin auf dem Schoß der Mutter kuscheln möchte. „Sven, du weißt selbst, was los ist. Und dir ist auch klar, was das bedeutet. Ich würde es ja durchgehen lassen, aber was hättest du davon? Es wäre nur das erste Mal von vielen. Schraub das Zeug runter. Ich weiß, du kannst es. Es gab Zeiten im Theater, da warst du gut drauf, hattest einen klaren Kopf. Ich glaube, du kommst mit weniger aus, oder? Wie du momentan bist, habe ich dich seit Tagen nicht gesehen. Warum?“

Er kaute an seiner Lippe. „Es war so schön hier, Josi. Gestern und die Tage. Ich habe mich gut gefühlt, und ich dachte, dann ... fühle ich mich noch besser.“

Armer Sven, wie gerne wäre ich eine Mama und würde ihn an mich drücken. „Wenn du willst, kannst du dich in die Stallungen legen und ausschlafen, nur lass dich dabei von keinem finden. Und danach gehst du in die Stadt zurück.“

Ich suchte seinen Blick, aber er hatte sich innerlich eingerollt.

„Sven, kommst du morgen wieder?“

Er hob den Kopf – langsam, doch weitaus schneller als ich erwartet hatte. „Darf ich ehrlich zurückkommen, Josi?“ Er erkannte meine Zustimmung. „Ja! Dann werde ich wieder hier sein!“ Er kam auf mich zu, gab mir die Hand und hielt sie lange fest. „Bis morgen, Josi.“

„Bis morgen, Sven. Und nochmal danke fürs Fensterputzen. Das hast du wirklich gut gemacht.“

Er lächelte. Dann drehte er sich um und verließ den Raum.

Ich legte mich zurück an die großen Säcke mit Wäsche. Die Sonne schien ins Zimmer und ich schaute in den hellen Schein, um wenig später meine Augen zu schließen und die tanzende Lichtfigur zu beobachten. Dies war mein Spiel der Entspannung. Ich konzentrierte mich auf dieses Ding, das bunt und lebendig in meinem Kopf herumhüpfte, und die Gedanken, die mir das Herz schwer machten, versickerten im Hintergrund. So ruhte ich Minuten lang, bis das Licht verschwand und ich bereit war, dem Rest des Tages entgegen zu treten.

Ich wusste überhaupt nicht, wer zu dieser recht frühen Zeit schon hier im Haus war. So ging ich jetzt durch die Milchküche, unser neues Badezimmer, nach draußen, um drei Türen weiter die Werkstatt zu betreten. Aus einiger Entfernung hörte ich Polly und Karl-Heinz in gewohnt rüdem Umgangston schwadronieren.

„Ey du Niete, wenn ich das mit meinem platten Arm schaffe, wirst du es doch wohl geregelt kriegen, oder? Jetzt guck genau hin.“

Ich hatte die halb geöffnete Tür erreicht und lugte vorsichtig hinein. Polly holte aus und schlug Kalles ausgestreckten Arm von sich weg. Etwas flog scheppernd durch den Raum.

„Pisser, lass mich in Ruhe! Nimm die Flossen runter, sonst hobel ich dir die Nägel ab."

Karl-Heinz trat einen Schritt zurück und beobachtete skeptisch Pollys handwerkliches Können. Der schob den Hobel mit Druck, aber offensichtlich ohne den nötigen Schwung über das Holz und blieb erwartungsgemäß an der ersten kleinen Unebenheit hängen, was ihm einen unsanften Seitenstoß von Kalles Schulter bescherte.

„Schieb mal, Alter, ich zeigs dir nochmal, pass gefälligst auf." Er packte das Werkzeug fest in seine gesunde Hand, setzte es an, legte zusätzlich den linken Unterarm darauf und glitt mit einem satten Rutsch über das Brett. „Du darfst das Ding nicht streicheln, Polly, ist das endlich klar? Gib ordentlich Saft drauf und halt den Griff gut fest, sonst bleibst du kleben und saust mit der Hand über das Brett." Er gackerte dreckig. „Dann sieht deine Pranke aus wie'n Stachelschwein ."

Erneut nahm Polly das Gerät, und diesmal sprangen die Späne über seine Hand hinweg.

„Hey, klasse Polly!", sagte ich umgehend und betrat den Raum. Die Männer verzogen freudig ihr Gesicht und gaben mir die Hand.

Diese offizielle Begrüßung diente offenbar dem Erhalt des bewussten Kontaktes, ebenso wie die relativ häufige Anrede mit Namen wohl wichtig war, um die persönliche Identität festzumachen.

Nun erzählte Polly aufgebracht, Sven habe ihn heute früh, noch *mitten in der Nacht*, geweckt, weil er anscheinend nicht abwarten konnte, wieder zu arbeiten.

„Na, da bin ich halt aufgeblieben und hab schon mal weiter Müll rüber gebracht. Mensch, Josi, von den Zeitungsbergen können wir den ganzen Winter den Ofen bullern lassen, da brauchen wir gar kein Holz mehr."

Und Karl-Heinz war einige Zeit später eingetroffen, seither seien sie hier am Hobeln und Schleifen.

„Das wird ein feines Türchen", schwärmte Kalle vergnügt. „Aber was ist, hat unser Fräulein Sven endlich Kaffee gemacht? Wir haben ja unsere Kocher nicht dabei, und das mit dem Aufbrühen ist mir nicht ganz geheuer."

„Du kannst keinen Kaffee kochen, außer deinen löslichen?"

Kalle machte ein dummes Gesicht. „Mädelchen, da muss man doch so Tüten reintun und so'n Kram, das ist mir zu hoch."

Ich starrte ihn mit offenem Mund an, dann sah ich zu Polly. Der zog die Schultern hoch und mein Blick pendelte fassungslos zwischen den Männern umher.

Mit einem Mal platzte Polly heraus: „Josi, du lässt dir aber auch jeden Bären aufbinden. Was glaubst du, wo wir leben, auf dem Mond?"

Verlegen rieb ich mir den Nacken.

Auf dem Weg in den Wohnraum, wo wir uns eine Tasse des – tatsächlich von Karl-Heinz aufgegossenen – Kaffees holen wollten, fragte er:

„Wo steckt Sven, die Flitzpipe, überhaupt? Hat der sein Putzwasser ausgesoffen und hängt jetzt über der Kloschüssel?"

„Äh, der kommt morgen wieder", antwortete ich ausweichend und war dankbar, weil mir außer fragenden Gesichtern nichts entgegenkam.

Ich sah auf die Uhr und beeilte mich, ihnen von unserer neuen Quelle zu berichten.

„Josi, du bist ein Prachtstück", lobten sie mich.

Polly kratzte sich die Bartstoppeln. „Übrigens gefällt es mir hier besser als ich dachte. Verrückt, wie gut ich damit klarkomme, den ganzen Tag zwischen festen Wänden zu sein." Er machte zum Schein eine abwehrende Geste und grinste. „Mach dir bloß keine falschen Hoffnungen, Mädchen, heiraten tu ich dich deshalb trotzdem nicht. Aber wenn jetzt immer was Tolles zu Futtern da ist, könnte ich es noch ne Weile aushalten."

Gut gelaunt betrat Lupo das Zimmer durch die Vordertür. *Ein Kasperle ist er*, amüsierte ich mich, *wie seine Augen blitzen und die Arme an dem kurzen Körper herumschaukeln*. Heute erkannte ich in seinem Ausdruck etwas Schelmisches. Wir dürften auch bald erfahren, warum.

„Leute, ihr erratet nicht, wo ich eben war." Er ignorierte die Pfütze, die sein Kaffeepott hinterließ, lehnte sich im Sessel zurück und brachte uns wissende Überlegenheit entgegen. „Ich war auf dem Amt."

Diese Aussage wäre im Grunde nichts Besonderes für einen OFW-ler, für Lupo jedoch war Sozialhilfe das Allerletzte.

Sichtlich genoss er unser Staunen und fragte durchtrieben:

„Josi, kannst du für mein Zimmer einen Mietvertrag schreiben? Ich habe beim Sozi gefragt ob, sie mir, wenn ich jetzt ne Bleibe habe, die Miete zahlen." Er leckte einen Kaffeetropfen von seiner Tasse. „Ich hab so getan, als müsste ich dir, wenn ich hier wohne, was abdrücken. Mach denen einen Wisch fertig, wo draufsteht, du willst dafür siebzig Euro haben. Dann schicken sie dir die Knete rüber."

Verstört richtete ich mich auf. „Lupo, das geht nicht. Ich nehme doch gar kein Geld, und eine Wohnung hast du auch nicht bei mir, sondern eine Kammer im Anbau. Außerdem ist das übergangsweise, nicht auf Dauer. Mensch, wie kommst du auf so eine Idee?"

Lupo ließ sich nicht aus der Fassung bringen. „Hey, Schätzchen, das ist in Ordnung. Ich wollte bloß klären, ob die überhaupt was zahlen. Sie fragten, wie mein Zimmer ausgestattet ist, mit Dusche oder was. Da meinte ich, wir haben ein gemeinsames Bad, Küche und Wohnzimmer und heizen mit Kamin. Der Ofen steht zwar hier im Essraum, aber das brauchte ich der Frau ja nicht aufs Auge zu drücken. Sie hat in ihrer Liste nachgesehen und gesagt, für so ein einfaches Zimmer plus Gemeinschaftsräume werden um die siebzig Euro gezahlt."

Lupo funkelte mich an und ich erwartete jeden Moment eine seiner unkontrollierten Kussattacken. Doch er hielt sich zurück.

„Josi, du solltest dich sehen! Zieh nicht so ein Gesicht, ich habe nur für ein bisschen mehr Knete im Sack gesorgt. Das ist ein reelles Geschäft: Ich wohne und die zahlen. Anderswo tun sie das ja auch. Das Geld geht direkt an dich, weil sie mir scheinbar nicht trauen." Er zwinkerte und versicherte mir: „Da ist nichts faul an der Geschichte. Die brauchen nur von dir sowas wie einen Mietvertrag, dann kriegst du noch für diesen Monat das Geld."

Polly und Kalle hatten interessiert zugehört. „Josi, das stimmt. Ich hab auch nur ein Zimmer und das Sozi bezahlt."

„Und ich", unterstützte Polly die Rede nun, „ich kriege ja auch, wenn ich hingehe, meinen Tagessatz. Mensch Mädchen, nimm an, was sich dir bietet. Du hast nie gefragt, was dich das alles mit uns kostet. Wenn du uns hilfst, können die ruhig dir helfen."

„Eben, du Schisser", folgerte Lupo. „Wenn du fair wärst, Polly, würdest du es genau so machen wie ich."

„Moment, stopp mal!", befahl ich. „Ich muss in Ruhe darüber nachdenken. Womöglich steigt mir das Finanzamt aufs Dach, wenn ich mich als Vermieter betätige. Also seid so nett und wartet vorerst. Ich werde mit meinem Onkel darüber reden, der kennt sich gut aus. Trotzdem, Lupo, ganz herzlichen Dank. Echt lieb von dir, extra für mich in die Höhle des Löwen zu gehen, das weiß ich wirklich zu schätzen! Ich habe eine leise Vorstellung davon, was es für dich bedeutet hat. Ehrlich, danke!"

Stolz und glücklich schlug er die Beine übereinander und gab sich seinem Kaffee hin.

- ◊ • ◊ • ◊ -

„Ich wollte dich zumindest ganz kurz sehen“, säuselte ich, als Josch mir, nach meinem Dienst am späten Abend, nur mit Shorts bekleidet seine Wohnungstür öffnete. Er hatte offenkundig schon im Bett gelegen. Seine Hand glitt mir den Rücken hinunter und er schob mich in sein Zimmer.

„Du störst nicht, Josephine. Selbst wenn ich geschlafen hätte, dürftest du mich aus den schönsten Träumen wecken.“ Er küsste meine Wange und nuschelte mir ins Ohr: „Kein Traum ist so schön wie deine Nähe.“

Josch wusste bereits von den Ereignissen am Morgen. Lupo hatte ihm außerdem berichtet, er könne beim Amt seinen Bedarf an Möbeln auflisten, um sie später gegen Berechtigungsschein aus einem Lager mitzunehmen.

„Es gibt ein altes Fabrikgebäude, wo gespendeter Hausrat gesammelt wird“, erklärte Josch und zog mich in sein Bett. „Jeder, der einen Schein vom Amt hat, kann so oft kommen, bis er das gefunden hat, was ihm gefällt. Die Auswahl soll riesig sein, habe ich gehört. Selbst den ganzen Schnick-Schnack wie Garderobenhaken und Bilderrahmen gibt es dort. Lupo meint, ihm ist egal, ob die Sachen in seinem Zimmer sind oder in den anderen Räumen. Er wird dich morgen sicher darauf ansprechen. Ist ein lieber Kerl, nicht?“

Von der Möglichkeit, im Supermarkt Lebensmittel abzuholen, war er vollends angetan. Und Max als Koch?

„Ich denke, das wird keine größeren Probleme geben. Max ist ein ganz Braver.“ Ein mitfühlendes Lachen erfüllte den Raum. „Der Arme kann ja nicht anders. Er ist in einem Stall voll Frauen aufgewachsen, Mutter, Schwestern, Oma, Tante und was weiß ich. Der Vater hat sich wohl frühzeitig aus dem Staub gemacht. Folglich haben die Weiber all ihre Liebe in das kleine Mäxchen gesteckt. Ich war verblüfft, als er letztens mehr als drei Worte mit dir sprach. Normalerweise nimmt er vor allen Frauen Reißaus. – Aber du bist ja nicht irgendeine Frau, Josephine. Ich weiß nicht ob er schwul ist, selbst wenn, soviel ich weiß kommt Lupo gut mit ihm klar.“ Plötzlich weiteten sich amüsiert seine Augen. „Ach so! Lupo hat ihn dir vorgeschlagen? Na ja ...“

Wir rollten uns lachend aneinander. Josch hatte noch immer nicht mehr Sitzplätze als den Sessel und das Bett. Wozu auch!

„Aber wie soll ich das regeln, Josch? Ich denke, ich kann ihn unmöglich jeden Abend nach verrichteter Arbeit in die Stadt zurückschicken. Er hat doch nur ein Bein. Bei Kalle mache ich mir die gleichen Gedanken. Meinst du, ich soll die beiden mit aufnehmen?"

„Dann machen wir ein Pflegeheim, da tanzt der Max auf einem Bein", brummelte Josch melodiös.

„Bobbi, du bist übermüdet, du musst ins Bett."

Er drückte sich fester an mich und ich atmete den herben Duft seiner Haut. „Da bin ich doch längst und tausend mal lieber, als noch vor einer halben Stunde."

Schwerfällig löste ich mich aus seiner Umarmung. „Ich möchte herzlich gerne bei dir bleiben, aber wir haben morgen allerhand zu tun. Es wird das Beste sein, wenn ich in meine Wohnung fahre. Sag mir später, was du über die Sache denkst." Ich quiekte auf, als er mich sacht in die Seite biss. „Über die Sache mit Kalle und Max meine ich natürlich. Aber du hast Recht, wir haben momentan noch weniger Zeit für uns als sowieso schon. Wir werden einen Weg finden, das zu ändern, versprochen?"

„Großes Ehrenwort!"

- ◊ • ◊ • ◊ -

„Frohes Fest", wünschte Frau Heinrich, und Herr Bogen-Borchert kam eigens aus seinem Büro, um uns für die Weihnachtstage zu verabschieden.

Die Abholung der Lebensmittel hatte sich gut eingespielt. Ich fuhr zweimal die Woche zum Supermarkt um, meist schwer beladen, in meiner Kate von einer ständig wachsenden Zahl an Menschen begierig empfangen zu werden. Selbstverständlich hatte sich die kostenlose Versorgung herumgesprochen. Auf *Kullers Hang*, wie mein Haus inzwischen nach seiner historischen Bezeichnung benannt wurde, *gibt es immer was zu futtern*, haben die Männer rumerzählt. Allerdings war es nicht nur Herla, die mich unterstützte und betonte, das Essen sei für die hier arbeitenden Leute. Auch Lupo und Polly setzten sich vehement für meine Interessen ein.

Als Lothar einmal zu unser aller Überraschung aufgetaucht war und mit ihm drei weitere Freunde, hatte Polly ihnen unmissverständlich klar gemacht, *unser Sternchen schleppt sich doch nicht mit den Kisten ab, damit so ein Pisskopp wie Lothar sich hier den Balg voll schlagen kann*. Daraufhin hatte er die jungen Leute an die Arbeit gestellt.

„Ist doch wahr, Josi. Das wär ja noch schöner, wenn hier jeder kommen und sich die Luke voll laden würde, ohne was dafür zu tun. Sollen die ruhig erst mal den Stall malern, das können auch so faule Säcke wie die hinkriegen."

Im Laufe des Tages war ich in den Stall gegangen um zu sehen ob sie klar kamen. Statt vier fleißiger Anstreicher fand ich jedoch zwei schlafende Gestalten und einen dritten, der auf einem Hocker sitzend mit einem kleinen Schulpinsel die Holzlasur fein säuberlich über einen Teil der Bretterwand verteilte, wobei er vermutlich eine Fläche von etwa fünfzehn Zentimetern in der Minute gestrichen bekam. Lothar selbst saß auf einer Kiste und pinselte, offensichtlich zum wiederholten Male, über seine Winterstiefel. Als er mich kommen sah, guckte er scheel herüber und meinte:

„Wenn das ein Schutz gegen Wasser ist, wirds meinen Schuhen auch gut tun, oder?"

„Lothar, ich habe nicht die Energie, hier eine Verwahranstalt für kleine Jungs aufzumachen. Mir ist es, ehrlich gesagt, lieber, wenn ihr euch von Max Essen geben lasst und danach für immer verschwindet. Ansonsten finde ich es unfair den anderen gegenüber, die sich wirklich Mühe geben. Seid so nett und treibt euch in Zukunft woanders rum, okay?"

Zufrieden mit ihrem kurzfristigen Erfolg hatten sie ihren Kram gepackt und waren in der Küche verschwunden.

Max war mittlerweile, ebenso wie Karl-Heinz, hier eingezogen. Für Kalle war es vorübergehend, denn er hatte in der Stadt ja sein eigenes Zimmer.

Max war glücklich und fühlte sich seiner Berufung entsprechend eingesetzt. Jede neue Lieferung stellte für ihn eine Herausforderung dar. Die große Küche war sein Territorium, das von uns nur unter ganz besonderen Umständen betreten werden dürfte. Die vollen Kästen mit Lebensmitteln wurden abgestellt und die Träger mit sofortiger Wirkung des Raumes verwiesen. Max begann sogleich mit Hingabe, das fleckige Obst und Gemüse zu säubern und für *seine Familie* einen phantasievollen Eintopf oder ähnliches herzustellen. Er wurde inspiriert durch die Fülle der Zutaten, die er regelmäßig gebracht bekam, und er fühlte sich in seiner Ehre als Koch gekitzelt, aus dem großen Sammelsurium wohlschmeckende Mahlzeiten zu bereiten. Max in den festen Stamm der Hausbewohner aufzunehmen, hatte sich als echter Glücksgriff erwiesen.

Ebenso Kalles Anwesenheit. Er war Handwerker. Auch wenn ich nie herausfinden würde, ob und in welcher Branche er jemals gelernt hatte. Aber er war fähig und begriff selbst die ihm unbekannten Gewerke schnell, so führte er tagsüber die *Bauaufsicht*. Trotz oder gerade wegen seines rüden Umgangstons war er in der Lage, Polly und andere in die Arbeiten einzuweisen. Abends kam Josch, legte kräftig mit Hand an und besprach mit Karl-Heinz die anliegenden Arbeiten.

Das Leben auf meiner Kate hatte sich zu einem höchst ungewöhnlichen, aber angenehmen Miteinander eingependelt. Ich wurde nach wie vor mit einer sonderlichen Art Respekt behandelt, wenngleich ich deutlich die Zuneigung der Leute spürte.

Manches Mal hatte ich mit Josch darüber geredet. Ich war verwundert über die Haltung der Männer, aber er meinte:

„Josi, du bist und bleibst für uns eine Besonderheit. Du weißt selbst, wie wenig echten Kontakt Menschen von der Straße, oder die am unteren Limit leben, mit Leuten wie dir haben. Du hast bewiesen, du nimmst uns so, wie wir sind. Akzeptierst die Person an sich, egal ob da noch eine Menge Dreck und Schmuddel dranhängt. Das ist es, was dich so einzigartig macht. Und sogar in deinem Haus, fühlen sich die Leute heimisch, obwohl sie *deine* Regeln zu beachten haben. Die Jungs, die hier sind, stehen voll dahinter, ist dir das bewusst?“ Er wackelte vergnügt mit den Augenbrauen. „Selbst wenn wir nicht lange suchen müssten, um eine versteckte Kanne oder Kalles Zündkerzen zu finden. Aber immerhin lassen sie die draußen.“

Auch Herla kam fast täglich vorbei und half mir tatkräftig, sowie mit ihren spritzigen Ideen zur Raumgestaltung. Zuweilen hatte sie Kreislaufprobleme und Ohrenschmerzen, die sie meist achtlos überging.

Jetzt im Advent ließen sich, außer zum Essen, nur wenige Leute sehen.

„So kurz vor Weihnachten“, unterwies mich Herla kürzlich, „da habn die andern Leute oft 'n schlechtes Gewissen, weils denen so gut geht, und darum stecken die nem Penner viel eher was zu. Das is echt geil, manchma' machste an so nem Tag in der Zone richtig gut Kohle. Darfste den Jungs nich ankreiden, wenn die sich jetzt bei dir was dünne machen. Advent is der Ausgleich für die bekackten Tage an Weihnachten. Da läuft nix, aber auch nulle. Letztes Jahr hatten wir unser Theater, das war schon stark, sonst gibts nämlich immer nen hammerharten Depri. Ma’ gucken, was es dies Jahr wird. Astrein, dass wir uns hier mit dir treffen können, Josi. Das finden einige echt gut. Ein paar werden aber auch versaufen, Kleine, darauf kannste Gift nehmen.“

Nun war also Heilig Abend. Wir verabschiedeten uns ebenfalls mit guten Wünschen von Herrn Bogen-Borchert und Frau Heinrich. Josch griff die letzte schwere Kiste und stellte sie in den Kofferraum, zog mich an sich und küsste mich.

„Na dann auch dir, Kleines, fröhliche Weihnachten. – Ich habe das seit vielen Jahren nicht mehr gesagt.“ Er strich mir eine Haarsträhne aus dem Gesicht und blies sich die seinen aus der Stirn. „Aber heute, Josi, freue ich mich auf die Tage. Ich habe wieder eine Familie, ich habe eine Frau. Josephine, ich liebe dich!“ In seinem Blick lag dankbare Hingabe und auch ein Hauch von Wehmut. „Außer Lupo wird wohl keiner auf uns warten“, sagte er, als ich den Wagen aus der engen Parklücke manövrierte. „Ich bin mir nicht sicher, ob Polly und Kalle später noch kommen, aber Max und Sven werden gewiss auftauchen.“ Er legte seine warme Hand auf mein kaltes Bein. „Max lässt sich das doch nicht entgehen, er weiß ja, was ihn erwartet. Wenn die Freitagskisten schon ziemlich voll sind, wie wird es erst vor den Feiertagen aussehen.“ Josch warf einen Blick in den Fond des Wagens. „Und er hat Recht, wie wir zweifellos erkennen können. Hast du bemerkt, Josi, da ist ein ganzer Karton mit Lachs und Garnelen. Ich habe aufs Datum gespingst, die laufen erst am Siebenundzwanzigsten ab. Da hat es Bobo aber gut mit uns gemeint, findest du nicht?“

Bobo war unsere Kurzform für Herrn Bogen-Borchert und gleichzeitig die Bezeichnung für die Lebensmittelfuhren. *Na, Josi, haste Bobo mitgebracht?*, wurde ich manchmal gefragt, oder *Fährste gleich wieder 'n leckeres Bobo holen?*

Diese Sache mit dem Supermarkt bewies sich als außerordentlich hilfreich. Wir freuten uns über jede neue Lieferung. Sie beinhaltete alle möglichen verpackten Lebensmittel, bei denen das Datum der Mindesthaltbarkeit erreicht war. Darüber hinaus Obst und Gemüse. Teilweise wurden uns Beutel mit Äpfeln gegeben, in denen nur ein oder zwei faul waren, und das Gesamte dadurch nicht mehr verkauft werden konnte. Auch angebeulte Konservendosen und ähnliches gab es des Öfteren. Unsere Leute lebten im Vergleich zu den Jahren vorher wie Gott in Frankreich.

Als wir auf das Haus zufuhren, eilten Lupo und Sven ebenso hilfsbereit wie neugierig auf uns zu. Sie luden die Kästen in die Küche, wobei ihre Augen und Finger suchend über den Inhalt strichen. Diesmal bestand nicht die Gefahr, dabei beobachtet zu werden und wie gewöhnlich Streit oder herbe Prügeleien zu provozieren, darum hielten auch Josch und ich uns mit Einwänden zurück.

Einige Schokoladenriegel in den Händen verrieten sie nun schmatzend, was sie eben geleistet hatten.

„Wir haben einen Tannenbaum geholt", verkündete Sven stolz.

Lupo rollte die Augen, klopfte mit dem Handballen gegen die Stirn und stöhnte genervt:

„Sven hat das große Heulen gekriegt und, obwohl er weiß, das Ding fliegt in die Ecke, wenn die anderen erst da sind, hat er im Wald ne Fichte geschlachtet. Der Penner hat nicht mal darauf geachtet, ob sie schön und gesund ist. Guckt euch bloß den Krüppel von Baum an."

Wir betraten den Wohnraum und in einem Eimer, gefüllt mit Kies und Sand, stakte ein Baum, krumm gewachsen, mit einer Reihe brauner Nadeln, doch groß bis unter die Decke. Er war mit ausgefransten Seilen am Fenstergriff und einem Wandhaken verknotet. Aber – ich wusste nicht, ob ich weinen oder lachen sollte – sie hatten ihn geschmückt. Zigarettenkippen waren als Kerzenersatz befestigt. Zu einer Kette aufgereihte Kronkorken hingen als Girlanden daran, verschiedene Papierknüddel, Schrauben und kleine Wurzeln waren als Baumschmuck aufgehängt worden. Selbst Kalles leere Schnapsfläschchen hatten sie aufgefädelt und in den Zweigen befestigt. Ein bittersüßes Weihnachtsgefühl überkam mich, und ich drängte mich in Joschs Arme.

Er hielt mich fest und sah unverwandt auf Sven, der mit kindlich strahlendem Gesicht sein Werk betrachtete.

„Dir werden keine großen Freundlichkeiten begegnen, wenn der Rest der Leute hier auftaucht, das weißt du hoffentlich?" Josch versuchte, ihn vorzubereiten, ohne seine Freude zu zerstören. Sven war das erste Jahr auf der Straße und kannte sich offensichtlich nicht mit dem dort üblichen Frust und Weihnachts-Aggressionen aus.

Ich wusste hingegen, speziell der Heilig Abend wurde mit allen nur möglichen Aktivitäten verdrängt und hinter sich gebracht. Zu dem Schmerz und Kummer dessen, was der Einzelne verloren hat, drängte sich gleichzeitig eine Sehnsucht, dieses *Fest der Liebe und der Familie* wieder feiern zu können.

Vor einigen Tagen saß ich mit Josch allein und er hatte sich mir anvertraut:

„An diesem Tag bricht alles aus dir heraus, was du ein ganzes Jahr lang erfolgreich ausgeklammert hast. Darum gehen wir Weihnachten oft auch in die Kirche, dort ist es warm, du fühlst Menschen und die friedliche, festliche Atmosphäre. Danach gibt es die *Feier für Einsame* oder du gehst zur Caritas, Diako, Rotes Kreuz und weiß der Kuckuck wohin. Holst dir deinen Kaffee gratis und

das Päckchen mit Socken, Tabak, Schokolade und so Sachen ab. Manche von uns sind an dem Tag voll durchorganisiert. Sie ziehen von einer Weihnachtsfeier zur nächsten. Entweder wegen der Socken – die sind wirklich gut! – oder um sich mit diesem Lug- und Truggefühl vollzupumpen. Einige saufen sich am Abend fast zu Tode, andere bringen sich bewusst um, oder sie sitzen in der Nacht in einer Ecke und dämmern vor sich hin, träumen, heulen, und manchmal singen sie auch. Alles, bloß keine Weihnachtslieder.
Josi, Weihnachten auf der Straße zeigt dir brutal, wie verlassen du bist, wie unfähig, und was du alles verloren hast. Spätestens dann wird dir bewusst, wie viel davon du dir selbst eingebrockt hast. Ich kenne Leute, die sind daran zugrunde gegangen. Die konnten dem Druck der Nacht nicht standhalten und haben Schluss gemacht."

„Und wie war es bei dir?", hatte ich voll ängstlicher Zurückhaltung gefragt, als Josch mir so erschreckend realistisch die seelischen Abgründe beschrieb. Er stierte vor sich hin, schien in eine weit abgelegene Welt entrückt zu sein. Schließlich erwachte er, kniff die Augen zusammen und sah mich an. Tief und ruhig lag sein Blick auf mir.

„Ich verkroch mich, Josi. Manchmal gab ich mir die Kante und habe mich dicht gesoffen. Einige Male verkrümelte ich mich im Wald, wollte keinen Menschen sehen und meine Strafe genießen. Ich habe in Selbstmitleid geschwelgt und auf Lisa geschimpft weil sie mich allein gelassen hat. Aber, obwohl ich darüber stinkewütend war, konnte ich mich nicht überzeugen. Ich wusste tief drinnen, ich selbst hatte diesen Weg gewählt und da musste ich jetzt durch, auch wenn gerade mal Heilig Abend war."

Josch hatte mich liebevoll an sich gedrückt und geflüstert: „Rate mal, wo ich letztes Weihnachten verbracht habe?" Stumm forderte ich ihn auf, weiterzusprechen. Er sah sich um und deutete schwer auf die Ecke des Wohnraums. „Hier, Josi, hier habe ich geschlafen. Und ich war nicht betrunken. Ich hatte mich entschieden, neu anzufangen. Ich habe geplant und hinterfragt. Beruflich, was ich will, kann, und ob ich es noch schaffen würde. Du weißt, wir kannten uns damals schon ..." Seine Ohren bekamen eine leuchtend rote Farbe. „Und, Kleines, ich habe an dich gedacht. Ich versuchte, mir ein Leben in geordneten Bahnen vorzustellen. Verquickt mit der Angst, ich könnte in dem anderen Leben nicht mehr glücklich sein. Ich fragte mich, was wäre, wenn ich eine Frau hätte? Seit Jahren war ich allein. Ich habe überlegt, ob ich jemals wieder fähig wäre zu lieben, wirklich zu lieben."

Er hatte mich freiheraus angelacht. „Süße, du musstest herhalten für meine Übungszwecke. Ich habe mir erlaubt, ein bisschen von dir zu träumen. Mir war vollkommen klar, wenn ich eine Beziehung zu einer Frau aufbauen wollte, musste ich unendlich viel Zeit mitbringen. Schließlich war ich ein Penner, und wenn ich nicht eine Berberin an meiner Seite haben wollte, brauchte die Frau lange genug Gelegenheit, mich kennenzulernen, mich zu testen."

Josch hatte mir über den Rücken gestrichen und tief geatmet.

„Josi, ich war nie dumm oder naiv. Mir war nur zu bewusst, damit erwartete ich mehr vom Leben, als naturgegeben in meiner Laufbahn als OFW-ler vorgesehen ist. Aber, wenn ich etwas will, dann ganz.

In dieser Nacht, letztes Jahr Weihnachten, da habe ich mein neues Leben durchgespielt."

Um seine Augen strahlten kleine Fältchen wie die Sonne, während er mich an sich zog und auf die Stirn küsste.

„Josephine, ich wäre nie so dreist gewesen, dich als mein Mädchen zu sehen, es ist ... Ich kann es jetzt noch nicht richtig glauben."

Plötzlich hatte Josch mich in die Arme genommen und so fest gedrückt gehalten, als wolle er mich nie wieder loslassen. Wir brauchten nicht weiter zu reden, wir hörten auch so, was uns der andere sagte.

Nun stand Josch, ein Jahr später, in ein und demselben Raum und sah Sven mitfühlend ins Gesicht. „Du musst damit rechnen, die anderen werden den Baum in Stücke hacken und dich am liebsten mit."

Er nahm Sven an die Seite, setzte sich mit ihm auf die gewärmte Bank am Ofen und legte ihm tröstend, mit bewegender Zartheit, den Arm um die Schultern.

Ich wollte die zwei Männer, die wie Brüder beisammen saßen, nicht stören, verließ mit Lupo den Raum und bat ihn:

„Ich fahre Herla und danach Rita abholen. Kannst du die Kisten sortieren, wer weiß, ob und wann Max überhaupt auftaucht."

Rita machte derzeit einen offenen Entzug, sie war einige Nachmittage in unsere *Berber-WG* zu Besuch gewesen und hatte für die Weihnachtsnacht Ausgang bekommen.

Wir waren noch nicht komplett aus dem Wagen geklettert, da dröhnte uns schon Musik entgegen. Ich erkannte in den fetzigen Tönen eine Ähnlichkeit mit Weihnachtsliedern. Verwundert näherten wir uns dem Haus. Lupo, Josch und Sven tanzten ausgelassen im Raum herum. Sie ließen uns kaum eintreten und die Jacken ausziehen, schon nahm jeder eine Frau an die Hand und wir drehten wild lachend durchs Zimmer. Sie hatten wohl einen amerikanischen Radiosender entdeckt, der sich auf Rocking X-mas eingerichtet hatte. So alberten wir herum und kaum ein schwermütiger Gedanke trübte die unerwartet fröhliche Atmosphäre.

- ◊ • ◊ • ◊ -

Am späten Abend beluden wir das Auto mit Thermoskannen und Flaschen voll Kaffee, um sie auf der Straße an *die Brüder* zu verteilen. Es war für mich eine bizarre Erfahrung, nachts mit teils melancholischen, volltrunkenen oder depressiven Heimatlosen lauwarmen Kaffee zu trinken. Aber eine gewisse Freude und Dankbarkeit über unser Kommen war nicht zu übersehen. Von Ferne erkannten wir Lothar und seine Freunde, die in eine belanglose Schlägerei verwickelt waren. Polly war nicht mehr und nicht weniger nüchtern als im Allgemeinen. Auch Roland, Martin und Gerhard versprachen uns lallend, später noch auf einen Besuch vorbeizuschauen. Nur Karl-Heinz war nirgendwo auszumachen.

„Der hat irgendwas vor", tönte Polly lautstark. „Ihr werdets bald sehen, mach dir mal keinen Kopp, Josi."

Weit nach Mitternacht holperten wir wieder auf das Haus zu. Im Hof standen zu unserer Überraschung zwei Autos. Berts kleiner Seat und eine alte Ente, deren Räder noch schiefer zu stehen schienen, als es sowieso den Anschein erweckt.

Neugierig gingen wir ins Haus. Einige von uns besaßen einen Schlüssel, doch ich hoffte insgeheim, Kalle oder jemand anderes war hier nicht mit einer Horde *guter Freunde* aufgetaucht. Weil der Wohnraum unbeleuchtet war, schlichen wir vorsichtig zur Küche. Als Josch die Tür öffnete, blieben wir wie angewurzelt stehen. Die *Bobo-Kisten* standen über den Boden verteilt, diverse Leckereien waren aufgerissen und offensichtlich getestet.

Auf dem Stuhl in der Mitte saß Kalle, die hohlen Hände aufeinander gelegt und schielte mit schräggelegtem Kopf zwischen seinen Daumen in die Höhlung hinein. Bert stand, eindeutig belustigt, daneben und beobachtete ihn, während er seine wohl schon vierte Apfelsine schälte.

Auf unsere fragenden Blicke antwortete er auch sogleich.

„Karl-Heinz hat eine Maus im Wald gefunden, und jetzt tut sie ihm leid. Er ist der Meinung, ihr wäre draußen zu kalt."

Ich wusste zwar Kalle verbarg eine sensible Ader, doch überraschte mich in diesem Moment sein Gesicht, das Verlegenheit und Mitgefühl ausdrückte. Ich prustete laut hervor.

Mit gespielt beleidigter Miene sah er mich an. „Josi, wenn du so drauf bist, verrate ich dir auch nicht, was ich für uns alle zu Weihnachten hab."

Herla blieb der Mund weit offen stehen.

„Du hast was? Ausgerechnet du machs dich plötzlich ans Päckchenpacken? Da stimmt doch was nich."

Kalle grinste frech. „Nee, eingepackt hab ichs nicht. Es steht draußen vorm Haus."

Ich fuhr herum. „Etwa die Ente? Du bist verrückt."

Kalle lachte mit stolzgeschwellter Brust. „Die hat noch fast ein Jahr TÜV. Dann können wir Josi auch mal ablösen mit der *Bobo*-Schlepperei. Das ist doch ne Zumutung für das Mädel, ich schäm mich ja bald." Sein Grinsen strafte diese Worte Lügen.

Kalle hatte uns allen ein Auto organisiert. Dem Mann war auch nichts unmöglich.

Diese Nachricht gab Rita ein Stichwort, und sie orderte uns in den Wohnraum, um Näheres zu bereden. Daher luden wir Teller und Tabletts mit diversen *Bobos* voll und suchten uns jeder einen Platz. Es gab bereits zwei Sofas, die ich aus dem Möbellager im Altenheim mitgebracht hatte und, nachdem Lupo den Ofen angefacht hatte, saßen wir wie das traute Glück am Weihnachtsabend beisammen.

„Also", begann Rita gewichtig. „Nach allem was ich bisher mitgekriegt habe, geht hier das Leben des Tippel-Theaters weiter. Und wenn Kalle jetzt sogar ein Gemeinschaftsauto besorgt hat, sollten wir Ludgers letzten Willen endlich mal ernst nehmen. Ich bin dafür, mit dem Geld die Kosten für die Ente zu zahlen, solange die Fahrten für die Truppe sind. Und ich denke, Ludger fände es bestimmt richtig, den Rest hier ins Haus zu stecken. Wir sind doch alle zusammen, und ich glaube es tut euch auch gut, oder nicht?" Sie zwinkerte Lupo, Kalle und Sven zu. Die hörten aufmerksam hin. Rita entschied als *Bevollmächtigte*, das Erbe sollte für die anstehenden Arbeiten am Haus verwendet werden.

Sie hatte gar nicht mal Unrecht, oftmals wurde aus reinem Geldmangel die Materialbeschaffung aufgeschoben.

Während sie weiter redete und ihr nach und nach auch sämtliche Anwesenden zustimmend Vorschläge unterbreiteten, sank ich vor Beschämung und Rührung immer tiefer in meinem Sitz zusammen. Aber, so zerstritten die Leute oft waren und so borstig ihr allgemeiner Umgangston miteinander, so einig stellten sie sich jetzt vor mich mit der Forderung, von dem Geld die geplante Heizungsanlage anschaffen zu wollen. Ich hatte mit Josch bereits konkret überlegt, aber ein Umsetzen dieser Idee um Monate verschoben. Und nun entschied eine Gruppe von Menschen, Obdachlosen und ehemaligen, ich solle das gemeinsam geerbte Geld hier ins Haus investieren.

„Wenn außer mir noch andere Leute wieder Spaß am Leben kriegen …“, wiederholte Rita jetzt Ludgers Worte, „dann soll das Geld mit dafür gut sein.“ Sie sah forschend in die Runde. „Außer Polly und Lothar ist unsere ganze Truppe hier versammelt und ich bin sicher, Polly ist unserer Meinung. Wir wollen, dass hier davon gebaut wird.“

Gegen die Übermacht der nun folgenden Bestätigungen war ich machtlos und rollte mich in meiner Sofaecke zusammen.

- ◊ • ◊ • ◊ -

„Lass ma', das geht gleich wieder", sagte Herla, als sie kreidebleich auf dem Sofa lag. „Wenn zwei von den Halbgöttern sagen, da is nix, muss ichs ja wohl glauben, oder?"

Dennoch gelang ihr heute das schiefe Lächeln nicht ganz so gut wie sonst. Ich machte mir wirklich Sorgen um sie. Herla behauptete zwar, sie habe seit Jahren mehr oder weniger Ohrenschmerzen, aber seit sie sich auf die Augen ausgedehnt hatten und deutliche Kreislaufstörungen bis hin zu Ohnmachtsanfällen dazugekommen waren, konnte ich nicht mehr ruhig schlafen.

„Nun gut", gab ich resigniert nach. „Die Jungs sind ja bei dir, und allzu lange werde ich nicht brauchen, denke ich."

Einen Moment verweilte ich vor meiner Wohnungstür und strich versonnen mit der Hand darüber. Immer wieder rief sie mir den Beginn unserer absonderlichen Lebensgemeinschaft ins Gedächtnis. Sie war das Erstlingswerk unserer Leute und ebenfalls ein bedeutsames Erleben, denn jeder der Männer hatte daran mitgearbeitet.

Nachdem sie gesägt, gehobelt, geschliffen, eingepasst und verschraubt hatten, blieb nur noch die Holzlasur.

Als ich am Folgeabend ins Haus kam, empfingen mich sechs freudig erregte Männer. Meine Wohnungstür war fertig – und signiert.

Lupo hatte den Anfang gemacht und in das Holz geritzt. Auf Kalles Drohgebärde, *er würde doch glatt die neue Tür zerkratzen*, wehrte Lupo gelassen ab:

„Ich kratze nicht, ich verziere. Schließlich ist das Josi-Sternchen doch unser Sonnenstrahl, oder nicht? Also mache ich einen Stern in die Tür, der sie immer daran erinnern soll, dass wir sie mögen. Ist doch klar oder?"

Dieser Gedanke wurde von den anderen Männern überschwänglich aufgenommen und jeder von ihnen schnitzte einen Stern in das Holz meiner Wohnungstür.

Und tatsächlich! Wenn ich zuweilen müde oder entmutigt in meine neue Wohnung ging, gaben mir die Sterne Zuversicht und die felsenfeste Zusage, alles hat doch einen Sinn.

Nun holte ich den antiquierten, gut achtzehn Zentimeter langen Schlüssel hervor und öffnete meine privaten Räume. Seit vier Wochen lebte ich jetzt selbst in meiner Kate und mit mir – allerdings unten in den Nebenräumen – Polly, Lupo, Karl-Heinz und Max. Nun also auch Herla. Was immer gesundheitlich mit ihr los war, es gab ihr ein besseres Gefühl, wenn sie nicht ganz allein in ihrer Wohnung bliebe. Obwohl sie einige Male *aus den Socken gekippt* war, ging sie weiterhin arbeiten.

Ich griff meinen Rucksack und machte mich auf den Weg zu Beate Schürhoff, der Tochter einer Altenheim-Bewohnerin. Wir kannten uns jetzt einige Jahre. Letzte Woche hatte sie mich angesprochen und für heute zu einem Besuch eingeladen. Beate hatte mich bereits zur Entstehungszeit des Tippel-Theaters interessiert danach ausgefragt, ebenso wie sie die Entwicklung meines *Übergangswohnheims* ständig mitverfolgte. Ich wusste, sie hatte sechs Kinder und wohnte mit ihrem Mann in einem ähnlich baufälligen Haus wie ich es tat.

Die Kinder waren diesen Nachmittag anderweitig untergebracht.

„Ich wollte dich ganz ungestört sprechen“, begann sie nun. „Du hast ja ein recht gutes Wissen über Ämter und Sozialleistungen, darum dachte ich, du könntest mir eventuell helfen.“ Ich nickte abwartend und sie sprach weiter. „Du weißt, Hannes ist Beamter. Letztes Jahr habe ich erfahren, wie hoch die Sätze eines Sozialhilfe-Empfängers sind. Wenn ich alle Zulagen mitrechne, kommt bei einer achtköpfigen Familie mehr Geld zusammen, als Hannes Gehalt und unser Kindergeld zusammen betragen. Das kann doch nicht stimmen, oder was meinst du dazu?“

Ich schaute ungläubig auf die Unterlagen. Sie hatte fundierte Vorarbeit geleistet. Aus einem Buch, das Aufschluss über die aktuellen Sozialgelder und Sonderbeihilfen gab, hatte sie eine Liste zusammengestellt. Neben dem Regelsatz zum Leben, stehe einer Familie Mietgeld zu, halbjährliche Bekleidungspauschalen und diverse Einmalzahlungen für Möbel, Renovierung, Kinderspielzeug. Und da Hannes arbeiten ging, bekäme er auch noch Fahrgeld. Sie hatte genau recherchiert und ich musste ihr Recht geben.

„So weit, so gut“, sagte sie daraufhin. „Ich habe vor Monaten beim Sozialamt angefragt.“ Erwartungsvoll sah ich sie an. „Nichts! Da hat mir eine Frau vorgerechnet, was ich ohnehin wusste. Dann kam sie zu dem Schluss, wir haben schließlich ein Auto. Nicht nur Hannes Fiesta, zudem fahre ich noch einen R4. Das ginge nicht, sagte die Frau, Autos seien ein nicht zu vereinbarender Luxus. Da halfen keine Beweise: Ich hatte bei unserem Bedarf die Autos gar nicht mitberechnet, sondern wir finanzieren die Wagen, obwohl wir unter dem Sozialsatz liegen. Außerdem fragte ich sie, wie ich Einkäufe für acht Personen mit dem Bus oder zu Fuß regeln sollte. Von Anna im Kinderwagen und Jonas an der Hand daneben ganz zu schweigen. Bei den Massen, die ich normalerweise ranschleppe, hätte ich mit öffentlichen Verkehrsmitteln einen vollen Acht-Stunden-Tag nur mit Besorgungen ausgefüllt, oder ich müsste in der Nähe im teuren Supermarkt einkaufen, was sich letztendlich auch nicht rechnet. Josi, ich konnte argumentieren wie ich wollte, es half nichts. Rein rechnerisch fielen wir zwar unter die Grenze der Sozialhilfe, aber die Autos, und erst recht das eigene Haus ... Ich konnte damals nichts erreichen. Weißt du, wir zahlen für das Haus im Monat weniger, als die Miete für eine ausreichend große Wohnung wäre. Das ist doch ein Unding. Überhaupt, finde mal für eine Familie mit sechs Kindern eine Wohnung."

Ich war sprachlos.

„Als Anna ein Jahr alt wurde, musste ich meine Hände operieren lassen, da waren knöcherne Verwachsungen. Und ich dachte, wenn ich mit einer Hand nicht ohne Hilfe im Haushalt auskomme, lasse ich mir am besten beide Hände auf einmal operieren, so ist die Gesamtzeit nicht ganz so lang."

In Beates Augen blitzten Tränen der damaligen Verzweiflung wieder auf. „Ich wusste nicht, wie ich das bewerkstelligen sollte. Mama kann mir ja nicht helfen, und meine Freundinnen waren alle bereit mal einzuspringen, aber ich hatte keinen, der verbindlich als Vertretung für mich da gewesen wäre. Du glaubst nicht, wie schlimm das für mich war. Hannes konnte sich nicht so lang am Stück frei nehmen. Das ist sowieso ein Hohn, der Vater bekommt bei Krankheit eines Kind frei, obwohl die Mutter zu Hause ist. Aber wenn die Mutter ausfällt, gibt es keine Tage für ihn. Wer hat nur solch ein Gesetz erlassen?"

Während sie Kaffee nachschenkte, sprach sie weiter: „Damals rückte mein OP-Termin unaufhaltsam näher, und ich hatte noch immer keine Lösung gefunden. Ich rief in meiner Verzweiflung bei der Caritas und Diakonie an, ich dachte, dort gibt es vielleicht soziale Helfer. Aber nein. Letztendlich wandte ich mich noch einmal ans Sozialamt mit der Frage, ob sie wenigstens eine Haushaltshilfe bezuschussen."

Ein Blick in Beates Gesicht genügte, um mir vorzustellen, was damals in ihr vorgegangen war. „Die Frau wurde richtig garstig am Telefon. *Der gleiche Sermon. Ich kann doch nicht den Zuwachs von privatem Luxus fördern,* hatte sie mich angegiftet. Josi, das ist einfach nicht wahr! Die nackten Zahlen, von dem was reinkommt, sagen, es ist weniger als eine vergleichbare Sozialhilfe und Einmalzahlungen, wenn man die auf ein Jahr hochrechnet. Aber wenn wir von dem Minimum-Geld *trotzdem* noch solchen Luxus finanzieren, darf man uns das doch nicht zum Nachteil auslegen. Es zeigt bestenfalls wie vernünftig wir unser Geld einsetzen, statt es zu versaufen. *Das* wäre akzeptiert. Ich verstehe diese Welt nicht."

Beate hatte rote Flecken im Gesicht und sah mich fragend an.

„Hm", ich wusste nichts zu sagen und dachte an meine Jungs. Nicht alle wendeten sich an die Behörde, aber wer es tat, war meist auch unfähig mit Geld umzugehen. In der Tat überlegte ich, wie viel beispielsweise Polly im Monat in Alkohol investierte. Doch sogleich erkannte ich auch das Leid hinter diesem Handeln. Die Sucht war kein leicht abzulegendes Laster, sondern ein Teufelskreis, der sein Leben zerstört hat.

War es gerechtfertigt, einer Familie die Unterstützung zu versagen, nur weil sie das Geld in ein Haus investierte, in dem sie mit sechs Kindern untergebracht war? Hannes ging arbeiten, und was den beiden am schlimmsten war, er arbeitete für den Staat, er war Beamter. Sollte der, der sich einbringt, nicht mehr Einkünfte haben als wenn er sich passiv in die Warteschlange *desselben* Geldgebers einreiht? Ich verstand, warum Beate derart aufgebracht war.

„Weißt du, was ich damals vorhatte, als ich keine Möglichkeit fand nach meiner Operation eine Haushaltshilfe zu bekommen? Außer, wir hätten sie selbst bezahlt, drei Wochen, zehn Stunden am Tag ... Ich war fest entschlossen, einen Skandal zu provozieren. Ich dachte, ich lasse mich operieren und rufe danach anonym im Jugendamt an, um denen zu erzählen, unter dieser Adresse würden die Kinder misshandelt. Ich wüsste, das Baby wird nicht gewickelt, und es sollte sich dringend jemand kümmern. Dann hätte ich mich in den Sessel gesetzt und gewartet ob es im Amt nicht doch noch Hilfe für Notfälle gibt."

Beate durchforstete die Zettel und Bücher auf dem Tisch. „Josi, jetzt habe ich ziemlich weit ausgeholt. Was ich ursprünglich fragen wollte ist, hilfst du mir zu kämpfen? Ich weiß inzwischen um Präzedenzfälle und kann sie mit dem Buch belegen. Ein Sozialhilfe-Empfänger kann ein Auto halten, wenn die Busfahrt zur Arbeit unzumutbar lang dauert, oder auch für mich zum Einkaufen gilt eine Sonderregelung. Darüber hinaus darf eine große Familie ein eigenes Haus bewohnen, es sollte nur angemessen sein und es wird die ortsübliche Miete veranschlagt. Unser Pech ist nur, auf uns treffen *alle drei* Sonderfälle zu.

Ich habe Schiss vor der Frau, ich schaffe es nicht, mich noch einmal in der Form von ihr runterputzen zu lassen. Aber es ist ja nicht so als wollte ich mich bereichern! Ich möchte nur das Geld an Differenzzahlung haben, das wir als Sozialhilfeempfänger *mehr* bekämen als heute im Dienst des Staates.
Rechne einmal, die Schulbücher der Kinder müssen wir jedes Jahr mittragen, ein Hilfeempfänger nicht. Oder Ermäßigung für Eintrittskarten. Es sind so viele Beihilfen, die es in verschiedensten Situationen gibt. Schau her, Josi."

Wir beugten uns über die Listen mit Zahlen, Begründungen, Zitaten aus dem Buch und ich begann mit Beate einen Schlachtplan auszuarbeiten. Die Zahlen sprachen für sich, jedoch war ich skeptisch, wie Geld, noch unter dem Sozialsatz, für Autos und Eigenheim reichen konnte. Allerdings erkannte ich, hinter dem sauberen, liebevoll eingerichteten Wohnzimmer steckte nicht mehr, als ich beispielsweise für diverse Möbel in meiner Kate gezahlt hatte. Nichts. Es war also möglich, mit sehr wenig auszukommen, das erlebten wir selbst in unserer Konstellation tagtäglich. Aber sollte diese Familie bestraft werden, weil sie ihr Geld bedacht einsetzte?

Mir fiel der Sozialdezernent unserer Stadt ein. Ich hatte ihn bei Gesprächen im Vorfeld der Theateraufführungen kennengelernt. Ich würde ihn bitten, sich mit Beates Anliegen zu beschäftigen.

„Warum nicht? Mehr als *Nein* sagen kann er nicht", versuchte ich sie zu ermutigen.

So verließ ich ihr Haus einige Zeit später mit ihren Vergleichslisten unter dem Arm und versprach, mich zu melden, sobald ich etwas erreicht hätte.

- ◊ • ◊ • ◊ -

Da bin ich ja zu Fuß noch schneller, dachte ich vergnügt, als ich die Straße zum Haus hinter der alten Ente herfuhr. Karl-Heinz hatte sie *wieder fit* gemacht. Der durchgerostete Boden wurde zunächst mit Brettern gestützt und anschließend mit Zement ausgegossen.

„Die hält noch mindestens vier Jahre!", hatte er danach freudig geprotzt, wobei Sven ihn dezent auf den TÜV-Termin im November aufmerksam machte, was seinen Enthusiasmus aber nur kurzfristig dämpfte, denn zumindest bis dahin würde die Ente halten.

Kalle ist schon ein Herzchen! Ich erinnerte mich an das Aufsehen, mit dem er vor drei Wochen die Maus verabschiedet hatte. Sie war längst an ihn gewöhnt, er trug sie immer schützend in seiner Jackentasche.

An den ersten warmen Frühlingstagen verkündigte er, sein Wintergast würde jetzt wieder dem freien Leben überlassen und trug sie von einem zum anderen in der Erwartung, wir sollten ihr Lebewohl sagen.

Polly schlug ihm die Maus fast aus der Hand. „Sieh zu, dass wir die Ratte endlich los werden, das ist ja nicht zum Aushalten mit dem Drecksvieh."

„Selber Drecksvieh", konterte Kalle. „Immerhin war Luisa keinen Tag so besoffen wie du, Polly." Dann wandte er sich dem Nächsten zu. Einige von uns strichen ihr kurz über das Fell, allerdings rissen an meinen Nerven zunehmend Ergriffenheit und berstende Belustigung über diese groteske Situation.

Er war daraufhin mit der Maus an den Rand der Lichtung gegangen. Eine kaum einsehbare Ecke, jedoch entdeckte ich ihn zufällig von meinem Zimmerfenster aus. Er saß lange Zeit reglos auf einem Baumstumpf und streichelte das kleine Tier. Bedächtig scharrte er mit den Schuhen einige trockene Blätter zusammen, und – *küsste* die Maus – bevor er sie sanft und quälend langsam niedersetzte. Offensichtlich blieb Luisa perplex stehen, denn Kalle winkte sie mit einer Handbewegung fort; dann ein Kick in den Blätterhaufen. Schließlich hob er den Kopf und sah ihr nach, wie sie im Wald verschwand. Er selbst hatte sich daraufhin auf den Boden gelegt und in der warmen Sonne ausgestreckt.

Es war nicht das erste Mal gewesen, aber es überwältigte mich immer neu, wenn ich an meinen Leuten eine Sensibilität entdeckte, die ich als Außenstehende einem *Penner* niemals zugetraut hätte.

Fast setzte das beton-gegossene Auto am Boden auf, aber Kalle wusste anscheinend sehr genau, welche Schlangenlinien er fahren musste, um die schlimmsten Schlaglöcher zu vermeiden.

Am Haus angekommen schälte er sich aus der Ente und winkte mir ausgelassen zu. „Feines Auto, nech, Josi? Und normal große *Bobos* schafft die allemal."

Ich machte heranstürmenden Helfern Platz und ging ins Haus, wo mich Josch fröhlich begrüßte. „Die *Bobo*-Begeisterung hört wohl nie auf. Sie sind immer noch wie die kleinen Kinder, wenn Oma zu Besuch kommt".

Lachend ging ich mit ihm in die Küche, um gleich darauf wieder hinausgedrängt zu werden.

„Josi, ich weiß ja, du bist hier der Chef, aber ich bin der Koch. Dafür kriegst du heute auch ein extra großes Stück ...", Max warf einen kurzen Blick über die Lebensmittelkisten die gerade hereingetragen wurden und brachte seinen Satz zu Ende: „... Omelett ab."

Wir beugten uns entrechtet und gingen zurück in die *gute Stube*.

„Apropos Oma", setzte Josch an und holte mich neben sich auf das Sofa. „Herla hat Besuch aus dem Altenheim, hast du das gehört?"

Ich zuckte die Schultern. „Nein, wen denn?"

„Eine Emmi ... Ich weiß nicht mehr. Aber sie ist ne ganz flotte Frau für ihr Alter, immerhin ist sie den ganzen Weg zu Fuß gekommen."

Jetzt wusste ich auch, wer es war. Emmi Riedel. Eine agile alte Dame, von der ich nie verstanden hatte, warum sie im Altenheim war. *Kindchen, das musst du so sehen,* hatte sie mir einmal erklärt, *irgendwann wird es nötig sein, und alsbald wäre ich gezwungen, mir ein Haus zu suchen. Da nehme ich viel lieber heute den Umstand auf mich, solange ich noch kann, als später einmal, weil ich muss. So habe ich Zeit genug mich an alles zu gewöhnen, kann es als Urlaub sehen und mich häuslich einrichten. Außerdem mache ich ja weiterhin meine Reisen, das ist schon recht so, mein Kind.*

Herla hatte mir bereits von ihrem Kontakt erzählt. Nun war ich erstaunt, wie tief die Freundschaft ging und Frau Riedel sogar den mühsamen Weg hierheraus gemacht hatte.

„Wollen wir noch etwas tun?", fragte Josch jetzt. „Es ist an der Zeit, die Gästezimmer zu streichen." Statt aufzustehen berührte er zärtlich meine Wange. „Josephine, ich bin so froh über all das, was wir geschafft haben." Einen Moment lang genossen wir unsere Nähe. „Und ganz langsam schleicht sich der Sommer an, an manchen Tagen rieche ich ihn. Du auch?"

Als wir auf dem Weg zur Werkstatt waren, erkundigte ich mich nach Bert.

„Ich weiß von zwei Wohnungen, die er sich diese Woche ansehen will. Hoffentlich hat er endlich Glück."

In der Werkstatt ordnete Sven erneut, wie es seit einer Weile alarmierend oft vorkam, das Werkzeug und die Farbtöpfe in Reih und Glied. Das an sich wäre ja nur erfreulich, allerdings maß er den Abstand der Dosen mit zwei Fingerbreiten ab. Seitlich und zum Rand des Brettes musste gleich viel Platz sein, sonst wurde er nervös, manchmal auch aggressiv. Ich erkannte darin ansatzweise eine Zwangsneurose, hoffte jedoch, andere Gründe lägen für sein Verhalten vor und er käme bald zurück zur Normalität.

Polly und Roland wurden gerade von Lupo instruiert: „Leute, ihr wisst, heute ist Freitag, Zeit die Socken zu wechseln."

Die beiden Männer sahen ihn dumm an, kurz darauf einander und vollkommen synchron beugten sie sich zu ihren Füßen, während Polly murrte: „Na denne, was sein muss, muss sein. Roland, lass uns die Socken tauschen“, und mit grölendem Gelächter setzten sie den Zirkus fort, nicht ohne uns einen herausfordernden Blick zuzuwerfen.

Kopfschüttelnd nahmen wir unser Arbeitsmaterial und verließen den Trupp verrückter Berber.

- ◊ • ◊ • ◊ -

Ich saß in der warmen Frühlingssonne am Waldrand und genoss den Frieden, die arbeitsfreie Zeit, die ich mir gegönnt hatte, und mein Leben ganz allgemein.

Aber erst musste ich noch einmal aufstehen, um den verrutschten Unterbau, den Kalle anstelle des vierten Beines unter die Liege montiert hatte, in Position zu bringen. Wir besaßen nun schon vier Stühle im Garten, die allesamt von unserem unermüdlichen Lumpensammler angeschleppt worden waren. Im Grunde wollte ich nur bis zum nächsten Sperrmüll warten, doch sah ich ein, es machte wenig Sinn, hier in der Einöde und mit unserem gemischten Volk eine Reihenhaus-Möbelgarnitur zu kaufen. Oftmals amüsierte ich mich über den Erfindungsreichtum der Männer, aber ich musste auch zugeben, diese einfache, wenig konventionelle Lebensform hatte ihre Reize.

Ich ließ meinen Blick selbstvergessen über das Gelände schweifen. Unter Lupos fähigen Händen und tatkräftiger Unterstützung weiterer Helfer, hat es sich in eine gepflegte Wildnis verwandelt. Was seit Jahren von einer dicken Laubschicht bedeckt gewesen war, gab jetzt den Ansatz einer Rasenfläche frei, und phantasievoll gestaltet wanden sich angelegte Blumenbeete durch den Garten. Wahrscheinlich hatte hier einmal ein Liebhaber gelebt, denn überall brachen junge Stauden aus dem Boden. Neben Narzissen und vereinzelten Tulpen standen lustig kleine Büschel mit derweil verblühten Schneeglöckchen. Lupo war alle frostfreien Tage hier draußen und er selbst erwachte, gleich dem Garten, zu neuem Leben.

Er wird es schaffen, dachte ich zuversichtlich. Lupo kann arbeiten, hat Verlässlichkeit bewiesen und wird über kurz oder lang wieder festen Boden unter die Füße bekommen.

Kalle und Polly waren anders. Allerdings zeigte sich Karl-Heinz als überraschend verantwortlicher Autofahrer, denn er stieg niemals hinters Steuer, wenn er getrunken hatte. Das verwirrte mich.

„Mensch, Frau", hatte er erklärt. „Ich bin einmal fast draufgegangen. Ich habe nicht vor, es nochmal zu versuchen."

Kalle war unser *Hausmeister* geworden. Auch wenn weiterhin alle von uns mitarbeiteten, liefen bei ihm die Fäden zusammen. Dennoch stellte er sich mit größter Selbstverständlichkeit unter Joschs fachkundige Anweisungen.

Josch. Noch immer wurden mir die Knie weich, wenn ich mir die Zeit nahm, über uns nachzudenken. Unsere Liebe war gewachsen und fester geworden. Freilich gab es alltagsbedingte Routine, wobei sie nie zu sachlich war, um unsere Gefühle füreinander abzukühlen. Wie sehr liebte ich diesen Mann und wie sehr hatte er mein Leben bereichert. Er bewies sich dauerhaft als der Mensch, der er zu sein schien. Beruflich ging er seinen Weg, er wusste, was er wollte. Hier im Haus war er der Mann mit Durchblick, Können und Verstand. Seine Fähigkeiten hatten sich als hoch wirksames Mittel erwiesen. Er konnte lenken, versöhnen und wusste immer die richtigen Worte.

Nur ein einziges Mal sah ich ihn handgreiflich werden: Vor vier Wochen war Rita zu Besuch und wie so oft wimmelte es im Haus von Menschen. Plötzlich hörten wir einen grellen Schrei und wenige Augenblicke später entstand im Hof ein großer Tumult. Einer der *Tagesgäste* wollte sich bei der Arbeit im Stall über Rita hermachen. Lupo und Polly waren gleich zur Stelle und droschen mit Fäusten auf den Mann ein. Ich erkannte aus der Entfernung, wie er ein Messer zückte und wild um sich stach, während Rita schluchzend in einer Ecke am Boden kauerte. Ich sah mich hektisch nach Josch um. Allein sein fester Schritt und seine große Gestalt wirkten respekteinflößend. Aber einem kämpfenden Mann das Messer abzunehmen, war nicht mit freundlichen Worten getan. So setzte Josch ihm gezielt einen Schlag an die Schläfe, einen Hieb in den Bauch, drehte den Arm des Mannes, griff das Messer und forderte mit scharfer Stimme das sofortige Verlassen des Grundstücks, anderenfalls würde er die Sicherheit der hier lebenden Menschen zu verteidigen wissen. Der Angreifer stand einen Augenblick unentschlossen, aber sprungbereit auf dem Platz. Endlich zog er den Kopf ein und verschwand.

Dies war das höchste Maß an Aggression, das ich bei Josch erlebt hatte. Er war ein friedliebender Mensch und es gab genug Anlässe, dies zu beweisen.

Ebenso schenkte er mir fortwährend Bestätigungen seiner Liebe zu mir. Er hatte mich nie gefragt, ob er mit im Haus wohnen könnte – es wäre die nächstliegende Sache der Welt gewesen, um so mehr, wo hier schon vier andere Männer ihr Quartier aufgeschlagen hatten. Als ich ihn darauf ansprach, sagte er, wie so oft in ernst zu nehmender Zurückhaltung:

„Josephine, wir werden zusammenziehen, aber jetzt noch nicht. Du sollst dir genau überlegen, auf was du dich einlässt, denn wenn ich zu dir komme, soll es für immer sein."

Ich hatte das Prickeln der Sonne auf meiner Haut gespürt und gewusst, nicht allein daher kam die Hitze in mir.

Anscheinend war ich eingeschlafen, denn ich hörte Pollys Stimme von weit her zu mir rufen:

„Sag mal Josi, kennst du den Kerl?"

Ich öffnete die Augen und erschrak. Wenige Meter von mir entfernt saß ein Mann. Nicht ungepflegt, aber auch nicht dem allgemeinen Standard entsprechend. Die Füße steckten in alten Wanderschuhen, daneben lag ein prall gefüllter, großer Rucksack. Sein Blick wechselte gelassen zwischen Polly und mir.

„Guten Morgen. Entschuldigung, ich wollte dich nicht erschrecken, aber ich wollte dich auch nicht aufwecken. Ich bin Rolf und auf Wanderschaft." Er hatte ein offenes Gesicht. Seine Haut war wettergegerbt, die Haare voll und grau meliert. „Ein schönes Plätzchen habt ihr hier, sonst wäre ich daran vorbeigegangen."

Sein Blick durchbohrte mich, nicht unfreundlich, eher forschend. „Kann ich hier für eine Weile mein Zelt aufschlagen?"

Polly war neben mich getreten und sah den Fremden prüfend an. Im Stillen musste ich schmunzeln über seine Art, mich beschützen zu wollen. Nett war es trotzdem.

Wir stellten uns vor und erfuhren, Rolf war ein Wanderer, ein Tippel-Bruder. Er war ein Heimatloser, weil er sich entschieden hatte, das Heute zu seiner Heimat zu machen. Ich wusste nicht, dass es in unserer Zeit noch den sagenumwobenen Landstreicher gab, der sich beim Bauern für eine Nacht im Heu und einen Teller Suppe Arbeit sucht. Aber Rolf war einer.

Wir luden ihn zum Kaffee ins Haus. Unsere ganze Mannschaft hatte sich versammelt und beobachtete ihn mit neugierigen Blicken, was Rolf jedoch geruhsam überging.

Ich nahm an, er sei einer von ihnen, aber offensichtlich gehörte er nicht dazu. Er sprach, nachdem er uns das Wichtigste gesagt hatte, kaum noch ein Wort, bedankte sich für den Kaffee und ging zurück in den Garten.

Herla hatte heute frei und begleitete mich nach draußen, um ebenfalls etwas Sonne zu tanken. Sie erzählte mir von Emmi Riedels Besuch und wie begeistert sie von meinem *Anwesen* war.

„Ihre Eltern haben früher so was gehabt und das fand sie geil. Du hast doch nix dagegen, wenn sie wieder ma' reinschneit, oder? Die is ja noch volle Pulle auf Zack, wie die den Weg runtergejagt is, das war schon spezial."

Ein Schatten tauchte neben uns auf und Rolf sah Herla durchdringend an. „Deine Haare sind grell glühendes Eisen."

Sie hob den Mundwinkel nur wenig, aber ihre Augen strahlten.

„Danke. Soll ich dir die Hütte zeigen?" Herla wuchtete sich aus der Liege. „Wenn du ne Weile bleiben willst, wärs sinnvoll. Ein Teil der Räume muss demnächst getüncht werden und außerdem wird der Boden im Stall rausgeschüppt, da kommt richtig Zement rein. Die Josi macht hier 'n Gästehaus draus." Nach diesen Worten konnte ich ihre Stimme kaum noch hören und legte mich zurück in den Sessel.

Aus den geöffneten Fenstern der oberen Etage vernahm ich die vergnügt-zotigen Reden, die regelmäßig gemeinsame Arbeiten begleiteten. Roland war als Maler in seinem Element, obwohl er das bloße Anstreichen der Wände anfänglich als unter seiner Würde befand. Einstweilen hatten wir uns geeinigt, in jedem Zimmer dürfe er eine Wand mit kunstvollen Eigenkreationen gestalten, solange sie in meinem Sinn dem Stil eines Gästehauses entsprachen.

Er kam oft aber nicht regelmäßig vorbei und relativ häufig war er nüchtern. Ein *Quartalssäufer,* hatte Herla gesagt, wochenlang kam er ohne Chantré klar. Aber mit einem Mal schüttete er sich zu, bis oben hin. Ich wusste nicht, ob es von seinem Seelenzustand oder viel mehr vom Geldbeutel abhing. Er war wie ein großes Baby, gut zu leiten, in der Regel friedfertig, – und was seine eigene Sauberkeit anging, ebenso unselbstständig. Immerzu musste ich ihn bitten, die Dusche in der Milchküche zu benutzen und danach auch wirklich frische Wäsche anzulegen, denn wenn seine Sinne getrübt waren, ließ er meistens unter sich, ohne selbst davon Notiz zu nehmen.

„Josi", weckte Sven mich aufgebracht aus meinen Gedanken, „kannst du nicht mal was sagen! Polly und Roland holen laufend neue Farbtöpfe aus der Werkstatt, und jetzt stehen schon ganz viele oben im Zimmer rum."

Es war ohnehin Zeit, endlich aktiv zu werden, und so erhob ich mich, um Sven zu begleiten. Ich versuchte, seine zwanghafte Ordnungsliebe in eine andere Richtung zu lenken und führte ihn zu den Blumenbeeten.

„Schau mal, Sven, wie wäre es, wenn du den Blumen beim Wachsen hilfst und rundherum die Erde auflockerst?“ Ich reichte ihm ein Werkzeug, das so klein war, wie es gewöhnlich für Balkonkästen verwendet wurde. Er nahm es dankbar an, hockte sich nieder und begann eifrig die Erdkrumen zu zerkleinern. Hier hatte er ein weites Betätigungsfeld und niemand würde seine Erfolge zunichte machen.

- ◊ • ◊ • ◊ -

Rolf hatte sich problemlos in unser Miteinander integriert. Er war zwar in keiner Weise unsicher, jedoch wortkarg und zurückgezogen. Er beteiligte sich kaum an allgemeinen Gesprächen, einzig mit Herla und Josch unterhielt er sich richtig.

„Das ist eine gute Sache, was ihr hier macht“, hatte er Josch, eine Weile nach seinem Erscheinen auf unserer Kate, zugestanden. Sie saßen auf umgedrehten Zementkübeln, auf dem ersten Teil des bereits fertig gegossenen und getrockneten Fundaments der Stallungen. Rolfs Anwesenheit war unauffällig, wären da nicht seine deutlich sichtbaren Arbeitsergebnisse gewesen. Er fragte nicht, sondern er wusste, es galt im Stall den Boden auszuschachten. Und so hatte er ohne zu zögern die Hacke gegriffen, und jeden Abend, wenn Josch aus der Zimmerei kam, war die Arbeit ein großes Stück vorangekommen. Zwar halfen auch wir anderen von Zeit zu Zeit, allerdings gab es ja genügend Auswahl an notwendigen Erledigungen, und jedem stand zur Verfügung, wonach ihm zumute war. Rolf war stark und gesund gebaut und ihm schien diese Arbeit Befriedigung zu verschaffen.

„Es ist angenehm mit ihm zu arbeiten“, meinte Josch zu mir. „Er redet nicht ununterbrochen daher, sondern er tut. Wir sind ein gutes Team, und er macht auch nicht so bald schlapp, ich kann durchziehen und weiß, ich kann mich auf ihn verlassen. Trotzdem, er ist ein sonderbarer Mann, Josi. Nicht unangenehm, nur eben ein ausgesprochen seltenes Exemplar Mensch.“ Seine Zähne blitzten. „Ich bin sehr froh, ihn gerade jetzt hier zu haben, der Stall ist harte Knochenarbeit.“

Nun lag Josch langgestreckt auf unserem Bett und räkelte sich lustvoll.

„Vier Tage frei, Kleines, ach, ist das schön!“ Er verschmolz förmlich mit dem Federbett und lächelte verträumt. „Was war der Abend heute wieder lustig. Ich frage mich, ob Polly tatsächlich ein Auge auf Rita geworfen hat oder ob es schlicht sein Lieblingsspiel ist, um sie herum zu scharwänzeln.“

Ich löste die Spange aus meinen Haaren und schüttelte wild den Kopf. „Ich weiß es auch nicht, aber manchmal finde ich ihn richtig drollig, väterlich charmant, könnte man sagen. Und Rita genießt sichtlich seine Aufmerksamkeit. Hast du ihr Gesicht gesehen, als Polly sich bis zum Boden verbeugt hat und sie zum Tanzen aufforderte?“

Josch lachte dunkel und rieb sich die Oberlippe. „Es ist zum Piepen, wie er hopsend um sie herumzappelt, wie eine Drohne die der Bienenkönigin das Futter bringt.“

Ich hatte mich neben ihn gekuschelt und Josch legte den Arm um meine Taille. Vier Tage frei, Ostern. Das bedeutete für uns, endlich mehr Zeit füreinander zu haben. Wir wollten die Arbeit ruhen lassen, zumindest deutlich mehr als sonst, denn üblicherweise stellten die Wochenenden für Josch die Hauptarbeitszeit hier im Haus dar. Außerdem mussten wir langsam mit den Wiederholungsproben der Theateraufführung beginnen. In sechs Wochen war die Truppe zu einem Auftritt in Bochum eingeladen. Josch und ich hatten beschlossen, auf die Übernachtung dort im gemeindeeigenen Gästehaus zu verzichten. Es interessierte mich, probeweise tatsächlich ohne Obdach zu sein. Und eine Stadt, in der ich nicht Gefahr lief, erkannt zu werden, bot mir dazu die beste Gelegenheit. Ich wollte mich einmal als OFW-ler fühlen, nachempfinden, wie es einem geht, wenn Passanten mitleidig oder empört zu einem hinsehen. Mir war klar, es wäre nur so echt, wie ein Spiegelbild lebendig ist, allerdings hatte ich es mir in den Kopf gesetzt und Josch fand diese Idee ebenso amüsant wie reizvoll.

Seine Hände glitten zärtlich über meine Haut und ich gab mich dem wohligen Kribbeln hin. Behaglich windend drehte ich mich, dann sah ich ihn konzentriert an.

„Bobbi, ich habe lange genug darüber nachgedacht und soweit es an mir liegt, habe ich mich entschieden. Willst du das Risiko auf dich nehmen, deine Wohnung kündigen und Teil unserer chaotischen Wohngemeinschaft, aber fester Bestandteil in meinem Leben werden?“

Josch regte sich nicht, allein seine Augenwinkel zuckten und die Grübchen vertieften sich. Wie eine lebendige Maske änderte sich seine Mimik, bis er glücklich mein Gesicht mit einer Vielzahl schmetterlingsgleicher Küsse bedeckte.

„Josephine, ich bin mit Bedacht ein risikofreudiger Mensch“, hauchte er mir ins Ohr, während seine Hände in mein Haar griffen. „Ja, ich will! Wenn du es mir anbietest, nachdem du mich über Monate kennengelernt hast, und es trotzdem noch meinst, dann, ja! Josephine, ja, ich komme zu dir!“ Seine Augen leuchteten aufgeregt und er schämte sich nicht seiner kindlich hingegebenen Erregung.

Wir lagen eng aneinander geschmiegt, in Vorfreude auf die zu erwartenden Auswirkungen unserer Entscheidung.

- ◊ • ◊ • ◊ -

Der Karfreitag im späten April bescherte uns einen Tag, an dem die Sonne schon früh am Morgen Hitze versprach. So holten wir Tische und Bänke raus, um für ein gemeinsames Freiland-Frühstück zu decken. Heute hatten wir wirklich ein volles Haus. Neben den festen Bewohnern kamen ohne Frage auch Sven, Roland und Bert, der mir wie eine treue Seele zur Seite stand.

Er hatte mir nicht vergessen, dass ich ihn im Spätsommer auf der Straße angesprochen und dadurch nichtsahnend vor dem sozialen Absturz gerettet hatte. All die Monate war er an den Wochenenden bei uns, half bei jeglicher Arbeit, beschaffte über seinen Betrieb kostengünstiges Baumaterial und hatte sogar durch seine beruflichen Kontakte die Heizungsanlage samt einem Monteur besorgt, der die technisch korrekte Installation abnehmen würde. Das Verlegen der Rohre erledigten wir selbst, nachdem der Hausmeister des Altenheims Karl-Heinz in der Fertigkeit des Lötens unterwiesen hatte. Trotz des verkrüppelten Arms war er in der Lage, diese Arbeit auszuführen. Er band sich ein Gummi um die Hand, in das er den Lötdraht steckte und somit im richtigen Winkel ansetzen konnte.

Allerdings fand auch Polly großes Interesse an diesem Handwerk und Kalle gab tatsächlich erfolgreich sein frisch erworbenes Wissen weiter. Im Ergebnis gerieten beide in harten Konkurrenzkampf um den Brenner. Täglich standen sie früher auf, nur um als Erster und damit Einziger das Löten zu übernehmen.

Rita hatte übers Wochenende Ausgang bekommen. Die Zeit in der Entzugsklinik ging dem Ende zu. Sie hatte sich psychisch stabilisiert, und es gab keine Bedenken, sie in Kürze zurück in ihre Wohnung und Arbeitsstelle zu entlassen. Bert hatte noch immer keine andere Bleibe gefunden, aber seit gestern Abend sahen wir eine neue Möglichkeit: Herr Maiwald wäre sicher bereit, Joschs Wohnung an

Bert weiterzuvermieten. Für Josch war ja die Zeit da abgelaufen. Wir freuten uns auf Berts Gesicht, wenn wir ihm gleich von der Aussicht erzählten.

Aber das waren noch nicht alle Besucher des heutigen Tages. Obendrein hatte sich Oma Emmi angekündigt. Sie kam fast regelmäßig her und plauderte mit Herla, für die sie mütterlich sorgende Gefühle hegte. Herla erlebte hierin jene vertraute Geborgenheit, die ihr in der Kindheit vorenthalten worden war. Aber Emmi Riedel war auch für uns andere eine Art Kollektiv-Oma geworden. Sogar Polly verwandelte sich in ihrer Nähe in einen sanftmütigen Kameraden und Sven fand in ihr eine wichtige Stütze für sein ungefestigtes Naturell. Sie setzte sich oft neben ihn, hielt liebevoll seine Hand und streichelte ihm durchs Haar. Oma Riedel war schon fast der Herzschlag unseres Hauses. Zu jedem fand sie einen Weg, selbst Max konnte bei ihr seinen Widerwillen gegen Frauen ablegen. Emmi spürte offensichtlich sehr genau, wie der einzelne Mensch beschaffen war, sie hielt sich Max gegenüber auf Abstand, ohne ihm jedoch ihre Zuneigung zu versagen. Sie entpuppte sich als das, was ich unter Weisheit des Alters verstand.

Rolf, der ebenfalls Frühaufsteher war, kam ums Haus herum auf uns zu. „Guten Morgen, ihr beiden“, grüßte er und ging schnurstracks in die Küche, um uns beim Tischdecken zu helfen. In dem großen Sack fischten wir nach den schönsten Brötchen und schoben sie zum Aufbacken in den Ofen. Aus Eierkartons nahmen wir die unbeschädigten, nicht festgeklebten Eier heraus und legten sie in einen Topf. Da die hier lebenden Männer ihre Bedürfnisse nicht nach Kirchenfesten ausrichteten, holten wir auch die Behälter mit Wurst und Käse aus dem Kühlschrank.

Pünktlich mit Kaffee und Eiern, waren die meisten Bewohner ebenfalls fertig und zum Frühstücken bereit. Folglich werden sie halt abräumen und spülen, dachte ich, erfreut mich nach dem Essen faul in der Sonne zurücklegen zu können.

Oma Emmi wurde, als sie kam, sofort ein Stuhl angeboten, die übrigen Nachzügler suchten sich auf Eimern, Lupo in der Schubkarre, oder auf Holzklötzen einen Platz. Ich sah zufrieden in die Runde. Dreizehn Leute an einem Tisch, Menschen so verschieden wie die Blumen in meinem Garten, sinnierte ich beglückt. Jeder von uns hatte in diesem Kreis ein Stück Heimat, Freundschaft, Geborgenheit und Familie gefunden. Und Heilung seiner Seele. Welch ein Geschenk konnten wir hier miteinander teilen!

Begrüßungsrufe wurden laut und ich drehte mich, bis ich Karsten, unseren Freund aus dem Studententeam des Stadttheaters in Begleitung einer jungen Frau auf uns zukommen sah.

„Das ist Jasmin“, stellte er das zerbrechlich wirkende Mädchen vor. „Josi, hast du vorübergehend einen Platz für sie?“

Ich schaute in ein Gesicht mit noch kindlich weichen Zügen, aber ich las auch Argwohn und Befangenheit, vielleicht sogar Furcht. Bedauern überkam mich und ich führte Jasmin auf den Platz neben Emmi, schenkte einen Becher Kaffee ein und setzte mich dazu.

„Hallo Jasmin, ich bin Josi. Hier, trink erst mal. Möchtest du was essen?“

Sie nahm den warmen Becher an die Lippen und nickte verstohlen. Erkennbar hatte sie Hunger, denn schon nach kurzer Zeit sah sie mich fragend an, langte zu und belegte sich ein weiteres Brötchen.

Ich wollte sie zur Ruhe kommen lassen, während Oma Emmi ein unverfängliches Gespräch begann.

Kinderrufe erregten meine Aufmerksamkeit und ich entdeckte Beate und Hannes, die sich ebenfalls mitsamt ihrem Anhang für heute angemeldet hatten. Die Frühstücksgesellschaft war mittlerweile über den Garten verteilt und ich ging auf die Familie zu. Sie hatten eine große Schüssel Pudding mitgebracht, den wir fürs Erste in der Küche abgaben.

„Josi, sag den Pennern, die sollen das Essen reinbringen, das gammelt schon in der Sonne“, forderte Max mich kategorisch auf. „Und zum Spülen brauch ich auch noch Leute.“

„Bitte! Danke!“, erwiderte ich trocken, nahm Beate am Ellbogen und wir verließen lachend sein Revier.

„Ich habe Neuigkeiten, Josi.“

Als wir einen ruhigen Platz in einer Gartenecke gefunden hatten, begann sie aufgeregt:

„Ich war gestern mit Hannes beim Anwalt. Endlich ist abgeklärt, das Honorar für ihn wird aufgrund unseres niedrigen Einkommens von der Gerichtshilfe, sprich vom Amt getragen. Eine verrückte Situation, das Sozialamt übernimmt unsere Kosten, damit wir gegen das Sozialamt klagen können. Und das Beste ist ja, die treten nur ein, wenn berechtigte Aussicht auf Erfolg besteht. Was ist das für eine Politik unter der wir leben ... Also, der Anwalt war, wie zu vermuten, erst einmal skeptisch und reserviert. Aber er hat sich die Auflistungen angesehen.“

Nach meinem Gespräch mit dem Sozialdezernenten, hatte Beate umgehend einen Termin beim Leiter des Sozialamtes bekommen. Gemeinsam hatten wir uns intensiv darauf vorbereitet. Sie schrieb ihre Listen, ergänzt durch detaillierte Angaben zu verschiedenen gerichtlichen Urteilen, damit selbst ein Außenstehender schnell Durchblick erlangen würde. Da Herr Mengel auf oberstes Geheiß mit dem Fall betraut worden war, gab er sich sehr aufmerksam und hilfsbereit.

Beate erzählte danach lachend: „Ich sprach unter anderem die Sache mit dem Kleidergeld an. Warum wird es nach dem Preis von Neuware kalkuliert? Schließlich gibt es Secondhand-Läden und Kleiderkammern. Da sah er mich mitleidig an, *Aber ich bitte Sie, Frau Schürhoff, was kann man denn dort schon bekommen, außer Lumpen?*

Und Josi, weißt du was ich gemacht habe? Ich sah ihn strahlend an und sagte: Alles was ich am Körper trage! – Ich hatte mich hübsch geschminkt und nett angezogen, tatsächlich ganz bewusst nur mit gebraucht gekaufter Kleidung. Du hättest sein Gesicht sehen sollen, dem ist glatt alles rausgefallen. Ich habe ihm noch einmal versichert, ich will mich nicht bereichern, nur, wenn unser Geld unter dem Sozialsatz liegt, sehe ich einen Anspruch auf Differenzzahlung."

Herr Mengel war damals ganz kleinlaut geworden und hatte sie höchstpersönlich zur führenden Sachbearbeiterin begleitet. Als sie den Raum betraten, wäre Beate am liebsten schreiend davon gelaufen, denn vor ihr saß jene Frau, die sie bereits mehrfach spröde abgewiesen hatte. Aber – vermutlich weil der Herr Sozialdezernent sein Auge auf die Sache hielt– war sie die Freundlichkeit in Person.

Beates Niederschriften wurden durchgesehen, und wenige Tage später erhielt sie einen Anruf. Ihr Bedarf wurde bestätigt, und die Bearbeiterin *entschuldigte* sich sogar für ihre Nachlässigkeit. Nicht nur rechnerisch, sondern tatsächlich stünden der Familie Ausgleichszahlungen zu.

„Dann kam das große Aber", hatte Beate damals gestöhnt.

Weil Hannes Beamter war, sei nicht das Sozialamt verantwortlich, vielmehr war der Staat, als sein Arbeitgeber, vom Gesetz her verpflichtet, für das Auskommen seiner Beamten und deren Familien Sorge zu tragen. Fazit: Hannes musste sich an seine Vorgesetzten wenden.

Doch hatten Beate und ich hierauf in dem Buch einen Hinweis entdeckt, der betonte, das Sozialamt habe in Vorkasse zu gehen. Also wurde dort aufs Neue eine Auszahlung beantragt.

Nun war Beate gestern beim Anwalt gewesen, der ihre Ansprüche untermauern sollte.

„Nachdem er alles konzentriert durchgelesen hatte“, fuhr Beate mit ihrem Bericht fort, „hat er erklärt, er werde seinerseits eine Forderung ans Amt stellen, in der er unseren Antrag juristisch bekräftigt. Ist das nicht toll? Ich schätze, er wird mit seinem Anwaltsstempel und Paragrafendeutsch weit mehr Gehör finden, als ich mit meiner Schulweisheit.“

Ich drückte ihr in freudiger Anteilnahme die Hände.

Wir lehnten uns zurück und sahen schweigend auf die vor uns liegende Szenerie: Hannes und Josch begutachteten gerade das fast fertige Fundament im Stall, während Emmi noch immer mit Jasmin zusammensaß. Jemand hatte ihnen zwei intakte Gartensessel gebracht auf denen sie nun etwas bequemer saßen als auf den bloßen Holzstühlen. Ich entdeckte Herla mit Rolf unter der grellrosa Japan-Kirsche im Gras sitzend, offenbar in ein bedeutsames Gespräch vertieft.

„Beate, guck dir nur diese Farbenpracht an. Das brennt ja in den Augen: Herlas rote Haare, pinkfarbene Blüten und rundherum ein Meer von kitschig blauen Vergissmeinnicht.“

Lachend schlug sie vor, wir sollten Roland zu einer künstlerischen Inspiration verhelfen.

Alles, was wir vor uns sahen, gab ein friedliches Bild ab. Die sechs Kinder waren nicht das erste Mal hier und kannten sich aus. Die kleine Anna zog Rita hinter sich her um einen weiteren Wildblumenstrauß zu pflücken. Unterdessen bauten die drei Jungen, Jonas, Mark und Tim mit Polly und Bert eine Bretterbude. Die Mädchen Karin und Janina hatten einige der feiertagsmüden Männer zum Ballspielen animiert und der Kreis der Teilnehmer wuchs ständig, wobei die Würfe laufend härter und gezielter ausfielen. Es wurde gegrölt und gelacht.

„Komm, wir machen mit“, entschied ich und zog Beate hinter mir her in das ausgelassene Treiben.

Die ganze Zeit heute war wie ein fröhlicher Vereinsausflug.

Wie gesagt, Rolf sprach nicht viel, aber er war ein aufmerksamer Zuhörer und er verstand auch die Dinge, die nicht in Worten gesagt wurden. Inzwischen ging er mit Herla am Waldsaum entlang. Immer wieder blieben sie voreinander stehen und schienen alles um sich herum zu vergessen. Herla berichtete vom Theater, den Jungs und ihren Entwicklungen, von Angelikas Unfall, ihrem eigenen neuen

Job im Altenheim, auch von Mirko, dem Hausmeistergehilfen sprach sie. Rolf sah sie lange an und nahm ihre Hände in die seinen.

„Mädchen, du bist ein Goldstück. Du hast ein Herz, das nicht allein für dich selbst schlägt. Menschen wie du sind rar. Behalte dir deine Lebensfreude. Es wird Zeiten geben, da meinst du, es hat keinen Sinn mehr. Aber … – Sieh mich bitte an!" Ihre Augen hielten einander fest. „Herla, wenn es mal soweit ist, denke an die Sonne! *Wende den Blick der Sonne zu, und du wirst die Schatten des Lebens nicht sehen*. Es muss ein sehr weiser Mensch gewesen sein, der das einmal gesagt hat. Nicht *duck dich, verschließe die Augen*, sondern sieh auf das, was dir Licht gibt. Mädchen, versprichst du mir das?"

Herla gingen selten die Worte aus, aber jetzt konnte sie nur stumm nicken und vergrub das Gehörte in ihrem Herzen. Sie stand schweigend, ganz dicht vor Rolf, dann neigte sie sich, umarmte ihn innig, küsste seinen Mund und wandte sich ab.

Noch immer kauten die meisten an ihrem Teilchen oder füllten eine weitere Schüssel mit Pudding nach, als Herla die Stimme erhob:

„Leute, ich muss euch noch was sagen. So super der Tag auch gelaufen is, heute is ne Scheißsache passiert. Nich richtig heute, aber an dem Tag. Das is nämlich so, dass mein bester Freund und Kumpel hier an dem Tag massakriert und umgebracht wurde." Wir sahen sie bestürzt an. „Ja, Mensch, den Jesus ham se abgemurkst, und wenn das so is, will ich nich so tun, als wärs vorbei. Dem hat das verdammt weh getan. Aber, na ja, das wollt ich euch bloß ma' verklickern. Und da kam mir eben ne Idee: Was haltet ihr davon, wenn wir heut Abend ne kleine Brunst legen? Ich dachte, bis dahin is noch Zeit und es wär was Gutes, wenn wir Zettel schreiben, die wir nachher verkokeln. Wer macht mit? Wir schreiben alles auf, was wir scheiße finden. Aber stopp, nee, nich bei den andern! Was an dir bekackt ist, schreibste auf. Und dann noch, was dir gefällt, was geil läuft in deinem Leben, eben das, wofür du danke sagen würdest – wenn du'n seriöser Heinz wärst." Sie grinste verwegen in die Runde. „Geschnallt, was ich meine, ihr Hühnerschädel?"

Was sollten wir sagen? Zum einen klang ihre Ansprache erschütternd, aber ebenso radikal. Grundsätzlich widerstrebte es mir, mich herumkommandieren zu lassen, gleichzeitig fand ich die Idee gut. Immerhin ist es die Osterwoche, und es war nicht verkehrt, diese Zeit zur Besinnung zu nutzen. *Besinnung unter Pennern*, möglicherweise erreichte man das nur mit *dieser* Formulierung.

Alsbald meldete sich Emmi Riedel zu Wort: „Aber Herla, kannst du uns das nicht auch ein bisschen netter sagen? Ich finde *Hühnerkopf* doch etwas zu streng ausgedrückt, meinst du nicht auch?“

Herla kratzte sich hinterm Ohr und ich erkannte mit schelmischer Genugtuung, sie war tatsächlich verlegen.

„Jouh, Oma Emmi, das war ja auch nich für dich gemeint, aber die meisten hier Anwesenden sitzen mit ihrem Breitarsch auf den Ohren. Aber is schon gut, ich meins ja nich brutal. Also, Jungs, macht ihr mit?“

Das Verfahren war nicht ganz verstanden worden, also erklärte Herla erneut, wobei sie vereinzelt Unterstützung aus eigenen Reihen bekam.

Gesagt, getan, so fand ich in den folgenden Stunden immer mal den einen oder anderen in eine Ecke verkrochen, am Kugelschreiber kauend, seine Zettel schreiben.

Tatsächlich, ich merkte selbst, auf ein Jahr und meine Person begrenzt, konnte ich eine Anzahl Mängel, Wünsche und Freuden erkennen. Herla hatte einen guten Weg gezeigt, mir einen Überblick über mein Leben zu verschaffen.

Josch legte die Hände auf meine Schultern und küsste mir den Nacken. „Na, stehe ich bei dir unter Freud oder Leid?“, neckte er.

Ich drehte mich um und zeigte meinen Zettel, auf dem in Schönschrift mit Blumen und Ranken umwoben sein Name stand.

„Auf diesem Blatt steht das Beste, was mir im letzten Jahr und in den letzten sechsundzwanzig Jahren passiert ist.“

Allerdings war nicht jeder der Anwesenden von Herlas Idee begeistert. Roland saß mit dem Rücken an die Schuppenwand gelehnt und grübelte über seinem Schreibblock. Mit einem Mal zerknüllte er missmutig die erste Seite und warf sie wütend von sich weg.

„Verdammt, ich bin doch nicht im Kindergarten. Was glaubt die Alte eigentlich, was sie mit uns machen kann. Soll sie doch ihren frommen Kack für sich behalten.“

Er sah den neben sich sitzenden Bert vorwurfsvoll an, dann blickte er auf die Papierkugel, deren Flug vom seichten Wind gebremst worden war und die nun wenige Meter von ihm entfernt im Gras lag. Allem Anschein nach hatte dies seinen Unwillen nicht deutlich genug zum Ausdruck gebracht und er nahm einen dicken Kiesel, den er mit aller Wucht quer durch den Garten gegen den Stamm einer dicken Kastanie warf. Das dumpf klickende Geräusch, das den Aufprall kundtat, entlockte ihm ein kleines, selbstgefälliges Lächeln.

„Gut getroffen“, lobte Rolf, der gerade vorüber gehen wollte, änderte die Richtung und setzte sich zu den beiden Männern auf den Boden. „Na, passt dir nicht, was Herla angeregt hat?“, erfasste er die Situation.

„Ich lass mir doch nicht vorschreiben, was ich zu tun hab“, schnauzte Roland mürrisch. „Außerdem ist das Kinderkram, ich komm mir vor wie bei ner Strafarbeit in der Schule.“

Bert holte sich mit einem Ruck aus der Beobachterposition. „Irgendwie ja und irgendwie auch nicht, denke ich. Also, ich fand es schon interessant, als ich eben mal so nachgedacht habe. Klar, ich bin froh, mich wieder gefangen zu haben, aber wo ich jetzt versuchen wollte, das, was ich gut finde, beim Namen zu nennen, da fehlte mir erst einmal der Ansatz. Bestenfalls ein paar grobe Überschriften sind mir eingefallen. Aber ich glaube, genau das war es, was Herla bezwecken wollte. Indem wir intensiv nachdenken, fallen uns nämlich die Dinge ein, die wir allgemein übergehen, viele gute Kleinigkeiten.“

„Ach, du Spießer“, platzte Roland bissig heraus. „Du hast ja nen Job, Wohnung, Geld und alles was du brauchst. Klar, dass du viel zu schreiben hast. Aber was soll so ne Frage an uns? Wir sitzen auf der Straße, was haben wir schon?“

Rolf sah ihn eindringlich an. „Mann, du selbst entscheidest, was das Leben dir gibt. Die Frage ist, worauf du schaust: die Scheiße, in der du sitzt oder den blauen Himmel über dir.“

„Was bist du denn für einer?“, fauchte Roland hitzig und versuchte ein weiteres Mal die Kastanie zu treffen. Der Stein landete geräuschlos auf dem Waldboden. Auch Rolf griff einen Kiesel, warf ihn und legte sich zufrieden zurück an die Hauswand, als dieser mit einem sauberen *Klock* vom Baumstamm sprang.

„Ich bin wie du, einer ohne Obdach, ein Penner und Trebegänger. Aber ich habe mir den Weg selbst gewählt. Ich lebe heute, hier und jetzt. Aber du lebst in der Vergangenheit und in den Gedanken an eine unerfüllte Zukunft. Ich genieße die Freiheit, ich verweile, wenn es mir gefällt und ziehe weiter um Neues zu erleben. Die Welt ist voller Überraschungen und ich nehme, was sich mir bietet. Gutes behalte ich im Herzen, es lebt mit mir und bleibt ein Teil von mir. Den Rest werfe ich über Bord.“

„Du bist nix anderes als wir, Rolf, bloß bescheißt du dich in einer Tour.“ Roland verzog befriedigt das Gesicht, als sein erneuter Wurf das Ziel traf.

Rolfs Blick heftete immer noch an ihm. „Nee, Junge, ich hatte alles, was ich brauchte, aber ich wollte *mehr*. Und das habe ich gefunden. Ich lebe auf der Straße, weil ich es will, aber ich erlebe jeden Augenblick, und ich koste ihn aus. Wenn du dich hängen lässt, bitte, das ist deine Angelegenheit, aber hör auf zu lamentieren. Schieb anderen nicht die Schuld für deine Misere in die Schuhe. Du selbst kannst dein Leben lenken."

Bert hatte sich aufgerichtet und wartete ungeduldig, bis Rolf zu Ende gesprochen hatte.

„Das sehe ich nicht so", entgegnete er nun. „Es gibt Situationen, in denen du zu kraftlos und unfähig bist, einen Ausweg zu finden. Ich bin vor einigen Monaten fast abgestürzt. Wenn du allein stehst, vollkommen verlassen, ohne jede Aussicht auf Abhilfe, was kannst du da noch unternehmen?" Roland nickte eifrig und dankbar für diese Unterstützung.

„Leute, ich sage nicht, jeder sei allein schuld an dem Schlamassel, in dem er steckt. Aber wir haben es in der Hand, was wir daraus machen. Du kannst dem Leben Schönheiten abgewinnen, du musst schlichtweg auf die richtigen Dinge sehen."

„Rolf, das mag gelten, wenn du dich bewusst für dieses Leben entscheidest. Aber wenn du unvorbereitet da hineinstürzt, bist du benommen und verletzt. Jede eigene Kraft die du einmal besessen hast, ist unendlich weit weg. Ich weiß es. Ich war unfähig mich aufzurichten, zu atmen und mein Leben in den Griff zu bekommen. Ich hatte mich aufgegeben und sah keinen anderen Weg vor mir als den Abgrund."

Rolf machte eine beschwichtigende Geste, griff einen dicken Kiesel und rollte ihn zwischen den Händen.

„Bert, ich wollte euch nicht angreifen, das sei mir fern, allerdings geht mir das jammervolle Gewäsch auf die Nerven." Er wandte sich nachdrücklich an Roland. „Kerl, hör auf, dich zu bedauern und sei Manns genug die Dinge klar und aufrichtig zu sehen! Willst du arbeiten, sortiert sein und dich in Regeln pressen? Oder ist dir die Freiheit auf der Straße wichtiger als das geordnete Leben? Egal was, du zahlst einen Preis. Willst du wirklich das Dasein eines braven Bürgers führen? Sei ehrlich, wärst du dann glücklich?"

Sein fordernder Blick ließ nicht von Roland ab, bis sich dessen strähniger Haarschopf bewegte und er langsam den Kopf schüttelte. „Nee, ich glaube, ich wäre immer Außenseiter. Das ist kein Leben für mich. Aber trotzdem vermisse ich es."

„Roland, entscheide dich! Wenn du andauernd denkst, du verpasst etwas, kannst du das Jetzt nicht genießen."

Er machte eine ausladende Bewegung, die das Haus, die Menschen und unsere gesamte Situation einschloss. „Hier am Platz hast du eine Reihe Freunde und Leute, die dir gut gesonnen sind, und alles an Unterstützung, was du brauchst. Du bist leidlich gesund und bei Verstand, hast genug zu essen, einen dichten Schlafsack und der Sommer steht vor der Tür. Ist das alles nichts?"

Roland sprach lange Zeit kein Wort, dann schob er sich etwas von der Wand ab, verschränkte die Hände hinter dem Kopf und legte sich flach auf den Boden.

Nach einer Weile räusperte sich Bert die belegte Stimme und murmelte: „Ich brauche ein Leben, wie ich es jetzt führen kann. Ich würde auf der Straße verkommen und kaputt gehen." Bei dieser deutlichen Aussage schwang hörbar eine Frage mit, und Rolf verstand, was er meinte.

„Mach dir darüber keine Vorwürfe. Du hast es erkannt, Bert, das ist das Wichtige. Nichts ist schlimmer als ein Leben am falschen Platz. Sei du selbst, und dafür musst du wissen, was du willst und wer du bist."

Sie sahen sich schweigend an und legten sich schließlich ebenfalls in die Sonne.

Ein Philosoph, überlegte Bert verwundert und gab sich seinen Gedanken hin.

- ◊ • ◊ • ◊ -

Der erste Gast

„Willkommen im eigenen Bett", empfing ich Josch feixend, als er mit einem Handtuch den Kopf rubbelnd aus dem Badezimmer trat. Er blieb stehen, seine Mundwinkel zuckten und er sah mich vergnügt an. Josch kam auf das Bett zu und nahm mich mitsamt der dicken Decke in den Arm und rollte mich über sich.

„Josi, jeden Tag mit dir bin ich glücklicher als am Tag zuvor. Wie sehr habe ich mich danach gesehnt, hier mit dir wohnen und leben zu können, jede freie Minute gemeinsam zu verbringen." Er küsste mich durch den Vorhang meiner Haare, wobei ich gebunden war, wie ein Neugeborenes in seinen Wickeltüchern.

„So schlimm war es für dich?", stichelte ich keck und versuchte mich aus dem Federbett zu befreien. Meine Arme gelangten an seinen Nacken, und ich hielt die Hände in Joschs dichtem Schopf versteckt. „Warum hast du es mir nie gesagt? Wir hatten viele Nächte miteinander und Tage und Stunden sowieso."

Ich rieb mich an seinem Hals und atmete den noch warmen Geruch der frisch geduschten Haut.

„Josephine, wenn ich die Aussicht auf ein ganzes gemeinsames Leben habe, werde ich dir mit Sicherheit einige Monate Bedenkzeit zugestehen können, meinst du nicht?"

Während seine Hände mich aus der Zudecke schälten, wand ich mich wie eine Schlange in seinen Armen. Joschs Nähe war mir längst vertraut und löste mich jedes Mal heraus aus meinem Alltag, Gedanken, Fragen und Problemen. Er umwarb mich auch jetzt mit seiner zurückhaltenden und doch so begehrenden Leidenschaft. Genüsslich schmolz ich unter seinen Liebkosungen dahin.

Wir lagen zufrieden ineinander verschlungen und sahen durch das geöffnete Fenster in den Sternenhimmel.

„Das ist alles unser", raunte Josch benommen und wies dabei auf die Unendlichkeit des Universums. „Wir stehen erst am Anfang und schon jetzt bin ich randvoll von Glück, Kleines." Seine Lippen berührten meine Schläfe und wanderten sacht wie ein Watteball die Wange hinab, um endlich weich auf meinem Mund zur Ruhe zu kommen.

Hier, im verschlossenen Raum, ließ Josch seinen Empfindungen freien Lauf. In Anwesenheit der Männer war er zwar nicht schüchtern, aber selten tauschten wir Zärtlichkeiten aus, die über einen Kuss hinausgingen. Dazu hatte er mir einmal erklärt: „Was mich mit dir verbindet, möchte ich ungern vor den Augen der Jungs zur Schau stellen. Es ist für mich wie ein kostbares Geheimnis, das allein uns beide angeht, verstehst du, Josephine?“

Ich verstand und mir ging es ähnlich. War es Mitgefühl für ihr Singledasein, vielleicht die unterschwellige Sorge, damit unwillkommene Sehnsüchte und Wünsche zu erwecken? Ich wollte die liebende Vertrautheit zwischen mir und Josch, ebenso wie er selbst, gleich einem geheimen Schatz hüten.

„Was machen wir mit Jasmin?“, erkundigte ich mich jetzt nach seiner Meinung. Sie war vor fast einem Jahr, mit gerade mal siebzehn, von Zuhause weggelaufen, um ihrem damaligen Freund zu folgen. Der erwies sich allerdings nicht als der Mensch, den sie in ihm gesehen hatte. Er schlängelte sich durchs Leben und schöpfte, wo immer es ging, den Rahm ab. Heute sah sich Jasmin außerstande, reumütig ins Elternhaus zurückzukehren. Sie war nicht willens, sich den elterlichen Forderungen anzupassen. Einzig ihr Großvater besaß einen festen Platz in ihrem Herzen. Er und die nun schon verstorbene Oma hatten die kleine Jasmin die meiste Zeit betreut.

„Ich hoffe inständig, sie nimmt Kontakt zu ihm auf“, sagte ich und streichelte weiter verträumt die Wölbungen an Joschs Schulter.

„Ich bin froh, weil Emmi einen guten Draht zu ihr hat, das wird dem Mädchen wohl tun“, ergänzte er, während auch seine Finger nicht von mir lassen wollten.

Mein Kopf schoss in die Höhe, worauf Josch mit einem kurzen Zucken reagierte, sogleich aber belustigt das Gesicht verzog. „Nanu, Josi, eine Spinne?“

Ich lachte und stützte mich auf den Ellbogen, um ihn anzusehen. „Nein, Quatsch. – Aber, ich habe es dir noch gar nicht erzählt: Weißt du was Emmi heute zu mir gesagt hat?“

Wie sollte er auch? Sein Kopf bewegte sich mit erwartungsvoller Miene.

„Sie sagte“, jetzt machte ich Emmis zittrige Stimme und ihren fixierenden Blick nach, *Josephine, ich möchte im Mai in Urlaub fahren. Ich habe mir auch schon einen sehr schönen Ort ausgesucht.*“ Ich konnte mein Grinsen nicht mehr vor Josch verstecken. „Weißt du, wohin sie fahren will? Sie möchte sich für vier Wochen in *Kullers Hang* einmieten.“

„Sie will *was*?“

„Emmi meinte, wir seien ausreichend fertig mit den Arbeiten, und sie wolle es sich nicht nehmen lassen, als erster Ferienbesucher ins Gästebuch zu schreiben.“

„Du hast ein Gästebuch?“, fragte er dümmlich.

„Nein, noch nicht. Aber wie es aussieht, muss ich ganz schnell eines besorgen. Emmi lässt sich von ihrer Idee nicht abbringen. Ich habe noch keine Einrichtung, nicht einmal Bettzeug in den Zimmern, aber selbst das konnte sie nicht überzeugen. *Josephinchen,* hat sie gesagt, *das macht doch überhaupt nichts. Fahre hernach mit deinem schicken Auto im Heim vorbei und packe meine Sachen ein*. Josch, was hätte ich denn darauf sagen sollen?“

Seine Hand strich gemächlich über meinen Rücken. „Aber, musst du nicht erst ein Gewerbe anmelden? Soweit bist du noch gar nicht.“

„Das habe ich auch erwähnt, aber Emmi fand es nicht so wichtig. Sie möchte im Mai hier Urlaub machen, und damit ich keine Schwierigkeiten bekomme, will sie ganz einfach die Monatsrate fürs Haus übernehmen, als Geschenk sozusagen.“

Ich zuckte ratlos die Achseln, und Josch fand ebenfalls keine Worte mehr. So legte ich meinen Kopf zurück auf seine Brust und lauschte dem kräftigen, beruhigenden Herzschlag.

Einen Traum hatte ich gehabt, einen utopischen, verrückten Traum. Und nun lag ich hier – in den Armen eines anderen Traumes – und erlebte mich im Auftakt einer real werdenden Wunschvorstellung.

Exorbitant!

Unter dem regelmäßigen Klopfen an meinem Ohr und dem trägen Kraulen an meinem Rücken, dämmerte ich in den Schlaf.

- ◊ • ◊ • ◊ -

Die Nervosität unserer Truppe war zwar nicht mit der des Premiereabends zu vergleichen, aber sie reichte, um aus der mittlerweile gemäßigten Gesellschaft einen Haufen wirrer Hitzköpfe zu machen. Morgen gegen zehn würde uns ein Reisebus abholen und nach Bochum bringen. Die Vorstellung war unter freiem Himmel auf dem Hof des Jugendzentrums geplant. Das große Tor zur Fußgängerzone sollte weit geöffnet sein und Passanten zum Zuschauen einladen. Anschließend war eine Gesprächsrunde angesetzt, in der Interessierte sich austauschen und diskutieren konnten.

Ich war zuversichtlich, die Truppe wäre morgen, wenn es losging, voll bei der Sache. Jetzt hingegen waren alle, wie beim ersten Mal, völlig durcheinander, nervös, kränklich und aufgeregt. Rita hatte vor einer Woche wieder ihr Zimmer bei Harald bezogen, verbrachte aber diese Nacht bei uns. Ebenso Sven, der erneut in Schweiß gebadet war und kaum seinen aufrührerischen Magen unter Kontrolle bekam. Oma Emmi nahm ihn an die Seite und setzte sich mit ihm gemeinsam aufs Sofa.

„Komm, Jungchen, ich habe gesehen, wie fein du deine Rolle spielst. Du brauchst dich nicht aufzuregen, es wird sicherlich ein schöner Erfolg werden." Dabei hing der große Junge zitternd an ihrem mütterlichen Busen und ließ sich in ihre weichen Arme legen.

Lupo hatte alles für die Übernachtung gepackt und rannte dennoch ständig durch die Räume, weil ja irgendetwas vergessen werden konnte. Endlich ging er in den Garten und machte sich an den Beeten zu schaffen.

Um die Atmosphäre zur Ruhe zu bringen, schaltete Herla, wie so oft, die Musik an.

„Josch, magst du?", fragte Rita zurückhaltend, und ließ sich gleich darauf von ihm durch den Raum drehen.

Herla setzte sich neben mich, sah den beiden selbstvergessen zu und meinte, ohne den Blick abzuwenden: „Hast du ne Ahnung, was Polly jetzt noch in der Stadt will? Den hats ja wieder volle Suppe gepackt, hoffentlich knallt er sich nich die Birne zu."

Ich war irritiert. „Polly ist nochmal weggegangen?"

Herla zog gleichmütig die Schultern hoch. „Was solls. Hauptsache, er is morgen hier, wenn der Bus kommt. Der is ganz schön zu Brei und jetzt bricht die alte Tour durch. Ich hab mich längst gewundert, wie lange er's hier bei dir unter nem Dach ausgehalten hat. Schon vor Wochen dacht ich, der macht die Mücke. Die Straße zieht, weißte, Josi. Spätestens, wenns Frühling wird, hat jeder von uns zu kämpfen, bei Polly is es ganz krass, der is bestimmt schizophren. na' will ern braver Mann sein und geht uns auf den Sack mit seinem Geschwafel, und dann gibts nix Besseres als die Straße. Oller Pisskopp, soll sich doch endlich entscheiden, statt an allem rumzumeckern." Sie setzte sich auf und schnappte entschieden: „Is doch wahr!"

Polly war tatsächlich eine zwiegespaltene Persönlichkeit. Er blickte voll Neid auf Josch und Herla, die den Sprung in ein geordnetes Leben geschafft hatten, und beschimpfte sie im nächsten Moment als kleinkarierte Spießer. Vermutlich brauchte er entschieden mehr Zeit, die verschiedenen Lebensweisen auszutesten. Allerdings sah ich für ihn kaum noch Möglichkeiten, neu anzufangen. Seine Alkoholabhängigkeit war weit fortgeschritten und er befand sich ständig in einem Rauschzustand, selbst wenn er nüchtern wirkte. Andererseits hatte er sich in den Monaten, die er hier in Gemeinschaft und auch in einer gewissen Mitverantwortung lebte, verändert und gefestigt. Ich hatte den Eindruck, es tat ihm nicht nur gut, sondern er hatte sichtlich Freude daran.

In die neuerlichen Theaterproben hatte er sich engagiert miteingebracht, aber seit der Auftritt und unsere Reise nahe bevorstanden, sonderte er sich zunehmend ab und war, wie in alter Zeit, mürrisch und unwillig.

Max, Jasmin und Emmi blieben auf der Kate zurück. Wobei zu erwarten war, wer nun wen versorgte. Aber Oma Emmi hatte mir versichert, sie hieße es gut, als Feriengast nicht zur Untätigkeit verurteilt zu sein, und mir war es eine Beruhigung, sie hier zu wissen. Ich lächelte gedankenverloren vor mich hin.

„Na, Josi, an was denkste gerade?", riss mich Herla in die Gegenwart zurück. Mit verschlungenen Armen und Beinen, den rechten Mundwinkel wie immer schräg hochgezogen, grinste sie mich überlegen an. „Der Lange, hab ich Recht?"

„Ha", lachte ich triumphierend. „Ausgetrickst. Ich habe an Emmi gedacht, nicht an Josch."

Ein schnelles Mienenspiel tanzte in ihrem Gesicht.

„Recht haste. Oma ist die Beste. Was ham wir hier inzwischen fürn wirren Haufen zusammen. Nur schade, dass Rolf wieder auf Jück ist, war'n feiner Kerl."

Ich versuchte, in Herlas Mimik zu lesen und entdeckte, nicht zum ersten Mal in diesen Wochen, eine Regung, die mir bis dato unbekannt war.

Mitfühlend fragte ich: „Du mochtest Rolf, nicht wahr?"

Herla Augen huschten unruhig umher.

„Jo-oh", entgegnete sie gedehnt. „Das war'n tofte Mann." Sie versank einige Sekunden in Erinnerung, rief sich alsbald zur Ordnung, straffte die Haltung und fuhr mit fester Stimme fort: „Aber ich wusste von Anfang an, der is kein Typ, der sich'n Weib ans Bein bindet. So einer kann bloß allein leben, der würde verrückt werden, wenn er nen Schluffen hinter sich herziehen müsste. Nee, Josi, is schon okay so. Aber ich hatte ne geile Zeit mit ihm, der war echt gut drauf, konnte reden und noch besser zuhören. War halt klasse!"

Bedauernd legte ich meine Hand auf die ihre. „Herla, es tut mir leid für dich. Ich hätte es dir von Herzen gegönnt."

„Was denn?", fuhr sie jetzt auf. „Dass ich'n Kerl hab, auf den ich Rücksicht nehmen muss, der dauernd da is und mich nie in Ruhe lässt? Danke Josi, aber ich brauch keinen Macker. Was ich will, das hab ich. Ich hab Freunde, Leute zum Quatschen, Typen wie dich und Josch und meine Truppe hier. Ich will keinen, der mir nachts die Bettdecke wegreißt – und gefickt hab ich im Leben genug, danach is mir nich mehr. Wenn mir nach Heulen oder Knuddeln is, weiß ich ja, zu wem ich laufen kann, mach dir da ma' keine Sorgen um mich."

Verschreckt durch ihre Heftigkeit hielt ich mich auf Abstand. Aber es lag ein Ausdruck in ihrem Gesicht, der mir zeigte, sie wollte sich nicht trösten, sondern Herla war überzeugt von dem, was sie gerade gesagt hatte.

- ◊ • ◊ • ◊ -

Ich konnte nicht einschlafen, lag an Josch gekuschelt und lauschte dem seichten Schnarchen, genoss seine Wärme und das Gefühl, frei und losgelöst zu sein. Noch immer war ich erstaunt, wenn ich es nach unserer intimen Begegnung in mir entdeckte.

Beseelt stellte ich fest, ich war wunschlos glücklich. Ohne mich zu regen, bewegte ich diese Empfindung in mir. Ich liebte Josch, war in der Lage mich diesem Mann hinzugeben, ich fühlte mich von ihm aufgefangen und geschützt. Seine Zurückhaltung und eiserne Selbstkontrolle hatten es vermocht, mir die Türen zu sich zu öffnen, meine Wunden der Vergangenheit zu heilen. Ich erlebte angstfrei seine Annäherung und auch unsere Vereinigung. Selten erfasste mich noch aus heiterem Himmel Panik oder Widerwillen, womit Josch allerdings feinfühlig umzugehen verstand.

Ohne Vorwarnung überfiel mich damals, in unserer Anfangszeit, eine krampfartige Starre und ich war außerstande zu sprechen oder etwas zu tun. Josch merkte es sofort, nahm sich zurück und ging auf Distanz, ohne mich jedoch mit meiner Not allein zu lassen. Er lag neben mir, hielt meine Hand an seine Lippen und flüsterte mir Trostworte zu. Mit der Zeit erholte ich mich und konnte mit ihm gemeinsam den Auslöser dieser Attacke suchen.

„Josch, das Nasse und Schmierige, es ekelt mich an." Ich erstaunte über die Nichtigkeit dieser Ursache. „Damals, als es vorbei war und ich zitternd am Boden festgenagelt lag, spürte ich eine Pfütze unter mir. Es war widerlich, und jede Bewegung da hinein trieb erneut Schauder in mir hoch."

Josch hatte mich warmherzig angesehen, seine Hände umschlossen die meinen und er berührte mein Herz. Dann entschuldigte er sich für eine Sekunde, nahm aus dem Schrank einen Kissenbezug und breitete das saubere Tuch unter mir aus. Da erst war ich in der Lage wirklich zu entspannen. Josch kroch zurück unter die Decke und forderte meinen Blick.

„Josephine, warum sagst du nicht viel eher, wenn etwas mit dir los ist?" Seine Finger spielten mit meinen Haaren, während die Mimik schmerzlich sein Innerstes zum Ausdruck brachte. „Kannst du verstehen, dass ich keine Ähnlichkeiten mit einem Vergewaltiger haben möchte?"

Ich blinzelte und nahm die folgenden, dezenten Zärtlichkeiten dankbar an. Seither legte Josch immer ein Tuch unter uns, um äußerliche Schreckensgleichheiten zu vermeiden.

Damals hatte ich begonnen, ihn, den Mann – denn diese Parallele war der Auslöser – zu erkunden, kennen- und lieben zu lernen.

Nun ruhte ich gemütlich an seiner Seite und alles, was ich von ihm fühlte, bewirkte in mir ein wohliges Empfinden. Mein Leben hier auf *Kullers Hang*, dem Übergangswohnheim für Obdachlose, dem zukünftigen Ferienhaus und meine Beziehung zu Josch gaben mir gleichzeitig Ziel, Inhalt und Erfüllung.

Irgendwo im Wald hörte ich einen Hund bellen. Auch wenn Jürgen Kohlhaas, der hiesige Förster, stets allein unterwegs war, gedachte ich plötzlich unserer ersten Nacht in der Kate. Eine Gänsehaut überlief mich und ich war froh, weil er längst von den neuen Bewohnern hier wusste. Er war bereits einige Male spontan vorbei gekommen und hatte mit uns gegessen oder Kaffee getrunken. Ein sympathischer, unkomplizierter Mensch. Des Öfteren hatte er uns gezeigt, wo wir Feuerholz aus dem Wald holen konnten. Unsere Männer kamen dann, wie die Schildbürger, rechts und links neben einem langen Baumstamm auf das Haus zumarschiert.

Der Hund war verstummt, jedoch meinte ich im Hof Geräusche zu hören. Vor Schreck zuckten meine Finger und Josch erwachte sofort. Er spürte meine Unruhe und fragte besorgt: „Josephine, was ist?"

„Ich glaube, unten ist wer", flüsterte ich und lauschte in die Stille.

Josch spitzte die Ohren, legte sich aber bald entspannt zurück und zog mich zu sich.

„Ich höre nichts, Kleines. Oder soll ich nachsehen?"

Da ich mir dumm vorkam, winkte ich ab. „Lass nur, wenn wirklich jemand herumstreunt, werden die Männer es unten viel eher mitbekommen als wir, und ... Hast du gehört, da ist doch etwas."

Josch hatte sich im selben Moment aufgesetzt und zog eilends die Hose über. Ich tat es ihm gleich und steckte noch, während er schon die Klinke drückte, den Kopf durch mein T-Shirt.

Geräuschlos schlichen wir die Treppe hinunter, lauschten abermals und Josch flüsterte: „Das ist in den Stallungen. Wer treibt sich denn da mitten in der Nacht rum?“

Leise öffnete er die Vordertür. Als wir auf den Stall zugingen, zuckte ich erschrocken zusammen. Josch drehte sich blitzschnell um und wir atmeten gleichzeitig aus, als wir am anderen Ende des Hauses Lupo und Kalle entdeckten. Beide waren mit einem Werkzeug in der Hand bewaffnet und ebenso erleichtert wie wir, als sie uns erkannten.

Die Geräusche waren nun deutlich im Schuppen auszumachen. Josch wechselte mit den Männern wortlos einige Gesten, und wir schlichen weiter voran. Karl-Heinz hatte Probleme, in dieser langsamen Bewegung das Gleichgewicht zu halten, während er sein krankes Bein hinter sich her zog. Vor dem Stall blieben wir stehen, scheinbar hatten die Einbrecher eine der dortigen alten Laternen angezündet und wir sahen uns ratlos an.

Verärgert registrierte ich, wie die Schuppentür beim Öffnen knarrte. Ich sollte nächste Woche dafür sorgen, dem, vor allen Dingen im Haus, abzuhelfen. Wer weiß, wozu das gut ist.

Die Faust fest um Joschs Hosenbund gekrallt, schob ich mich mit Lupo und Kalle hinter ihm her. Unvermittelt blieb er stehen, wodurch ich mit der Nase gegen seinen Rücken stieß. Die Tränen schossen mir in die Augen und bevor ich etwas dagegen tun konnte, hatte ich geniest. Ich befürchtete, uns verraten zu haben und geradewegs vor einer tätlichen Auseinandersetzung zu stehen, da erkannte ich, was Josch gesehen hatte. Im Dämmerlicht tummelten sich inmitten alter Kartons und Zeitungen einige nackte Gestalten. Erst beim näheren Hinsehen konnte ich drei Frauen, unterschiedlichen Alters und Körperbaus ausmachen, und unter, beziehungsweise zwischen ihnen, lag ... Polly. Auch er hatte uns bemerkt und grinste verlegen – oder auch hämisch – zu uns herüber. Sein betrunkener Zustand ließ sich nicht überhören, als er *Guten Abend* wünschte.

Josch stand einen Augenblick steif da, kontrollierte seine Gefühle und zischte: „Was du machst, Polly, ist deine Sache. Aber tue es nicht in Josis Haus, und auch nicht unbedingt in der Nacht vor unserem Theaterauftritt. Ich erwarte dich morgen um neun Uhr, nüchtern und bei Verstand, startklar zur Abreise. Kriegst du das hin?“

Polly schwankte zwischen Scham und Stolz, denn immerhin hatte er drei Frauen gleichzeitig für sich begeistern können. „Ihr habts gehört, Mädchen, entweder gehen zwei von euch oder wir gehen alle zusammen und machen anderswo weiter." Er zögerte kurz, griff seine Sachen und entschied: „Kommt Kinders, wir finden schon noch einen anderen Platz", und an Josch gewandt setzte er hinzu: „Ich werde pünktlich sein, Chef, also wartet auf mich."

„Eben nicht", erwiderte der und schob mich zur Tür.

Draußen angekommen verschnauften wir erst einmal. Kalle schüttelte den Kopf. „Und gleich drei auf einmal, der kann mir doch nicht erzählen, dass er das schafft."

„Weißt du, wie viel Übung Polly hat?", spekulierte Lupo lästerlich und grinste in die Runde. Es war durchaus bekannt, von Zeit zu Zeit waren nächtliche Besucher im Anbau. Aber was wir eben erlebt hatten, würde mit der Zeit den Rahmen sprengen. So war ich froh, weil Josch dem kurzerhand einen Riegel vorgeschoben hatte. Ich wollte nicht das Gefühl bekommen, in einem Puff zu leben. Wir hatten bislang stillschweigend die Übereinkunft getroffen, es interessierte keinen, was in den Zimmern vorging, solange es sich auch in seinen Auswirkungen innerhalb des Raumes hielt, und selbstverständlich, wie überall im Haus, jegliche Rauschmittel untersagt blieben.

- ◊ • ◊ • ◊ -

In Bochum oder anderswo

Zum Glück bestand unsere Truppe überwiegend aus Langschläfern, das hatte einen enormen Vorteil, denn dadurch blieben wir am Morgen weitestgehend von Nervositäten verschont. Als wir pünktlich in dem kleinen Reisebus saßen, war die Stimmung ausgelassen, aber nicht überdreht. Polly sah ein wenig zerschunden und mitgenommen aus, was ihn im Gespräch mit seinesgleichen zu prahlerischen Reden ermutigte, mir gegenüber war er jedoch zuvorkommend und schien auch verlegen. Was er mir zur Begrüßung zugemurmelt hatte, dürfte ich wohl als eine Art Entschuldigung ansehen.

Nach einem Mittagessen mit den ehrenamtlichen Jugend- und Sozialarbeitern war auch der Rest Aufregung verflogen. In den offenen Innenhof des Hauses stellten wir die Tische und trugen aus dem Jugendraum einen Tresen hinaus. Durch die großen Boxen dröhnte Musik und lud Passanten zu der anstehenden Aufführung ein. Darüber hinaus hatten seit längerer Zeit Plakate auf die heutige Darbietung aufmerksam gemacht. Die Kirchengemeinde wollte mit diesem Aktionswochenende Nächstenliebe und ein Bewusstsein für den Mitmenschen schaffen. Ihnen lagen die Obdachlosen der Stadt am Herzen. Außerdem gab es eine Arbeitsgruppe, die sich speziell um *fahrendes Volk* kümmerte. Immer wenn eine Kirmes oder ein Zirkus vor Ort waren, kam es zu Besuchen seitens der Gemeindeleute. Einer von ihnen arbeitete in einer Milchfabrik und brachte Paletten voll Joghurt auf den Festplatz. Die Schausteller kannten nach und nach ihre Besucher, wodurch sich die folgenden Treffen jedes Mal herzlicher gestalteten.

Für heute war somit das Tippel-Theater eingeladen, dem bevorstehenden Wochenende den Auftakt zu geben. Bis jetzt hatten sich gut zwanzig Zuschauer versammelt, unter ihnen mehrere OFW-ler, wie unschwer zu erkennen war, aber auch andere, die uns allgemein auf einer Einkaufsstraße begegnen. Ich sah eine Frau im Rollstuhl die weit vor Beginn der Veranstaltung eingetroffen war, vermutlich um sich einen geeigneten Platz zu suchen. Nun saß sie am vorderen Rand und sah interessiert auf den Kreis der Akteure.

Mit Ritas Aufstieg zum Tresen, wurde die Aufführung eröffnet. Es war tatsächlich eine Treppe improvisiert worden, und die kleine Wirtin konnte auf einem Podest hinter der Theke gut gesehen werden. Herla trat vor und begann wie üblich, nur diesmal musste sie sich nach den ersten Worten gründlich räuspern, weil die Akustik unter freiem Himmel ganz anders war als bisher in den begrenzten Räumen. Aber die Truppe spielte ihr Stück fast schon routiniert und es waren nach wie vor die gleichen Szenen, bei denen ich im Publikum betretenes Schweigen, Hüsteln oder Schniefen vernahm. Ebenso brauste mit dem abschließenden Tanz der Applaus begeistert los.

Offensichtlich war ein Großteil der Zuschauer bewusst hierher gekommen, oder aber sie waren von dem Stück buchstäblich gefesselt, denn kaum einer verließ währenddessen den Platz, um in seinen Alltag zurückzukehren.

Noch deutlicher als bei den Theaterabenden, war hier der Wunsch nach Kontakten und Gesprächen zu erkennen. Selbst als die Sonne aus dem Hof verschwand, blieben die Menschen und unsere Gastgeber luden zu einem kleinen Imbiss ins Haus ein.

Ich unterhielt mich lange mit der Frau im Rollstuhl, Elke Janasch. In ihrem fröhlichen, runden Gesicht lag ein versonnenes Lächeln. Während der Vorstellung hatte ich mehrfach zu ihr hinübergesehen. Ihr langes, aschblondes Haar lag zu einem dicken Zopf geflochten über ihrer Brust. Sie schaute lebendig und aufmerksam umher und manchmal schien sie verträumt ihren eigenen Gedanken nachzuhängen.

„Man sieht denen da vorne nicht an, dass sie Berber sind“, sagte sie verwundert. „Es ist wirklich erstaunlich, wenn dem so ist, wie du sagst.“

Wir waren schnell zum *Du* übergegangen und ich erzählte vom Aufbau des Theaters, den Leuten dort, meiner Kate – die zur Zeit von Obdachlosen bewohnt und saniert wurde – und ich lud sie ein, uns jederzeit besuchen zu kommen. Daraufhin stutzte ich, denn mir fiel ein, die Umgebung und auch die Reise dahin waren nicht gerade geeignet, für Menschen mit einer solch schweren Behinderung.

„Mach dir darum keine Gedanken, Josi. Wenn ich will, schaffe ich das“, beruhigte sie mich. „Meine Arme sind gesund, es sind lediglich die Beine, die nicht mehr mitspielen. Seit ich begonnen habe, mich mit diesem Leben abzufinden, mache ich Kraftsport, ich kriege meine Karre schon selbst über Wiesen und Holperwege geschoben, du wirst dich wundern.“ Stolz und ein selbstsicheres Lächeln begegneten mir.

Bei einem Autounfall vor fünfzehn Jahren hatte sie sich von der Hüfte abwärts unzählige Brüche zugezogen und saß seither im Rollstuhl. Aber sie hatte sich augenscheinlich mit ihrem Schicksal arrangiert und versprach, sich in Kürze bei mir zu melden.

„Wenn deine Einladung reine Höflichkeit war, nimm sie schnell zurück, ansonsten werde ich noch diesen Sommer bei dir anklingeln."

Wir tauschten Adressen aus und ich freute mich über das unterhaltsame Gespräch. Wieder einmal bin ich bereichert worden, durch einen Menschen, von dem ich es im ersten Moment nicht erwartet hatte.

Manchmal sind wir – bin ich – verbesserte ich mich, doch ganz schön eingefahren mit meinem Denken. Warum sollte mir jemand mit kaputten Beinen nicht ebenso viel entgegenbringen können wie ein Gesunder?

- ◊ • ◊ • ◊ -

Die Sonne ging bereits unter, als wir uns von den Mitarbeitern verabschiedeten und ins Gästehaus gingen. Einige von ihnen begleiteten uns dorthin. Der Abend war offiziell beendet.

Josch kam an meine Seite. „Na, Josi, wollen wir doch lieber hier im Haus bleiben? Es war ein anstrengender Tag, oder?"

Ich griff jedoch nach meinem Schlafsack und dem Bündel warmer Pullover. „Wann sonst, wenn nicht jetzt und hier?", fragte ich vergnügt. „Außerdem ist das Wetter fast schöner als im Hochsommer."

Eine verhaltene Anspannung löste sich aus Joschs Gesicht und ich erkannte, auch er litt unter dem Sog der Freiheit. Er hatte sich offenkundig auf diese Nacht ohne Obdach gefreut, und wo es nun wirklich soweit war, leuchteten seine Augen. Er griff mir unter den Arm, und wir gingen gemeinsam aus der Tür. Allerdings gab ich Herla zur Aufbewahrung meine Uhr und mein Portmonee, nur wenig Geld steckte ich zur Sicherheit ein.

„Grüßt mir den Himmel, *Dschäi-Dschäi*", rief sie uns grinsend hinterher.

Wir winkten und Josch wandte sich zu mir um. „Wenn ich allein und für mehr als eine Nacht hier wäre, hätte ich das nicht gemacht, aber so ..." Er zog aus der Hosentasche einen zerknitterten Stadtplan heraus. „Ich wollte nicht Gefahr laufen, mit dir tatsächlich unter einer Brücke schlafen zu müssen. Schließlich sollst du ja das Schöne an diesem Leben kennenlernen, darum habe ich mich ein bisschen schlau gemacht. Es gibt einen Park und mehrere Kirchen, teilweise mit Friedhöfen."

Erschreckt fiel ich ihm ins Wort. „Josch, bitte lass uns nicht auf einem Friedhof schlafen, das traue ich mich nicht."

Er lachte mit seiner dunklen Stimme belustigt auf. „So etwas in der Art habe ich mir fast gedacht, dennoch kann ich dir sagen, ich habe dort mitunter meine schönsten Nächte verbracht. Aber keine Sorge. Ich denke, wir gucken uns den kleinen Park in der Nähe an, einverstanden?“

Mit unseren Bündeln über der Schulter machten wir uns auf den Weg und erreichten bald eine dicht bewachsene Anlage. Die Luft hing schwer vom Fliederduft erfüllt und die Mücken kreisten im Abglanz der untergegangenen Sonne. So durchwanderten wir die Wege, doch Josch gab sich nur halbwegs zufrieden.

„Auf den Bänken liegen wir wie auf dem Präsentierteller, das ist nicht gut, komm, lass uns hinter dem Gebüsch dort gucken. Ich könnte dir vorschlagen, im Sandkasten zu schlafen, das ist schön weich, aber dann pikst es die nächsten drei Tage am ganzen Körper.“

„Sag mal, Josch, wenn ich tagsüber durch einen Park laufe, trete ich garantiert irgendwann in einen Hundehaufen. Was macht man denn als Berber, damit einem das nicht mit dem Schlafplatz passiert?“

Er lächelte entschuldigend. „Im Idealfall geht man noch bei Tageslicht gucken. Ansonsten musst du deine Nase gebrauchen.“ Er ging in die Hocke und schnupperte in Richtung Boden, während ihn seine Füße langsam weiterschoben. Als er endlich akzeptierte, legte er seinen Schlafsack ab und streckte die Hand nach mir aus. Ich zog mir weitere zwei Pullover über und kroch alsbald in meine *Penntüte,* wie Herla so schön sagte. Josch hatte neben mir nach kurzer Zeit eine bequeme Position gefunden, während ich mich laufend umherdrehte.

Überrumpelnd griff er mich mitsamt meinem Schlafsack und rollte mich erst auf sich, dann neben sich und rutschte zuletzt an den Platz, wo ich gerade so wenig gemütlich gelegen hatte. „Versuch mal, ob die Stelle besser passt.“

Aber auch hier fühlte ich mich in keiner Lage wohl. „Wie wir sehen, bin ich nicht für ein Leben auf der Straße geschaffen.“ Ich lachte und drückte mich nah an Josch heran, um in seinen Armen Ruhe zu finden.

„Du wirst morgen vor Müdigkeit nicht geradeaus gucken können, und wahrscheinlich brauchst du zehn Minuten, bis du dich vom Boden erhoben hast. Aber du wolltest es ja so.“

„Hm, genau genommen ging es mir weniger ums Schlafen, als um die Zeit auf der Straße unter Menschen. Der Nachmittag hat bis in den Abend dauert, wie hätte ich das ahnen können?“

So nah an Josch gekuschelt, fand ich langsam zu meiner Gelassenheit zurück. Während er mir die Sternbilder erklärte und Geschichten dazu erzählte, wurden meine Lider schwer. Ich befand mich in einem angenehmen Dämmerzustand und Joschs weiche, tiefe Stimme lullte mich ein. Der laue Wind umschmeichelte mein Gesicht, ließ die Blätter rascheln und der vergangene Tag mischte sich mit den Worten, die ich hörte.

Ich merkte nicht, wie er aufhörte zu reden, aber blitzartig schob er mich resolut zur Seite und setzte sich auf. Seine gespannte Haltung zeigte Alarmbereitschaft und er war eindeutig zum Aufsprung bereit. Nachdem Josch Sekunden lang still, lauschend verharrt hatte, legte er seine Hand auf mein Bein.

„Pscht, sag nichts", beschwor er mich kaum hörbar und jetzt erst bemerkte ich die Stimmen ganz in unserer Nähe. Eine Gruppe betrunkener Männer kam direkt auf uns zu. Ich war dankbar, weil das Gesträuch uns verbarg und erstarrte vor Angst. Kaum wagte ich, eine Faser zu bewegen oder zu atmen. Jetzt beleuchtete das Licht von der Straße einen der Leute. Er sah wild aus, schwarze glänzende Kleidung und nackte, großflächig tätowierte Arme konnte ich erkennen. Mir schien mein Blut zu gefrieren, denn mich befiel eine unwirkliche Kälte und meine Fingerspitzen und Lippen wurden taub. Die Gruppe schwankte beängstigend dicht an unserem Versteck vorbei.

Ich fuhr zusammen und fast hätte ich vor Schreck aufgeschrien, als ein gewaltiges Scheppern durch die Nacht dröhnte. Jemand hatte mit einer Eisenstange auf das Metallgerüst am Spielplatz eingeschlagen. Als wäre das ein Signal gewesen, schwollen die lärmenden Rufe stetig an und eine Flut von Schlägen hämmerte nun auf die Geräte ein. Die Geräuschkulisse war bedrohlich und ich verkrampfte mich in Joschs Händedruck.

Er schob den Mund an mein Ohr und wisperte fast lautlos: „Kriech weiter ins Gestrüpp, aber ganz langsam."

Ich tat, was er sagte und konzentrierte mich darauf, nicht von Furcht getrieben auf der anderen Seite des Strauches ins Licht zu krabbeln. Der Krach, den die Männer machten, bot uns zumindest die Möglichkeit, uns unentdeckt unter die Zweige zu hocken. Liegen mochte ich ebenso wenig wie Josch und so kauerten wir sprungbereit auf unseren Fersen. Einer der Leute, dessen silberbehangene Brust in der schwachen Beleuchtung aufblitzte, marschierte direkt auf uns zu. Mein Herz setzte aus, als er seitlich am Gebüsch vorbei auf unseren Schlupfwinkel zuging. Dort blieb er stehen, nestelte an seiner Hose herum und pinkelte in hohem Bogen direkt auf Joschs Knie. Sein Zucken, als der Strahl ihn traf, war als wäre er in eine laufende Kreissäge geraten; aber Josch wagte nicht sich zu rühren. Wir hörten das Surren des Reißverschlusses und Joschs Peiniger folgte eilig seinen weitergezogenen Kameraden nach.

Erst als sie zweifelsfrei außer Sicht- und Hörweite waren, kippten wir zitternd zueinander und sanken entkräftet auf den Boden. Ich klammerte mich an Josch fest, während er mir ruhelos über das Gesicht küsste und vor Erleichterung keuchte.

„Josi, Kleines, Gott sei Dank, sie sind weg."

Minutenlang blieben wir ineinander vergraben liegen, bis Josch sich aufsetzte und mich zu sich zog. „Komm, lass uns gehen, es gibt noch bessere Plätze als einen öffentlichen Park."

Josch warf sich die Schlafsäcke über die Schulter und legte mir stützend den Arm um den Rücken, denn meine Beine gehorchten mir nicht. Als wir ins helle Licht der Straßenlaterne traten, musste ich stehenbleiben und mit meinen Augen auch meine Emotionen von der Echtheit dieses Augenblicks überzeugen: Es war vorbei! *Wir sind gesund und es ist nichts geschehen, Josi, begreifst du?*

Die Turmuhr schlug gerade Mitternacht und vor uns lag im Halbdunkeln eine alte Kirche. Neben dem schmalen Grünstreifen, der das Gebäude umsäumte, gab es nur noch einen Friedhof, den wir als Nachtlager nutzen konnten. Ich sah resigniert zu Josch empor, aber von Erschöpfung bestimmt, war mir inzwischen alles recht, Hauptsache wir fanden einen Platz, wo unsere Ruhe nicht von Schlägern oder anderen Störenfrieden bedroht wurde.

Josch drückte mich an sich und lächelte mir aufmunternd zu. „Komm Josephine, hier können wir gewiss gut schlafen."

Ich war bereit, ihm auf den Friedhof zu folgen und sagte mir, die Toten waren sicher weniger gefährlich, als manche Lebenden. Aber Josch zog mich in eine andere Richtung, er ging auf das Kirchenportal zu und breitete seinen Schlafsack aus. Diesmal lagen wir nicht jeder für sich in seinem Kokon, sondern wir rollten uns eng aneinander und teilten die Wärme unserer Körper und der Decke über uns. Mit den festen Wänden des Kircheneingangs um mich herum und Josch schützend hinter mir, schlief ich bald darauf ein.

Der kalte Morgendunst kroch mir feucht in die Knochen und ich bewegte mich unruhig umher. Josch wurde wie üblich sofort hellwach und rubbelte mich warm, bevor er den Schlafsack rundum feststeckte und mich behutsam in seine Arme schloss.

„Geht es, Josephine?" Ich nickte ihm zu. Was sollte ich auch tun? In Kürze ging die Sonne auf. Eine tröstliche Hoffnung und ich stellte mir vor, wie ihr Licht auf meiner Haut Wärme verbreitete. In Gedanken lag ich in meinem Garten, genoss den intensiven Duft der wild blühenden Bäume und Blumen, ich spürte die Sonnenstrahlen und hörte im Hintergrund Pollys und Kalles Reden. Ich sah Beates Kinder fröhlich um mich herumspringen, erkannte Lupo, der sich mit dem antiken Rasenmäher zu schaffen machte und Emmi, die mit Herla am Arm spazieren ging. Plötzlich rutschte das Ersatzbein meines Sessels weg und ich warf im Traum, wie auch tatsächlich, erschreckt die Arme in die Höhe. Josch setzte sich jäh auf und ich musste lachen. Er dürfte wohl niemals in einer niedrigen Nische schlafen, sonst streckte ihn sein reflexartiges Erwachen postwendend nieder.

„Guten Morgen", grüßte uns eine fremde Stimme aus der Entfernung. Hinter uns stand ein großer Mann im Jogginganzug, außer Atem und mit Schweißperlen auf der Stirn. „Kann ich euch einen Kaffee anbieten?" Er wartete unsere Antwort gar nicht erst ab. „Ich gehe mich schnell duschen und komme gleich wieder." Er drehte sich um und verschwand hinter der efeubewachsenen Ecke des Kirchenschiffes.

„Passiert das öfter?", fragte ich erstaunt.

Josch legte den Kopf zur Seite und machte eine Bewegung die alles offen ließ. „Nicht oft, aber wenn, ist es uns sehr willkommen, oder was meinst du?"

Die Nacht war vorbei, auch wenn die jetzige Uhrzeit nur von Schichtarbeitern wahrgenommen wurde. Aber die Aussicht auf den bevorstehenden neuen Tag, der alles Erlebte endgültig zur Vergangenheit machte, und die freudige Erwartung auf einen heißen Kaffee weckten meine Lebensgeister. Wir setzten uns auf und beobachteten, in unsere Schlafsäcke eingerollt mit dem Rücken an die hölzerne Kirchenpforte gelehnt, wie sich der Himmel von einem dunklen Grau in lichte Farben wandelte. Joschs Arm lag um meine Schultern und ich schmiegte meine Wange in seine Hand.

„Nein", sagte er fest, als hätte er meine Gedanken erraten. „Das heute war keine der üblichen Nächte eines Berbers. Ich weiß zwar von Leuten, die schon Schlimmes mitgemacht haben. Randalebrüder sind im Schlaf über sie hergefallen und haben auf sie eingedroschen, aber das erlebst du nicht jeden Tag." Er verzog das Gesicht. „Man kann von Glück sagen, wenn man so etwas *über*lebt. Roland hat es mal durchgestanden. Den haben sie krankenhausreif geschlagen. Es war Winter und er hatte sich bis zum Hals in seiner Penntüte verkrochen, die Arme dicht am Körper. Er hatte keine Zeit sich zu befreien."

Entsetzen durchlief mich und ich hatte keine Worte. Josch zog mich auf seinen Schoß. „Josi, das war brutal knapp heute Nacht. Ich schwör dir, ich hätte nicht stillgehalten. Ich bin kein Schläger, aber als wir da saßen und abwarten mussten, wusste ich, ich bringe sie um, wenn sie dich anfassen." Er seufzte schwer. „Kleines, ich kann dir nicht sagen, wie dankbar ich bin, dass es so ausgegangen ist."

Josch schaukelte mich und wir schwiegen, jeder in seine Gedanken vertieft, bis eine Gestalt im schwarzen Talar auf uns zukam. Erst aus der Nähe erkannte ich den Jogger, der uns zum Kaffee eingeladen hatte. Aber seine Hände waren leer. Dann jedoch bat er uns zum *Frühstück* ins Haus. Welch Gegensätze in einer Nacht, überlegte ich kopfschüttelnd, und wir packten unsere Schlafsäcke unter den Arm.

Gemütliche Wärme, der Duft von Brötchen und Kaffee empfing uns, als wir in die Küche traten. Pater Kettner war aufgeschlossen und redselig. Er hatte von der Aufführung des Tippel-Theaters gewusst und sehr bedauert, verhindert gewesen zu sein.

Wir führten ein lebhaftes Gespräch, das uns die vergangene Nacht vergessen ließ. Gegen acht Uhr verabschiedeten wir uns, und der Pater machte sich an seine Vorbereitungen zur Frühmesse.

Gestärkt an Leib und Seele gingen wir zum Gästehaus und waren überrascht, die Truppe bereits zu so früher Stunde anzutreffen. Sogleich überfiel uns Rita: „Herla war im Krankenhaus, sie ist erneut ohnmächtig geworden."

„Was?", entfuhr es uns wie aus einem Mund.

„Sie war gestern noch in der Ladenstraße und da ist es passiert. Sie wurde ins Krankenhaus gebracht und keiner von uns wusste Bescheid. Erst spät am Abend kam ein Anruf. Ich bin mit Andrea hingefahren."

In dem Moment betrat Herla den Flur und sprang uns fast in die Arme. „Mensch bin ich froh, dass ihr da seid, J-J. Is alles paletti mit mir, ich hatte bloß, wie schon ma', nen Aussetzer."

Ich sah sie besorgt an. „Herla, das ist doch nicht normal. Was sagen die Ärzte denn?"

„Sag ich doch, alles in Butter, nur der Kreislauf spielt verrückt." Nun hob sich ihr Mundwinkel und sie setzte hinzu: „Und die Bullen haben se auch geholt."

„Die Bullen? Warum denn das?"

Mit verschlagener Miene erklärte sie: „Ich war'n dicker Fang, schließlich hatt ich ne volle Brieftasche im Sack, mit Papieren und allem, was man so braucht."

Jetzt erst fiel mir mein Portmonee wieder ein. „Die meinten, du hättest es geklaut? Na ja, nett von ihnen. Aber es hat sich hoffentlich alles aufgeklärt."

„Nenn es, wie du willst. Erst hat der weiße Meister mich untersucht und als ich fertig war, haben die netten Jungs vor der Tür auf mich gelauert. Waren nich grad schnuckelig die zwei und wollten mich auf die Wache schleppen. Zum Glück war da ne Schwester, die mich nich gleich in ne Schublade gesteckt hat. Die hat dafür gesorgt, dass ich erst ma' bleiben konnte – weil ich ja eben nen *Ohnmachtsanfall* durchgestanden hab." Breit grinsend beendete sie ihren Bericht.

Inzwischen war unsere ganze Truppe versammelt. Wir saßen im Frühstücksraum, die Tische waren reichlich gedeckt. Um mich herum vernahm ich, neben eifrigem Schmausen, rüde Bemerkungen zu dem, was Herla gerade erzählt hatte.

„Typisch Bullen, kaum redet einer nicht mit gesülzten Worten, gilt er schon als Knacki", empörte sich Polly.

„Und wie ging es weiter?", drängelte ich.

Herla machte eine gleichmütige Bewegung, mit der sie alles als üblich und unwichtig abtat. „Ich hab denen erklärt, woher das Ding kommt, aber, is klar, wieso sollten die mir glauben. Erst als die Schwester reinkam und sagte, sie hat hier angerufen und jemand kommt mich abholen, waren die Bullen so gnädig, zu warten."

„Wir haben alles bestätigt", ergänzte Rita und sah Andrea an.

„Ja, ich erklärte den Herren, warum ihr alle hier seid, und weil du mit Josch über Nacht woanders schläfst, hat Herla deine Brieftasche bei sich gehabt."

Herla winkte ab. „Saftsäcke, wenn man die braucht, sind se nich da. Aufm Flur da war'n Typ, vollgesaut mit seinem eigenen Blut, der hatte 'n Zusammenstoß mit ner Gruppe Neos oder so. Echt krass. Gleich hier in der Nähe bei nem Park haben se ihn aufgespießt und allegemacht, armes Schwein. So Säcke lassen se die Sause machen. Aber was solls, ich bin ja wieder hier, Leute." Sie warf eine Kusshand zum Himmel, griff zur Kaffeekanne und schenkte sich die Tasse voll.

Josch strich unter dem Tisch liebevoll über mein Bein.

Da haben wir wirklich Glück gehabt, schienen seine Augen zu sagen, aber seine Lippen blieben still.

- ◊ • ◊ • ◊ -

Eine Kuckucksuhr als Dreingabe

Es war ein schönes Gefühl, als der Bus über den Feldweg holperte und ich wusste, hinter der Kurve liegt mein Zuhause.

Emmi und Jasmin saßen im Garten unter dem blühenden Apfelbaum, in ihren Haaren lagen einige der leuchtend weißen Blütenblätter. Sie kamen freudestrahlend auf uns zu, Emmi küsste mir zur Begrüßung die Wangen und Jasmin überfiel uns gleich mit der Aussage, sie habe gestern erstmalig ganz allein das Brot vom Bäcker geholt.

„Ich bringe die Teilchen", rief sie eifrig und verschwand im Haus.

„Nanu", wunderte ich mich, „lässt Max Jasmin etwa in die Küche? Das ist doch sonst nicht seine Art."

„Max ist über das Wochenende zu Freunden in die Stadt gegangen", klärte Oma Riedel mich auf.

Ich hatte mich schon gefragt, wie er das Wochenende, allein mit zwei Frauen, verkraften würde. Anscheinend wollte er es nicht darauf ankommen lassen und hatte rechtzeitig Reißaus genommen. Wir setzten uns unter den Baum und Emmi fischte ein weißes Blättchen aus ihrer Kaffeetasse, bevor sie einen weiteren Schluck nahm und sich erwartungsvoll zu mir beugte.

„Josephine", sie sprach bei meinem Namen leider überdeutlich das Endungs-e mit. „Ich habe mir so meine Gedanken gemacht. Erst besuchte ich nur Herla, später freute ich mich jedes Mal auf die Geselligkeit bei euch. Und nun bin ich nahezu drei Wochen Tag und Nacht hier in deinem Haus. Sag mal, Kindchen, könnte ich länger bleiben, hältst du das für möglich?"

Mir war in den vergangenen Wochen bewusst geworden, wie viel Annehmlichkeiten Emmis Anwesenheit jedem hier bescherte. So hatte ich eine ähnliche Frage unterschwellig fast erwartet. Aber jetzt, wo sie mir gestellt wurde, wusste ich nicht, was ich sagen sollte.

Emmi sah mir, wie sie es immer tat, intensiv ins Gesicht. Nun führte sie ihr Ansinnen weiter aus, allerdings erkannte ich erstmals Befangenheit in ihrer Stimme und auch das Lächeln war scheu.

„Josephine, bitte, ich habe nicht den Wunsch, mich aufzudrängen. Ich hoffte jedoch, wir ergänzen uns. Ich könnte dir in deinem Gästebetrieb helfen, denke ich, und mir selbst gäbe diese Aufgabe einen neuen Sinn im Leben." Ihre Augen bekamen einen feuchten Glanz. „Kind, ich will ehrlich zu dir sein. Ich bin nicht glücklich in unserem Heim. Ich fürchte mich vor der Zeit, wenn meine Gesundheit nachlässt und ich nicht mehr reisen oder mich selbstständig außer Haus bewegen kann. Ich frage dich ganz direkt, würdest du mich aufnehmen auf deine Kate? – Offiziell, ... für immer?“

Verwirrt sah ich sie an. „Emmi, ich weiß nicht, ja natürlich, gerne! Aber ...“ Ich war überrascht und mir fehlten die Worte. Ich streichelte ihre Hand, die sie während ihrer Frage auf die meine gelegt hatte. „Wie soll das gehen, ganz? Ich weiß, die Jungs sind auch hier, und Lupo ist sogar amtlich gemeldet, aber dennoch ist das nicht von Dauer. Sie wohnen hier und essen das, was wir von *Bobo* bekommen. Ich habe sowieso ein schlechtes Gewissen, weil du davon mitisst. Wenn du hier wohnst, sollte ich dich auch vernünftig versorgen können und ...“

Emmi fiel mir ins Wort. „Josephine, ich esse hier, was auf den Tisch kommt, das ist selbstverständlich. Du wirst dir doch darüber keine Gedanken machen. Oder meinst du, die *Bobos* stehen ausschließlich den Männern zu und ich bereichere mich unrechtmäßig daran?“

„Das denke ich weniger, und *bereichern* kann man das kaum nennen. Die Sachen sind bislang in den Container gewandert; außerdem gehörst du im Moment dazu, du unterstützt die Männer auf deine Weise, wer sollte dir da den Teller *Bobo* neiden, nein. Aber wie soll es laufen, wenn du hier fest wohnen willst? Ich gehe arbeiten, unsere Truppe wird uns irgendwann verlassen, wie sieht es dann aus? Du wärst viel allein im Haus, falls du mal krank bist, bin ich auch nicht immer da, und wenn ...“ Vollkommen unbeabsichtigt brach ich in Tränen aus und wurde von Verzweiflung erfasst, ohne zu wissen, warum.

Neben Emmi, die mir tröstend über den Kopf strich, spürte ich plötzlich Joschs Hand schwer auf meinem Rücken liegen.

„Oh, Josephine, das habe ich nicht gewollt“, Emmi wedelte aufgeregt mit den Händen. „Ach, Kind, das tut mir ja so leid.“ Ihr flehender Blick heftete sich auf Josch, der ihr beschwichtigend zunickte, mich sodann hochzog und in den Wald hinein führte. Blind von Tränen ließ ich mich ins Laub setzen.

„Josch, ich weiß noch nicht einmal, warum ich weine“, schniefte ich und musste gleichzeitig lachen. „Emmi hat nur gesagt, sie möchte gerne für immer hier wohnen, warum heul ich dann los wie ein Schlosshund?“

Die Albernheit dieser Situation kam mir vor Augen, und im Nu warf ich mich vornüber in Joschs Arme, wodurch er rücklings am Boden landete. Haltlos lachend und schluchzend, rollte ich mich über ihn und blieb im Laub, mit dem

Kopf an seiner Schulter, liegen. Josch sagte nichts, er tat auch nichts, er verhielt sich ruhig und schien abzuwarten, bis sich das Ende meines hysterischen Anfalls einstellte.

Ich stützte mich auf die Ellbogen und zupfte mir ein Blatt von den Haaren, strich eine Strähne aus der Stirn und versuchte, ein ernsthaftes Gesicht zu machen.

„Josch, entschuldige, ich weiß nicht, was das war, irgendetwas hat mich gestochen, glaube ich." Statt eines Lächelns gelang mir nur ein verzerrtes Grinsen. „Emmi will in *Kullers Hang* einziehen und im Grunde ist das eine gute Sache. – Josch? ..." Nun fixierte ich seinen Blick. „Ich glaube, sie hat genau das angestoßen was ich nicht wahrhaben wollte: Ich bin glücklich! Hier, mit dir und mit den Jungs. Immer kommt mal jemand vorbei, Leute von der Straße oder auch welche aus dem anderen Leben. Und alle können miteinander umgehen, viele mögen sich. Es ist, als hätten wir eine eigene, kleine Welt geschaffen."

Josch rührte sich noch immer nicht. Er sah mich forschend, aber warmherzig an.

„Es passt so gar nicht in das normale Denken. Ein Mädchen aus gutem Haus lebt im Wald mit Obdachlosen zusammen. Und ehemaligen", fügte ich noch schmunzelnd hinzu. „Das ist so unglaublich, wie wenn mir ein Bart wüchse."

Die Andeutung eines Lächelns huschte über sein Gesicht, und er strich mir sanft mit dem Finger vom Ohr bis unter das Kinn. Danach nahm er die Hand zurück und wartete.

„Josch! Was soll ich tun? Ich bin glücklich hier mit euch, ich will so leben! Ich möchte nicht mit dir allein ein braves Bürgertum absitzen. Ich freue mich über alles, was ich in den letzten Monaten miterlebt habe: Die Männer, wie sie viel mehr lachen als früher, die Abende, das Tanzen. Lupo, der zurückfindet zu dem, was einst sein Leben war. Er hat neue Zuversicht! Polly, der Verrückte, wie er sich oft wehrt und im selben Moment zeigt, er mag den anderen; und Kalle, erinnerst du dich, wie wir darüber sprachen, dass ihm keiner eine Chance gibt. Hier hat er sie, und er nutzt sie. Was schafft er nicht alles, wenn man ihm die Zeit dazu gibt. Und schau ihn dir an. Er ist echt gut drauf, will kaum mehr in seine eigene Wohnung. Sogar Sven scheint sich ein wenig zu fangen, er findet zurück zu einem Mittelmaß. Josch, ich möchte so leben!"

Abermals liefen mir die Tränen übers Gesicht. Ungeachtet dessen sprach ich weiter. „Ich finde es richtig, hier mit euch zusammen zu sein, und ich möchte noch mehr. Ich will kein Gästehaus, ich will eine Lebensgemeinschaft, wo wir alle diejenigen sein dürfen, die wir sind: Knurrer, Motzer, Stinker, Arbeiter, Oma oder braver Bürger. Wir haben einen Weg gefunden, mit dem es jedem auf *Kullers Hang* gut geht. Selbst die, die sich anfangs schwertaten, können sich in die Gemeinschaft integrieren, Kompromisse eingehen, ohne sich aufzugeben. So sollte das Leben sein. Josch, ja! Ich will Emmi hier haben, sie ist ebenso ein Teil unserer Gesellschaft wie Kinder, Penner, Kranke oder sonst wer. Wenn sie anderswo keinen Platz finden, dann hier auf unserer Kate."

Josch hatte aufmerksam schweigend zugehört, jetzt fragte er nur ganz leise: „Und du, Josi, wo bleibst du?"

Meine vielen Worte und mein Gefühlsausbruch ließen mich erkennen, was bei mir längst unter der Oberfläche schwelte. Ganz ruhig und in felsenfester Überzeugung sagte ich: „Das ist mein Leben, Josch. – Und du? Wo stehst du?"

Auch wenn ich annahm seine Antwort zu kennen, hielt ich doch die Luft an, bis Josch die Arme um mich legte und seinen Kopf zu mir neigte.

„Josephine, wir gehen gemeinsam." Unsere Lippen berührten sich, und wir küssten uns zärtlich, voll Hingabe, wie eine stille Vorfreude auf das, wovon ich jetzt wusste, es war mein Leben und würde es bleiben.

- ◊ • ◊ • ◊ -

In den folgenden Tagen überlegten wir gemeinsam mit Emmi Riedel, wie dieses neue Leben vonstatten gehen sollte.

„Das ist doch kein größeres Problem, bislang hat es ja auch funktioniert. Wenn ich das Zimmer oben behalten kann, bin ich dankbar."

„Emmi, willst du nicht zusätzlich den Raum daneben nutzen, Leben ist etwas anderes als Urlaub, da brauchst du ab und zu Platz zum Ausweichen."

„Ach, Kindchen, im Heim ist mein Zimmer ja auch nicht größer. Aber ich möchte dich noch etwas fragen. Das Einzige, was mir sehr am Herzen liegt von allen meinen Dingen, ist eine Kuckucksuhr. Darf ich die im Wohnraum aufhängen? Sie hat bereits ihr Lied gespielt, als ich selbst noch ein Kind war. Nur ein einziges Mal stand sie still, das war, als meine Mutter im Bett nebenan starb. Da hat auch die Uhr den Atem angehalten, ist das nicht sonderbar? Sie war nicht kaputt, auch nicht abgelaufen, einfach stillgestanden ist sie, bis wir das Pendel aufs Neue in Schwung gebracht haben. Diese Uhr lebt, und ich wäre von Dank erfüllt, wenn sie unter uns allen wieder am Leben teilnähme. Ist dir das recht?"

Selbstverständlich war es das. So hatten wir wenige Tage später ein Schmuckstück mit geschnitzten Holzfiguren im Raum hängen. Zu jeder vollen Stunde kam der Kuckuck heraus und tat entsprechend der Uhrzeit seinen Ruf; sogleich begann ein Glockenspiel, zu dem sich zwei tanzende Pärchen auf dem kleinen Balkon an der Uhr im Kreis drehten. Wir gewöhnten uns schnell daran, dass in dem Moment, aufgrund der Lautstärke des Spektakels, jedes Gespräch unterbrochen und unmöglich gemacht wurde.

Sven war stolz wie ein Zehnjähriger, als Oma Riedel ihm die Aufgabe zudachte, die Ketten mit den schweren Eisenzapfen täglich aufzuziehen.

Da Emmi selbstverständlich Miete zahlen wollte, gab ich schließlich nach und sie übernahm weiterhin meine Abzahlung für die Kate. *So* hatte ich mir die Mühen mit dem Hauskauf sicher nicht erträumt. Nun blieb mein Einkommen und auch Joschs Verdienst in voller Höhe zu unserer Verfügung, außerdem der tatsächlich von Lupo erwirkte Mietzuschuss. Wir hatten genug Geld, um weiteres Material zu kaufen. Die Wände sollten von außen isoliert werden und aus dem Stall in absehbarer Zeit ein weiterer Wohnbereich entstehen.

Mein Chef, Herr Klasen, war höchst erstaunt, aber in keiner Weise unwillig über den Auszug seiner Heimbewohnerin.

„Sie werden mir doch sicher keine Konkurrenz machen auf ihrer Kate, Fräulein Josephine?“, fragte er gutmütig. „Und wenn doch, so bin ich überzeugt, in Ihnen eine würdige Gegnerin zu finden. Ich sollte mich vielleicht fragen, was meine Bewohner dazu bewegt, von hier fortzuziehen. Womöglich erfahre ich dann Dinge, die mir bisher verborgen waren.“

„Wer weiß“, entgegnete ich neckisch. „Frau Riedel steht Ihnen sicher für Antworten zur Verfügung und ich bleibe Ihnen ja auch weiterhin erhalten.“

„Was mir ganz besonders tröstlich ist“, beendete er unser Gespräch.

Wir verabschiedeten uns und Emmi versprach, zu Besuchen regelmäßig vorbeizukommen.

Unsere Truppe verwirrte die Neuerung wenig, lebte Emmi doch längst wie ein Familienmitglied unter uns.

„Josi, kommst du mal mit in den Garten“, bat Lupo eines Abends, nachdem ich zur Abwechslung mal *Bobo* holen war. Die Aktion hatte sich bestens eingespielt, da Karl-Heinz fast hauptamtlich die Fahrerei übernahm und Polly oder Sven meist zum Tragen dazu holte. Das betongefüllte Blech der Ente erwies sich tatsächlich als nützlich. Ich musste mir ernstlich Gedanken machen, ob wir im November zum fälligen TÜV-Termin nicht eine Ersatzauto anschaffen sollten.

Herr Bogen-Borchert bot mir heute zwei Kartons Bierdosen mit abgelaufenem Datumsstempel an. Die lehnte ich jedoch dankend ab, was *Bobo* verständnisvoll entgegennahm.

Nun folgte ich Lupo in der Erwartung, er zeige mir seine neuste Veränderung oder eine bislang unentdeckte Jungpflanze. Statt dessen setzte er sich auf den zur Bank umfunktionierten Baumstamm und bat mich, ebenfalls Platz zu nehmen.

„Na, was Ernstes, Lupo?"

Ein süßes Jungenlächeln schenkte er mir als Antwort und setzte nach einem kleinen Stoßseufzer zaghaft an. „Josi, du weißt, wie glücklich ich bin, seit ich hier bei dir und auf *Kullers Hang* lebe."

„Den Eindruck habe ich auch. Aber was gibt es, du siehst aus, als würde sich das ändern?" Ich spürte, nicht zum ersten Mal, meine ganz besondere Sympathie für diesen Mann, der mein Freund war, seit wir vor über einem Jahr die Krücken und unsere Sorgen geteilt hatten. Ich empfand für Lupo eine tiefe Form der Zuneigung. War es Liebe? Liebe, wie für einen Bruder. Ja, ich liebte Lupo als sei er mit mir aufgewachsen, als hätten wir den gleichen Hintergrund. Ich spürte es immer dann besonders deutlich, wenn ich mit ihm allein war. Vielleicht lag es darin begründet, dass wir Dinge aus unserem Leben offenbart hatten, eher noch, die Lupo mir enthüllt hatte, die sonst kein anderer Mensch wusste.

Auch freute ich mich an der Veränderung, die immer deutlicher sichtbar wurde. Ich nahm Anteil an seinem Leben. Darum verunsicherten mich seine Worte und die Form, mit der er mich zu einem vertraulichen Gespräch bat.

„Sternchen, es muss sich was ändern und das wird es auch, aber es soll sich nicht alles ändern, verstehst du?"

„Ich verstehe im Moment überhaupt nichts. Was soll und wird sich ändern?"

„Ich! Ich will wieder arbeiten, bezahlt werden für das, was ich tue, leben von dem, was ich selbst verdiene. Josi, verstehst du? Ich bin endlich so weit. Ich habe den Mut, mir Absagen reinzuziehen. Ich schätze, ich werde es durchstehen. Ich möchte wie Josch abends erschlagen nach Hause kommen und wissen, was ich geleistet habe. Auch wenn mir vieles verloren geht, ich werde lernen, die Zeit, die mir bleibt, gezielt zu nutzen."

„Lupo, ich gratuliere dir, du wirst es schaffen, ich weiß es!" Überschwänglich nahm ich ihn in die Arme.

Er sah mich perplex an. „Das hast du noch nie gemacht, Josi, aber danke."

Augenzwinkernd gestand ich: „Nicht allein bei dir hat sich was getan, auch ich ändere mich."

„Das freut mich. Aber wo wir gerade beim Ändern sind, was passiert wenn ich tatsächlich einen Job finde? Muss ich dann hier raus? Ich weiß, wir sind nicht für ewig hier. Aber die Arbeiten an Haus und Garten sind nicht weit genug, hier einen Gästebetrieb zu eröffnen und du hast gesagt, bis dahin können wir bleiben und mitmachen. Ich verspreche dir, auch wenn ich arbeiten gehe, werde ich helfen und weiter den Garten in Schuss bringen, ganz sicher, du kannst mich beim Wort nehmen." Lupo hatte sich so sehr in seine Rede gestürzt, dass er mit großen Kugelaugen nach Luft schnappte. Gleichzeitig lachten wir los.

„Mensch, Lupo, das war ja rekordverdächtig."

Er wischte sich über das Gesicht, schluckte und ich erkannte ein kaum wahrnehmbares Zittern in seiner Stimme. „Josi, ich will hier nicht weg. Wenigstens, solange die Arbeiten noch laufen. Bitte, kann ich bleiben, auch wenn ich einen Job finden sollte?"

Unsere Hände hielten einander fest und ich kämpfte die aufsteigenden Emotionen hinunter, die mich auch nach Emmis Frage gepackt hatten.

„Lupo, du kannst bleiben. Nicht nur bis die Arbeiten abgeschlossen sind, sondern solange du willst. Du gehörst zur Familie, kapiert?!"

Überrascht sah er mich an. „Ganz echt, Josi, kein Scheiß?"

„Ganz echt, großes Ehrenwort."

Die Erleichterung, die in seiner ganzen Haltung sichtbar wurde, erweckte in mir eine weitere Bestätigung für die Richtigkeit meiner Entscheidung. Viel mehr noch: einen spontanen Jubel und Begeisterung. Strahlend kehrten wir zu den anderen zurück.

Schallendes Gelächter drang durch die geöffneten Fenster des Wohnraums. Als wir eintraten, erlebten wir jedoch verlegene Stille.

Nur Oma Emmi schüttelte den Kopf und belehrte gütig: „Aber Karl-Heinz, so etwas sagt man doch nicht! Keinesfalls, wenn sich junge Menschen und sogar ein Mädchen hier im Raum befinden."

Fragend sahen wir in die Runde. Auf dem Tisch lagen die aus Pappe neu gefertigten Buchstabenkarten. Kalle sah uns um Unterstützung bettelnd an. „**M**orgen-**L**atte ist doch nun wirklich harmlos, oder?"

Ich machte eine ratlose Geste und entgegnete ausweichend. „Die Regeln machen die Spieler am Tisch."

Um nun endlich zu meinem wartenden Freund zu kommen, drehte ich mich übertrieben hoheitsvoll in Richtung Treppe. „Ansonsten, darf ich mich höflichst empfehlen, ich begebe mich in meine Gemächer. Gute Nacht allerseits."

Freundliche Rufe klangen hinter mir her und ich lächelte wie so oft, als ich die Hand an die Klinke meiner mit Sternchen verzierten Tür legte. Josch saß im Sessel, die Beine weit von sich gestreckt und hielt die Augen geschlossen. Ich wusste, selbst wenn er geschlafen hatte, war er jetzt wach, denn er vernahm auch das leiseste Geräusch in seiner Nähe. So ging ich auf ihn zu und im rechten Moment öffnete er die Arme, um mich in Empfang zu nehmen.

„Na, Kleines, Gartenkontrolle beendet?"

Ich setzte mich seitlich auf den Sessel und erzählte Josch was vorgefallen war. Er konnte seine Freude über meine Entscheidung, wie auch über Lupos Pläne nicht verbergen.

„Er wird durchkommen, Lupo ist ein zäher Bursche, er braucht manchmal ein bisschen lang, aber am Schluss weiß er, was er will. Hoffentlich hat er so viel Glück wie ich mit der Arbeit – und in der Liebe."

Er küsste mich, aber ich schob ihn verständnislos von mir. „Äh, Josch, du weißt, Lupo ist schwul, ja?"

Ein grunzendes Lachen entfuhr ihm, wobei er mich umfasste und von der Armlehne zog. „Ob ich das weiß? Wie sollte ich nicht? Aber trotzdem kann ich ihm doch Glück in der Liebe wünschen, oder? Auch wenn ich selbst seine Neigungen diesbezüglich nicht teile." Die Wege, die seine Hände bei diesen Worten nahmen, waren Beweis genug. „Ahnst du, wer sich noch Gedanken um die Liebe macht?"

Ich wusste es nicht und runzelte fragend die Stirn.

„Sven. Unser Bubi hat sich Hals über Kopf in Jasmin verschossen. Und jetzt hat er mich um Rat gefragt. Er traut sich nicht, sie anzusprechen."

„Der arme Kerl", entfuhr es mir, zynischer als beabsichtigt. Sven war unreif und instabil, während Jasmin sich ausgesprochen verantwortungsbewusst zeigte. „Was hast du ihm geraten?"

Josch grinste. „Was hätte ich schon sagen sollen? Ich kann der armen Jasmin doch nicht zu so einem Schlappschwanz verhelfen. Um seinen Gefühle Gelegenheit zur Bewährung zu gönnen, erklärte ich ihm, eine Frau will umworben werden, ganz dezent mit *sehr, sehr* viel Zeit."

Ich lachte erfrischt, nahm Joschs Gesicht zwischen die Hände und drückte ihm einen dicken Kuss auf den Mund. „Auf die Tour hast du *mir* vor Monaten einen Schlappschwanz angehängt, oder was willst du damit sagen?“

Ein roter Schimmer zeigte sich an seinen Ohren. „Meinst du das wirklich so?“

Ich strubbelte ihm den Kopf und konnte mein Vergnügen kaum unterdrücken. „Die Tour ja, den Schlappschwanz nicht!“

Noch immer unschlüssig forschte er in meinem Gesicht, bis ich ihm einen Stoß gab und mich lachend über ihn warf.

Wir legten liebkosend die Stirn aneinander. „Josch, danke nochmal für die viele Zeit, die du mir gegeben hast. Ich liebe dich!“ Ich kraulte ihm das Haar im Nacken, während sein Daumen sanft meine Schläfe streichelte. „Und es ist auch für die anderen gut, dich hier zu haben. Ich bin froh über unser Teamwork. Habe ich dir eigentlich jemals gesagt, was für ein toller Mann du bist? – Und ein schöner dazu.“ Meine Augen funkelten spitzbübisch und nun verstand er, was ich sagen wollte.

- ◊ • ◊ • ◊ -

Ein Wochenende auf Kullers Hang

In aller Eile bemühten wir uns, im Stall einen wohnlichen Bereich abzutrennen. Elke hatte sich tatsächlich zu einem Besuch angemeldet. Da die Nebenräume alle von den Männern belegt waren, blieb nur noch diese Seite des Hauses, um einen ebenerdigen Gastraum herzurichten. Lupo war seit den frühen Morgenstunden aktiv, um den Weg zum Haupthaus mit Steinplatten auszulegen, und Josch wollte heute Abend noch schnell eine hölzerne Rampe für den Rollstuhl bauen. Ich war erleichtert, weil die Stalltüren ausreichend breit waren, um Elke ein selbstständiges Ein- und Ausfahren zu ermöglichen. Als sie gestern Nachmittag anrief, war ich zum einen ehrlich erfreut, aber im selben Moment wurde mir auch bewusst, ich konnte ihr nicht die Bequemlichkeit bieten, wie ich es gerne getan hätte.

„Elke, die renovierten Gästezimmer liegen bei mir alle in der ersten Etage. Die einzige Möglichkeit, die ich sehe, ist, dich im ehemaligen Stallgebäude unterzubringen. Es ist nicht ganz so schlimm, wie es sich anhört“, versuchte ich sogleich, dem Gesagten die Schärfe zu nehmen. „Im Gegenteil, der Boden wurde erst in diesem Frühjahr gegossen, das dürfte für den Rollstuhl sehr angenehm sein, aber es gibt dort weder einen Teppich, noch richtige Fenster, bloß zwei Luken und ...“

„Josi, stopp mal! Mach dich nicht verrückt. Wenn ich einen Platz zum Schlafen habe und selbstständig auf Toilette komme, ist mir alles recht. Ich weiß, du kennst mich noch nicht, aber ich komme sozusagen auch von der Straße, also mache dir bitte keine Umstände, ich bleibe doch nur für ein paar Tage.“

Ich gab mir dennoch Mühe, ihre Umgebung so schön wie möglich zu gestalten. Während Polly und Roland ein Gästebett und verschiedene Kleinmöbel von oben holten, schob Karl-Heinz ein heulendes Ungetüm von Staub- und Allessauger durch den Raum. Ich stand auf einer Leiter um meterweise Stoffbahnen, die wir damals aus diversen Schränken geborgen hatten, an die Wände zu nageln. Wenigstens optisch wollte ich aus dem Stall herausholen, was möglich war. Weiterhin trennten wir eine Ecke des Raumes ab, hinter der ein Wasserbecken hing. Mit einem improvisierten Toilettenstuhl und einigen Nägeln als Handtuchhaltern erschufen wir nach einiger Zeit ein annehmbares Badezimmer. Wenn Elke das war, was sie vermittelte, könnte sie sich hiermit vorübergehend arrangieren.

Vor den hinteren Teil des Schuppens hängten wir ebenfalls bunte Tücher um den Blick auf unser Sammelsurium zu verbergen. Als wir abschließend noch mehrere Standlampen im Raum verteilten, wobei ich darauf achtete, die Schalter vom Rollstuhl gut erreichbar anzubringen, waren wir ausnahmslos zufrieden mit unserem spontanen Werk.

„Das kann sich sehen lassen", sagte Kalle. „Da kündige ich doch glatt meine Bude und zieh hier ein, wenn die Frau weg ist."

„Das ist mal wieder typisch, dich ins warme Nest zu setzen", stichelte Polly. „Wenn einer hier reinkommt, dann doch wohl ich, ich habe schließlich die älteren Rechte."

„Aber vielleicht kann ich ja hier einziehen", mischte sich Sven ein, und mir schien es das Beste, der Diskussion ein Ende zu bereiten, als sich die Tür öffnete und Herla eintrat.

„Wow, is das geil hier drin. Das habt ihr aber stark aufgezogen, echt schnieke, da wird die Elke nix zu nölen haben. Wann genau kommt die denn?", fragte sie jetzt und rieb sich einen seit Tagen juckenden Mückenstich am Hals.

„Spätnachmittag hat sie gesagt. Warum? Musst du nochmal weg? Du siehst aus, als wärst du auf dem Sprung."

„Naja ..." Herla verzog ihr Gesicht. „Der Doc hat mich doch letztens angequatscht, ich sollt ma' bei dem vorbeikommen. Er wollt mich was näher unter die Lupe nehmen. Na, ma' sehen. Wenn der mich auch so schräg von der Seite ansalvert, von wegen Simulantin und so, dann red ich keinen Ton mehr mit dem – schade wärs, is'n cooler Typ." Sie zog den Hut tief in die Stirn und drehte sich zum Gehen. „Bis heut Abend bin ich zurück Leute, bleibt senkrecht."

„Endlich lässt sie mal gucken, was mit ihr los ist. Wurde auch Zeit", atmete Kalle auf, als wir unter uns waren. „Geht doch nicht, dass sie dauernd aus den Latschen kippt."

Genau das hatte ich auch gedacht, als ich vergangene Woche unseren Haus- und Hofarzt im Altenheim ansprach. Doktor Woltak hielt sich nicht für etwas Besseres, nur weil er promoviert hat, darum sprach ich ihn in meiner Sorge um Herlas Gesundheit auf die Vorkommnisse an. Sofort war er bereit, der Sache nachzugehen. Er verstand meine Skrupel und beruhigte mich.

„Keine Sorge, Schwester Josephine, ich finde einen Weg Sie aus der Sache herauszuhalten. Ich werde das Thema ganz unauffällig anschneiden, versprochen", hatte er schelmisch hinzu gefügt.

Und tatsächlich wunderte sich Herla kaum, als der Doc sie dieser Tage zur Seite nahm und nach ihrem Wohlbefinden fragte. Er war bekannt als ein engagierter, menschenfreundlicher Arzt. Ich arbeitete im Heim gerne mit ihm zusammen. Besonders bei aussichtslosen Fällen bewies er Feinfühligkeit und die seltene Gabe, einen schwerkranken oder sterbenden Patienten nicht als Herausforderung an sein medizinisches Können anzusehen, sondern des Kranken ausdrücklichen Wunsch und dessen inneren Frieden zum Gebot seines Handelns zu machen.

Herla wusste das und war eben darum erfreut, weil Doktor Woltak es war, der sich Gedanken um ihre Gesundheit machte. Nun hoffte ich inständig, er würde der Unsicherheit ein Ende bereiten. Herla hatte in den vergangenen fünf Jahren zunehmend Ohrenschmerzen, was sie allerdings auf verschiedene gewaltsame Einwirkungen in der Vergangenheit schob.

„Einen Backstein ans Ohr geklatscht zu kriegen, kann ja nich gesund sein“, war nur eine ihrer schockierenden Aussprüche zur Ursachenforschung.

Nun wusste ich sie bei unserem Doc in guten Händen und ging gelassen zum Tagesablauf über.

Auf dem Weg ins Haus kam mir der Briefträger entgegen. *Kullers Hang* war das letzte Haus auf seinem Weg. Zu Beginn unserer Umbauarbeiten hatte er mitleidig den Kopf geschüttelt. Seither war er von der Veränderung sehr angetan und nachdem Herr Rader sich an unsere gemischte Gesellschaft gewöhnt hatte, kam er immer öfter auf einen Schluck mit ins Haus.

„Der Kaffee ist fertig“, grüßte ich ihn frisch. „Und wenn Sie wollen, können Sie Ihren Kindern nochmal Trinkpäckchen mitnehmen.“ Gut er Dinge folgte er mir, legte unsere Briefe auf den Tisch und die große leere Posttasche auf den Boden.

„Danke, Frau Halbach, wird immer gerne genommen. Die Kleinen fragen mich fast täglich, ob ich etwas von *Kullers Hang* dabei habe.“ Lachend nahm er seine Tasse entgegen.

Seit ich von seinen vier Kindern wusste, hielt ich es für gerechtfertigt, auch ihm von unseren *Bobos* abzugeben. Häufiger bekamen wir Süßigkeiten, deren äußere Verpackung aufgerissen war. So freute ich mich, eine weitere Familie an unserem Reichtum teilhaben zu lassen. Ein Briefträger als Alleinverdiener stand finanziell sicher nicht besser da, als Beate mit ihrer Familie, deren Mann einfacher Beamter war.

Er trank seinen Kaffee, steckte die Getränkepäckchen ein und verließ uns mit freundlichen Wünschen.

Ein Brief für Jasmin, stellte ich erstaunt fest und ging auch gleich sie suchen. Ich fand sie an Emmis Seite in der Küche. Max hatte sich offenbar damit abgefunden, zumindest außerhalb seiner Kochzeiten auch anderen Hausbewohnern Eintritt zu gewähren. Schließlich war das Sortieren, Umfüllen und Verarbeiten der Lebensmittel eine zeitintensive Aufgabe. Fast täglich wurde eine große Schüssel Obstsalat zubereitet, worin die angedrückten Früchte Verwendung fanden. Abends gingen darüber hinaus mehrere Kartons sauber verpackter Lebensmittel zurück in die Stadt. Wir hatten einen Treffpunkt organisiert, wo sich andere OFW-ler von unseren *Bobos* abholen konnten. Anfangs kam es zu neidbegründeten Schlägereien und gierigem Grapschen, Lebensmittel wie auch die leeren Kartons wurden in der Gegend verstreut. So drohten wir, diese Versorgung einzustellen. Erfreulicherweise fanden sich in Martin und einem mir bis dahin unbekannten Pipe freiwillige, zuverlässige Helfer. Sie sorgten seither dafür, dass jeder der Anwesenden etwas abbekam und leere Kartons in den Container gelangten. Ansonsten wäre diese Aktion sicher über kurz oder lang von öffentlicher Seite unterbunden worden.

„Jasmin, ein Brief für dich." Sie drehte sich abrupt um und riss mir den Umschlag aus der Hand

„Meine Mutter", sagte sie nach einem Blick auf die gezackte Handschrift und ich erkannte in ihrem Blick Hoffnung und Angst gepaart mit Enttäuschung.

Wenig später fand ich Jasmin im Wohnraum im hinteren Sessel verkrochen, der geöffnete Brief lag in ihren schlaff herabhängenden Händen. Mit leerem Blick sah sie zu mir auf.

„Ich dachte mir schon, Papa wird nicht selbst schreiben, er ist zu verletzt. Meine Mutter sagt, ich soll nach Hause kommen wenn ich jetzt sowieso wieder *normal* lebe. Sie kapiert den Unterschied nicht. Daheim läuft alles nach Plan, kein Platz für eigene Entscheidungen. Ich soll die Schule fertig machen, höhere Handelsschule, dabei bin ich nun mal kein Mensch fürs Büro. Ich will kreativ sein, malen, zeichnen, grafiken oder so. Aber ihr Verständnis reicht einfach nicht dahin. Papa fühlt sich persönlich angegriffen, weil ich weggegangen bin."

Jasmin starrte mich blind an, schließlich quollen Tränen hervor. „Josi, ich möchte ihm so gern erklären, was ich meine, aber er versteht mich überhaupt nicht. Dabei mag ich ihn so sehr, wir haben uns immer gut verstanden, bloß kann er sich nicht in mein Denken und Fühlen hineinversetzen. Und Mutter versucht ständig zu schlichten, zu vermitteln, sie rafft überhaupt nichts. Sie ist ne brave Frau, aber auch verbohrt und dumm."

Ich saß auf der Sessellehne, während Jasmin sich auf meine Beine gelegt hatte. Ich strich über ihr kurzes Haar und spürte die zarten Knochen beben.

„Josi, ich hoffe ganz fest, Opa reagiert anders. Ich will ja gar nicht ausreißen, ich möchte nur mehr Freiraum für mein eigenes Leben. Ich bin alt genug, Entscheidungen zu treffen und sie durchzuziehen. Fast ein Jahr habe ich auf der Straße durchstanden. Ich will nicht abkippen, sondern leben, arbeiten, eine Familie und einen Menschen haben, mit dem ich glücklich bin. Und ich will mein Baby gesund auf die Welt bringen."

Bei diesen Worten zuckte ich zusammen. „Dein *Baby*? Jasmin, du bist schwanger?"

Ihr schmaler Körper verkrampfte sich. Sie versuchte, ihre Unsicherheit zu verbergen, als sie mit fester Stimme sagte: „Ja, ich kriege ein Kind. Ich werde es bekommen, auch wenn ihr alle euch gegen mich stellt! Du brauchst nichts zu sagen, ich werde gehen."

Überrascht von der Nachricht und Jasmins kompromissloser Haltung schob ich sie hoch und rutschte neben sie in den Sessel.

„Jasmin, komm mal in meinen Arm. Mensch Mädchen, warum hast du nichts gesagt? Wie lange weißt du es schon?"

Sie sog zittrig Luft ein. „Als ich hierher kam, war ich mir noch nicht sicher. Nachher wollte ich nichts sagen. Was wusste ich denn, wie ihr reagieren würdet. Ich musste mir selbst erst einmal klar werden, ob ich es behalten will. Den Vater dazu werde ich nie wiedersehen, das ist auch gut so. Ich werde mich durchschlagen und es euch allen beweisen!"

„*Uns* brauchst du nichts zu beweisen. Wenn ich kann, werde ich dir helfen." Ich wiegte sie tröstend in meinen Armen. Ein Mädchen von achtzehn Jahren bekam ein Kind. Sie selbst besaß weder Arbeit, Ausbildung, Wohnung, noch Kontakt zur ihrer Familie, aber sie war aufrichtig überzeugt, den Problemen gewachsen zu sein. Respektvoll erkannte ich in ihrer Haltung eine Reife, die erwarten ließ, sie werde ihr Leben tatsächlich meistern. Ganz ungleich dem, wie ich es sonst erlebte, war hier ein Mensch, der sein Schicksal lenken wollte und keinem anderen Schuld und Verantwortung für sich zuschob.

„Jasmin, du bist nicht allein, du kannst hier bleiben, wenn du willst, wir werden gemeinsam einen Weg finden mit dem du glücklich wirst."

Hoffnungsvoll setzte sie sich auf und forschte in meinem Gesicht. „Meinst du wirklich, Josi?“

„Das meine ich! Warst du bei einem Arzt?“ Sie schüttelte langsam den Kopf. „Tu es, für dich und dein Kind, Jasmin. Am besten gehst du Montag zum Amt, meldest dich hier offiziell an, dann wirst du krankenversichert und kannst dich untersuchen lassen.“

„Ich kann tatsächlich bleiben? Josi, das habe ich nicht erwartet.“

„Bis zur Geburt ist ja noch etwas Zeit, schätze ich, was hältst du davon, wenn du über dem Stall zwei Zimmer einrichtest? Hinten in den letzten Räumen hättest du nahezu eine kleine Wohnung für euch beide.“

„So richtig für mich alleine? Josi, das wäre fantastisch! Ich frage gleich Montag nach, ob ich Zuschüsse zur Renovierung bekomme.“

Ihre Augen waren noch feucht, aber sie strahlten hingerissen. „Ich kaufe eine richtige Kindertapete, mit Bärchen und Hasen oder so. In meinem Zimmer bei Oma und Opa, da konnte ich die Äpfel an den Bäumen zählen und Enten, die im Teich schwammen. Mein Baby wird das schönste Zuhause kriegen, das es sich wünschen kann.“ Sie blickte eine Weile versunken vor sich hin. „Josi, ich danke dir. Ich mag euch, euch alle, die ihr hier wohnt. Ich fühle mich hier mehr daheim als bei meinen Eltern – auch wenn das kein Kompliment für sie ist.“

Das war es sicher nicht, aber mir gab es erneut eine Bestätigung für unser Leben auf *Kullers Hang*.

- ◊ • ◊ • ◊ -

Das Telefon klingelte, und Elke kündigte ihre Ankunft in circa einer halben Stunde am nahegelegenen Vorortbahnhof an.

Lupo kam mir regennass und dreckverschmiert entgegen, der Weg am Haus war fertig gepflastert. „Na, Sternchen, was sagst du?“

„Meisterleistung“, applaudierte ich. „Ich fahre Elke abholen, so können wir gleich sehen, wie es sich bewährt. Ich schätze, du gehst jetzt duschen, oder? Versuch mal, ob du Roland dazu überreden kannst, er hat es nötig.“

„Mach ich, Josi, aber erst wenn ich fertig bin.“ Sein Blick drückte eine Vielfalt an Begründungen aus. Belustigt stieg ich ins Auto. Auf der Zufahrt hielt ich noch einmal an um meinen durchweichten Freund zu begrüßen.

„Hallo Josephine.“ Josch lächelte und wir küssten uns durch das geöffnete Autofenster. „Ich habe mich eben entschieden, mit Bert zu sprechen, die Straße muss endlich einmal aufgeschüttet werden, das hält doch das beste Auto nicht aus."

„Ist mir sehr recht. Ahnst du, wie oft ich hier einen Schluckauf bekomme – von meinem alten Kombi ganz zu schweigen. Und noch was, Jasmin zieht hier ein, sie nimmt die hinteren Zimmer über dem Stall. Bis zum Winter kriegen wir die fertig, denkst du nicht?"

Er reagierte, als wäre diese Information das Normalste der Welt. „Klar passt das. Aber wir sehen uns doch sicher gleich? Ich möchte nämlich gerne aus dem Regen rauskommen, Kleines." Er strich mir schnell noch mit nassen Fingern über die Wange und setzte seinen Heimweg fort.

Am Bahnhof kam ich soeben auf dem richtigen Bahnsteig an, als der Zug gerade einfuhr. Die Reisenden stiegen aus, aber Elke war nicht zu sehen. Ich ging schnellen Schrittes die Waggons entlang und entdeckte sie in einem der hinteren Wagen an der geöffneten Tür.

„Der Schaffner sucht noch eine Hilfe um mich rauszutragen", sagte sie entschuldigend. „Nicht in jedem Bahnhof gibt es einen Rollstuhl-Lift. Aber du könntest meine Tasche nehmen, die steht hier hinter mir."

Ich bewunderte Elkes Selbstbeherrschung mit der sie das riskante Manöver ertrug, als die zwei Männer sie und den Rollstuhl aus dem Zug hoben.

Da ich normalerweise gedankenlos und wie selbstverständlich die Treppen zum Bahnsteig nahm, stand ich nun erstmals ratlos davor. „Wie kommst du denn anderswo aus einem Bahnhof raus?", wollte ich von Elke wissen.

„Ich hoffe, ihr habt hier einen Lastenaufzug, meistens gibt es einen. Wenn nicht, wird es ziemlich problematisch."

Nach längerer Suche fanden wir endlich einen Herren in Uniform, der sich auskannte und uns den Weg wies. Weil ich sie begleitete, dürften wir den Lastenaufzug selbstständig benutzen. Mit einem tiefen Stoßseufzer standen wir zwanzig Minuten später endlich auf dem Parkplatz, wo ich ein Protokoll vom Scheibenwischer meines Autos pflückte. Fünfzehn Minuten Parkzeit waren abgelaufen ...

„Meine Güte, Elke, du brauchst aber starke Nerven, wenn dir in allen Bereichen deines Lebens solche Schwierigkeiten begegnen."

Sie lächelte matt. „Wie wahr, wie wahr. Ab und zu bringen mich solche Exkursionen an den Rand eines Wutanfalls. Es fuchst mich, wie dumm und vernagelt manche Leute sind. Ich habe schon mehrfach auf meine Frage, wie ich aus dem

Bahnhof rauskomme, die Antwort gehört: *Dort hinten ist die Treppe*. – Aber was soll es." Sie zuckte die Achseln. „Jetzt bin ich hier und ich freue mich riesig darüber."

Während Elke sich auf den Vordersitz hob und ich den Rollstuhl zusammenklappte und im Kofferraum verstaute, erzählte ich ihr von dem *Gästezimmer*, das sie erwartete.

„Josi, kannst du nicht aufhören, dich zu entschuldigen, das ist ja schrecklich. Das einzig Peinliche an der Sache ist nicht das Primitive, sondern, dass ich nicht eigenverantwortlich meinen Eimer aus dem Stuhl entleeren kann."

„So sind wir quitt", erwiderte ich lachend. „Du erträgst die Einfachheit deiner Behausung und ich mache mit dem Bottich, was im Altenheim tagtäglich mein Job ist. Leider kam mir erst viel zu spät die Idee, mir vom Hausmeister einen Klostuhl auszuborgen. Na ja, für ein paar Tage erfüllt der selbstgemachte hoffentlich auch seinen Zweck."

Wir holperten über die Zufahrt, und ich erklärte ihr Joschs neustes Vorhaben. „Im Idealfall gelingt es ihm, von Berts Firma eine Planierwalze zu mieten und den Weg sogar zu asphaltieren. Dann könntest du bei deinem nächsten Besuch problemlos allein in die Stadt fahren."

Als wir auf dem Hof ankamen, öffnete Josch Elke galant die Tür.

„Dich habe ich bei der Aufführung gesehen", sagte sie keck. „Du hast mir gefallen." Joschs Ohren leuchteten. Er ließ ihre Hand los um mir mit dem Rollstuhl zu helfen. Der Regen hatte aufgehört, stattdessen schimmerte das Nachmittagslicht grün durch die Bäume.

„Unbeschreiblich! Was habt ihr es schön hier. Das ist beinahe wie im Traum", begeisterte sich Elke und schaute umher.

„Du hast Recht." Das Glücks schien in mir zu vibrieren. „Es war zunächst nur ein verrückter Traum. Ich wundere mich jedes Mal neu und meine, mich zwicken zu müssen."

Da die Rampe noch nicht ganz fertig war, legte Josch zwei Bretter an den Eingang zum Stall, wozu Elke erklärte, er solle sich nicht noch mehr Arbeit machen, die Bretter seien vollkommen ausreichend.

Der Innenraum war, wie gesagt, notdürftig eingerichtet, aber Elke drehte ihren Rollstuhl fast tanzend im Kreis herum.

„Das ist ja gigantisch, so viel Platz für mich allein, genial. Josi, du spinnst mit deinem schlechten Gewissen. Pass gut auf, ich könnte mich häuslich niederlassen. Weißt du, vor vielen Jahren habe ich in der Hausbesetzer-Szene gelebt. Das war eine Wucht! Ich habe mich gut gefühlt wie vorher und nachher nie wieder. Wart ihr auch dabei?“ Sofort schüttelte sie den Kopf. „Nein, du bist zu jung, aber Josch, hast du damals auch mitgemacht?“

Josch grinste verlegen. „Die späten Siebziger? Nee, da habe ich schon fleißig gelernt, ich hatte bloß meine Ausbildung im Kopf.“

„*Du* bist ein Strebertyp?“

Fast entschuldigend rieb sich Josch den Nacken. „Ich bin Zimmerer und damals wollte ich nichts lieber, als einer zu werden. Wenn du das Streber nennst, muss ich wohl damit leben. Aber wie ist es, wollt ihr nicht rüber kommen? Max kocht Kaffee und Emmi hat zwei Apfelkuchen gebacken, wenn wir uns beeilen, bekommen wir vielleicht noch was ab.“

Ich sah zu Elke. „Kommst du klar, mit dem Raum hier, dem Licht und der Badezimmerecke? Sonst bleibt noch Zeit bis heute Abend, etwas zu verändern.“

Elke schaute sich kritisch um, jedoch schien alles ausreichend auf ihre Notwendigkeiten zugeschnitten.

Der Wohnraum war nahezu voll besetzt. Lupo redete mit Oma Emmi; Polly, Kalle, Max und Roland saßen mit vollem Mund diskutierend beisammen. Roland war tatsächlich gewaschen und frisch gekleidet. Im Anbau stand seit kurzem ein Kleiderschrank mit Wechselwäsche zur freien Verfügung.

Rita und Bert waren ebenfalls nach der Arbeit hier aufgetaucht. Wenn auch nicht täglich, so kamen sie doch häufig vorbei. Ich hatte Rita bereits zwei Mal zum Ballett begleitet und es gefiel ihr dort. Keiner kannte ihren Hintergrund, so wurde sie vorurteilsfrei in die Gruppe aufgenommen. Auch Bert lebte in seinem eigenen Bekanntenkreis, dennoch blieb die Beziehung zu uns und unseren Leuten bestehen.

Da das Wetter ungemütlich nass war, hatte jemand den Ofen angezündet und uns umflutete eine heimelige Atmosphäre. Elke war nicht schüchtern und kam in kürzester Zeit mit jedem ins Gespräch.

Josch drückte meine Hand, die er seit Minuten hielt und wies mit einem Nicken zu Sven hinüber. Amüsiert beobachteten wir, wie er Jasmin laufend mit Kaffee und Kuchen versorgte und sie diese Schmeichelei sichtlich genoss.

Als ich jemanden die Treppe hinaufsteigen hörte, entschuldigte ich mich bei Josch. „Das könnte Herla sein, ich gehe mal nachsehen.“ Ohne ein weiteres Wort stand auch er auf und folgte mir.

Als wir das sorgenvolle Gesicht sahen, ging Josch mit großen Schritten auf Herla zu, legte die Arme um sie und streichelte beschwichtigend ihre leuchtend roten Locken. Wir setzten uns auf das kleine Sofa und sie berichtete stockend, Doktor Woltak habe dringend zu weiteren Untersuchungen geraten.

„Ich soll Montag ins Krankenhaus gehn. Der meint, da is irgendwas nich koscher bei mir, mit dem Ohr und weil mir doch so oft die Augen weh tun. Weiter hat er nix gesagt. Ich soll mir auch keine Grübeleien machen, aber das is es ja eben! Hätt er posaunt, mir explodiert die Birne, wüsst ich wo ich dran bin. Mensch, Dschäi-Dschäi, ich hab Bammel, wieso muss ich in die Krankenhütte? Was soll das?"

Während sie Joschs freundschaftliche Zärtlichkeiten annahm, streichelte ich ihr tröstend über den Rücken. „Herla, es geht um ein Abchecken, das ist doch kein Grund zur Panik, beruhige dich. Hat er gesagt, wie lange du drin bleiben musst?"

„Das wusst er nich, aber er hat noch mit nem Arzt telefoniert, der wüsste Bescheid, was zu tun ist. Montag um neun soll ich bei nem Doktor Belzer aufmarschieren."

Josch nahm Herla an den Schultern, sie konnten sich geradewegs in die Augen sehen. „Herla-Mädchen, bleib ganz ruhig. Wir sind bei dir, nur höre auf, deiner Angst die Zügel in die Hand zu geben. Erinnerst du dich an das Wochenende, nachdem Angelika in die Maschine gekommen ist. Du hast am Rad gedreht. Zum einen wegen Angelika, klar, aber du bist auch halbwegs umgekommen vor Sorge, wie es mit dir und deinem Job weiter gehen soll. Denk an das Gute, was für dich dabei herausgekommen ist."

„Danke, Josch." Sie lächelte gequält. „Is das heiß, 'n großen Bruder zu haben."

- ◊ • ◊ • ◊ -

„Was ist das hier bei euch für ein ungewöhnliches Miteinander", freute sich Elke. „Warum ist es auf deiner Kate möglich, nicht aber im großen Stil?"

Ich hob ratlos die Arme und blickte mich um.

„Das habe ich auch überlegt. Als ich anfing mit Renovieren, und Polly und Lupo als einzige hier wohnten, haben Herla und Josch mir gesagt, ich müsste Regeln aufstellen, wenn mir daran läge, das Haus und den Frieden zu erhalten. Ich kam mir superblöd vor, erwachsenen Menschen zu sagen, was sie zu tun haben, noch dazu, wo einige von denen meine Väter sein könnten – vom Alter her, versteht sich. Aber es ist wahr, ohne feste Regeln, die für alle gelten, hätte es nicht geklappt. Hast du gemerkt, dass keiner von ihnen trinkt?"

„Das ist mir aufgefallen. Ich frage mich ohnehin, wie das sein kann."

Ich hob die Brauen und deutete mit dem Kopf zur Tür. „Wollen wir im Garten nachsehen? Jeder, der es nicht sein lassen kann, hat dort sein privates Versteck. Aber im Haus ist Alkohol tabu. Bis heute halten sich alle an diese Regel, und ich habe den Eindruck, als wenn sie ihnen hilft das Zeug zu reduzieren. Polly war früher ständig bis zum Rand abgefüllt, und jetzt? Letzte Woche hat er mir tatsächlich angeboten mich *geschäftlich* zu beraten, er war damals Steuerfachmann. Ich muss mir neuerdings Gedanken machen, wie ich mein Leben finanziell in die richtigen Wege leite."

Jetzt fiel mir ein, Elke war auf dem Wissensstand von vor einigen Wochen. Auf dem Weg in den Garten berichtete ich.

„Ich habe umentschieden und werde doch kein Gästehaus herrichten, jedenfalls keins im üblichen Sinn. Ich habe endlich erkannt, was ich wirklich will."

Elke staunte, als ich von meiner Idee erzählte, hier im Haus mit Menschen aus verschiedensten Bereichen unserer Gesellschaft eine Lebensgemeinschaft aufzubauen.

„Oma Emmi ist bereits fest eingezogen, Lupo wird auch bleiben und Jasmin, dazu Josch und ich sind schon fünf. Polly tönt zwar ab und zu großspurig von den Freuden des Lebens auf der Straße, aber wer ihn kennt, spürt, wie er sich hier pudelwohl fühlt. Und jetzt bietet er mir sogar an, sein Wissen von vor ewig langer Zeit anzuwenden. Ich war total gerührt." Ich senkte die Stimme. „Bestimmt werde ich mich nicht allein auf seine Aussagen verlassen, aber er soll gerne anfangen sich einzubringen, das, was er gewusst und gekonnt hat, umzusetzen. Ich habe die stille Hoffnung, Polly selbst trägt den größten Nutzen davon."

„Das ist bemerkenswert", murmelte Elke. „Eine echte Rarität. Es ist wie in dem Stück das vom Tippel-Theater aufgeführt wurde: Jeder kommt ein bisschen aus seinem Extrem auf den anderen zu, und am Ende stellen sie fest, nur der nackte Mensch bleibt übrig, alle sind gleich mit ihren Hoffnungen und Zweifeln. Mir imponiert, wie ihr euch gegenseitig helft, wie ihr zueinandersteht, egal welchen Hintergrund ihr habt – oder hattet. Hier, die Frau", sie wies auf Beate, die gerade mit einigen großen und ihren eigenen kleinen Leuten Ball spielte, „sie ist aus dem ganz normalen Leben, nicht wahr?" Ich nickte. „Wer spielt heutzutage schon noch Ball? Aber hast du den Eindruck, sie langweilt sich?"

Wir lachten gleichzeitig los, denn in dem Moment lieferte Beate sich mit Polly und ihrem Sohn Tim ein eifriges Wettrennen um den Ball.

„Ich gebe zu“, ergänzte ich Elkes Gedanken, „am Anfang war ich sehr unsicher im Umgang mit den Leuten. Sie sind ja deutlich rauer als die *normale Gesellschaft*. Außerdem kam ich mir, offengestanden, albern vor, bei manchen Spielen die wir gemacht haben. Als ich jedoch kapierte, vieles andere hätte sie schlichtweg überfordert, gab ich mich da hinein und seither macht es mir tatsächlich Spaß. Bei einem Leben auf der Straße leidet der Kopf. Aber jeder der Männer, angefangen bei Josch bis hin zu Roland, der wohl das schwächste Glied ist, jeder von ihnen hat dazu gewonnen in den zwei Jahren, die ich sie nun kenne. Erst die Proben für das Theater, anschließend die Arbeiten hier; Zuverlässigkeit, Verantwortung, überdies die Probleme, die sich beim gemeinsamen Wohnen und Leben einstellen – was auch an mir nicht spurlos vorüber gegangen ist“, musste ich zugeben. „Die Männer sind gewachsen, haben wieder Zutrauen zu sich selbst bekommen, erleben Erfolg und müssen sich das Positive in ihrem Leben nicht nur einreden. Elke, es ist so wohltuend, an dieser Wandlung teilzuhaben.“

Sie nickte gedankenvoll vor sich hin. „Josi, du ahnst nicht, wie wichtig ein Mensch ist, der an dich glaubt, es dir sagt und nicht aufgibt, bis du es geschluckt hast. Auch wenn du all die Veränderungen nicht miterleben würdest, bliebe dir doch die Dankbarkeit dafür ein Leben lang auf den Fersen. Ich weiß, wovon ich rede.“ Elke sah reglos dem Spiel zu, ihre Hände suchten Halt auf den Armlehnen des Rollstuhls. Mit belegter Stimme, aber fest entschlossen darüber zu reden, fuhr sie fort. „Ich war mehrere Jahre auf der geschlossenen Psychiatrie. Oft lag ich ans Bett fixiert, weil sie glaubten, ich nütze die erstbeste Gelegenheit, mich umzubringen – womit sie auch vollkommen Recht hatten. Tagsüber wurde ich zu verschiedensten Therapien gebracht. Laurenz war einer der Betreuer. Er erkannte in mir die Fähigkeit zu malen, und schaffte es mit einer Engelsgeduld, Tricks und Kniffen, mich zu überzeugen, den Stift in die Hand zu nehmen. Er war es, der mein Leben ins Lot brachte. Wäre Laurenz nicht gewesen, läge ich vermutlich noch heute apathisch ans Bett gefesselt. Er ließ mich Hoffnung erkennen. Obwohl ich nie mehr gehen kann, hat mein Leben noch einen Sinn.“

Elke unterbrach sich und der Stimmungswechsel war ihr körperlich anzusehen. „Heute lebe ich wieder, bin nicht suizidgefährdet und verdiene meinen Lebensunterhalt, ich illustriere Kinderbücher. Es mag sein, ich lebe in einer Scheinwelt, den Geschichten die ich male, aber – tut das nicht so ziemlich jeder von uns? Der engagierte Arzt in seinen Krankenberichten, der Geschäftsmann in seinen Büchern und der Sportler in seinem Verein."

„Und eine Josi in ihrer selbstgemachten Welt auf *Kullers Hang*", beendete ich Elkes Ausführungen. „Du hast Recht, jeder hat seine Macke. Du sagtest, du hast in der Hausbesetzer-Szene gelebt, war das vor oder nach deinem Unfall?"

„Vor und gleichzeitig die Ursache dafür. Erst waren es die Hippies, später Atomkraftgegner und zuletzt sind wir in leerstehende Häuser gestiegen um gegen deren Abbruch oder Zerfall zu protestieren. Ich hatte zu der Zeit einen Freund. Peter, Pit, wir sind zusammen durch dick und dünn gegangen und waren der Ansicht, die Welt gehöre uns. Leider hing er an der Nadel. Wenn ich ehrlich bin, habe ich es kommen sehen, aber als ich ihn tatsächlich fand ..."

Elke presste ihre Fäuste gegeneinander und schloss eine Zeit die Augen, ehe sie weiter sprach. „Er hat den *goldenen Schuss* erwischt, und für mich brach eine Welt zusammen. Ich wollte aus dem Fenster springen, aber unsere Kumpels hielten mich zurück, sie boxten mich nieder, weil ich weg wollte. Dann haben sie mich abgefüllt. Als ich erwachte, war mir kalt. Pit war nicht mehr da. Sie haben ihn weggebracht und ich war allein in dem stockdunklen Haus. Ich fühle es noch genau wie damals, die Leere in mir, wie ich zur Treppe ging und auf die Straße hinaus. Sicher wie ein Schlafwandler lief ich umher, spürte nichts als die eisige Kälte in mir, den Regen in meinem Gesicht, den Wind, der von links dagegen blies. Und eine unsägliche Sehnsucht, bei Pit sein zu wollen. Stumpfsinnig zog ich an jedem Türgriff der parkenden Autos. Als riefe mich eine geisterhafte Stimme, folgte ich ihr. Ein Wagen öffnete sich und ich stieg ein, schloss die Leitungen kurz und trat aufs Gaspedal. Ich wusste, gleich bin ich tot, aber das machte mir nichts aus. Es sollte so kommen."

Ihr Blick klebte am Boden, und wie zur Entschuldigung hob Elke die Schultern. „Vermutlich war es Instinkt, ich weiß es nicht. Jedenfalls bin ich kurz vor dem Aufprall unwillkürlich unter das Lenkrad gerutscht. Ich flog nicht durch die Scheibe, was mich schnell an mein Ziel gebracht hätte, sondern ich gelangte weiter in den Fußraum. Als ich wach wurde, habe ich mich verflucht. Ich hatte meine Arbeit nicht gut gemacht, und ich hasse halbe Sachen. Tot war nicht ich, sondern bloß meine Beine ..."

Sie strich sich mit den Händen über die Oberschenkel, als wolle sie ihnen Trost zusprechen. „Über vier Jahre war ich Kliniken, die längste Zeit davon in der geschlossenen Abteilung." Hinter ihrem bitteren Gesichtsausdruck zeigte sich ein Lächeln. „Das ist lange her, Josi, wie gesagt, Laurenz hat mich zum Leben erweckt. Aber ich habe ihn danach nie wiedergesehen. Irgendwann hat er die Stelle gewechselt und ist fortgezogen, soviel konnte ich in Erfahrung bringen. Aber mein Leben lang werde ich ihm dankbar sein für das, was er für mich getan hat. Verstehst du jetzt, was ich dir eben sagen wollte?“

Mir blieb nur die Kraft einen tiefen Atemzug zu tun und meine Hand auf die ihre zu legen.

- ◊ • ◊ • ◊ -

Emmi hatte ihre ehemalige Flurnachbarin, Friedel Daun, zum Kaffee eingeladen, und Karl-Heinz schickte sich an, sie mit der Ente vom Heim abzuholen.

„Ach du Scheiße“, sagte Herla und griff sich an den Kopf. „Ich hab Mirko vergessen. Kalle, warte, ich komm mit. Wahrscheinlich steht der sich sonst noch bis morgen die Beine in den Bauch.“

So fuhren die beiden zum Altenheim, um unsere heutigen Besucher abzuholen. Mirko war mittlerweile einige Male hier gewesen, und es hatten sich auch immer willige Kartenspieler für Mau-Mau gefunden.

Ich ging zu Elke und Jasmin und beugte mich über ihre Rücken. Auf dem Tisch lag ein Zeichenblock, den einige geschwungene Kohlestriche zierten. Mit flinken Bewegungen führte Elke die Mine und mit jedem Moment erkannte ich mehr die Szene dieses Raumes: Der große Ofen, daneben Lupo und Josch ernsthaft ins Gespräch vertieft, gegenüber auf dem Sofa saß Oma Riedel. Zu ihren Füßen hockte Sven und hing gebannt an Emmis Lippen. Sie erzählte Geschichten aus ihrer Kindheit auf einem *Anwesen, ähnlich wie diesem.* Polly saß etwas abseits.

Was Elke auf ihrer Zeichnung nicht darstellte, waren seine zum Lauschen ausgerollten Ohren. Sichtbar war nur der mürrische Blick, mit dem er das Gehörte wohl als sentimentalen Kinderkram abtat.

Auch Martin scherte sich nicht um seinen Gesichtsausdruck, er saß, oder hing viel eher, schlafend auf dem anderen Sofa, den Mund zu einem Schnarchen halb geöffnet. Neben ihm amüsierten sich Max und Roland – dieser nutzte auf Geheiß der Männer ausschließlich einen Plastikstuhl als Sitzplatz, schließlich sollte unser Sofa nicht den Duft eines undichten Berbers annehmen. Max bröselte von einem Stück Kuchen auf Martins Oberlippe und mit jedem Atemzug des schlafenden Mannes flogen die Krümel durch die Luft, oder aber er schnupfte sie in die Nase ein, was ihm ein lautstarkes Schnauben entlockte. Max und Roland hielten sich dann vor Lachen den Bauch, während Martin weiterhin seelenruhig in der Welt der Träume verweilte.

Elke war in der Lage mit nur wenigen Strichen die charakteristischen Eigenheiten jedes Einzelnen hervorzuheben; ihr fertiges Bild zeigte eine skurrile Darstellung unterschiedlichster Menschen. Sie hatte das Verhältnis zwischen Raumgröße und den Figuren umgekehrt, der Eindruck von prallem Leben wurde dadurch nahezu greifbar. Die künstlerische Freiheit, die sie sich nahm, unterstrich den Typus des Einzelnen und ich prustete, als sie über Max kugelrundem Bäuchlein aus seiner Hemdtasche einen Wurstzipfel herausgucken ließ und Lupo ein Sträußchen welk hängender Blumen ins Knopfloch steckte.

„Einmalig, wie du das aus dem Handgelenk schüttelst." Fast beneidete ich sie.

„Kannst du mir das beibringen?", drängte Jasmin ungeduldig. Elke war erfreut und riss gleichgültig das bemalte Blatt vom Zeichenblock.

Ich griff es ihr mit einer schnellen Bewegung aus der Hand. „Bist du verrückt, das will ich behalten, das ist einzigartig!", empörte ich mich über ihre Missachtung.

„Ach was", erklärte sie unverhohlen, „das ist doch nur eine schnelle Skizze, was glaubst du, wie viele davon ich mache, bevor mein Bild fertig ist und ich zufrieden bin?"

„Skizze hin oder her, ich möchte es verwahren." Mit einer schützenden Geste nahm ich die Zeichnung an mich und betrachtete sie versunken. Behutsam legte ich das Kunstwerk auf den Schrank, ich wollte es in meiner Wohnung aufhängen, quasi als Mahnmal für mutlose Stunden. *Unsinn!*, widersprach ich mir im selben Moment. Entmutigung empfand ich selten aufgrund unseres Zusammenlebens, schlimmstenfalls war ich traurig über persönliche Rückschläge im Leben der Einzelnen, oder ich taumelte bei der Frage, wie die geplanten Arbeiten organisatorisch und praktisch zu bewältigen waren. Doch wollte ich mit diesem Bild auch den heutigen friedvollen Nachmittag bewahren.

„Du musst dir vorab überlegen, was dir das Wichtigste an dem Bild ist, das du malen willst", hörte ich Elke Jasmin erklären. „Sieh dir Polly an, er gibt ein gutes Modell ab, solange er ruhig hält", neckte sie mit einem Augenzwinkern. „Willst du ihn als Mensch malen oder eine Karikatur, das was er in dem Moment für dich aussagt?"

„Ja", trällerte Jasmin leise, „zeig mir wie ich das machen kann, er liegt da wie ein altes Hutzelmännlein, ein Waldschrat oder ein Wurzelzwerg."

Wir unterdrückten ein Lachen und Jasmin kniff sich in die Nase, um nicht laut zu werden.

„Gut, schau her." Elke nahm den Stift und begann über ein Drittel des Blattes, kaum sichtbar, ein Oval zu malen. „Zur Abmessung ziehst du ganz leicht die Konturen der groben Elemente: den Kopf, hier entlang den Rücken, vorne ein kleiner Strich wo der Bauch enden soll und ...", sie schwang am unteren Rand des Blattes einen großen Haken, „da in etwa die Füße."

„*So* große Füße?", wunderte sich Jasmin und stellte gleichsam meine Frage.

„Wenn du in Polly den Waldschrat malen willst, dürfen die Füße so groß sein, ebenso der Kopf, oder hast du den Eindruck, der ist bei Polly tatsächlich wie hier auf dem Papier?" Wieder mussten wir uns bemühen, keine Aufmerksamkeit zu erregen. „Nun sieh ihn dir genau an, was ist am ausdrucksstärksten in seinem Gesicht?"

„Der grimmige Mund", platzte Jasmin hervor, und Elke zog auf dem Block die verbissene Linie nach. Sie erklärte Schritt für Schritt, wie sie vorging, und nach wenigen Minuten war auch das zweite Bild fertig. Es zeigte einen alten, knochigen Zwerg, der trotz seiner düsteren Miene zum Lachen reizte, und es war unverkennbar unser Polly.

„Sagenhaft!" Fasziniert wechselte mein Blick laufend zwischen Polly und der fantasievollen Abbildung.

Jasmin ließ nicht locker. „Ich habe zwar zugesehen, aber wie - machst - du - das?"

„Weißt du, Malen ist weniger die Kunst der Hände, als die des genauen Beobachtens. Du musst die markanten Linien an deinem Objekt suchen und sie in der Relation zu deinem Papier umsetzen. Außerdem, wie ich eben bereits sagte, überlege dir zuerst, was du erreichen willst. Eine echte Wiedergabe oder ein Schattenbild, den Eindruck, den etwas vermittelt? Hier, fang an."

Elke reichte ihr Block und Stift. Jasmin blickte verlegen, überflog die Menschen im Raum und ein schmales Lächeln legte sich auf ihre Lippen.

„Okay, ich versuche es. Darf ich mich ein bisschen an deinem Bild festhalten?" Elke nickte. „Dann nehme ich Sven. Findet ihr nicht, er sitzt da und starrt Oma Emmi an wie ein Kind den Weihnachtsmann?" Sie hatte geflüstert und wir stimmten ihr schmunzelnd zu. Sogleich begann sie, ebenso wie Elke, das Blatt einzuteilen, um nach und nach die entsprechenden Bereiche auszuschmücken und im Detail zu zeichnen.

Der Weg dahin, und erst recht das Ergebnis, ließen mich überrascht aufblicken. „Jasmin, das ist der blanke Wahnsinn, du kannst ja wirklich malen."

Vor mir auf dem Tisch sah ich ein Zwerglein, das mit glänzenden Pupillen einen Tautropfen auf einem riesigen Pilz betrachtete. Die Gesichtszüge ließen Sven darin erkennen: die kindlichen Backen, der Wirbel im Haar, der zum Himmel ragte, und sie hatte in seine überdimensionalen Stiefel ein Loch gemalt, wie es ebenso in Svens rechtem Turnschuh nicht zu übersehen war. Elke verwies trotz großen Lobs auf den Ausdruck in seinen Augen, verglich ihn mit dem des Zwerges und während die Künstler fachsimpelten, erhob ich mich und trat ans Fenster.

Erneut eröffnete der Zufall ungeahnte Talente.

Verträumt sah ich in den Garten. Der Regen der vergangenen Tage hatte den Sträuchern und Bäumen zu einem satten Grün verholfen, und Dank Lupos wissender und umsichtiger Pflege erhoben sich überall Büschel mit blau oder gelb blühenden Stauden. Die Sonne kämpfte sich matt durch die dicken Wolken, aber der Regen war vorbei, die Pfützen vom Erdreich aufgesogen.

Ich sah ihn nicht, dennoch spürte ich deutlich Joschs Nähe. Nun trat er zu mir und seine Worte kitzelten in meinem Ohr.

„Na, bist du glücklich?"

Ich lächelte und lehnte mich vertrauensvoll zurück an seinen festen Körper. Ja, ich war glücklich!

Als ich wieder hinaus sah, erkannte ich die betonierte Ente aufs Haus – fast ließe sich tatsächlich sagen, zuwatscheln. Ich drehte mich immer noch benommen zu Josch um, zog ihn sanft am Nacken und gab ihm einen Kuss.

Die beinahe selbstvergessene Gemütlichkeit kam zu neuem Leben als Herla, Kalle, Mirko und Friedel Daun den Raum betraten. Emmi ging schnurstracks auf ihre alte Freundin zu und begrüßte sie herzlich, während Herla und Mirko gemeinsam mit einem großen Karton in eine Ecke des Zimmers gingen. Obwohl Mirko hier längst nicht mehr fremd war, blieb er weiterhin genant und in sich gekehrt. Jedoch verzog sich sein Mund zu einem breiten Lächeln, als Herla verkündete:

„Guckt ma' Leute, was Mirko mir geschenkt hat." An mich gewandt fragte sie, wobei sie den Deckel des Kartons langsam hob: „Josi, was hältst du von Zuwachs auf *Kullers Hang*?"

Ein aufgeregtes Piepsen klang aus der Kiste und wir beugten uns neugierig darüber. Acht kleine, verschreckte Küken unterschiedlicher Farbe drückten sich ängstlich in einer Ecke zusammen. Die kleinen Krallen griffen achtlos über die Körper und Köpfe der Tierchen, als sie versuchten, sich vor der vermeintlich drohenden Gefahr zu verbergen.

„Hühner sind das“, erklärte Herla, wobei sie den Unwissenden unter uns erläuterte: „Die sind noch jung, aber wenn sie groß sind, machen die Eier, und fressen können sie die *Bobo*-Reste. Ist doch was Feines, oder?“ Ihre Hand griff behutsam in den Karton und kam gefüllt mit einer Kugel gelbem Flaum heraus. Liebevoll hob sie das Küken vors Gesicht und turtelte mit ihm. „Sind die nich volle Kanne süß?“

Jäh ertönte hinter uns das erregte Gackern eines ausgewachsenen Huhns, woraufhin sämtliche Federkügelchen in Panik durcheinander stoben. Perplex und ebenso erschreckt sahen wir uns um – und direkt in Lupos strahlendes Kasperlegesicht.

„Biste bekloppt!“, fuhr Herla ihn ungehalten an. „Guck ma’, was du angerichtet hast!“

Lupo grinste unbeirrt und machte eine Grimasse, aus deren Öffnung ein hohles Glucksen zu hören war. Wir schauten, als hätte er den Verstand verloren, doch Herla erkannte verwirrt: „Mensch Lupo, das is ja verhext. Mach nochma'.“

Abermals gurrte er einen warmen, dumpfen Laut und wir beobachteten gebannt, wie die Küken sich beruhigten und alle vorherige Aufregung vergessen war.

Unsere Blicke wanderten zwischen dem Karton und Lupo hin und her. Er nahm die Kiste, legte sie vorsichtig auf die Seite und ging, fortlaufend Kehllaute ausstoßend, rückwärts durch den Raum.

„Sieh dir das an“, staunte Jasmin. „Die Kleinen tapsen hinterher, als wenn Lupo die Glucke wäre.“

Er setzte sich auf den Boden, und die Küken sammelten sich in der Nische unter seinen angewinkelten Beinen. Herla beugte die Knie und ließ das Junge aus ihrer Hand frei. In Windeseile lief es hinterdrein und mischte sich behaglich unter den Pulk seiner Artgenossen.

„Wie machste das, Lupo?“, fragte sie neugierig, und empfing zur Antwort ein Lächeln, in dem sich Stolz und Verlegenheit mischten.

„Ich bin mit Hühnern aufgewachsen – und habe ihre Sprache und Sitten studiert“, fügte er noch spöttelnd hinzu.

„Los, erzähl, die Geschichte kennen wir noch gar nicht."

Wir verteilten uns auf sämtlichen Sitzgelegenheiten im Raum und warteten gespannt auf Lupos Darstellung, während wir das Geschehen unter seinen Beinen verfolgten. Die Küken beäugten ihre nähere Umgebung und tapsten alsbald auf dem Boden umher. Max warf ihnen von den restlichen Krümeln zu, und Lupo begann seine Erzählung.

„Bei uns stand der Kuchen zum Abkühlen meistens auf dem Fensterbrett, aber gerade mal so lange, bis ich ihn entdeckt hatte. Also, jedes Mal, wenn ich als Kind davon geklaut habe, wurde ich in den Hühnerstall gesperrt. Mit der Zeit wurde das Hühnervolk zu meinen besten Kumpanen. Aber immer, wenn es mir zu langweilig wurde, bin ich durchs Hühnerloch ausgebüxt."

„Du?", wunderte sich Polly. „Aber doch bloß als Kleinkind, was?"

„Nee, auch als ich größer war. Weißt du, man kommt in jedes Loch, wenn der Kopf durchpasst. Du musst nur die Schultern lang genug drehen, dann bist du drin." Er nahm ein braunes Küken in die Hand und streichelte ihm sanft über den Flaum. „Und wenn ich so richtig wütend war, habe ich als Strafe für meine Mutter die Schweine aus dem Stall gelassen und bin abgehauen. Sie hatte locker zwei Stunden zu tun, um die Viecher im Garten einzufangen."

Er grinste in der Erinnerung und sah sich im Kreis um. „Einmal sollte ich die Hühner in den Stall bringen. Es gab zwei Hähne, der eine davon war so blöd und wollte nicht reingehen. Ich bin dem ne halbe Stunde hinterhergejagt. Als ich die Schnauze voll hatte, habe eine Holzlatte genommen und ihm eins über die Rübe gezogen. Da war er platt, aber wirklich. Ich hob ihn hoch und dachte, der hat im Hühnerstall nichts mehr verloren, also brachte ich ihn auf den Misthaufen. Schließlich sollte mein Vater ja nicht mitkriegen, was passiert ist. Ich buddelte ihn tief unter und ging ins Haus, als wäre nichts geschehen."

„Und, hats keiner geschnallt?", forschte Herla.

Das Zucken seiner Augenwinkel verriet Lupos Heiterkeit. „Nicht direkt, erst eine Weile später kam mein Bruder durchgeknallt reingelaufen: *Mama, Papa, kommt mal ganz schnell gucken*. Als wir hinters Haus kamen, sahen wir den Hahn oben auf dem Misthaufen wie doll im Kreis rennen. Er war wohl doch nicht tot, hatte aber gewaltig einen an der Klatsche. Der hat sich nicht mehr gefangen und ist im Kochtopf gelandet."

Schulterzuckend tat Lupo seine verjährte Missetat ab. Ein weiteres Mal ließ er sein hohles *gluck, gluck, gluck* hören und sammelte die bunte Schar um sich herum.

„Wir sollten fürs erste ein Gatter bauen, wenn sie größer sind, können wir die Hühner auch frei laufen lassen. Kalle, gibt es in der Werkstatt noch Flechtzaun?“

„Doch, ja, aber zuerst müssen wir tiefe Furchen ziehen, sonst holt ein Marder nachts die Vögel.“

Sofort wurde geplant, diskutiert und überlegt, bis die meisten der Männer aufstanden und sich alsbald ans Werk machten.

- ◊ • ◊ • ◊ -

Schlafende Monster

„Verdammte Scheiße", fluchte Josch inbrünstig und sah mich ratlos an. „Wo kann sie denn sein, wenn nicht einmal hier?"

Wir standen vor Herlas Wohnung und überlegten verzweifelt, was geschehen sein mochte. Herla war aus dem Krankenhaus abgehauen, nachdem sie nun über zehn Tage alle möglichen Untersuchungen ertragen hatte. Was war passiert? Warum hat sie heute, ohne sich bei irgendwem zu melden, ihr Krankenzimmer verlassen und ist, wer weiß wo, untergetaucht? Josch nahm meinen Arm und zog mich eilig die Treppe hinunter.

„Da ist was Schlimmes im Busch, sonst hätte sie sich gemeldet, Josi, wir müssen sie finden."

Zunächst mit dem Auto, danach irrten wir zu Fuß durch die Stadt, über sämtliche Straßen und sahen in alle Verstecke, die Josch kannte. Nichts.

Währenddessen jagten in meinem Kopf tausend Gedanken. Am Krankenhaus selbst lag es nicht, auch wenn Herla mit großem Widerstand dort hin gegangen war. Sie hatte sich bald eingelebt und mit den gegebenen Umständen zurecht gefunden. Wie es ihre Art war, sprach sie im Flur sämtliche Patienten an und baute schnell einen großen Bekanntenkreis auf der Station auf.

Die Ursachen für ihre Schmerzen und Ohnmachtsanfälle waren bislang noch nicht deutlich erkannt; immerhin wurde Herla nicht mehr als Simulantin hingestellt. Doktor Belzer hatte etwas hinter dem Trommelfell ausgemacht, was nicht dahin gehörte, konnte aber noch keine näheren Angaben machen. Herla durchlitt eine Menge unangenehmer Untersuchungen, wobei sie immer nervöser wurde, aufgrund der unklaren Sachlage.

„Josch", fragte ich besorgt und ergriff seine Hand, „was ist nur passiert?"

Längst war auch er sichtbar erregt und erwiderte meinen Händedruck.

„Ich habe keine Ahnung, Kleines, aber ich gäbe was drum, mehr zu wissen." Blitzartig sah er mich an. „Der Proberaum. Womöglich ist sie da. Komm lass uns gehen."

Das Gebäude stand seit unserem Theater leer, ohne Sinn und Zweck wurde es von der Stadt zurückgefordert. Josch hatte Recht, es lag abseits und möglicherweise hat Herla sich dahin verzogen, in Erinnerung an die gute Zeit, die wir dort verbracht hatten.

Wir entdeckten sie gleichzeitig, als wir auf das Haus zugingen. Herla saß am Fuß des alten Baumes, mit dem Rücken an den kräftigen Stamm gelehnt, und der Kopf ruhte auf ihren Knien. Die leuchtend roten Haare fielen in Wellen über ihre Beine und bildeten einen surrealen See zu ihren Füßen. Abwartend blieben wir in einiger Entfernung stehen. Ich folgte, als Josch entschlossen auf sie zuging, sich vor sie hockte und die großen Hände auf ihre Schultern legte.

„Herla?" Er sprach leise und mitfühlend. Sie rührte sich nicht. Er schob ihren Oberkörper nach hinten und ihr Kopf baumelte kraftlos umher. Ein erstickter Schreckensschrei entfuhr mir, aber Josch schüttelte langsam, doch überdeutlich, den Kopf. Jetzt sah auch ich die herumliegenden Flaschen am Boden und war fassungslos. Herla trank so gut wie nie – soweit ich wusste – und nun lag sie nahezu besinnungslos vor uns. Ich überlegte zunächst, ob ärztliche Hilfe notwendig sei, erkannte aber an Joschs Mimik, es würde auch ohne gehen.

Er tätschelte Herlas Wangen und strich ihr das Haar nach hinten. Der Kopf schaukelte in seiner Hand, doch mit sichtbarer Anstrengung bekam Herla sich unter Kontrolle und schaute Josch an. Verwirrung zeigte sich in ihrem Blick, dann verzerrte sie das Gesicht, stieß einen hysterischen, jammervollen Schrei aus und warf sich schluchzend an Joschs Brust. Plötzlich änderte sich ihre Stimmung und sie schlug rabiat auf ihn ein. Josch spannte sich, unvermittelt von diesem Angriff überrascht, und griff nach ihren Fäusten. Sie kämpfte gegen seine Kraft und gab quietschend erbärmliche Töne von sich, bis sie nach scheinbar ewig langer Anstrengung zerschlagen und weinend in Joschs Armen zusammenbrach.

Was war geschehen, grübelte ich verstört. Noch nie hatte ich Herla in einer ähnlichen Verfassung erlebt und das machte mir Angst. Es dauerte Minuten, bevor die Wogen der Verzweiflung abschwollen und nur noch ein klägliches Wimmern zu hören war. Josch saß am Stamm des Baumes und hielt Herla wie ein großes Baby in seinen Armen. Sein Gesicht war nass von ihren Tränen und auch seine eigenen schimmerten, als er zärtlich ihren Kopf küsste.

Es war nicht leicht, in dem Gestammel, das wir hörten, den Sinn zu erkennen, jedoch verstanden wir so viel, die Testergebnisse waren eindeutig: Herla hatte *Krebs*.

Es traf uns wie ein Schlag, und ich sackte auf den Boden.

- ◊ • ◊ • ◊ -

Ineinander verschlungen wie ein Knäuel Liebender, lagen wir Stunden später in Herlas Zimmer auf der Kate und versuchten, ihr Schutz, Zuversicht und Freundschaft zukommenzulassen. Erst im Laufe der Nacht kam sie halbwegs zur Besinnung und berichtete uns. Wir wussten von der schmerzhaften Knochenmarks-Untersuchung, die sie bereits durchgestanden hatte, und ihr kamen erneut die Tränen. Ein hühnereigroßer Tumor saß im Kopf hinter dem linken Ohr. Heute hatte sie definitiv davon erfahren, ebenso wie von der Möglichkeit einer Operation.

„Fifty-fifty, dass es hinhaut, hat der gesagt. Aber ich kann Gift drauf nehmen, die Sache geht nich ohne Schaden ab. Da oben sitzt'n Stück Gehirn das man zum Quatschen brauch. Das geht flöten bei der OP, da müsst ich mit leben."

Sie sah uns mit weit aufgerissenen Augen an. „Kapiert ihr? Wenn die das Ei schlachten, kann ich nie wieders Maul aufmachen, kein Pieps mehr. Niente, finito, basta, aus, hinüber, tot, stumm für immer!" Panisch krächzend verlor sich ihre Stimme im Nichts.

Das fröhliche Vogelgezwitscher passte so gar nicht zu der Stimmung, die uns auch jetzt noch, nach wenigen Stunden Schlaf, die Kehle zuschnürte. Herla regte sich in unserer Umarmung und ließ sich umgehend zurückfallen.

„Ich will tot sein. Wenn in dem Riesenkürbis, der hier aufm Bett liegt, auch noch'n Scheißhaufen drin is, der da nich reingehört, will ich gar nich erst wach werden. Lasst mich in Ruhe und verzieht euch."

„Herla, wir finden einen Weg", versuchte ich ihr Mut zu machen, aber die gewaltige Lautstärke, mit der sie mich zum Schweigen brachte, ließ mich zusammenfahren. Während sie sich mit beiden Händen ihren verkaterten Kopf hielt, legte Josch mir tröstend und wie zur Entschuldigung die Hand auf das Bein.

Ihr desolater Zustand nach dem gestrigen, ungewohnten Alkoholgenuss machte die Situation um keinen Deut leichter.

Ich konnte das Selbstmitleid, in das Herla nun verfiel, mit allen Sinnen nachvollziehen, dennoch war dies kein Ausweg für sie. Aber stand es ihr nicht zu, Mitleid mit sich und ihrer Situation zu haben? Josch schien sich die gleichen Gedanken zu machen, denn ich erkannte ein zwiegespaltenes Schwanken in seinem Ausdruck. Wir ließen Herla reden, ihre Verzweiflung, Ängste, Vorwürfe aus sich herausschreien, weinen und vor beißender Wut auf das Bett einschlagen. Was konnten wir tun, außer da zu sein, ihr zu zeigen, wir ließen sie nicht allein. Selbst als sich ihre Bitterkeit gegen uns richtete und sie Josch mit Fausthieben traktierte, ließ er es geschehen, drehte sich nur und hielt ihr ein Kissen entgegen.

„Feigling“, kreischte sie. „Du hast ja alles was du wills, was du anpacks wird zu Gold, du Kacksack. Zieh Leine und lass mich in Ruh, ich kann deine Visage nich mehr sehn ...“ Sie fand eine Vielzahl an Beleidigungen und legte sich voll Ingrimm da hinein. Josch verhielt sich ruhig, angespannt, jedoch ohne ein Wort der Gegenwehr. Herla wollte uns hinausekeln und schrie doch im selben Moment nach tröstender Nähe.

Wir blieben bei ihr und ich registrierte verblüfft, wie ich mich innerlich an ihren Freund, den *Jesus-Gott*, wandte. *Wenn du wirklich ein echter Freund bist, lass sie das jetzt spüren*, beschwor ich still und der Druck in mir löste sich ein wenig.

Herla lag bibbernd auf dem Bett und hielt ihren Löwen umkrallt. Nun wälzte sie sich mühsam hoch, stützte sich auf die Hände und sah Josch in die Augen, dann zu mir und abermals zu Josch. „Irgendwie wirds laufen“, schnaufte sie ergeben und versuchte ein Lächeln. „In meiner Birne pennt'n Monster, und wenn das wach wird bin ich hops. Aber ich werd mir nich das Reden nehmen lassen!“ Entschlossen schüttelte sie den Kopf. „Das is kein Leben mehr für mich.“

„Ist das sicher?“, fragte ich zurückhaltend; gewappnet, sie könne erneut aggressiv auffahren. Doch Herla blieb ruhig, fast resigniert. Matt zog sich ein schiefes Grinsen über ihr Gesicht und sie legte den Kopf schräg.

„Wie's scheint. Der Doc sagte, das Ding muss raus oder meine Zeit läuft ab. Und an der Stelle sind im Kopf die Fäden, die fürs Reden wichtig sind, Langzeitgedächtnis, glaub ich, und die gehen garantiert dabei drauf.“

„Und“, forschte Josch vorsichtig, „gibt es Alternativen? Wie ausführlich hast du mit dem Arzt gesprochen, oder bist du gleich abgehauen?“ Müde lächelnd begegneten sich ihre Blicke.

„Es gibt Sachen, die helfen können, aber nich unbedingt müssen. Mehr hab ich nich gerallt. Ich war hinüber, obwohl ich mir längst gedacht hab, da hängt was gewaltig quer – bei den ganzen Untersuchungen ...“

Wir saßen weiterhin nahe bei Herla, schwiegen, weinten leise, strichen ihr durch das volle rote Haar und trockneten ihre Tränen.

Unbeholfen hob sie den Kopf und nickte Josch fragend zu. „Tuts weh, Langer? Ich habs nich so gemeint, okay?“

„Weiß ich doch, Herla, ich bin dir immer gerne zu Diensten, wenn ich helfen kann. Möchtest du noch was schlafen?“

Auf ihr Nicken hin vergewisserten wir uns, ob es ihr ausreichend gut ging, und legten uns danach ins eigene Bett. Es war noch recht früh, und so musste dieser Samstag für unsere verlorene Nachtruhe herhalten.

- ◊ • ◊ • ◊ -

Gestern bei unserer Ankunft hatten die Männer mitbekommen, etwas Schwerwiegendes war passiert. So genügten am Mittag wenige erklärende Sätze, um Herlas Zustand zu beschreiben. Schockiertes Entsetzen und Mitgefühl machte sich auf allen Gesichtern breit. Ich war überzeugt, jeder von ihnen würde seinen Weg finden, Herla zur Seite zu stehen.

Und so bewahrheitete es sich auch. Neben Emmis einfühlsamen Trostworten oder auch ablenkenden Gesprächen, fanden sich in Kalle und Polly gerne würdige Gegner für emotionsgeladene Auseinandersetzungen. Lupo hingegen ließ Herla seine freundschaftliche Zuneigung spüren und zauberte nach und nach auch vereinzeltes Lächeln auf ihr Gesicht, indem er Herla ein Küken in die Hand legte oder ihr zeigte, wie der braune, junge Hahn sich mühsam das Krähen beibrachte: Er stand auf einer Kiste im Gehege, reckte den kurzen Hals, aber ächzte nicht mehr als ein unbeholfenes *Kräck* vor sich hin. Hinten wuchsen nun schon kleine Federn, und ein winziger Kamm, wie auch ein Kinnlappen nahmen Formen an.

Lupo erzählte, wie er als Kind, um von einer Bestrafung abzulenken, die Schweine aus dem Stall befreit und in den Garten gescheucht hatte. Seine Cousine, die aus der Stadt zu Besuch war, kam angstvoll schreiend in die Küche gelaufen: *Tante Grete, Tante Grete, im Garten laufen Wildschweine frei herum!*

„Oder", setzte Lupo seine Geschichten fort, „wir hatten einen Eber, der wog über acht Zentner. Mein Vater hat mit den Nachbarn gewettet. Er schwor, der wäre zahm und er könnte darauf reiten. Die wollten, logisch, Beweise und, ob ihr das glaubt oder nicht, Vater ist tatsächlich auf Ernesto den Deich entlang geritten.

Einmal, da war mein Onkel aus Hamburg zu Besuch, und wir hatten eine Sau zum Decken in den Hänger zu kriegen, die stellte sich rückwärts, und mein Onkel versuchte, sie am Schwanz da raufzuziehen. Plötzlich riss sich der Köter vom Nachbarn los und kam bellend auf uns zu. Die Sau machte einen Satz und rannte los, Onkel Heiner hinterdrein. Er hing hinten dran wie festgetackert und das Schwein lief immer um die Jauchegrube rum. Die war auf, weil heute ausgepumpt wurde. Und das Schwein immer drumrum, Onkel Heiner flog schliddernd hinterher. Mein Vater brüllte ständig, er soll den Schwanz loslassen, aber er hatte zu viel Schiss. Also ging es immer um die Grube rum, bis der Onkel letztendlich doch darein fiel. Den hättet ihr sehen müssen – und riechen erst! Mutter hat ihn nicht ins Haus gelassen, erst musste er sich im Hof abspritzen. Bis er zurück nach Hamburg fuhr, wollte keiner beim Essen mit ihm am Tisch sitzen."

Herla hatte in diesem Moment sogar zu ihrem Lachen zurückgefunden, auch wenn fortlaufend ein Schatten in ihren Augen lag.

Alle gaben sich Mühe mit ihr, ohne sie jedoch als Sonderling erscheinen zu lassen. Nach und nach integrierte sie sich wie gehabt in unser Leben. Sie war oftmals aufbrausend und ungewohnt aggressiv, oder zog sich in ihr Zimmer zurück, um allein zu sein. Aber ich hoffte, sie hatte den schlimmsten Schock überwunden.

- ◊ • ◊ • ◊ -

„Kommst du mit spazieren?", fragte sie eines Vormittags und so machten wir uns auf den Weg. Ich spürte, wie ihr etwas auf der Seele brannte und versuchte, den Anfang eines Gesprächs zu erleichtern.

„Schieß los, Herla, wie soll ich dir helfen, wenn ich kann?"

„Josi, ich brauch dir nich zu sagen, wie fix und alle ich bin. Mir dreht sich immer noch der Kopf, ich komm nich klar, warum gerade ich? Jeder andere, bloß ich doch nich, hab ich immer gedacht. Ich fühl mich, wie vom Hammer geknutscht. Ich hab mich fast nich unter der Fuchtel, ich will draufhaun und alles, was ich seh, zerdeppern; will mich besaufen oder umbringen – und häng doch so verdammt am Leben. Dann denk ich wieder, sieh zu und machs kurz, hopp und rein in die Kiste. Ich hab so'n Brass in der Birne! Ich weiß nich mehr, wo oben und unten is."

Herlas Haare standen ihr wild um den Kopf und mit den Strähnen, die ihr der Wind ins Gesicht blies, sah sie aus wie eine Gruselmaske. Aber ihre Verletzlichkeit war nicht zu überhören. Da kam mir ein Gedanke.

„Sag mal, erinnerst du dich an das, was du mir von Rolf erzählt hast?"

Sie schaute nachdenklich zu Boden, dann hob sie den Blick und sagte mit einem tiefen Seufzer: „Ja, Josi. Er meinte, ich soll ihn mir für schlechte Zeiten verwahren, den Spruch: *Guck in die Sonne, dann kannste die Schatten des Lebens nich sehen*. Bekackt, musst du mir jetzt so ne Klugheit reinwürgen? Und weißte, was Rolf auch sagte? Es wird bei mir nich immer so cool bleiben, wie's is. Ob er gewusst hat, was kommt?“

„Möglich wäre es“, überlegte ich. „Rolf war ein eigenartiger Mensch, seltsam, doch auch etwas Besonderes.“

„Er war'n Spezi“, umfasste Herla mit einem Wort alle seine Eigenschaften. „Aber es scheint, als wenn er mir doch glatt was an die Backe gelabert hat, an dem ich jetzt zu beißen hab. Scheißkerl – aber ich mochte ihn gern, Josi. Verflixt gern.“ Nach einer Zeit des Schweigens fuhr sie fort: „Rolf hatte Recht. Ich werd weiter machen, ich geh zum Doc, der soll mir die Strahlen draufdonnern, danach kann ich weitersehen, obs ohne OP geht oder nich. Und ich such mir ne Sonne, auf die ich gucken kann. Der Jesus sagt auch, er wär Licht, haste das gewusst? Ich komm bestimmt da durch, mit so nem Haufen echter Freunde die ich hab.“

Sie beugte sich vor und drückte mich, bis mir fast die Luft weg blieb. „Josi, ich weiß nich viel über die Chemo, außer dass wahrscheinlich die Haare ausgehen. Ein Riesen-Bockmist. Aber wenn dadurch das Ei im Kopf schmilzt, werd ichs verkraften. – Hoff ich.“

In diesem Nachsatz klangen große Ängste mit, und ich wehrte mich gegen die Vorstellung, Herlas rote Locken fallen zu sehen.

Das Schlimmste für mich war unsere Hilflosigkeit, wir konnten nichts tun, außer dastehen, erreichbar sein, uns anbieten und wenn nötig auch einmal schweigend einstecken. Was war das jedoch im Vergleich zu dem, was Herla bevorstand.

„Mensch Kleine“, empörte sie sich bei einem Blick in mein Gesicht, als sei sie wieder ganz die Alte. „Was glaubst du, wie's mir ging, wenn ihr nich da wärt – ganz besonders du und Joschi.“ Nun überschattete ein ernster Zug ihr Gesicht. „Josi, ich brauch euch ganz doll, lasst mich nich allein.“

Arm in Arm kehrten wir zur Kate zurück mit der unverbrüchlichen Sicherheit unserer Freundschaft.

Vor dem Haus stand ein Taxi, aus dem ein adrett gekleideter, älterer Herrn stieg.

„Ich schätze, das ist Jasmins Opa“, überlegte ich halblaut. „Sie sagte, er wolle sie besuchen kommen.“

Wir warteten am Waldrand und beobachteten, wie das Mädchen aufgeregt aus der Tür stürzte, abrupt stehen blieb und ihren Großvater unschlüssig ansah. Endlich lief sie die letzten Schritte auf ihn zu und nahm den Mann überschwänglich in die Arme. Er herzte sie, strich zärtlich über ihr Gesicht, hakte sich bei ihr unter und Seite an Seite traten sie ins Haus.

Erst Stunden später gesellten sie sich zu uns, beide sahen mitgenommen, aber sehr glücklich aus.

„Das ist mein Opa, Herr Sommer“, stellte Jasmin ihn vor, und ich begrüßte den gutaussehenden Herrn. Er hatte keinerlei Ähnlichkeit mit seiner zierlichen Enkelin, mit Ausnahme der Grübchen, die sich bei ihrem Lachen zeigten. Herr Sommer war stämmig gebaut und hatte volles, weißes Haar, was die Einschätzung seines Alters erschwerte. Er hielt meine Hand kräftig, trotzdem sanft und sah mich dankbar an.

„Sie sind also jene Josi, von der ich nunmehr eine Menge gehört habe. Ich bin ausgesprochen glücklich, weil meine Jasmin bei Ihnen Unterstützung und Hilfe gefunden hat.“ Ein verschmitztes Lächeln zog in sein Gesicht, als er versicherte: „Es scheint, Jasmin weiß jetzt, was sie will, und mir fällt ein Stein von der Seele, sie in guter Obhut zu wissen. Auch ich werde mein Möglichstes tun, meine Enkeltochter zu unterstützen – und den zu erwartenden Urenkel“, ergänzte er noch mit sichtbarem Stolz in den Augen. Jasmin zuckte bei diesen Worten zusammen und warf einen forschenden Blick in den Raum. Außer Josch und mir wusste bis heute keiner von ihrer Schwangerschaft und anzusehen war ihr auch noch nichts.

Herla, Max und Kalle guckten verblüfft, und Sven, der gerade den Raum betrat, blieb wie angewurzelt im Türrahmen stehen und verlor jede Farbe im Gesicht.

Fragend kräuselte ich die Augenbrauen. *Nicht einmal Sven weiß Bescheid?* Jasmin erkannte meine unausgesprochene Frage und schüttelte unmerklich den Kopf.

Das fand ich hart, denn zwischen den beiden bahnte sich etwas an, das spürten alle. Wie konnte sie Sven in eine Beziehung laufen lassen, ohne ihn mit den *Umständen,* in denen sie war, vertraut zu machen. Er stand noch immer reglos an die Wand gestützt und starrte Jasmin an.

Sie wandte sich zu ihm und sagte entschuldigend: „Sehen wir uns gleich, Sven? Ich will meinem Opa eben noch das Haus zeigen, er muss bald los.“

Sven rührte sich nicht, bis die zwei den Raum verlassen hatten. Ich wollte auf ihn zugehen, doch er drehte sich unwirsch um und verschwand in den Garten.

„Na hoffentlich gibt das kein Chaos“, bemerkte Herla. „haste davon gewusst, Josi?“

„Von Sven und Jasmin oder von der Schwangerschaft?“

„Dem Baby natürlich.“

Ich verkniff mir die Frage, ob sie das ungeborene, oder das ausgewachsene männliche meinte. Nun, da der Anfang gemacht war, informierte ich über den zu erwartenden *Familien*zuwachs zur Weihnachtszeit.

„Jetzt kapier ich, warum Jasmin gleich zwei Zimmer oben kriegen soll“, machte Max seiner unterdrückten Eifersucht Luft.

Herla drehte sich rasch um und giftete ihn an: „Bist du etwa nich zufrieden mit deiner Butze, du Penner? Kannst ja gehen, wenn dir die Platte lieber is! Josi kommt auch ohne dich klar, merk dir das, du …“ Auch wenn sie eine unflätige Titulierung gerade noch herunterschluckte, fand ich diesen Verweis übertrieben. Allerdings spürte ich an den Reaktionen im Raum Übereinstimmung mit Max’ Empörung. Es dauerte eine Zeit, bis es mir gelang, die Stimmung zu besänftigen und schwelende Gefühle zu offenbaren.

Es wäre der Beginn einer unglücklichen Lebensgemeinschaft, wenn wir nicht lernten, Empfindungen auszusprechen und zu klären. Insoweit war dieses Vorkommnis ein guter Ansatz für weitere Diskussionen, die ich bis in den Abend und an den folgenden Tagen im Kreis aller Mitbewohner, sowie unter vier oder sechs Augen, provozierte.

Ich war fassungslos und betroffen von dem, was ich zu hören bekam. Eine erschreckende Vielzahl nichtiger Gründe, Missgunst und Argwohn wurden mir zugetragen. Selbst, dass Sven die Uhr aufziehen dürfte, und die Hühner nur Lupo folgten, daher auch von ihm versorgt wurden, gab einigen unserer Leute Anlass zur Empörung.

Jedoch bewies ausgerechnet Polly, von dem ich es am wenigsten erwartet hätte, die Stärke, auch Gegenbeispiele zu nennen. So hielt er jedem der Anwesenden vor, welche Besonderheiten ihm zufielen und wo der Einzelne Vorrechte besaß, die kein anderer hatte.

Als ich das hörte, war ich verblüfft. Polly, unser engagiertester Kritiker und Nörgler, bewies in einem Moment, wo es an die Grundfeste unserer Gemeinschaft ging, die Fähigkeit sachlich zu schlichten, zu debattieren und zu hinterfragen.

Wir schrieben auf eine Tapetenrückseite zu jedem Namen die Zugeständnisse, die diese Person den anderen voraus hatte. Und diese Liste sichtbar vor Augen, erkannte jeder, die scheinbaren Ungerechtigkeiten waren in Wirklichkeit ausgewogen.

Die Atmosphäre wurde wieder klar und frisch, wie die Luft nach einem heftigen Gewitter. Dank dieses Zufalls konnten wir abhelfen, bevor sich daraus ein Schaden entwickelte.

Einzig Pollys überraschende Haltung hatte mich aus der Fassung gebracht. Ich konnte es nicht glauben!

„Polly lässt sich nun mal in keine Schublade stecken", erläuterte Josch das Unbegreifliche und drückte mich liebevoll in seinen Arm. „Er ist wie ein Goldstück, das dick und hart mit Dreck verklumpt ist. Doch manchmal blendet dich unerwartet ein heller Schein." Dann wechselte er das Thema. „Hast du inzwischen was von Sven gehört?"

Ich schüttelte traurig den Kopf. Nachdem er vor Tagen, von Jasmins Schwangerschaft überrumpelt, den Raum fluchtartig verlassen hatte, war er nicht zurückgekehrt. Martin hatte ihn gestern in der Stadt gesehen, *zugedröhnt bis oben hin*. Ich machte mir Sorgen, andererseits konnte ich ihm kaum helfen. Jasmin war ihn suchen gegangen, ist aber erfolglos zurückgekehrt.

„Ich werde morgen nach ihm sehen", versprach Josch. „Mal gucken, ob er sich helfen lassen will."

- ◊ • ◊ • ◊ -

Der Durchbruch

Ich hörte die Tür schaben, blinzelte verschlafen unter der Decke hervor und sah, anfangs zu nah, um sie als solche zu erkennen, Joschs behaarte Beine. Mein Blick schweifte höher und ich erspähte einen halben Meter über der bunten Boxershorts sein strahlendes Gesicht, in dem die Augen wie die zwei Sterne blinkten. Die Haare standen wüst von seinem Kopf ab und gaben ihm ein verwegenes Aussehen. Vor dem Bauch hielt er ein Tablett, woher es herrlich nach frisch gebrühtem Kaffee duftete.

„Einen wunderschönen guten Morgen wünsche ich dir, Josephine."

Als Josch meinen verwirrten Gesichtsausdruck sah, lachte er fröhlich auf und stellte das Frühstück auf die Kommode, rollte sich zu mir ins Bett, um mich mit zarten Schmetterlingsküssen endgültig zu wecken. Ich rekelte mich wohlig und gab mich der nun folgenden Ganzkörpermassage hin.

„Ich dachte, wir sollten endlich einmal ganz gemütlich und allein frühstücken, Kleines, was hältst du davon?", nuschelte Josch weich an mein Ohr, woraufhin er eben dort seinen Appetit verdeutlichte und zu knabbern begann. Ich wuschelte seinen Kopf und genoss das Muskelspiel seines Körpers.

„Was gibt es Schöneres, als den Tag so mit dir zu beginnen", raunte ich ihm begehrlich zu, tat einen tiefen Atemzug an seiner Brust und beugte mich dann über ihn, um das Tablett aufs Bett zu setzen.

„Noch schöner, als den Tag nur so zu beginnen, wäre eindeutig, ihn entsprechend fortzusetzen", frohlockte Josch, ließ jedoch erkennen, heute sei nicht der passende. Trotzdem genossen wir unser Frühstück, das von vielen zärtlichen Zwischenspielen unterbrochen wurde.

Ich lag zwischen seinen Beinen und bettete mein Kinn in die Kuhle seines Bauchnabels, während Josch zitternd unter Spannung Selbstbeherrschung übte, als ich mit der noch heißen Tasse vorsichtig die winzig kleinen Erhebungen seiner Brust streifte.

„Josephine", stöhnte er, „was hatte ich ohne dich doch für ein ruhiges, stressfreies Leben."

Das kleine Doppelkinn, das sich zeigte, als er zu mir hinab schielte, tat seiner charmanten Erscheinung keinen Abbruch. „Aber ich bin überzeugt, diese Form von Stress die du mir bereitest ist gesund und lässt mich um Jahre jünger werden."

„Noch nie hatte ich den Eindruck, du bist so alt, wie die Jahre, die du zählen kannst." Ich griente zurück und setzte den breiten Boden des Kaffeebechers behutsam, aber mit der vollen Fläche auf seinem Bauch ab. Ich hörte ein deutliches Zischen, als er von Lust und Pein getrieben die Luft zwischen den Zähnen einsog.

Die Sonne stand hoch am Himmel und es wurde Zeit, zum Alltag überzugehen. In der Stube saßen Kalle und Herla beisammen. Sie erleichterte ihr Herz, indem sie über die Unsicherheit der in zwei Tagen beginnenden Chemotherapie sprach. Herla kauerte mit angezogenen Beinen auf dem Sofa und hielt wie schützend ihre Arme darum geschlungen, die Haare hatte sie mit einem Hut gebändigt und sah Karl-Heinz aufgeschlossen an.

„Das Leben geht weiter, Mädchen, solange du atmest, bist du noch nicht hin, glaub mir das." Er biss von seiner Doppeldeckerstulle einen großen Happen ab und redete weiter. „Als ich damals nach meinem Motorradunfall wach wurde, hat es noch ne ganze Zeit gedauert bis ich begriffen hatte, ohne mein Zutun waren sechs Monate verflogen. Ich war nicht dabei gewesen und hatte das Gefühl, den Anschluss verpasst zu haben. Es kamen zwar ab und an Leute zu Besuch, aber ich war zu sehr beschäftigt mit mir selbst, wollte keinen Menschen sehen. Ich meinte, mein Leben wär vorbei. Ich konnte nie mehr dahin zurück, wo ich mal gestanden hab. Meine Arbeit war futsch. Ich war ein Krüppel. Und die mich besuchen kamen, wussten auch nix zu sagen." Er hob die Schultern und sah, um Verständnis heischend, zu Herla hin. Die nickte.

„Ja, das kenn ich. Trotzdem bin ich froh, dass ihr alle da seid, auch wenn mir keiner echt helfen kann. Es tut voll gut zu schwafeln." Plötzlich grinste sie Karl-Heinz an, legte ihm eine Hand um den Nacken, zog ihn zu sich und küsste ihn knapp neben den Mund. „Kalle, bist'n feiner Kerl, zum Quatschen und zum Keilen. Einfach zum Knutschen."

Ohne im Geringsten verlegen zu sein, lächelte er zurück. „Herla, ich hatte damals nicht bloß ne Arbeit, ich hatte auch Freunde – oder so ähnlich – zumindest war ich akzeptiert und ganz gut angesehen. Ich war im Betriebsrat, ne Zeitlang sogar Vorsitzender."

Herla richtete sich beeindruckt auf, sagte aber nichts.

„Ja, Mädchen, ich war nicht immer so, wie du mich kennst. Ich hab nen guten Job gemacht, einiges ins Rollen gebracht. Aber dann wars vorbei. Es hat Ewigkeiten gebraucht, bis ich soweit gesund war und mir was Neues suchen konnte. Ich habe mal hier und da was gemacht, konnte aber nicht mehr leisten, was gefordert war. Na ja, du weißt, wie ich heute lebe – bis vor Kurzem ... Jetzt und hier kann ich endlich wieder bringen was in mir steckt, ich krieg die Zeit, die ich brauche." Er beugte sich vor, nahm Herlas Kinn väterlich in die Hand und musterte sie wohlwollend. „Versprich mir, dich nicht aufzugeben." Ihre Augen flackerten unkontrolliert. „Herla, Scheiße nochmal, bitte! Wir brauchen dich!"

Herla hob ihren Blick und ebenfalls die Mundwinkel. „Kalle, das hab ich ja noch nie von dir gehört – *bitte*?" Ihre Stimme klang ehrlich schockiert. „Wenns dir so wichtig is, werd ich ma' drüber nachgrübeln. Aber nee, keine Angst, ich krieg das schon hin, ich wills ja selbst."

Kalle streichelte ihr zartfühlend über das Haar, und einmal mehr war ich tief berührt. Eine Weile saßen sie still und blickten einander an. Dann löste sich dieser besondere Moment im Nichts auf und sie sahen zu uns herüber.

„Morgen ihr Zwei, na, heute ma' 'n Futter in der ehelichen Kiste gehabt? Steht euch gut so'n Gesicht, entspannt und abgewrackt."

Ich versuchte mein verlegenes Grinsen zu verbergen, doch Josch legte Herla generös seinen Arm um den Rücken und küsste sie aufs Ohr.

„Alles zu seiner Zeit." Er zog eine Strähne ihrer Locken durch die Finger, und Herla hieb ihm den Ellbogen in die Hüfte, als sich die Haare verfingen. „tschuldige, Herla. Na wie sieht es aus mit der Mannschaft? Josi macht jetzt im Stall Platz, nachher kann es losgehen mit dem Durchbruch. Ist Emmi in der Küche?"

Josch teilte die zur Verfügung stehenden Helfer ein und fuhr danach in die Stadt, in der Hoffnung Sven zu treffen.

„Wenn ich eine Chance habe", hatte er vorhin zu mir gesagt, „muss ich ihn am Vormittag finden, da wird er noch halbwegs aufnahmefähig sein."

Herla tauschte ihre Patchwork-Hose gegen einen Blaumann ein und folgte mir in den Stall. Wir hatten uns entschieden, den Hauptraum zu erweitern. Unsere Stube war mit fast fünfzig Quadratmetern zwar nicht zu klein für unser ganzes Volk, allerdings vermissten wir, bei Bedarf, getrennte Räumlichkeiten nutzen zu können. Ich hatte oben ein eigenes Wohnzimmer und auch in den Schlafräumen der Leute traf man sich, dennoch wollte ich zur allgemeinen Verfügung weitere Möglichkeiten schaffen und so war für heute der Durchbruch zum Stall geplant.

Von dort würden wir einen Teil abtrennen und dahinter eine weitere Wohnung ausbauen.

„Packe mers!“, sagte Herla angriffslustig und wir begannen die Kisten mit Gerümpel in den hinteren Bereich zu tragen. Jasmin kam hinzu und wollte mit anfassen.

„Aber nur die leichten Sachen“, wies ich sie an. „Alternativ kannst du Oma Emmi helfen, sie ist auf der anderen Seite und deckt im Wohnraum die Möbel mit Tüchern ab.“

An Herla gewandt erkundigte ich mich, ob sie wüsste, wer heute kommen würde.

„Pipe und Martin vielleicht. Lupo ist unterwegs wegen ner Maloche. Roland is schon da, der kütt gleich mit Kalle und Polly rüber.“

Wie auf Kommando traten die drei Männer ein. Sie waren ausstaffiert mit verschiedenen Schlaggeräten, langen Meißeln, Brechstangen und ausgesprochen guter Laune. Polly sah sich um.

„Na, Mädels, können wir loslegen? Roland, hol die Schubkarre, aber wehe du knallst dich darein! Wenn ich dich irgendwo ratzen sehe, fährst du zur Strafe den Schutt allein weg.“

Währenddessen war Kalle an die Wand getreten. Er hatte zuvor mit Josch gemessen und den auszustemmenden Bereich angezeichnet. Nun stand er seitwärts zur Mauer und legte den Meißel in seine verkrüppelte Hand, drehte den Körper, bis er im richtigen Winkel war, und ließ den Fäustel mit einer ausholenden Bewegung haarscharf an seinem Gesicht vorbei auf das Eisen treffen. In dem Moment, wo die Steinchen von der Wand sprangen, kniff er die Augen zu und spuckte schnaubend zur Seite.

„Machbar wärs, aber ich habe keine Lust, die Hälfte vom Dreck zu *schlucken* – auch wenn Roland dann weniger zu schleppen hat. Polly, komm her“, diktierte er. „Halt mal, aber nicht wackeln, kapiert!“

Er drückte Polly den Meißel in die Hand, der ihn mit einem überaus skeptischen Seitenblick ansetzte, daraufhin hob Kalle den Fäustel und schwang ihn mit einem inbrünstigen Urschrei darauf zu. Wir hatten gespannt hingesehen und brachen in haltloses Gelächter aus, als Polly mit einem ähnlich lauten, aber schreckerfüllten Gebrüll zur Seite sprang und das Schlageisen von sich warf. Der Hammer traf die Wand mit einem dumpfen Dröhnen, ohne jedoch sichtbare Wirkung zu zeigen.

„Feiger Hasenfuss!“, grunzte Kalle und sah Polly verächtlich an.

Halb belustigt, halb vorwurfsvoll machte der eine wegwerfende Handbewegung. „Näh, Alter, nicht mit mir. Halt du das Ding und ich schlag drauf. Wollen wir mal sehen, wer hier die Hosen voll hat."

„Steht mir auch zu, du würdest glatt noch meinen Schädel treffen, scheel wie du bist", protestierte Kalle, und wir standen ratlos daneben.

„Ist ja gut, Pisskopp, gib her. Ich fang an, und wenn da erst mal ein Loch ist, kannst du munter drauflos kloppen." Polly nahm das Werkzeug und begann, entlang der Markierung einen Schlitz zu stemmen – streng beaufsichtigt von dem wachsamen Blick eines Bluthundes.

Wir grinsten achselzuckend und setzten ebenfalls unsere Arbeit fort. Als der erste durchgehende Ziegel aus der Mauer entfernt war, wurde von der anderen Seite in unsere Jubelrufe eingestimmt, und Max reichte eine Banane durch die kleine Öffnung.

„Bis zum Kaffee müsst ihr noch was arbeiten, oder ich blas ihn euch mit einem Strohhalm durch die Ritze, wollt ihr das?"

Zur Antwort dröhnte ein weiterer Hammerschlag gegen die Wand.

„Müsst ihr nicht gleich *Bobo* abholen?", fragte Jasmin und taxierte die um zwanzig Jahre gealterten, schlohweißen Köpfe. Ich sah an mir herunter und erkannte, einer von uns musste seine Arbeit unterbrechen und die Dusche aufsuchen. Aus dem Wohnzimmer hörten wir jedoch im rechten Moment Joschs tiefe anerkennende Stimme auf das Loch in der Mauer zukommen. War es Zufall oder Kalkül, dass keiner der Männer zum Schlag ausholte, als er den Kopf durch die Öffnung steckte. Ein freudiges Lachen blitzte uns an.

„Na, da habt ihr ja toll was erreicht, Leute." Er zwinkerte durch die staubige Luft und sein Blick blieb an mir haften. „Beweg dich nicht, Josephine, bitte."

Er verschwand und ich blieb reglos stehen, nuschelte aber eingeschüchtert zu Jasmin neben mir: „Echt jetzt, läuft da eine Spinne über mich, oder was?"

Schon trat Josch durch die Tür, nahm mich bei den Händen und sah auf mich nieder. Diesmal störten ihn die neugierigen Blicke, die uns begleiteten, nicht. „Was bist du schön, Kleines!"

Die Spannung brach von mir ab und ich stöhnte befreit auf. „Nicht zu fassen! Und ich dachte, da ist was ganz Ekeliges an mir. Du bist wirklich unmöglich, Josch." Er lächelte verliebt und strich mir mit dem kleinen Finger über die Stirn.

„Josi, wenn ich dich so ansehe, freue ich mich sogar noch mehr darauf, mit dir alt zu werden. Du bist eine wunderschöne Braut, selbst wenn du grau bist." Er wollte mich in den Arm nehmen, aber ich hielt ihn, den Fingern in seinen Bauch gepiekst, auf Abstand.

„Später, Bobbi, du bist als einziger noch vorzeigbar. Könntest du zu *Bobo* fahren? Du kommst gerade recht.“ Die Falten in seinen Augenwinkeln zuckten wie kleine Blitze. Er kniff mir lose in die Wange, küsste meine Nasenspitze und ging winkend hinaus.

Das Loch in der Wand war knapp groß genug und Jasmin kletterte hindurch, um aus der Küche etwas zu trinken zu ordern. Mit spitzbübischem Gesicht kam sie zurück.

„Hmm“, leckte sie sich über die Lippen. „Emmi hat Josch beauftragt, bei *Bobo* noch ein paar Dosen Eis zu kaufen, ist das nicht super.“

„Na, wenn das kein Ansporn ist.“ Ich bückte mich abermals, um Schutt in die Karre zu schaufeln. Polly und Kalle holten erneut aus und schlugen, begleitet von ausgelassenem Brüllen, auf die Mauer ein, zogen die langen, schweren Instrumente im Gleichtakt mit einer fließenden Bewegung nach oben und die Prozedur wiederholte sich. Ich schmunzelte amüsiert vor mich hin.

Plötzlich erhob sich Herla. „Jetzt bin ich dran. Scheint was Gutes zu sein, also lasst mich auch ma' machen.“

Die Männer warfen ihr einen verdutzen Blick zu, nickten verständnisvoll und Polly reichte ihr den Vorschlaghammer. Mühelos wog sie das massive Werkzeug in ihren Händen, schwenkte es abwägend vor sich wie einen Golfschläger, und mit einer überraschenden Bewegung drehte sie schwungvoll die Arme, wobei ihr ein Laut voll Schmerz und Befriedigung entfuhr. Der Hammer krachte an die Mauerkante und sprengte einen Gesteinsbrocken ab.

„Wow!“, hauchte sie begeistert und setzte erneut an. Wie ein Mühlrad drehte sie fließend die Arme, die Hände fest um den dicken Griff gekrallt, während sie Schreie der Wut, Anstrengung und Genugtuung ausstieß. Polly und Kalle nutzten die Pause, um sich auszuruhen. Zufrieden schauten sie von ihrem Platz am Boden zu Herla auf.

„Recht so, Mädel“, hörte ich Polly wie zu sich selbst sagen und nickte.

Wir sahen Josch und auch Lupo mit Lebensmittelkisten zur Küche gehen. Als sie erkannten, wer derzeit den Hammer schwang, blieben sie stehen und ließen eben dieselben Gedanken erkennen, wie auch wir sie empfanden.

Ich ging nach draußen, um mit Josch einen Moment allein zu sein. Ich wollte hören, ob er Sven erreicht hat. Wir setzten uns unter den großen Apfelbaum, und ich lehnte mich an seine Seite.

„Ja, ich habe ihn gefunden. Das habe ich allerdings nicht anders erwartet. Er war auch bei Verstand, wenn man das so bezeichnen will." Josch verzog das Gesicht. „Zumindest war er faktisch nüchtern – aber im Kopf absolut verdreht. Er hat sich tatsächlich hoffnungslos in Jasmin verliebt und ist verstört, weil sie ein Kind kriegt, mehr noch, weil sie ihm das verheimlicht hat. Sven unterstellt ihr jetzt, sie hätte mit ihm gespielt. Ich erklärte, Jasmin wusste bis vor Kurzem selbst nicht, wie sie ihr Leben regeln soll. Sie hatte zudem große Angst, was der Opa sagen würde, die Eltern sowieso." Josch fuhr sich ärgerlich durch die Haare. „Sven schnallt vorn und hinten nicht, was er will und redet paradoxes Zeug. Ich schätze trotzdem, er hat meine Begründung zu Jasmins Schweigen verstanden. Schon kommt sein nächstes Problem. Er hat geflennt wie ein kleiner Junge, weil Jasmin ihn angeblich nicht mehr liebt."

Unschlüssig sah Josch mich an. „Weißt du, was ich gemacht habe, Kleines? Ich nahm ihn an den Schultern und habe ihn geschüttelt – weit mehr, als ich ursprünglich wollte. *Sven, hör auf, dich zu bemitleiden.* Richtig angebellt habe ich ihn. *Hast du eine Ahnung, wie sie sich seit Tage die Seele aus dem Leib heult, weil du weggegangen bist. Zumal sie sich deinetwegen Vorwürfe macht. Was soll Jasmin für dich sein?,* habe ich ihn gefragt, dabei schlackerte sein Kopf albern hin und her. *Deine Mama etwa? Oder willst du sie zur Freundin, eine Partnerin? Bist du überhaupt in der Lage, selbst Partner zu sein oder erwartest du nur, dir würde gegeben?*
Er hat mich durch seinen Schafsblick richtig wütend gemacht, Josi. Wie kann ein Macker solch ein müder Weichling sein? *Jasmin ist Jahre jünger als du,* fuhr ich ihn an, *und dennoch weitaus reifer. Ja, sie ist nun mal schwanger, aber das Mädchen hat sich entschieden dieses Baby zu bekommen und sie arbeitet an sich, rennt zu den Ämtern, erkundigt sich, wie sie ihr Leben in den Griff kriegen kann. Und du winselst, sie würde dich nicht lieben. Sven, kapierst du nicht, Freundschaft bedeutet Nehmen* und *Geben? Wenn du bloß liebst in der Erwartung, die Frau ist für dich da, ist das keine Liebe, sondern Ichsucht. Junge, willst du erwachsen werden, oder ewig ein Kind an Muttis Rockzipfel bleiben?*"

Josch rieb sich resigniert durchs Gesicht. „Sven hat mich blöd angesehen, als wenn er gar nicht raffte, was ich von ihm wollte. Plötzlich brach er in sich zusammen, heulte Rotz und Wasser und konnte nur noch stottern. – Der Arme."

Voll Mitgefühl und Zerrissenheit knetete Josch an meinen Händen.

„Er meinte, er hätte nichts gegen die Schwangerschaft, sei aber total überfordert, Jasmin in ihrer Situation zu unterstützen."

Josch kniff die Augen zusammen und atmete tief ein. „Josephine, was macht man mit einem Menschen, der will, aber nicht weiß, wie?
Ich hielt immer noch seine Schultern, hatte aber längst aufgehört, sie zu schütteln. Ich erklärte Sven, er hat in uns, genau wie Jasmin, Freunde. Aber – dieses Aber habe ich ihm zur Bedingung gemacht – er muss entscheiden, was er will. Er braucht Jasmin kein Partner und dem Baby kein Vater zu sein, trotzdem darf er zu uns kommen, das sollte ich ihm von Jasmin ausrichten." Ein freudloses Lächeln durchzog Joschs Gesicht. „Er muss sich überlegen, wo er steht; Verantwortung für sein Leben übernehmen. Wir werden ihm helfen, habe ich versichert. Das ist doch so, Josi, oder nicht?"

Es war eindeutig eine rhetorische Frage, dennoch murmelte ich meine Zustimmung und erwiderte einvernehmlich den Druck seiner Hände.

Ein flehender Ausdruck huschte über Joschs Gesicht. „Josi, ich fühle mich ihm gegenüber so hilflos, ich kann seine Haltung nicht nachvollziehen. Er hängt schlaff wie eine Lappenpuppe, und ich möchte ihn am liebsten an den Ohren durch die Luft wirbeln. Gleichzeitig frag ich mich, was dem Jungen passiert ist. Wenn ich daran denke, wie er bei Emmi auf dem Schoß gelegen hat, das habe ich zuletzt bei einem Sechsjährigen gesehen – und doch, irgendwie schön."

Josch schüttelte die abdriftenden Gedanken von sich weg und setzte erneut an. „Er ist halt ein armer Wicht ... Trotzdem wird es Zeit. Er muss etwas für sich tun!"

Ich hatte das Gefühl, als sei es Josch, der Trost nötig hätte und schlang meine Arme um ihn.

Er strich mir durch die Haare und sinnierte verdrießlich: „Mehr konnte ich für heute nicht tun, Josi, aber ich fürchte, es hat ihm nicht viel gebracht, außer vermutlich noch mehr Gewissensbisse. Ich habe mich lange nicht so ohnmächtig gefühlt, kannst du das verstehen?"

Nach einem besänftigenden Kuss schlug ich vor, er solle es Herla gleich tun und grinsend stand Josch auf.

Ich hielt mich in sicherem Abstand am Türrahmen der Stallungen und beobachtete beeindruckt, wie er den schweren Vorschlaghammer wieder und wieder im Kreis schwang und mit jedem Schlag ein großes Stück Stein aus dem Mauerwerk brach. Als sei der lange Stiel ein Teil seiner selbst, zog er ihn durch die linke Faust, hob ihn an, um das Gewicht erneut auf die Wand treffen zu lassen. Er stieß nicht wie die Anderen einen Urschrei aus, dennoch war ihm die Befreiung anzusehen.

Polly und Kalle grinsten. „Wozu noch arbeiten, wenn Josch im Haus ist?"

Belustigt empörte ich mich. „Los Leute, Schutt wegräumen, bevor wir darin ersticken."

Und zufrieden über dieses doppelt gute Resultat ging ich in den Wohnraum.

Der Durchbruch von gut zwei Metern war gemacht und nun wurden abschließend die Kanten gerade gestemmt, als Max mit erhabener Miene den Raum betrat. „In der Küche ist Eis, wer holt die Tabletts rein?" Schwankend ließ er sich aufs Sofa fallen, wobei eine dicke Staubwolke aufstieg. Kritisch spekulierte ich darüber, ob außer seinem fehlenden Bein, ein zu großzügiger Alkoholgenuss seinen unsicheren Gang begründete. Die Küchentür öffnete sich abermals und Emmi, gefolgt von Herla trat ein, in den Händen hielt jede eine Platte großartig verzierter Eisschalen. Ausrufe des Erstaunens füllten den Raum und jeder griff sich eilends eine dieser Köstlichkeiten.

Max ist zweifellos ein Profi, stellte ich respektvoll fest und kratzte mit dem langen Löffel am Papierschirmchen vorbei an der untersten Eisschicht. Darüber war ein Berg Sahne aufgetürmt, der mit Streuseln und Schokoladensoße dekoriert war. Das Eis schmeckte köstlich, die Mittagssonne war heiß, und auf den Gesichtern unserer Arbeiter hatten Schweißtropfen kleine Rinnen durch die Staubschicht auf der Haut gezogen.

„Emmi, du hast wie gewohnt genau das richtige Gespür gehabt ..." Ich wollte mit meinem Lob an Max gewandt fortfahren, als Kalle lautstark prustete und vor sich auf die Holzdielen spuckte. Noch bevor ich nach dem Grund seines eher unüblichen Benehmens fragen konnte, taten Pipe und Roland es ihm gleich. Herla hielt sich im letzten Moment zurück und den Mund voll Eis angeekelt geöffnet.

„Wach icht gach?", fragte sie ohne die Zunge zu bewegen, die Augen stier und angriffslustig auf Max gerichtet. Der begriff nicht, was vor sich ging und schaute weiterhin selbstzufrieden durchs Zimmer. Polly war nicht so geduldig, sondern packte ihn am Kragen, zog Max vom Sofa hoch und beförderte ihn energisch in den Garten, dicht gefolgt von Kalle. Auch Lupo stellte seinen Eisbecher angewidert zur Seite, ging hinterdrein, während ich mich fragte, ob er sich auf die Seite des Einbeinigen oder die seiner Gegner stellen wollte. Ich erfasste noch immer nicht die Ursache für dieses sonderbare Verhalten und sah mich forschend im Zimmer um.

„Mayonnaise", spuckte Herla nun doch ihren Bissen aus. „Der Sack hat Mayonnaise statt Sahne aufs Eis gepackt, der is doch voll banane."

Sie ging in den Garten um sich an dem Rachefeldzug zu beteiligen. Auch wir anderen folgten, wobei Josch meinem verängstigten Blick entgegen kam.

„Sie werden ihm nichts antun, Josi, jedenfalls nichts, das er nicht verdient hätte."

„Und wie schlimm ist eure Strafe für versautes Eis?"

Seine Mundwinkel zuckten. „Das kommt ganz darauf an, aber er wird es überleben. – Denke ich."

Im hellen Sonnenlicht sahen wir die Ankläger, Richter und Vollstrecker um Max herumstehen, ihn mit derben Beschimpfungen überhäufen und von Einem zum Anderen schubsen. Tatsächlich waren sie sorgsam auf den Abstand zwischen sich bedacht, um sein Gleichgewicht zu erhalten. Max versuchte sich zu rechtfertigen, er habe halt die Mayonnaiseschüssel mit dem Sahnetopf verwechselt, das könne ja schließlich vorkommen.

Jetzt realisierten auch seine Gegner, dass sein gesunder Menschenverstand getrübt war, was Polly zusätzlich in Rage brachte. Er fand rüde Beleidigungen für seinen Saufkumpan und war in keiner Weise zur Absolution bereit.

„Heißt das, wir kriegen heute Abend außerdem Nudelsalat mit Schlagsahne?"

Max entwischte ein feuchtes Grinsen, was ihm noch ruppigere Sprüche und Stöße einbrachte. Lupo zog sich aus dem Kreis zurück und war so umsichtig, seinen Nebenmann auf die entstandene Lücke aufmerksam zu machen.

Einige Momente später kam er mit dem Gartenschlauch zurück, was sofort mit grölendem Geschrei begrüßt wurde. Kaum traf Max der Wasserstrahl, rollte er sich zum Schutz auf dem Rasen zusammen. Diese Behandlung wurde so lange unter begeisterten Beifallsrufen fortgeführt, bis kein Fetzen Stoff an seinem Leib mehr trocken und er selbst weitestgehend ernüchtert war.

Allerdings ging daraufhin der Spaß erst richtig los: Lupo knickte den Schlauch, und Polly, der ihm bis dahin zur Seite gestanden hatte, röchelte verdutzt und tropfend. Völlig überrascht von dem Überfall stürzte er sich mit wildem Gebrüll auf Lupo. Während sie am Boden miteinander rangen, tanzte der Schlauch zwischen ihren Körpern, und in Windeseile war eine grandiose Wasserschlacht im

Gange. Keiner dachte mehr an Eis mit Mayonnaise oder Nudelsalat mit Schlagsahne.

- ◊ • ◊ • ◊ -

Nebenwirkungen

Herla hatte darauf bestanden, mit dem Taxi zur Klinik zu fahren. Sie konnte uns nur so viel sagen, die Behandlung selbst sei in wenigen Minuten vorüber, danach benötige sie aber eine längere Ruhezeit.

Sie sah etwas mitgenommen aus, als der Fahrer ihr die Wagentür öffnete. Ich lief Herla entgegen und war heilfroh, weil auch Polly sofort herbeikam, um sie zu stützen.

„Leute, das war zum Kotzen", schnaufte sie und setzte sich im Wohnzimmer sofort auf einen Sessel.

Hier sah es immer noch aus, als sei eine Bombe eingeschlagen.

Sie hob mit der Hand die Haare über ihrem linken Ohr an und entblößte dabei eine kahl rasierte Stelle.

„Die wachsen nach", besänftigte ich sie. „Wenn das alles ist, kommst du recht gut weg, denke ich."

Ihr Mund verkniff sich zu einem schrägen Grinsen. „Wenns dabei bleibt, Josi, kann ich von Glück sagen. Also, erst ma' haben die mich so zugerichtet, danach auf mir rumgemalt, das Ganze hat länger gedauert als die Bestrahlung selbst. Ich kam mir vor, wie einer, auf den der elektrische Stuhl wartet. Ich wurde festgeschnallt, auch um die Birne haben die mir Gurte gemacht, und ich hatte Muffen, ich könnt ausrasten und alles zu Kleinholz schlagen. Da wo se das Kreuz gemacht haben, wurden die Strahlen durchgejagt. Der Doc hatte mir geschworen, das würd nich weh tun. Puh, er hatte Recht, der is cool, der Mann."

Sie hörte auf zu sprechen und bezwang aufkommende Übelkeit. Dann berichtete sie weiter. „Nachher ham se noch Laserstrahlen draufgesetzt, tat zwar nich richtig weh, war aber wie'n heißes Messer. Larry, jetzt hab ich da nen Sonnenbrand oder so, guckt ma'." Sie nahm zur Demonstration die Haare abermals beiseite. „Endlich wurd ich befreit, konnt mich bewegen. Boah, war das geil! Lecko mio, so festgedonnert glaubste ja, die können alles mit dir machen. Später kriegt ich noch'n schnellen Tropf reingespritzt, und das wars. Aber kotzübel is mir, ich hab eben schon gereihert wie'n Stier. Das geht jetzt vier Wochen lang so, kann ja dolle werden."

Herla hatte mit dem Arzt abgeklärt, sich der Behandlung ambulant zu unterziehen, sie brauchte ihre eigenen vier Wände, auch wenn hier nicht wirklich *ihre Zuflucht* war.

Für heute hat sie es hinter sich. Ich atmete erleichtert auf und begleitete sie in den Garten, wo mit mehreren Decken ein Lager im Schatten der Bäume hergerichtet war. Nachdem Herla mir versichert hatte, sie sei gut versorgt, kehrte ich um.

Ich spürte ihren Ruf mehr, als ihn zu hören und hockte mich erneut neben sie. Meine Finger umschlossen ihre klamme Hand.

„Josi? – Es war schlimme Scheiße!“ Noch leiser, fast tonlos fügte sie hinzu: „Ich hab Angst, wirklich die Hosen voll.“ Sie schloss die Augen und ich verweilte einen Moment, bevor ich aufstand und mit meiner Bürde aufs Haus zuging. Wieder einmal stellte ich mir die Frage, was ich tun konnte. Und ebenso fand ich nur diese eine Antwort: Da sein!

Eine Mutter von fünf Kindern, ein Seelsorger, Lehrer und wohl jeder, der sich für Menschen einsetzt, verantwortlich fühlt oder einfach von Herzen interessiert ist, kennt den inneren Zwiespalt, der sich einstellt, wenn man zwischen den gegensätzlichen emotionalen Ebenen schneller springen muss, als es die eigene Gefühlswelt zulässt. Aber dies war mir nicht fremd, und so hörte ich geduldig Beates neuesten Bericht am Telefon an.

„Ich habe ans Ministerium geschrieben, Josi, und denen unsere Situation geschildert. Es klang nicht wie Betteln, ganz und gar nicht, ich war gut drauf und habe selbstbewusst diesen Fall angeprangert, als Gesetzeslücke. Wie kann der Staat eine Berechnung für Sozialämter erstellen und zugleich seine eigenen Beamte unter diesem Limit bezahlen und darüber hinaus dem Sozialamt durch eine Klausel verbieten, in Vorkasse zu gehen. Ich bringe dir die Tage den Brief mal vorbei, der hört sich wirklich pfiffig an.“

Ich gratulierte ihr freudig, bat sie jedoch, unter unseren derzeitigen Umständen davon Abstand zu nehmen, was Beate ohne jedes Schmollen einsah. „Ich wusste nicht, was im Moment alles bei euch los ist. Kann ich dir irgendwie helfen?“

Ich überlegte kurz, dann kam mir ein Gedanke. „Ja, du hast Jasmin bereits kennengelernt. Schau doch mal, ob du einen Draht zu ihr hast, sie könnte Hilfe gebrauchen, sie ist schwanger.“

Spontan bat Beate, Jasmin ans Telefon zu holen, und kurz darauf erfuhr ich von einer Verabredung zwischen ihnen. Es tat Jasmin gewiss gut, mit einer Mutter, gleich einer sechsfachen, reden zu können, Fragen und Sorgen zu äußern, für die die leibliche nicht ansprechbar war. Die Eltern hatten sich bislang nicht gemeldet, obgleich sie längst um die Umstände wussten. Jasmins Opa jedoch rief regelmäßig an und zeigte sich jedes Mal enttäuscht, weil sie sich noch immer nicht gerührt hatten.

Ich hakte innerlich die Liste meiner freundschaftlichen Verpflichtungen ab und ging zurück in den Wohnraum. Dort versuchte ich, unter der riesigen Staubwolke die jegliche Sicht verbarg, die Verursacher der keuchenden Laute auszumachen.

„Wir sinds“, erklang Lupos fröhliche Stimme und erstickte dabei an einem weiteren Hustenanfall.

„Wer fegt denn hier so verrückt?“ Ich hielt den Arm vor das Gesicht und machte mich blind auf die Suche.

Polly sah aus wie ein Schneemann, und fast wäre ich über ihn gestolpert, doch er stand rechtzeitig auf und blinzelte mich feixend an.

„Ganz schön dreckig hier auf deiner Kate, Madame, solltest öfter mal die Teppiche vorm Haus ausklopfen.“

Ich kratzte mich am Kopf. „Oh Mann, wir werden noch in drei Jahren den Dreck in den Ritzen haben. Konntet ihr das nicht etwas mehr mit Gefühl machen?“

Kalles Stimme ertönte aus der anderen Ecke des Zimmers. „Dreck und Gefühl sind ein Widerspruch in sich.“

„Wobei du bloß das Erste von beidem kennst“, stichelte ein hustender Bariton.

„Leute, ihr macht mich doll. Ich bin heute ein bisschen schwach mit den Nerven. Bitte tut etwas, damit hier in den nächsten Stunden Licht zu erkennen ist. Warum nehmt ihr eigentlich nicht den Monstersauger?“

Die kratzenden Geräusche der Besen, wie auch das Husten setzten aus und ich meinte, in der Stille deutlich betretenes Schweigen zu hören.

„Zuletzt habe ich ihn in süd-östlicher Richtung im Stall gesehen, circa zwei Meter hinter den ersten Kisten. Wenn ihr Glück habt, findet ihr ihn, ich wünsche euch gutes Gelingen.“ Somit verließ ich den Raum und reinigte draußen erst einmal meine staubgepuderten Lungen.

Josch hielt mich am Abend tröstend im Arm. „Diese Tage gibt es manchmal, Josephine. Es tut mir leid für dich, aber du kommst darüber weg, oder?" Müde nahm ich seinen Kuss entgegen.

Er ging kurz darauf unsere aktuelle Sanierung besichtigen, um ihr Fortkommen zu beschleunigen. Die Balken, die zur Sicherung des Sturzes notwendig waren, hatte er bereits zugeschnitten, jedoch angeordnet, mit dem Einsetzen auf ihn zu warten.

Der Wohnraum war unsagbar schmutzig; alles, was man anfasste, war von einer dicken Schicht Baustaub überzogen. Aber die anstehenden Arbeiten beschränkten sich jetzt auf ein Normalmaß an Verunreinigung und wir konnten mit effektiven Säuberungsarbeiten beginnen.

- ◊ • ◊ • ◊ -

Drei Wochen später zeugte nichts mehr von der ehemaligen Großbaustelle. Der Durchgang war ordentlich verputzt, der Boden darunter ausgeglichen, und unser Wohnzimmer war um einen weiteren Raum vergrößert. In die gegenüberliegenden Seiten wurden Fenster eingebaut, und zum Stall hin war eine neue Wand entstanden mit einer Tür, ausreichend breit, damit Elke bei ihrem nächsten Besuch ungehindert und trockenen Fußes ins Haupthaus gelangen konnte.

„Und morgen wird gefliest." Josch strahlte mich an. Wir hatten uns provisorisch im neuen Wohnzimmer eingerichtet und alle Anwesenden waren stolz und zufrieden mit unserer jüngsten Spitzenleistung. Emmi, die sich zur hauptamtlichen Küchenmagd gemacht hatte, kam mit einer großen Platte voll Teilchen herein.

„Frisch vom Bäcker." Sie lachte, hielt dem Ansturm ausgehungerter Männer und etwas kultivierterer Frauen stand, bevor sie indigniert den fast leeren Teller betrachtete und auf dem Absatz kehrtmachte. „So etwas in der Richtung habe ich mir gedacht."

Keine dreißig Sekunden später öffnete sich erneut die Küchentür, und sie kam auf uns zu, mit einer eimergroßen Schüssel Erdbeerquark vor dem Bauch, mehr Bobo-Erdbeeren als Quark. „Wer ist so freundlich und holt die Schälchen aus der Küche?"

Mindestens drei Hinterteile erhoben sich gleichzeitig und bemerkenswert schnell, um ebenso rasch wieder abzusinken. Aus jedem dazugehörigen Mundwerk vernahm man die gemurmelten Worte: „Ach, du gehst schon, na dann ..."

Emmi sah missbilligend obgleich verständnisvoll wie immer in die Runde. „Aber Kinder, so geht halt gemeinsam, das ist doch auch nett."

Folgsam und prustend vor unterdrücktem Schabernack gingen die Hintern, mitsamt dem Rest der Menschen, im Gänsemarsch in die Küche, um dort lauthals in Lachen auszubrechen, zotige Reden zu schwingen, fraglos einige grobe Stöße zu verteilen und im Anschluss von Neuem, brav wie die *Eleven* aus Oma Riedels Kinderzeit, mit den Schüsselchen in der Hand zurückzukehren. Lupo hielt die Löffel feierlich wie einen Strauß roter Rosen, verbeugte sich vor jedem einzelnen, bei den Frauen machte er sogar einen hochachtungsvollen Knicks, und ließ uns einen Stängel aus seinem Bouquet zupfen.

„Der Erfolg ist ihnen zu Kopf gestiegen", flüsterte Josch Emmi deutlich hörbar zu. „Wir sollten sie zu Bett bringen oder was denkst du, Omi? Dürfen sie noch Sandmännchen gucken?"

Emmi gluckste vor Vergnügen und hielt sich sittlich die Hand vor den Mund.

Es war einer jener Abende, der mir bestätigte, wie gut und richtig unser Umgang hier und in dieser Weise war. Lächelnd erkannte in andächtiger Freude, welche ungeahnten Überraschungen das Leben bieten konnte.

Das Telefonklingeln erschreckte mich. Jasmin griff zum Schränkchen und nahm den Hörer ab. *„Kullers Hang?"*

Sie lauschte und jeder von uns fragte sich, ob der Anruf für ihn sei, als Jasmin die Augen aufriss und ihre Stimme sich überschlug.

„Papa!" Dann drehte sie sich weg, stand eine Weile wie festgewurzelt, bevor Josch sie sanft an unser neues schnurloses Telefon erinnerte und sie in die Küche schob. Angestrengt horchte ich hinter ihr her.

„Es sieht gut aus, ihrem Blick nach zu urteilen", meinte Josch, als er sich wieder zu uns setzte. Die Gespräche im Raum kamen nur schleppend in Gang. Schließlich wussten alle um Jasmins Situation und ihren verzehrenden Wunsch, sich mit dem Vater auszusprechen.

Als sie die Tür abermals öffnete, schauten acht Augenpaare unverhohlen hinüber. Ihre Wangen glühten. Sie war gedanklich noch nicht zurück in der Gegenwart, legte das Telefon auf die Kommode und hob den Kopf.

„Das war mein Papa." Langsam, wie betäubt kam sie näher. „Er will mit mir reden. Morgen. Er möchte herkommen." Sie starrte eine Weile ins Nichts und schoss dann blitzschnell auf mich zu, wodurch ich zusammenfuhr. Mit unerwarteter Körperkraft drückte mich das zierliche Mädchen. „Josi, er ist nicht mehr sauer. Er war richtig nett, und ... er hat mich lieb. Das hat er gesagt!“

Fassungslos über diese beglückende Aussage lag sie in meinem Arm. Nach einer Weile stand sie auf, strich sich durchs Haar und machte einen undefinierbaren Laut, irgendwo zwischen Zunge, Hals und Seele, griff ihre Erdbeeren und erzählte übersprudelnd, was sie ihrem Vater unbedingt zeigen und mitteilen wolle.

Ich war gespannt auf diesen Mann, der offenbar in der Lage war, seiner Tochter intensive Gefühle, wie auch kalte Gleichgültigkeit, entgegenzubringen. Möglicherweise aus eigener Verletztheit heraus, korrigierte ich mich.

Polly kam die Treppe herunter. „Sie schläft“, sagte er.

Ich erkannte in seinem Gesicht einen schmerzerfüllten Ausdruck, der mir bei ihm bislang fremd war. Josch rutschte von mir ab und bot ihm an, zwischen uns Platz zu nehmen. Ich verstand diese Geste, und legte meine Hand auf Pollys Arm.

„So viel kann man doch gar nicht aus sich rauskotzen“, meinte er gepresst. „Sie heult und wimmert in einer Tour, Mensch Meier, ich kann das nicht mehr mitansehen. Was ist da bloß passiert? Wie kann so ne starke Frau dermaßen granatenhart gebeutelt werden?“

Josch hatte seinen Arm um Polly gelegt und musste sich den Hals frei räuspern, bevor er kaum mehr als im Flüsterton sagte: „Polly, das Einzige, was wir Herla noch geben können, sind wir selbst. Sie weiß hundertprozentig, wir lassen sie nicht allein. Was glaubst du, warum sie nicht in der Klinik bleibt, wo sie gut versorgt wird, he? Sie braucht uns! Es ist gut, dass du bei ihr gesessen hast. Danke, Freund.“

„Ich gehe zu ihr“, sagte ich, verstärkte noch einmal den Druck meiner Hand auf Pollys Arm und erhob mich.

Herla lag auf ihrem Bett, die Spuckschüssel daneben war derzeit leer. Sie schlief auf dem Rücken und ihre eingefallenen Augen lagen in tiefen dunklen Höhlen. Die vollen, leuchtend roten Locken waren kaum mehr als eine vertrocknete Strähne der bisherigen Pracht. Als die Haare begannen, auszufallen, hatte Herla selbst eine Schere gegriffen, sie auf Schulterlänge abgeschnitten und bissig gelästert: „Ich seh aus wie'n oller, zerfledderter Wischmopp!“

Büschelweise lagen sie nun auf ihrem Kissen.

Herla strampelte unruhig und winselte jämmerliche Töne, die mir durchs Herz schnitten. Ich setzte mich auf den Stuhl neben ihrem Bett und berührte eine

Träne. Der heisere Atem drängte sich qualvoll durch ihren Hals. *Die Schleimhäute gehn baden*, hatte Herla zu Beginn der Behandlung erklärt, die Leber wächst zu ihrer doppelten Größe und das Herz wird angegriffen.

In wenigen Tage hatte sie es überstanden. Ich klammerte mich an die Hoffnung, mit Ende der Therapie ließen auch die Schmerzen und Nebenerscheinungen nach. Doch nun fürchtete ich, Herlas Anfangsinformation würde Recht behalten: Der Heilungsprozess dauert ein Vielfaches länger, als die Behandlung selbst.

Mit jedem Klinikbesuch hat sie mehr gelitten, geweint und erduldet. Die Schleimhäute hatten sich aufgelöst, *keine Schmiere mehr im Körper*, das Atmen schmerzt, der Mund ist trocken, ständiges Erbrechen verätzt den Hals. Des Weiteren versteift sich der Körper in Widersprüche, leidet unter akutem Vitaminmangel, weil die Körperzellen mit krebsfeindlichen Chemikalien verseucht sind. Und jedes Mal, wenn Herla Vitamine zu sich nahm, brannte die Säure wie Rasiermesser in ihrer Kehle.

Stark verdünnte Fruchtsäfte, milchvergorener Rote-Beete-Saft zur Blutbildung, Trinkampullen mit hochdosierter Vitamine, was haben wir, was hat Herla nicht alles versucht. Und nun lag sie hier neben mir, mehr tot als lebendig.

Sie drehte sich unter Stöhnen und die Augen rollten zunächst unkontrolliert, als sie sie öffnete. Schließlich fand Herla meinen Blick. Der jähe Schmerz, den sie mich sehen ließ, lähmte mir die Sinne.

Sie wollte sprechen und ich hockte mich neben das Bett, mein Ohr zu ihr geneigt. Es war keine Stimme, die da sprach, es war die gekrächzte Sehnsucht eines Gemarterten.

„Gott, lass mich endlich sterben!“

Ich hielt ihre Hände an mein Gesicht und meine Tränen benetzten die langen, schlanken Finger.

Auch wenn ich wusste, es war nicht die ganze Wahrheit, sagte ich: „Morgen geht es dir besser. Nur noch zwei Mal, dann hast du es überstanden.“

Ich hatte miterlebt, wie jede Behandlung ärger und länger über Herla herrschte, ihr Schmerzen bereitete und sie in die Knie zwang. Aber ich wusste auch, der erste Tag war jeweils der schlimmste.

Jeder neue Besuch in der Klinik bedeutete weit größere Pein, und ich war mir nicht sicher, ob Herla *noch* mehr überleben würde. Inzwischen weigerte sie sich solange es ging, auf Toilette zu gehen. *Ohne Schleimhäute*, hatte sie gesagt, *brennt dir der Arsch weg, als wenn da ne Zündschnur durch einen durchzischt. Und es wird mit jedem Mal bestialischer.*

Was hatte Josch eben noch Polly gegenüber betont? *Das Einzige, das wir Herla geben können, sind wir selbst.*

Ihre Hände liebkosend an meinem Mund beschwor ich sie: „Herla, wir sind bei dir, du kommst da durch!"

Ich wusste nicht, ob ich geschlafen hatte, aber ich schreckte hoch, als die Tür geschlossen wurde. Lupo stand still ergriffen im Zimmer und ich spürte, er war mit seinem ganzen Wesen und mit aller Kraft bei Herla. Kurz sah er mich an.

„Kalle kommt später hoch, und Josch löst ihn bei Sonnenaufgang ab." Er nahm meinen Platz ein, legte seine Hände um Herlas und begann kaum hörbar, beruhigend mit ihr zu sprechen. Ich drückte ihm zum Gruß die Schulter und verließ das Zimmer.

Gleich einem warmen Windzug hauchte Josch einen Kuss auf mein Haar, und in Gedanken schickte ich ein Stoßgebet für Herla zum Himmel. Sonderbar, ich fühlte mich veranlasst, es an ihren *Jesus-Gott* und nicht nur wild ins Universum abzusenden. Abermals schlief ich ein.

Ein zaghaftes Klopfen drang an mein Ohr und ich erhob mich schlaftrunken um zu öffnen. Jasmin war ein wenig verlegen. „Guten Morgen Josi, ich habe Frühstück gemacht, willst du kommen?"

Ich verbarg meinen Unwillen hinter freundlicher Selbstbeherrschung, denn wir hatten heute wahrlich eine Menge vor.

„Weißt du, wann dein Vater kommt?", erkundigte ich mich bei Jasmin, als wir am Kaffeetisch saßen. Sie hatte sich hübsch zurechtgemacht und ihr winziges Baby lag verborgen unter den Falten eines luftigen Kleides.

„Er kommt mit dem Wagen und braucht etwa zwei Stunden und zusätzlich bestimmt noch eine, um das Haus zu finden", spottete sie.

„Warum fragt er nicht einfach nach der Berber-WG, die kennt doch jeder", mischte sich Roland hilfreich ein.

Erst jetzt drängte sich mir die Frage auf, warum er schon zu dieser ungewöhnlichen Uhrzeit auf der Kate war.

„Ich hab im Garten gepennt", strahlte er fröhlich. „Fliesenlegen kann ich nämlich, da wollte ich mitmachen."

„Das finde ich nett“, erwiderte ich ehrlich und nahm mir ein Brötchen. „Aber das geht allein unter einer Bedingung, genauer gesagt unter zweien.“

Sein misstrauisch, wachsamer Blick entlockte mir ein Lächeln.

„Duschen! Vorher, weil du es nötig hast, und nachher, weil du es nötig haben wirst. Ist das ein Deal?“

Offensichtlich hatte er sich mit meiner übertriebenen Reinlichkeit abgefunden, denn er machte eine unterwürfige Geste, fischte sich eine Wurstscheibe vom Teller und beim Aufstehen entschied er, ein Scheibchen reiche nicht, schob sich eine zweite hinterher und verschwand in der Milchküche.

Polly, Kalle und Max kamen mit struppigen Haaren und verschlafenen Gesichtern herein, nur Lupo unterschied sich deutlich von den anderen Männern. Er tat viel, um sich im *gutbürgerlichen* Leben einzufinden. Leider war bisher keine seiner Bewerbungen erfolgreich, doch stand er beharrlich zu seinem Entschluss. Er wollte wieder Fuß fassen.

Schwere Schritte knarrten auf der Küchentreppe, allerdings ausgesprochen langsam, weshalb ich hoffnungsvoll ihrem Eintreten entgegensah. Erleichtertes Aufatmen ging durch den Raum, als Herla, gestützt von Joschs Arm, hereinkam. Auf ihrem zerzausten Schädel saß ein breitkrempiger Hut, und obschon sie fast so groß war wie Josch, ragte ihr Kopf derzeit kaum über seine Schulter hinaus. Aber sie lag nicht im Bett, sondern kam schräg grinsend auf uns zu. Sofort erhob sich Emmi von dem einzigen Stuhl mit Armlehnen, und Herla nahm entkräftet darauf Platz.

„Morgen Leute“, griente sie matt. „Noch seid ihr mich nich los!“

Jasmin war aufgestanden und kam mit Rote-Beete-Saft und einer Banane zurück.

„Das reicht ja für ne ganze Woche, Schätzchen, aber grazias.“

Sie nippte artig, wenn auch widerwillig, an dem Glas und sah trotz allem befriedigt auf die Anwesenden. „Gut, dass es euch gibt, Leute.“ Dann schloss sie erschöpft die Augen und lehnte sich schweigend im Stuhl zurück.

Josch setzte sich neben mich und drückte unter dem Tisch mein Knie. Sein unauffälliges Zuzwinkern machte mir Mut. *Es geht ihr besser, sie wird es schaffen*, sagte es mir, und ich bedeutete ihm meine dankbare Erleichterung. Seine Augen waren lebendig und hellwach, wenngleich die dunklen Ringe darunter Sorge erkennen ließen. Mich erfasste erneut eine Welle des Glücks über diesen Mann in meiner Nähe, ein Mensch dessen Herz aus Fleisch und Blut war, angefüllt mit Liebe, Verständnis und offener Zuneigung.

- ◊ • ◊ • ◊ -

Probleme mit dem Cabrio

Es versprach ein sonniger erster August zu werden und ich machte mit Elke einen langen Spaziergang durch den Wald. Sie war gestern zu ihrem zweiten Besuch gekommen. Diesmal mit einem elektrischen Rollstuhl.

„Eine unglaubliche Tortur", hatte sie berichtet.

Zuvor war sie einer Einladung nach Wuppertal gefolgt und wollte von da aus die Bahnreise zu uns buchen.

„Josi, am liebsten wäre ich kreischend davongelaufen – wenn ich gekonnt hätte. Es ist nicht zu fassen, wie borniert und ignorant manche Leute sind. Es ging mit dem Schalter im Bahnhof los."

Dieser war in einer anderen Etage und mit dem Rollstuhl nur über einen Lastenaufzug erreichbar. Weil sie keinen zuständigen Mitarbeiter fand, fuhr Elke außerhalb des Gebäudes einen riesigen Umweg, um auf die entsprechende Ebene zu kommen. Am Schalter wollte sie für ihr motorisiertes *Luxus-Cabrio* einen Hubwagen bestellen, der sie beide in den Zug befördern würde.

„Weißt du, was der freundliche Herr anordnete? Ich müsse in Saarbrücken anrufen, dort werde das organisiert. Er bekäme daraufhin von denen ein Fax mit meiner Buchung geschickt." Sie schüttelte fassungslos den Kopf. „Verstehst du, Josi? Ich soll in Saarbrücken anrufen, damit der Mann, der hier vor mir steht, Bescheid bekommt, dass ich Hilfe beim Einsteigen brauche. Und da behauptet man, Computer würden das Leben erleichtern."

Letztendlich hatte er eine Ausnahme gemacht und Elkes Reservierung angenommen. Ob hier in unserem Bahnhof ein Rollstuhl-Lift zum Aussteigen vorhanden sei, konnte er hingegen nicht sagen. Nicht einmal seine Kollegen in Saarbrücken fanden das heraus.

„Also musste ich abwarten. Schlimmstenfalls sollte ich Mitreisende bitten, mich mit dem Karren aus den Zug zu schleppen. Aus purer Nächstenliebe ...", blaffte sie und verdrehte die Augen. „Das Teil wiegt ohne mich schon über zwei Zentner. Das käst mich an! Zum Glück gibt es in eurem Hauptbahnhof tatsächlich einen Hubwagen, wie du ja ermitteln konntest, doch bis dahin habe ich ganz schön gezittert."

„Elke, dein Mut ist bewundernswert“, bekannte ich nachdrücklich. „Ich würde vermutlich mein Lebtag zu Hause bleiben, statt solch einen Kampf durchzuboxen.“

Verbissen grinste sie. „Manchmal denke ich das auch. Aber ich will leben und reisen. Ich lasse mich nicht einsperren! Erst recht nicht von einer fehl geleiteten Politik und desinteressierten Städtebauern.“

Sie schnaufte aufgebracht. „Diesen Mann am Schalter hatte ich noch gebeten, mir jemanden zu rufen, der mich mit dem Lastenaufzug wieder nach unten bringt. Er sagte genervt-freundlich, er würde mir gleich helfen. So stellte ich mich an die Seite und überlegte, wann denn wohl *gleich* wäre, es standen nämlich noch sechs Leute in seiner Warteschlange. Nach zehn Minuten habe ich ihn höflich an meine Anwesenheit erinnert. *Augenblick, ich komme sofort*.

Josi, ich habe auf die Uhr gesehen, eine volle Viertelstunde später bohrte ich, nun deutlich schärfer, wie lang bei ihm denn ein Moment dauere. Die Schlange an seinem Schalter wuchs unaufhörlich.“

Nach über fünfzig Minuten und wiederholt nicht eingehaltenen Zusagen war Elke stillschweigend und frustriert den Riesenumweg außerhalb des Bahnhofs zurückgefahren.

„Wie gern hätte ich Zeter und Mordio gebrüllt“, keuchte sie, sah aber keineswegs verlegen aus, eher hatte gerechter Zorn aus ihrer Mimik gesprochen.

Nach alledem war Elke gestern bei uns angekommen und ich erzählte ihr nun die Neuigkeiten von *Kullers Hang*. Wir standen seit ihrem letzten Besuch in ständigem Telefonkontakt und sie nahm trotz der Entfernung intensiv an unserem Leben teil. Während Herlas Chemotherapie konnte Elke es kaum noch zu Hause ertragen, sie wollte bei uns sein, für Herla. Gleichzeitig war ihr bewusst, sie würde nichts tun können, zudem gab es für sie keine Möglichkeit, nach oben ins Zimmer zu gelangen. Aber jetzt, wo Herla auf dem Weg der Besserung war, hielt Elke nichts mehr daheim.

„Von Jasmins Vater hast du ja gehört. Ein seltsamer Mann ist das. Als die beiden sich sahen, ging er stocksteif auf seine Tochter zu, seine Umarmung war fast abweisend. – Wir konnten es nicht lassen und hatten heimlich aus dem Fenster die Begrüßung beobachtet. Jasmin schäumte über vor Freude. Na, sie kennt ihn schließlich, denke ich mir. Im Laufe des Tages ist Herr Sommer, er ist übrigens der Sohn des Opas, deutlich aufgetaut. Ich entdeckte Dinge, die mich verstehen ließen, warum Jasmin ihn so abgöttisch liebt. Etwas an ihm hat mich manchmal überrumpelt. Ich kann dir nicht mal sagen, was es war; ein Blick, eine Geste, die Art wie er mit Oma Emmi und Kalle sprach, sein Tonfall, der manchmal warm und klangvoll war. Wie gesagt, merkwürdig, aber Jasmin war begeistert. Er fand es nett, sagte sie, und er war ehrlich erstaunt über unser Miteinander."

„Nun, wer sich darüber nicht wundert, hat keine Ahnung vom Leben", fiel Elke mir forsch ins Wort.

Wir umrundeten eine alte Holzschranke, die den Weg am anderen Ende des Waldes abgrenzte und bogen in die Straße ein, die zur Innenstadt führte.

Ich nickte. „Jedenfalls war er einverstanden, Jasmin bei uns zu lassen. Sie will und kann nicht mehr bei ihren Eltern leben, soviel hat er begriffen. Irgendwann sagte er zu ihr: *Zumindest scheinen die Leute hier ordentlich zu sein, keine Saufkommune. Sogar Gardinen hängen an den Fenstern.*"

Ich lachte, während Elke sich empörte:

„Da lachst du noch drüber, Josi?"

„Na klar, warum auch nicht? Recht hat er, es gibt schließlich verlotterte Wohngemeinschaften, da wäre ich auch nicht glücklich, meine Tochter drin zu wissen – das wiederum an Gardinen festzumachen, ist echt etwas ulkig. Was solls! Jasmin kann bleiben und ist mit ihrem Vater versöhnt, die Mutter ist offenbar weniger interessant. Und, was ich supergut und wichtig finde ist, Jasmin wird über ihn krankenversichert. Das war vielleicht ein Kampf beim Sozialamt! Die wollten ihr nicht helfen, weil es Sache der Eltern sei. Aber zu dem Zeitpunkt gab es keine Verbindung zu ihnen."

Ich machte einen übermütigen Hüpfer und Elke ging sofort darauf ein, indem sie den Rollstuhl – ihr elektrisches *Cabriolet* – beschleunigte, und wir einen kurzen Spurt ausführten.

„Komm, wir gehen Eis essen. In der Fußgängerzone ist die Außenanlage neu gebaut worden, wahrhaftig mit einigen Bänken für die weniger mobile Bevölkerungsschicht. Immerhin haben sie an Minderheiten gedacht, das ist doch ein Anfang. Hast du Lust?"

Als wir behaglich in der Sonne auf der Terrasse des Eiscafés saßen, sagte Elke: „Jasmin hat wirklich Talent zum Malen. Es wäre eine Schande, das verkümmern zu lassen. Weiß sie inzwischen, was sie beruflich machen will?"

„Noch nicht genau, aber sie übt fleißig, probiert Techniken aus und hat eine stattliche Sammlung guter Bilder. Ich hoffe, die helfen ihr, wenn sie sich mal bewerben wird."

Elke leckte sich genüsslich das Sahnebärtchen von den Lippen und fragte taktvoll nach Sven.

„Er war seither nicht wieder bei uns. Josch besuchte ihn noch einige Male auf der Straße, und auch die anderen berichten von zufälligen Treffen. Sven ist ständig abgefüllt, mit Alkohol und Tabletten. Ich habe wirklich Angst um ihn. Er ist so zerbrechlich, wie er unfähig ist."

Bittere Traurigkeit breitete sich in mir aus, doch Elke ermutigte mich.

„Derart fragil kann er nicht sein, wenn er seit zwei Jahren die Platte überlebt. Josi, sicher begreift er irgendwann. Gib die Hoffnung nicht auf, aber bitte zieh dir diesen Schuh nicht an! Es ist wichtig, das zu lernen. Du kannst nicht alle retten. Dein Herz ist so groß und du läufst Gefahr, zugrunde zu gehen, sofern du nicht rechtzeitig Distanz bekommst, verstehst du das?"

Ohne Frage, ich verstand was Elke mir sagen wollte. Ich neigte dazu, Probleme, die ich nicht beeinflussen konnte, als persönliche Niederlage anzusehen oder ich empfand Traurigkeit über etwas, das der Betroffene selbst kaum spürte. Josch und Herla ermahnten mich zuweilen: *Auch der beste Arzt verliert ma' einen Patienten.*

Trotzdem schmerzte der Gedanke an Sven und sein hilfloses Unvermögen.

„Josi, das ist ja richtig", bekräftigte Elke. „Ein Mensch mit deinem Gemüt ist absolut kostbar. Bewahre es dir! Du darfst nur nicht unter der Last, die du trägst, zusammenbrechen." Sie nickte mir aufmunternd zu. „Das was du machst ist fantastisch, und jeder der auf *Kullers Hang* lebt, darf sich glücklich schätzen. Und sie tun es! Ich sehe das sicher mehr als du, ich stehe schließlich außen. In den zwei Monaten, die ich weg war, hat sich irre viel bei euch getan, an jedem Einzelnen, glaub es mir. Die Gesichter, die ich gestern gesehen habe, sprechen für sich."

Elkes Worte erfreuten und bestärkten mich. Wir tranken unseren Eiskaffee aus und machten uns auf den Weg.

„Möchtest du noch bummeln oder gehen wir zurück?", erkundigte ich mich und Elke schob die Unterlippe vor.

Der Rollstuhl holperte, als sie durch eine gepflasterte Abwasserrinne fuhr. *Ziemlich unangenehm*, dachte ich, wobei plötzlich ein schabendes Metallkratzen zu hören war.

„Au, so ein Bockmist“, schimpfte Elke und schlug erbost auf die Armlehne ihres Cabrios ein. „Die Fußstütze ist gebrochen.“

Ich bückte mich, um den Schaden zu begutachten. Elke war genau quer über die Vertiefung gefahren und auf dem Weg hinaus hatte das Rohr der Beinstütze aufgesetzt und war abgeknickt. Sprachlos stand ich auf und erkannte, wie sich ihre Augen mit Tränen füllten.

„Verdammt, schon zum zweiten Mal! Warum habe ich nicht darauf geachtet.“

„Worauf geachtet?“

„Na auf diese Delle im Boden! Das ist auch so eine geniale Schreibtischerfindung. Weil die Rinnen tief und zu schmal angelegt sind, setzt der Rollstuhl auf. Ich muss längs mit der Furche fahren, um sie langsam zu überqueren, sonst geht etwas kaputt.“

„Das hast du schon einmal erlebt?“

Elke machte eine hilflose Geste.

Ich war entrüstet. „Das darf doch nicht wahr sein, warum werden diese Dinger nicht vernünftig gemacht und ausprobiert?“

„Ha, ha“, sagte sie missmutig. „Wen interessiert das denn?“

„Mich!“, raunzte ich und griff energisch nach dem beschädigten Objekt.

Ein dankbares Grinsen begegnete mir, während ich suchend um mich schaute. „Macht es dir was aus, hier zu warten? Ich bin nicht bereit, das Ganze auf sich beruhen zu lassen. Zigtausende werden ausgegeben für Blumenkübel, fragwürdige Kunstwerke und sonst was, da werden die Herrschaften wohl in der Lage sein, behindertengerechte Fußgängerzonen anzulegen.“

Resigniert hob sie die Arme.

„Genieß die Sonne, ich komme gleich wieder.“ Ich verschwand in der Einkaufspassage auf der Suche nach dem Büro des Managers. Es war nicht allzu schwer zu finden. Der überaus zuvorkommende Herr erstarrte, als ich ihm meine Beschwerde vortrug. Es schien, als habe er sich niemals Gedanken über Menschen gemacht, die nicht so gesund und kräftig waren wie er. Jedoch gab er mir nach einer kurzen Bedenkzeit Recht. Ich schilderte den Vorfall noch einmal im Detail, was er sich notierte, dann unterschrieb ich den Unfallbogen und ging strahlend zu Elke zurück.

Erwartungsvoll, aber auch skeptisch, sah sie mich an. „Na? Hast du was erreicht?“

Ein siegreiches Strahlen übernahm mein Gesicht. „Du sollst die Reparaturrechnung hierher schicken, sie übernehmen die Kosten.“

Elkes verblüffte Miene ließ mich laut lachen. „Du glaubst mir nicht?" Ich reichte ihr den Durchschlag des Formulars, legte die kaputte Fußstütze auf ihren Schoß und wies sie an, nun schnellstens diese unerfreuliche Gegend zu verlassen.

Während Elke mit Herla und Oma Emmi im Garten saß, fuhr ich zum Altenheim. Ich hatte mit dem Hausmeister telefoniert und er konnte uns mit einem Rollstuhl aushelfen.

„Ich habe mit Herrn Klasen gesprochen", berichtete er. „Sie dürfen den Stuhl behalten. Er ist aus Ersatzteilen zusammengebaut und wenn es Ihnen nützt, ist es Ihrer." Hocherfreut nahm ich das Geschenk an.

„Elke, schau mal", rief ich ihr begeistert aus einiger Entfernung zu.

Wie schon andere Male saß sie in Lupos Nähe, hatte die Armlehnen ausgehängt und sich seitlich gebeugt, um ihm nach besten Möglichkeiten bei der Gartenarbeit zu helfen. Die Füße standen mehr über- als nebeneinander auf der verbliebenen Fußstütze.

„Jetzt hast du sogar hier bei uns ein eigenes *Cabrio*. Ist auch tausendmal besser, als wenn du mit deinem elektrischen Luxusvehikel durch den matschigen Garten fährst."

„Genial!", freute sie sich. „Jetzt habe ich einen waschechten Gärtnerschlitten, vielen, vielen Dank Josi."

- ◊ • ◊ • ◊ -

Die Nachmittagssonne leuchtete golden durch die sattgrüne Botanik, und überall auf *Kullers Hang* pulsierte das Leben. Jasmin brachte Emmi gerade die zweite große Schüssel Kartoffeln und nahm die bereits geschälten mit in die Küche. Max zauberte mit ihrer Hilfe ein köstliches Essen.

Elke und Herla saßen am Gartentisch und zupften welke Blätter von den Blumentöpfen, die Lupo ihnen hinstellte. Noch immer geschwächt, gönnte Herla sich viel Ruhe, trotzdem war sie merklich auf dem Weg der Besserung.

„Weißte, Elke", hörte ich sie schwärmen, „seit es mir besser geht, is das Leben noch tausend ma' toller als früher. Du lebst echt intensiver, wenn du ma' halb tot wars. Der Himmel is viel blauer als vorher, das Grün der Bäume is voll knackig wie nie und der Regen ist noch geiler, einfach bombig." Elke schmunzelte und freute sich mit ihr.

Karl-Heinz und Roland waren im Stall. Elkes neues Gästezimmer nahm Formen an, obwohl wir noch immer nicht mehr als das altbekannte, improvisierte Badezimmer bieten konnten.

Polly war oben und tapezierte mit Martin gemeinsam Jasmins Kinderzimmer – tatsächlich mit niedlichen Sandmännchen, die sich auf Wolken und Monden bewegten. Aus der Decke wurde ein Sternenhimmel, dessen Lichter auch im Dunklen leuchteten.

Ich schrak zusammen, als sich lautlos zwei Arme von hinten um meine Schultern legten, neigte mich aber sogleich getrost an Joschs Brust.

„Josephine", er liebkoste mir den Hals, „ich habe eine Überraschung für dich."

Josch drehte mich und wir küssten uns innig, bevor er seine Hand um meine schloss und mich zielstrebig zum Wald dirigierte. Auf einer kleinen Lichtung, unserer ganz persönlichen Ruheoase, setzten wir uns ins weiche Gras.

„Josi", platzte Josch aufgeregt heraus und wedelte mit einem Blatt Papier, das er aus der Brusttasche gezogen hatte. „Meine Probezeit ist um, ich bin seit drei Stunden fest angestellt, wie findest du das?" Er riss mich leidenschaftlich in seine Arme, sein Ansturm an Küssen und Zärtlichkeiten überrollte mich.

„Josi, ich liebe dich, willst du meine Frau werden? Ich meine, willst du mich heiraten, mit mir eine Familie gründen und für immer mit mir zusammenleben?"

Ich schnappte nach Luft. „Oh Josch, ja, Bobbi, ja ich will!" Er zog mich begeistert auf seinen Schoß.

„Josephine, für immer? Für immer! Ich bin so glücklich, Kleines." Überschäumend vor Freude legte er sich zurück ins Gras, ich blieb auf ihm liegen und nahm jede Regung seines Gesichts auf. Seine Wangen zuckten und ich strich ihm sacht mit den Fingern darüber, umkreiste sein Ohr, streichelte am Kinn hinauf über die sanften, vollen Lippen und drückte dann, wie ein Siegel, die meinen darauf. Joschs Arme lagen schwer um meine Taille und wir fühlten uns wie ein Ganzes, miteinander und mit dem Boden unter uns.

Jetzt hielt ich die Augen geschlossen und Joschs Atem hob und senkte mich, wie eine seichte Brise das Boot auf einem See. Eine Böe kam auf und seine Hände schoben mich hoch, er setzte sich und ich kniete zwischen seinen Beinen. Die kleinen Sonnenstrahlen in seinen Augenwinkeln blitzten, während er geheimnisvoll in seinen Taschen kramte. Er zog ein blaues Kästchen hervor und öffnete es. Für einen kurzen Moment erkannte ich zwei winzige, silberne Kordeln zu Ringen gedreht. Dann verschwamm meine Sicht.

„Josch“, stöhnte ich, und mir wurde ein wenig schwindelig. Er legte seine große warme Hand an meinen Kopf und küsste mich.

„Josephine, möchtest du dich mit mir verloben?“

Mehr als ein heiseres Krächzen brachte ich nicht hervor. Josch wischte mir über die Wimpern und der Nebel lichtete sich. Ich sah ihn lächeln, unglaublich liebevoll, vertraut und verbindlich.

„Willst du mich?“, fragte er noch einmal, und die einzige mir mögliche Antwort war ein heftiges Nicken.

Endlich gewann ich meine Selbstkontrolle zurück, rieb mir aufgewühlt über das Gesicht und lachte stockend.

„Ja, Josch! Ja, ich will dich wie nichts auf der Welt. Dich, deine Kinder, eine Familie und alles Glück der Erde. Bobbi, ich liebe dich!“

Der schmale Ring glitt fließend auf meinen Finger. „Ich werde dich ewig lieben, Josephine.“

„Danke! Für alles, Josch!“ Und auch ich streifte ihm den fein gezwirbelten Reif über, dann legte er seine Hände um meine und führte sie zu seinen Lippen.

Ich bewegte mich wie auf Wolken, auf rohen Eiern, vom Glück traumatisiert, als wir ins Haus traten, wo der große Tisch vollends besetzt war. Fragende Blicke waren auf uns geheftet und Josch stärkte sein Kreuz. Er machte eine ausladende Bewegung und sagte stolz: „Darf ich euch die zukünftige Frau Merkur vorstellen?“

Wie ein Gewitterhagel stürzten Glückwünsche und Umarmungen über uns herein. Mit wildem Geschrei wurde der Tisch geräumt.

„Die Braut muss tanzen!“, und mit sofortigem Einsetzen der Musik fand ich mich auf der improvisierten Bühne wieder, umgeben von ausgelassen springenden Gestalten.

„Wedele, wedele, hinterm Städtele, hält der Bettelmann Hochzeit“, sang Martin schief, dafür umso lauter, das alte Kinderlied.

Josch hob mich schwungvoll vom Tisch herunter und wir wirbelten lustig im Kreis.

Herla blieb zwar auf dem Stuhl sitzen, bewegte dennoch zum gemeinschaftlichen Tanz mit Kalle die Arme, während Elke am Handlauf ihres Rollstuhls zog, bis Emmi hinter sie trat und mit dem Karren fröhliche Runden drehte.

So schnell kamen unsere Leute nicht aus der Puste, aber irgendwann verebbten auch hier die Kräfte und wir schwankten nach und nach auf diverse Sitzgelegenheiten nieder. Josch sah grinsend in ebensolche von Freude verzerrte Gesichter.

„Samstag feiern wir richtig“, überraschte er uns ein weiteres Mal. „Was meint ihr dazu? Ich kriege den Firmenbus ...“, jetzt lächelte er mich listig an. „Ich bin leichtfertig davon ausgegangen, du sagst tatsächlich *Ja*.
Gebt den anderen Bescheid: Rita, Bert, Pipe und auch Silvana und Karsten. Wir fahren zum Baggersee und machen so richtig Party, ist das was?“
Der Tumult, der nun folgte, ließ auf rege Zustimmung schließen.

- ◊ • ◊ • ◊ -

So trafen am Samstag fast zwanzig Mitglieder und Freunde unserer *Berber-WG* auf der Kate ein. Tags zuvor glich die Küche einem Schlachtfeld, Max hatte nicht einmal die Zeit, über unautorisiertes Küchenpersonal zu murren. Nur wer ihn genau ansah, erkannte eine unfreiwillige Dankbarkeit für die zahlreichen Helfer, aber zugeben konnte er das schließlich nicht.

Der Bus wurde schwer beladen mit verschiedensten Leckereien, einem Stuhl für Oma Emmi, Decken, Getränken, selbstredend alkoholfrei, das andere wurde sowieso heimlich mitgeführt, Geschirr und was sonst alles zu einem Picknick gehört. Es sah aus, als wären wir mitten in einem Umzug.

Wir waren gerade dabei, uns auf die Autos zu verteilen, als hinter den zwei Wagen der Familie Schürhoff noch ein drittes Gefährt aufs Haus zukam.

„Es ist Rita“, erkannte Jasmin sie als Erste. „Aber da ist noch jemand im Auto.“

Mit unverblümter Neugier ging die Truppe auf die Neuankömmlinge zu. Auf der Fahrerseite stieg ein junger Mann aus und ich hörte Rita über das Raunen hinweg sagen: „Das ist mein Freund.“

Seinen Namen verstand ich nicht, war allerdings schon vom ersten Teil dieser Botschaft, wie vom Donner gerührt. Rita hatte einen Freund! Unsere kleine, schüchterne Rita hatte es geschafft. Wie sehr freute mich das. Dann blieb mir für eine Sekunde die Luft weg. Vor mir stand Gregor, unser einziger männlicher Balletttänzer. Überwältigt nahm ich Rita in die Arme. Vor Gregor verweilte ich unschlüssig, reichte ihm die Hand, aber die Freude bezwang meine Zurückhaltung und ich drückte auch ihn begeistert an mich.

„Hier ist ein schöner Platz“, sagte Josch und stellte den Motor ab. Er sah nach hinten in die zustimmenden Gesichter seiner Fahrgäste, erkannte hingegen bei Elke eine fremde Mischung aus Erschrecken, Peinlichkeit und Enttäuschung.

„Keine Panik, Elke, das schaffen wir schon!“

Sie rieb sich nervös die Fingerknöchel, schaute auf den draußen zu überwindenden Abhang und erwiderte beklommen: „Das halte ich für unwahrscheinlich und ich will euch nicht zur Last fallen.“ Ihre Augen waren getrübt, aber sie schob sich auf dem Sitz in Richtung Tür. „Es ist okay für mich, wenn ich ein bisschen auf der Straße und im Wald herumfahre.“

Josch machte eine wegwerfende Bewegung. „Papperlapapp, du kommst mit und basta.“ Er schwang sich aus dem Wagen und nahm von Polly den Rollstuhl entgegen.

Ich bückte mich, um Elkes trostlosen Blick einzufangen. „Josch weiß was er tut. Er kennt die Stelle hier und wusste dich ja dabei, also bleib locker!“

„Ich will euch keine Umstände machen“, druckste sie.

Das konnte ich verstehen, war aber zuversichtlich. „Hör auf, diesen Quatsch zu reden. Wir sind so viele Leute, das kriegen wir hin.“ Ich half Elke in ihren Stuhl und schob sie bis zu der Böschung, die wir abwärts klettern mussten.

Eine Weile beobachteten wir, wie ein Pulk menschlicher Ameisen laufend Körbe, Kisten und Hausrat den Hang hinunter schleppte. Karl-Heinz rutschte auf dem Hosenboden querfeldein den Berg hinab, was mit lärmenden Zurufen unterstützt wurde. Als der beste Trampelpfad ausfindig gemacht war, kam Bert mit Josch auf uns zu.

„Hast du Schiss?“, fragte er, und Elke verzerrte besorgt ihr Gesicht.

„Wenn *ihr* keinen habt. Aber meint ihr nicht, ich bin zu schwer?“

„Frauen!“, stöhnte Bert und grinste Josch an. „Denken immer, sie sind zu dick. Also, sag uns, wo wir anpacken sollen, damit das Ding nicht auseinander fällt.“

Sie gaben mir die Fußstützen und Josch griff an die Haltestange, während Bert den Rollstuhl vorn anfasste. Elke lag rücklings wie in einem Schaukelstuhl und sah halb lachend, halb verbissen zu mir auf. Wie bei einer Kanufahrt durch Stromschnellen holperten sie mit Elke die Böschung hinunter. Josch rutschte ab und landete auf dem Hintern. Die Beine bis vorn unter den Rollstuhl geschoben, wieherte er vor Lachen, während Bert – ebenfalls zum Bersten amüsiert – mit aller Kraft den Oberkörper gegen die Räder stemmte und sich vorsehen musste, nicht von Joschs zappelnden Beinen die Füße weggetreten zu bekommen. Als Elke erkannte, weder echte Gefahr noch Verletzungen waren entstanden, stimmte sie in das sprudelnde Gelächter mit ein. Ich konnte mich kaum noch auf der Schräge halten, als ich die dummen Blicke unserer Zuschauer unten wahrnahm. Wir saßen zu viert im Gestrüpp und wälzten uns vor Belustigung und Albernheit. Lupo, Pipe und Karsten kamen zu Hilfe, und nachdem die Selbstkontrolle wieder Oberhand gewonnen hatte, ging es mit vereinten Kräften weiter bergab. Elkes Wangen waren nass von Tränen, aber ihr Gesicht bewies, sie hatte nicht aus Furcht geweint. Erschöpft sanken wir am Fuß des Abhangs auf den Boden und in Etappen schüttelte uns weiterhin die Heiterkeit.

Hochrot und schwitzend gelangten wir bei den anderen an. Auch hier war die Stimmung glänzend. Beates und Hannes Kinder waren bereits patschnass und kreischten vor Vergnügen. Als sei dieser Ort ein Jungbrunnen, verwandelte sich die Schar relativ gesitteter Erwachsener in eine Horde albern aufgedrehter Teenager. In verbeulten Hosen sprangen die Männer ins Wasser, droschen aufeinander ein und tollten herum wie die Mastkälber. Vier von ihnen schleppten den wild protestierenden Karl-Heinz zum See, johlten und grölten, als er schnaufend darin versank. Es war an der Stelle nicht tief und Bert stand gleich daneben. Kalle hatte durch sein lahmes Bein doch etwas von seiner Schwimmfähigkeit eingebüßt.

Rita hielt sich mit Gregor abseits des Getümmels und ließ sich von ihm durch die Fluten schaukeln. Verliebte Blicke trafen sich, und ich lächelte still über ihre Verbindung.

Nachdem Elke den Abstieg gesund überstanden hatte, weigerte sie sich auch nicht mehr, als Josch und ich sie ins Wasser tragen wollten. So stand ich wenig später mit ihr bis zum Bauchnabel darin, hielt sie unter den Armen und wiegte ihren Körper in seichten Wellen auf und ab. Elke legte den Kopf nach hinten, mit geschlossenen Augen, der Sonne zugewandt, ließ sie sich gemächlich durchs Wasser gleiten. Ich spürte förmlich, wie sie sich zunehmend in der Schwerelosigkeit entspannte.

Sonnenverbrannt, ausgetobt und müde kehrten wir am späten Abend zurück. Als Josch die letzten Meter auf das Haus zufuhr, kreischte Jasmin plötzlich auf. „Sven, da sitzt Sven, Leute, seht ihr das?“

Es dämmerte, dennoch war es unverkennbar Sven, der sich von einem Holzklotz erhob und zögernd auf uns zukam. Jasmin riss die Wagentür auf und rannte ihn fast über den Haufen. Nach einer stürmischen Umarmung hielt sie ihn etwas von sich ab.

„Du bist nüchtern, stimmts? Bist du zu mir zurückgekommen?“ Ihre Stimme zitterte, wobei Sven verlegen von ihr zu uns sah. Dann strich er dem Mädchen über den Arm und nickte nachdenklich, den Blick unverwandt auf Josch gerichtet.

„Darf ich?“ Trotz der Dunkelheit konnte ich das Flehen in seinen Augen deutlich erkennen.

Er wurde überwiegend freundlich von den anderen begrüßt, blieb dabei reglos, mit Jasmin an seiner Seite, stehen, bis nur noch Josch und ich am Auto waren.

„Willst du reinkommen oder wollen wir hier draußen reden?“, fragte Josch kühl. Gemeinsam setzten wir uns vors Haus. Sven war sichtlich nervös, dennoch entschlossen, sich der Konfrontation zu stellen.

„Ich weiß, ich habe einige Zeit gebraucht, aber ich schätze, ich habe kapiert, was ich will. Josch, du hast mir ganz schön weh getan, das war ein feister Knüppel, den du mir da ins Gesicht geschlagen hast. Andererseits hattest du wohl Recht – irgendwie.“

Jasmin saß neben ihm, streichelte seine Hände und hing an seinen Lippen.

Josch lehnte sich zurück. Er war zwar nicht abweisend, jedoch kritisch. Ich hingegen beugte mich aufmerksam nach vorn und hoffte inständig, Sven hätte seine – die richtige – Wahl getroffen. Ich spürte instinktiv, Joschs Haltung war die bessere. Sven musste, sofern er sich wirklich zu einem Weg durchgerungen hatte, den Mut und die Kraft aufbringen, sich dahin zu bekennen, auch wenn ihm nicht sofort sämtliche Türen geöffnet wurden. Somit setzte ich mich ebenfalls zurück und versuchte, meine Ungeduld nicht weiter zu zeigen.

Sven verhielt sich ruhig, doch er kauerte nicht in sich zusammengesunken auf dem Stuhl, sondern saß aufrecht. Fast angriffslustig blickte er Josch an.

„Ja, ich habe es mir überlegt, und ich habe durchprobiert, was ich will. Die letzten Wochen waren granatenhart, ich hab gesoffen, Pillen geschmissen und gekifft. Trotzdem gingen die Gedanken nicht weg.“ Sein Blick wanderte zu Jasmin, und erstmalig entdeckte ich darin etwas wie Reife, das Wissen um eine kompromisslose Entscheidung. „Jasmin, ich lieb dich echt, und ich glaube, ich kann auch zu deinem Baby stehen.“

Ihr rollten dicke Tränen die Wangen hinab und Sven sah nun forschend zu mir. „Josi, kann ich zu euch auf die Kate kommen, um hier neu anzufangen? Ich war beim Arbeitsamt“, sein Blick huschte zu Josch. „Seit gestern bin ich arbeitssuchend gemeldet. Aber ich hatte ja keinen Wohnsitz, und so gab ich eure Adresse an. Dürfte ich das?“ Der bange Zweifel in seiner Stimme war nicht zu überhören.

Josch sah mich an. Ich erkannte auch bei dem wenigen Licht, wie seine Hände fest ineinandergriffen.

Mechanisch nickte ich.

„Sven, wenn Jasmin dich möchte …“

„Ich will!“, fuhr sie atemlos dazwischen, und Josch entschlüpfte ein kleines Lächeln.

„Na gut, da dem offenkundig so ist“, wandte er sich wieder an Sven, „wollen wir dich und euch unterstützen. Aber strenger als bei den anderen, muss ich dein Leben hier an Bedingungen knüpfen.“ Abwartend lauerte Sven, bis Josch fortfuhr. „Kein Suff. Keine Pillen. Kein Shit. Nichts von alledem, gar nichts! Kriegst du das gebacken?“

Sven ließ sich nicht zu einer vorschnellen Antwort hinreißen. Fortwährend zupfte er gedankenverloren an Jasmins Handrücken, langsam hob er den Kopf und klare Augen bestätigten seinen Entschluss.

„Ja, Josch, ich werde es schaffen! Josi, ich bin mir sicher, ich will es.“ Er wandte sich an Jasmin. „Ich denke, ich bin jetzt in der Lage, Verantwortung zu übernehmen. Ich will dich und das Kind.“ Warmherzig strich er ihr über den Rücken.

Ich schaute Josch an und wir erhoben uns, ließen die beiden allein und gingen Hand in Hand zum Wald. Dort legte ich ihm die Arme um die Taille und er drückte mich an seine Brust.

„Ich schätze schon“, flüsterte er und legte sein Kinn auf meinen Scheitel.

„Ja“, sagte auch ich und bot ihm meine Lippen dar.

- ◊ • ◊ • ◊ -

„Josi“, sagte Elke am Telefon und ich hörte sie schlucken. „Ich wollte mit dir reden, als ich noch bei euch war, doch ich konnte nicht ...“ Nach einer langen Pause holte sie tief Luft; aber, statt zu sprechen, blies sie geräuschvoll wieder aus.

„Elke, was gibt es?“, fragte ich besorgt. „Ist etwas passiert, haben wir was falsch gemacht? Bitte, sag endlich was los ist!“

„Nein, Josi, so ist das nicht. Ganz und gar nicht. Im Gegenteil. Die Zeit bei euch war wunderschön und jetzt ... Ich fühle mich hier so verlassen; trostlos und einsam.“ Ein erbärmliches Seufzen drang durchs Telefon.

„Elke?“, begann ich leise, „möchtest du zu uns kommen? Ist es das?“

Schluchzen brach aus ihr heraus und ich hätte sie gern in die Arme geschlossen, so blieb mir nur, den Hörer fest zu greifen und mitfühlend bei ihr zu sein.

„Elke, sag mir, warum weinst du?“

„Ich kann nicht, Josi. Wie soll ich klarkommen bei euch? Was könnte ich dazu tun. Ich wäre bloß eine ...“

„Hör auf!“

Erschreckte Stille. Einzig ihr verhaltenes Schniefen war zu hören.

„Lass solche blöden Reden. Du bist doch sonst keine Frau, die sich im Selbstmitleid suhlt, was ist denn los mit dir?“

Elke atmete ein, und ich spürte, wie sie sich zurechtsetzte. „Josi, ganz objektiv gesehen brauche ich viel zu viele Besonderheiten, und auf Dauer würde meine Anwesenheit eine Belastung.“

„So, Frau, und jetzt hörst du mir mal zu! Ich habe längst mit Josch darüber gesprochen – als du noch hier warst. Genau genommen hatte ich dieses Gespräch weit früher erwartet. Wir haben ganz sachlich überlegt, ob das machbar wäre. Ich weiß durch die Altenpflege genug über Rollstuhlbedingungen, und du kannst dir sicher sein, wir wissen, worauf wir uns da einlassen. Dich in die Gruppe zu integrieren, war weit weniger schwierig als bei manch anderem. Also hör bitte auf zu lamentieren. Deine Wohnung ist bald fertig, im Moment wird das Badezimmer installiert. Auch ohne deinen Hinweis wurden spezielle Haltegriffe angebracht und der Klopott hängt höher als normal. Du hast mich nicht nach etwas gefragt, auf das wir nicht vorbereitet gewesen wären, merkst du das jetzt?“

Elke hatte es die Sprache verschlagen.

„Sie wird kommen“, teilte ich Josch freudig mit. „Sobald bei uns alles fertig ist. Elke will uns nicht im Weg stehen. Eine verrückte Frau! Aber ich mag sie sehr gerne, sie ist so angenehm erfrischend. Ihre Arbeit, das Zeichnen erledigt sie weitgehend per Post, also ist es kein Problem umzuziehen.“ Ich krabbelte in Joschs Arm. „Ich freue mich, wenn sie hier ist.“

Seine Hand glitt sanft über meine Kurven. „Mir geht es ebenso. Elke ist ein guter Geist und es wird eine Bereicherung für uns alle. Man merkt zweifellos ein Loch, wenn sie weg ist.“

Glücklich ließ ich meine Gedanken schweifen. „Sven scheint es auch zu schaffen. Jetzt fehlt nur noch eine Arbeit für Lupo und bald lässt sich nichts mehr verbessern.“

„Ooch, Mängel finden wir allemal“, beruhigte mich Josch. „Aber für das, wo wir jetzt stehen, dürfen wir zufrieden sein.“

Seine Hand bewegte sich mit sanftem Drängen auf mir, und ich schmiegte mich dichter an ihn.

- ◊ • ◊ • ◊ -

Missmutig stierte ich aus dem Fenster. Die Luft war so feucht, dass man sie trinken könnte, aber immerhin hatte der Regen aufgehört. Schaudernd drehte ich mich um.

„Ein richtiges Novemberwetter ist das!“, beschwerte ich mich, doch die Gesichter vor mir waren sich keiner Schuld bewusst.

„Was haltet ihr von Martins-Laternen basteln“, schlug Jasmin vor. „Das macht eine gemütliche Stimmung, wollen wir?“

„Warum nicht?“ Emmi war jederzeit bereit, egal wozu.

Mit einem nasskalten Windzug öffnete sich die Tür und Herla stampfte die Füße ab. „Geil!“, hauchte sie, und wir sahen verstört zu ihr auf. Wie eine tropfende Vogelscheuche stand sie vor uns, nahm den Hut ab, schüttelte ihn, und strich sich über den stoppeligen Kopf. Dabei verzog sie ihren Mund zum typisch schrägen Grinsen und hielt in der Bewegung inne. „Tja, ich gebs ja ungern zu, aber mein Schädel hat Haare wie Kalle auf seinen Beinen. Wisst ihr, was mir gerad passiert ist?“ Sie ließ sich auf das Sofa fallen und ich fühlte mich erneut daran erinnert, beizeiten nach einem passablen Ersatz für das zersessene Stück Ausschau zu halten.

Herla versuchte erfolglos, sich mit dem Ärmel etwas zu trocknen und erzählte: „Ich wollt mir noch Saft holen, und da gabs in dem Laden so winzig kleine Blumenpötte, denen konnt ich nich Nee sagen. An der Kasse war vor mir 'n alter Opa, der nich aufhören wollte, mit der Kassenfrau zu tratschen. Aber was solls. Als ich endlich meine Knete abdrücken konnte, stand der immer noch daneben, guckte mich breit an und meinte, ich hätt ja *so'n nettes Lächeln,* und jetzt wüsste er auch, warum. *Bei den hübschen Blumen an so nem bepissten Tag* – oder so ähnlich – *na, das wär aber ne Freude, mir ins Gesicht zu gucken*. Erst dacht ich, der wollt was, aber dann hat er sich voll an mir festgeknabbert. Der wollt halt quatschen, war'n alter Italiano, so'n richtiger Don Juan, aber süß."

Herla hatte tatsächlich eine leichte Röte auf den Wangen, die nicht von der Kälte draußen kam.

„Der hat geschnäbelt, Leute, ich hab ewig nich so viele Komplimente gekriegt und das ganz ohne Macho-Scheiße dabei, einfach nur so. Als er ging meint er zuletzt, *jetzt wird das doch noch ein wunderbarer Tag*. War echt schnieke! Hat gut getan, ehrlich." Sie rekelte sich und genoss sichtbar die Nachwehen dieser Begegnung.

Wir schnitten und klebten weiter an unserem Winterschmuck, als sie sich abrupt aufsetzte. „Ach Josi, ich hab Pipe getroffen, mit Roland und Martin. Die wollten wissen, ob du was dagegen hast, wenn sie bei Bedarf hinten im Schuppen unterkriechen – *bloß nich hier einziehen,* ham se gesagt. Nur wenns ma' so richtig schüttet oder der Winter kommt, fänden sie's cool, nen Platz zu haben, der ihnen sicher is. Du sollst denen Bescheid sagen, okay?"

„Da wird die Bude ja bald brechend voll", stellte Jasmin nüchtern fest. „Wenn Opa im Advent auch noch da ist, und Elke."

„Die armen Männer", wechselte Oma Emmi das Thema und sah betrübt aus dem Fenster. „Das ist nun wirklich nicht das schönste Wetter für einen Umzug. Wir sollten den Kamin anmachen und ich werde mit Max gleich eine hübsche Suppe kochen, das wird ihnen gefallen."

Ja, ab heute hatten wir eine neue feste Mitbewohnerin. Elkes Bereich war fertig, und ich wartete voll Ungeduld, was sie sagen würde. Wir hatten übers Telefon sehr viel besprochen, aber die Räume mit eigenen Augen zu sehen, war bedeutend anders. Sie hatte einen großen Wohnraum mit einer Nische zum Kochen, damit sie so viel Selbstständigkeit wie möglich beibehalten konnte – falls ihr mal danach war, für sich allein einen Tee aufzusetzen, oder so. Und das neue

Bad, ihr ganz privates, war groß wie ein Tanzsaal. Sie würde sich bestens mit ihrem *Cabrio* darin zurechtfinden.

„Zieht dein Opa denn hier ein?", kam Herla auf Jasmins Rede zurück, grinste süffisant in die Runde und blieb mit einem anzüglichen Blick an Oma Emmi hängen.

„Nicht zum Wohnen, nur zu Besuch, wie Elke auch."

Im Nu begriff Jasmin, Elke war genau in diesem Moment dabei, aus ihrem vormaligen Gastaufenthalt eine feste Bleibe zu machen. Sie lachte offen und dehnte den Rücken. Die Wölbung vor ihrem Bauch war noch immer nicht groß, dennoch deutlich sichtbar. Ihr Baby versteckte sich wohl in ungeahnten Windungen.

„Nein, Opa wollte eine Stippvisite über die Weihnachtstage machen." Sie strich verträumt über ihren Bauch. Wir hofften, Herr Sommer wäre zur Zeit der Geburt hier im Haus, Jasmin wünschte es sich von Herzen. „Und dann haben wir überlegt, er könnte ebenso Anfang Dezember kommen. Daraufhin haben meine Eltern für die Zeit spontan eine Ferienreise gebucht – sie sorgen nämlich sonst für ihn."

Herla stutzte. „Ich dachte dein Opa is ne flotte Flitze?"

„Flott schon, aber sie versorgen ihn. Er hat manchmal Aussetzer und kommt in dem Moment mit nichts mehr klar. Meine Mutter ist so überkorrekt, sie lässt ihn nie allein oder ruft drei Mal täglich bei ihm an. Opa verdreht oft selbst die Augen darüber." Jasmin machte eine ratlose Geste. „Aber bleiben würde er hier nie, auch wenn es ihm beim letzten Mal gefallen hat. Er ist glücklich in seiner Wohnung, da wo er von jeher mit Oma gelebt hat."

Jasmin faltete sorgsam die eingeschnittenen Kerben ihrer Laterne um und warf einen prüfenden Blick auf ihr Werk. „Na ja, fürs Erste gehts."

„So Mädels", schnaufte Herla und erhob sich aus dem tiefen Sitz. „Ich muss mich fertigmachen, heut is mein großer Tag."

„Der Computer-Check?", fragte Jasmin und hielt in ihrer Bewegung inne.

„Ja Mann, gleich werd ich wissen, ob der Scheißhaufen in meinem Kopf hinüber ist – oder nich." Die Angst in diesen Worten war nicht zu überhören.

Was passierte, wenn nicht? Der Arzt hatte ihr unter diesen Umständen noch zwei Jahre gegeben. Zwei Jahre für diese lebensfrohe und engagierte Frau, das dürfte nicht sein!

Zum letzten Mal bot ich ihr an, sie zu begleiten, und erneut winkte sie ab.

„Aber, du versprichst mir, komme was wolle, dich gleich zu melden, Herla, ja?!"

Sie klang nicht wahrhaft von ihrer Antwort überzeugt, jedoch trafen sich unsere Blicke und in ihnen lag eine tiefe Verbundenheit.

Als Herla die Haustür schloss, drehte sich Jasmin zu mir um. „Meinst du, sie knallt wieder durch, wenn die Ergebnisse schlecht sind?“

Dieses Mädchen konnte manchmal mit blinder Treffsicherheit die verkehrte Frage im falschen Moment stellen. Natürlich machte ich mir Sorgen. Sehr große sogar! Aber ich hatte keine Lust sie jetzt und hier zu erörtern, und so entschuldigte ich mich vage und ging in mein eigenes Wohnzimmer, wo ich ungestört meinen Gedanken nachhängen konnte.

Welche Ängste musste *Herla* erst in diesen Minuten durchleben. Wenn der Krebs zum Stillstand gekommen war, hatte sie eine Zukunft. Wenn aber nicht? Würde sie sich erneut einer Chemo-Therapie unterziehen müssen – und wollen?

Das Leben ist sooo geil und tierisch abgefahrn, hatte sie zu mir gesagt, nachdem die schlimmste Zeit überstanden war; als sie schließlich etwas essen und bei sich behalten konnte und nicht mehr von Schmerzen verzehrt wurde.

Aber: *Gott, warum lässt du mich nich endlich sterben?*, stöhnte sie fast ohne Stimme, während ihr Körper ausgemergelt und gebrochen zu keiner Handlung fähig war.

Was geschieht, wenn das Ergebnis heute auch den letzten Funken Zukunftsglaube zerstörte? Wird sie zu uns kommen, sich an uns wenden und versuchen, unsere Freundschaft und Liebe anzunehmen? Oder wird sie wie zu Anfang, weglaufen, flüchten und in Panik reagieren. Wo könnten wir Herla finden, falls es soweit käme?

Es war müßig, darüber nachzudenken. Ich wollte es auch nicht. Es gibt Hoffnung, schau darauf, Josephine, korrigierte ich mich selbst.

Ich stand auf und lief unruhig im Zimmer umher. Die Aussicht aus dem Fenster war keineswegs geeignet, mich aufzubauen. Wasserperlen standen auf der Scheibe, und ich kühlte meine Stirn an dem seelenlosen Glas. Mein Blick verschwamm, ich fühlte die Regentropfen heiß und salzig in meinem Gesicht.

Ich lebe!, hatte sie damals zu mir gesagt, als wir uns das erste Mal trafen, im Wald, gar nicht so weit von hier entfernt. *Ich lebe*, und sie war das blühende Leben in Person: spritzig, selbstbewusst, gesund und voller Herz. Zwei Jahre war das schon her. Zwei Jahre erst. Nur noch zwei Jahre blieben ihr, wenn der Tumor nicht stillstand. Wie lang erscheint diese Zeit. Und wie beängstigend kurz sie doch war.

Damals, vor Ewigkeiten, holte mich Herla aus den Tiefen des Abgrunds, lehrte mich ein Dasein, das prall gefüllt war mit Überraschungen und Schönheiten. Sie blieb beständig an meiner Seite, in meinen Gedanken, beeinflusste meine Entscheidungen, auch wenn sie nicht da war. Ich war getroffen und verletzt gewesen, unfähig, dem eigenen Leben Halt zu geben. Äußerlich erfolgreich, jedoch in meinem Innern krank und hohl. Herla wurde mein Vorbild, der Inbegriff einer kraftvollen, unverwüstlichen Frau, die mit imposanter Selbstsicherheit, Intuition und Empathie ihr Geschick lenkte. Vom Leben benachteiligt, machte sie nie einen Hehl aus ihren Schwächen, sondern hatte gelernt sich damit zu arrangieren. Ihre Freundschaft zu diesem *Jesus und dem alten Gott* waren für sie die Grundlage – für mich eine verrückte ... Ja, was denn eigentlich? Ich konnte es nicht nachvollziehen, aber ich spürte, es war echt.

Mit welch einer Kraft und Einfühlungsvermögen hatte sie das Unmögliche vollbracht und acht asoziale Penner zu einer gemeinsamen Theateraufführung befähigt. Sie gab ihnen Mut und Selbstachtung zurück und den Glauben an die eigenen Fähigkeiten – längst verlorene Schätze. Herla war einzigartig. Genial. Begnadet und total verrückt. Ein liebenswertes Unikum.

Ein Lachen, das ebenso gut ein Aufschluchzen sein konnte, entwich mir, als ich die Szenen vor mir sah: Herla mit ihrem großen Hut, der bunten Latzhose, wie sie mich – natürlich schräg wie immer – angrinste und entschuldigend den Kopf zur Schulter neigte, während Polly und die Männer der Truppe zotige und wenig sittliche Ausdrücke im Buchstabenspiel erfanden. Oder wie sie völlig selbstvergessen durch meine Wohnung tanzte.

„Herla“, krächzte ich und lachte weinend. Vorgebeugt wie ein startender Adler, saß sie da, um in die Geheimnisse des Tanzens eingeführt zu werden.

„Sie wird es schaffen!“, sagte ich in den leeren Raum, doch in dem unbändigen Wunsch, alle Welt möge es hören. „Gott, bring sie da durch!“ Kraftlos sank ich auf einen Sessel und ließ mich treiben.

Dankbar registrierte ich schwere Schritte auf den Stufen. Josch kniete sich und gab mir seine tröstende Nähe. „Josi, was auch immer sein wird, wir sind zusammen, Herla steht nicht allein.“ Er küsste meine Augen, und seine starken Arme, die mich hielten, gaben mir Kraft.

Die Rückkehr unserer Umzugshelfer war nicht zu überhören. Josch zwinkerte mir bedauernd zu und erhob sich. „Ich zieh mir schnell was Trockenes an und dann wollen wir Elke helfen, du machst doch mit, oder?“

Elke fuhr wortlos und staunend in der neuen Wohnung umher.

„Josi, das ist traumhaft“, freute sie sich, wobei sie vorwärts und rückwärts im großen Badezimmer mit ihrem Rollstuhl rangierte. „Gigantisch schön!“

„Elke, wohin kommt die Kiste?“, rief Polly von nebenan und sie drehte sich, um ihren Posten als Anweiserin auszuführen. Während die Männer einige Möbel an die zugewiesenen Plätze stellten, begann ich, aus den Kartons die Kleinteile zu holen und nach Elkes Wunsch wegzuräumen.

Kaum eine Stunde später war ihre Wohnung in einem gemütlichen Durcheinander eingerichtet. Als der Wagen gänzlich leer war, ließen sich die Arbeiter abgekämpft, da, wo sie gerade standen, nieder und nahmen dankbar eine Tasse Kaffee oder heiße Suppe in Empfang. Hand in Hand lief die Aktion und es war eine Freude, dies mitzuerleben und ein Teil dessen zu sein.

„Hey, is denn hier keiner?“, klang eine laute Stimme aus der großen Stube und bevor Herla durch den kleineren Nebenraum in Elkes Wohnung trat, waren wir wie elektrisiert aufgesprungen und kamen ihr eilends entgegen. Es brauchte keine Worte, um das Ergebnis der Untersuchung zu erfahren, wir fielen uns überglücklich in die Arme.

„Der Doc hat gesagt, er müsse meinen Feinden ne schlechte Nachricht machen, ich bleibe denen noch länger erhalten!“

Herla wurde spontan von einigen Männer in die Luft gehoben, wo sie sich krakeelend an Joschs Hals klammerte, um nicht über die verschiedenen Schulterhöhen wohl auf Lupo, als dem Kleinsten unter ihnen, runterzukullern. Ein berauschender Freudentaumel hatte uns erfasst, und jeder fand sofort einen Weg, Herla als Königin zu feiern. So saß sie Minuten später, mit Papierkränzen geschmückt und Styroporflocken beworfen, auf einem Armsessel, eingerahmt von dem hochkant stehenden Bettgestell und wurde in wilder Ekstase umtanzt und bejubelt.

Erst als Max auf das vorbereitete Essen hinwies, verdrängte der gesunde Appetit nach einem schweren Arbeitstag die ausgelebte Begeisterung, und wir drängten an unsere aus Bohlen gezimmerte Tafel. Die an der Wand lehnende Drei-Meter-Platte wurde auf bereitgestellte Böcke an den ersten Tisch angebaut, so fanden wir zwölf ausreichend Platz zum gemeinsamen Abendbrot. Vier große Formen *Bobo*-Auflauf mit allerlei Sorten Gemüse wurden aufgetragen. Max' Arbeitsbereich näherte sich immer mehr den Dimensionen, in denen er einst sein Handwerk gelernt hatte.

Ich schmunzelte, als ich mich eine Weile zurücklehnte, um unsere Szene zu begutachten.

Herla saß am Kopf des Tisches, der hochgezogene Mundwinkel schien heute Abend angewachsen zu sein. Auf ihren roten Haarstoppeln hing schräg, wie ein verrutschter Heiligenschein, eine in Eile gefaltete Papiergirlande. Neben ihr saß Emmi, wie immer milde auf *ihre Kinderschar* blickend. Sie schnalzte freundlich anklagend mit der Zunge, als Roland ihr gegenüber den vollen Mund mit einer weiteren Schaufel Essbarem zum Überlaufen brachte. Lachend und gespielt verlegen, legte er die Hand schützend vors Gesicht und drehte sich zu Polly, der ihm mit rüden Worten die grundsätzlichen Benimmregeln erklärte, wobei ihm Kalle mit praktischen Demonstrationen wenig hilfreich zur Seite stand.

Neben Emmi saßen Jasmin und Sven. Der Junge hatte sich wirklich gemausert. Seine weibische Weichheit war verschwunden, ebenso wie der zeitweilig krankhafte Ordnungszwang. Jetzt, auf ein Normalmaß beschränkt, war er, im Vergleich zu den meisten unserer Männer zwar immer noch extrem, aber durchaus angenehm sauber und sortiert. Ein penibler, feingliedriger, junger Mann. Jasmin hatte sich mit ihm in ihren Zimmern oben häuslich niedergelassen, und sie machten den Eindruck eines glücklichen, verliebten Pärchens.

Lupo versuchte zum wiederholten Male, Max zum Anbau von Küchenkräutern direkt vor dem Fenster zu überreden.

„Du kannst mich mal kreuzweise! Die Arbeit im Garten ist deine Sache, mach deinen Dreck woanders. Mir reicht es, wenn du die Stängel für mich pflückst, aber ich will nicht mit Erde und Gießwasser die Küche versaut kriegen." Auch Elke und Josch lauschten interessiert dem Gespräch und wir bemühten uns, ein Grinsen zu verbergen.

„Lupo", griff Elke in die Debatte ein, „was hältst du davon, wenn wir im Frühjahr ein Kräuterbeet auf einem Podest anlegen? Gerne übernehme ich die Aufgabe und kümmere mich darum."

Max fing den Vorschlag sofort dankbar auf. „Siehste, Lupo, das ist doch mal ne vernünftige Lösung. Warum ist die uns nicht eingefallen? Es passt mir nicht, wenn die Weiber immer schneller sind als wir."

Elke und ich entschuldigten uns synchron mit einer Verbeugung und klimperten treuherzig mit den Wimpern.

Polternd öffnete sich die Außentür und Martin, gefolgt von Pipe, trat regendurchweicht ein.

„Duschen! Duschen!", rief Roland ihnen schadenfroh zu. Er kannte die Regeln und nahm diese unerfreuliche Maßnahme ergeben hin.

„Hey, Leute, hört ma'", übertönte Herla das wirre Durcheinander, „die Jasmin hat ne dufte Idee."

Das Mädchen beugte sich über den Tisch, um alle Anwesenden zu sehen, dann schob sie sich etwas zurück – offensichtlich war der Bauch doch kompakter, als man ihm von außen ansah.

„Habt ihr mal was von *Baby-Shower* gehört? Also *Baby-Dusche* oder so? So nennt man in Amerika eine spezielle Party. Im letzten Schwangerschaftsmonat wird die gemacht", dezentes Unbehagen flackerte durch ihr Gesicht, „weil die Frau später wohl längere Zeit nicht zu so etwas kommt. Wollen wir im Dezember eine Baby-Party machen?"

Wie konnte sie das nur fragen? Eine Gelegenheit zum Feiern wurde bei uns noch nie abgelehnt, selbst ohne besonderen Anlass gab es auf *Kullers Hang* schon die schönsten Feste.

Aber weil wir diesmal einen triftigen Grund hatten, waren die folgenden Wochen gefüllt mit diversen Aktivitäten. Polly und Sven wollten für uns singen, und sie machten ein großes Geheimnis aus ihren Proben, niemand dürfte erfahren, was sie zum Besten geben würden. Unabhängig vom Wetter gingen sie in den Wald, um unbehelligt zu üben. Auch Rita, die nach wie vor fest in unseren Kreis gehörte, bekundete, etwas beitragen zu wollen.

Beate war zu Jasmins engster Beraterin und mütterlicher Freundin geworden. Sie brachte die Babywiege ihrer Tochter Anna vorbei und überdies einen Lötkolben. Jeder von uns prägte nun seinen Namen auf den Rand des Bettchens und am Abend unserer Babyparty war Jasmin entzückt. Ihr Opa lächelte gerührt über diesen gemeinschaftlichen Gruß.

„Wir singen jetzt", ging Polly zum ersten Programmteil über. Ein uraltes Lied der Commedian Harmonists sangen sie: „Ein Freund, ein guter Freund ist doch das Schönste was es gibt ..."

Sie hatten tatsächlich vollbracht, ein zweistimmiges Gastspiel darzubieten und wir tobten Applaus.

Jasmin erklärte uns eine Vorgehensweise, die bei *Baby-Showern* üblich wäre. „Es gibt ein Schlagwort, in der Regel heißt es natürlich *Baby*, und wer im Laufe des Abends dieses Wort sagt, muss ein Pfand abgeben."

„Da sollten wir besser das Wort *Scheiße* nehmen, hier bei uns …“ Herlas Einwurf wurde mit Gelächter aufgenommen.

„Und was passiert mit so einem Pfand?“, wollte Roland wissen.

„Für jedes Teil musst du einmal extra duschen, Alter.“ Polly schlug Karl-Heinz vor Belustigung aufs Bein.

„Wie wäre es, wenn für jedes Teil eine unangenehme Arbeit erledigt werden muss?“, fragte Sven, woraufhin ihn sofort eine Walnuss am Kopf traf.

„Dummschwätzer, so was kann ja bloß von dir kommen. Du machst doch sowieso kaum den Hals auf; bestimmt fehlt dir heut Abend nicht ein Fädchen am Leib.“

„Runde schmeißen.“, rief eine andere Stimme dazwischen.

„Tisch abräumen.“

„Küchendienst.“

„*Bobo* schleppen.“

„Kücheklotzen is gaga!“, Herla verschränkte die Arme vor der Brust.

„Ich finde den Vorschlag gut“, meinte Emmi.

Zögernd gaben auch wir anderen das Einverständnis und Herla beugte sich der Mehrheit.

Nachdem dieses Problem gelöst war, erhob sich Rita und nahm Gregor an die Hand. Sie wollten uns gemeinsam etwas vortanzen.

„Herla, Josi sagte, du liebst den Türkischen Marsch, so haben wir etwas darauf einstudiert.“ Ritas Ohren leuchteten und sie zierte sich ein wenig. „Ich bin noch nicht so lang im Ballett, das wisst ihr, und der Boden hier ist ein bisschen uneben …“

„Hör auf, große Reden zu schwingen, fangt endlich an!“ Während Kalles Worten zustimmendes Gemurmel folgte, legte ich die CD ein.

Rita und Gregor stellten sich in Position. In den gegenüberliegenden Zimmerecken standen sie und tanzten mit Beginn der Musik in tippelnden Schritten aufeinander zu.

Meine Blickrichtung wechselte laufend zwischen dem Paar und Herla. Sie bewegten sich sehr harmonisch und weich, Herlas Gesicht war wie hingegossen.

„Boh, der Brüller!“, hauchte sie beeindruckt, als mit der Musik auch der Tanz endete. „Wahnsinn, was ihr da rüberbringt! Josi, du hast Recht, Ballett ist bombengeil.“

Die Künstler wurden mit Anerkennung und Schulterklopfen überhäuft. Rita sah stolz zu ihrem Freund auf und gab ihm einen Kuss, was nicht ungesehen blieb und lautstark applaudiert wurde. Um unsere Truppe von der Verlegenheit des Paares abzulenken, ergriff ich das Wort.

„Ich brauche zwei Leute, die nicht auf den Mund gefallen sind, am besten einen Mann und eine Frau. Gut, Herla, komm hier her, und Polly, du stellst dich ihr gegenüber hin."

Sie standen auf dem Stück Zeitung, das ich ihnen zugewiesen hatte, und Polly schwang die Fäuste. „Boxkampf der Geschlechter, seh ich das richtig, ja?"

„Da ziehst du Winzling doch den Kürzeren", stichelte Herla und versetzte ihm einen Stoß, der Polly fast über die Grenzen seines Feldes stolpern ließ. Der Abstand zwischen den beiden war gut bemessen, sie konnten sich im Grunde nicht berühren. Herlas Arme waren jedoch lang genug, wohingegen Polly verbissen in der Luft herumfuchtelte und keine Möglichkeit fand, sich zu wehren.

„Anfänglich hatte ich ja etwas anderes vor", gestand ich heiter. „Aber das hier ist auch ganz lustig."

Sie sahen mich befremdet an, als wenn ihnen jetzt erst einfiel, wo sie sich befanden.

„Sag schon, Sternchen", forderte Lupo ungeduldig. „Wofür müssen die zwei reden können?"

Ich besann mich auf das ursprüngliche Spiel. Polly und Herla sollten gegenteilige Standpunkte vertreten und schlüssig begründen. Der eigentliche Spaß war der, den die Zuschauer dabei hatten. Ich sah die beiden erwartungsvoll an.

„Euer Thema ist: Warum ich froh bin, ein Mann, beziehungsweise eine Frau zu sein."

Sie schauten irritiert in die Runde. Herla bleckte die Zähne und fragte gedehnt: „Und das soll lustig sein?"

„Ich denke doch, aber es kommt ganz auf euch an. Du bist der Mann und Polly die Frau."

Fast traten ihnen die entrüsteten Augen aus den Höhlen, während die übrigen Anwesenden vor Vergnügen tobten.

„Auf los gehts los!"

„Ääh, ich finds cool, 'n Kerl zu sein, weil ... äh, mir keiner an die Beulen packt." Glucksen, Entsetzen und Gekicher machte sich breit.

„Ich werd als Frau immer so nett behandelt." Buhrufe ertönten.

„Ein Typ hat selten Kopfschmerzen – weil er sowieso nix da drin hat."

„Weiber können enge Hosen tragen, meine eigenen, als Mann, sind ständig voll …" Schallendes Gelächter brachte ihm die Zweideutigkeit zu Bewusstsein. „Ich meine natürlich, die sind mir immer zu eng, weils da so dick drin ist."

„Gilt nicht, du sollst Frau sein", unterbrach Kalle die protzige Rede.

„Sag ich doch, ich bin ne scharfe Braut in mega-engen Hosen mit knackigem Arsch."

„Als Mann brauch ich meine Pläte nich zu striegeln", sagte Herla und strich sich grinsend über ihren borstigen Kopf.

„Weiber sind einfach ultrageil!"

Mit der Zeit fanden sich beide in ihre Rollen ein und brachten erschreckend schlüssige Argumente, darum hielten wir es für gesünder, das Spiel zu beenden, bevor sie noch bedauernd feststellen mussten, sie verteidigten etwas, das nicht das Ihre war.

Unterdessen wurden acht Pfänder gesammelt. Der Spüldienst war für die nächste Zeit gesichert.

Im Laufe des Abends verlas Oma Riedel ein selbstgemachtes Gedicht über das Leben auf *Kullers Hang* und die gemeinsamen Freuden am Familienzuwachs, den wir mit Jasmin zusammen erwarteten.

Herr Sommer war in seinem Sessel eingeschlafen, und ihn störte der allgemeine Aufruhr wenig. Er schnarchte seelenruhig vor sich hin, sogar als wir Musik anstellten; die Lautstärke wurde aus Rücksichtnahme behutsam gesteigert, dennoch bis zum Anschlag. Die bunte Schar rockte, zappelte und tanzte durch den Raum. Jetzt, wo wir zur Feier des Tages die Tische abgebaut und verstaut hatten, war unser Wohnzimmer so groß wie ein kleiner Festsaal. Mit ungebremster Energie wirbelten wir durcheinander, doch plötzlich erklang ein Stöhnen, das alle anderen Geräusche übertönte. Jasmin hielt sich den Bauch und sank auf die nächstbeste Sitzgelegenheit nieder. Beate war sofort bei ihr.

„Du meinst, es geht los?"

Jasmin lächelte grotesk. „Ich weiß nicht, es war wie ein Riss unten am Bauch."

„Ich denke, es sind noch zwei Wochen?", fragte Kalle voll Anklage, doch Herla gab ihm einen Stoß in die Seite.

„Labertasche! Das sind doch bloß geschätzte Zeiten, oder willste Jasmin vorschreiben, wie's laufen soll? Gehst du etwa immer zur gleichen Zeit pinkeln?"

„Nee", antwortete er brav und kratzte sich am Hinterteil.

Beate hob beschwichtigend den Arm. „Macht ihr ruhig weiter. Wenn, dann kommt das Baby vermutlich nicht in den nächsten Minuten."

Zögernd wurde die Musik wieder lauter gedreht und lustlos schwangen einige Körper durch den Raum, alle Blicke waren neugierig, angstvoll und fragend auf Jasmin gerichtet. Sie lächelte tapfer und legte sich zwischen Sven und Beate zurück.

Wir waren alle aufgeregt und unruhig, aber genau deshalb erwies sich das Tanzen nach einer Zeit als die beste Therapie.

Opapa, wie einige von uns Herrn Sommer inzwischen nannten, erwachte, und als er begriff, was vorgefallen war, erhob er sich rasch und ging zu seiner Enkeltochter.

„Kind, bist du gesund? Soll ich ein Taxi rufen?" Seine kleinen Augen flatterten liebevoll über das Gesicht und den Körper des Mädchens, aber Beate konnte ihn beruhigen. Es war nur eine eindrucksvolle Senkwehe, die möglicherweise durch die tanzenden Bewegungen verstärkt wurde.

Jasmin stand nach einiger Zeit erneut neben uns und bewegte sich, nun deutlich sanfter, zur Musik.

Unsere *Baby-Shower-Party* ging zu Ende, dabei hatte das Baby uns nicht mehr als einen Schauer über den Rücken gejagt. Es war eine Generalprobe gewesen, die wir alle recht gut bestanden hatten.

Zwei Wochen später war es tatsächlich so weit. Am Nachmittag vor Heilig Abend fuhr Jasmin mit Sven in die Klinik.

„Ich weiß nicht, um wen ich mir mehr Gedanken machen muss", überlegte ich zweifelnd, „um Jasmin oder um Sven."

„Vielleicht wird ja jetzt aus ihm ein Mann", feixte Josch und drückte mich. „Komm, lass uns Herrn Sommer ablenken, der Arme vergeht bestimmt vor Sorge."

Allem Anschein nach hatten sich bereits andere Leute umsichtig gezeigt. Opapa saß mit Emmi und Herla in der Küche. Max war nicht da, er nutzte die vorweihnachtlich sentimentale Stimmung der Passanten und hatte sich in die Fußgängerzone begeben. Streng genommen bettelten unsere Leute kaum noch, allerdings hatte der Advent eine allzu reizvolle Anziehungskraft.

„Na, Josi, erinnerst du dich? Vor gut einem Jahr haste mit der Kate angefangen." Herla strahlte mich an. „Ich muss echt sagen, es is verdammt viel passiert. Hier. An der Truppe. Und an mir."

Auch ich lächelte und versank in Gedanken an die Vielfalt der Erlebnisse.

„Wenn man ma' beguckt, wie die Leute gepolt war'n: Polly schluckt doch kaum noch das, was er sonst längst am Mittag intus hatte, und Kalle, ich find, der is'n richtig oller Biedermann geworden. Und unser Joschi erst", sie grinste den Besagten frech und doch voller Zuneigung an. „Ich hätt ja schon immer meinen Hut für dich verwettet, aber wie du heut drauf bist, heiß Bruder! Echt knorke!"

Herla suchte meinen Blick und sah mich forschend an. „Josi, bist du glücklich? Kommst du auf deine Kosten, oder haste dich mit uns allen übernommen?"

Ohne zu antworten, schüttelte ich noch während sie sprach unbewusst den Kopf. „Nein Herla, ich bin wirklich glücklich! Ich hätte mir dieses Leben zwar in den kühnsten Träumen nicht vorgestellt, aber es scheint, wie für mich geschaffen."

„*Du selbst* hast es doch geschaffen", schaltete Emmi sich in das Gespräch ein. „Josephine, *du* warst es, die das alles hier aufgebaut hat."

„Nein, Oma, wenn nur ich allein hier gewesen wäre, sähe es ganz gewaltig anders aus als jetzt. Es hat sich halt so ergeben, ist gewachsen, und jeder von uns ist ein Teil davon."

Josch legte seinen Arm um meinen Rücken und drückte mich zustimmend. Herr Sommer nickte sinnend vor sich hin.

„Jaja, meine Lieben, es hört sich alles an, wie mein eigenes Leben, meine Liebe zu Marie. Wir waren damals grundverschieden, aber sechsundvierzig Jahre hat unsere Liebe gehalten – ich berichtige mich, sie hält auch heute noch, selbst wenn Marie schon lange nicht mehr bei mir ist." Er sah uns der Reihe nach an. „Es ist wunderschön, was Sie hier erleben. Hegen und pflegen Sie es, denn es hat Seltenheitswert."

Es rumpelte an der Küchentür und Elke kam herein. „Ach, hier seid ihr. Hat jemand von euch Lust zum Plätzchenbacken?"

So befreiten wir den Tisch von Kaffeetassen und begannen eifrig mit dem willkommenen Zeitvertreib.

Kaum war das erste Blech aus dem Ofen, traten Lupo, Kalle und Polly durch die Tür. Herla griff schnell zu, warf aber das heiße Gebäck zwischen ihren gegrätschten Fingern umher und stichelte zappelnd: „Man könnte meinen, das riecht bis in die City."

„Tut es auch!", rechtfertigte sich Lupo. „Den ganzen Tag roch ich mehr Kekse als Tannengrün, ehrlich!"

Er hatte eine Zeitarbeit als Weihnachtsbaum-Verkäufer gefunden. Seine erste Anstellung, die über einen Stundenjob hinausging.

„Kein Wunder“, grunzte Josch. „Wenn du direkt im Hof einer Backstube stehst.“

Herla sah von ihrem Teigkloß auf. „Und? Behalten die dich?“

Lupo schaukelte mit dem Kopf. „Sie wollen bis zum Frühjahr warten und dann entscheiden, ob sie noch einen Mann brauchen. Aber keine Angst, ich geb nicht auf.“

„Warum machst du nicht so etwas wie Sven?“, wollte Oma Emmi wissen.

„Das ist eine besondere Maßnahme vom Arbeitsamt. Die gibt es nur für *abgebrochene Jugendliche*.“ Als er ihren verständnislosen Blick sah, erklärte er weiter. „Leute unter fünfundzwanzig kriegen besondere Unterstützung. Wo Sven jetzt arbeitet, gibt es Pädagogen und Betreuer, die helfen den Jungs auf die Beine. Er hat Glück, gerade noch da reinzurutschen. Hoffentlich weiß er das zu schätzen.“

„Was meint ihr, welche Gesichtsfarbe die Pussy im Moment hat? Grün oder weiß?“ Kalle rieb sich amüsiert das Kinn.

„Dich will ich sehen bei ner Geburt“, schnaubte Polly ihn an. „Du kriegst ja schon die Krise, wenn dir ein kranker Käfer über die Hand läuft. Hast du eigentlich noch keine halberfrorene Ratte gefunden? Ich dachte, du gehst uns diesen Winter wieder mit so was auf den Sack.“

Kalle machte ein beleidigtes Gesicht. „Eierkopp!“ Er grapschte Polly den letzten Keks vor der Nase weg, ging kauend auf den Backofen zu und hockte sich vor die geschlossene Klappe. „Sind die noch nicht fertig?“ Seine Stielaugen verrieten größten Appetit.

„Verflixt, ich habe vergessen, die Hebamme anzurufen“, rief ich und lief los. Jasmin wollte ambulant entbinden, dann käme sie wenige Stunden nach der Geburt nach Hause. Wir hatten zugesagt, die Hebamme zu informieren, wenn es so weit war, und sie möglicherweise einen Tag später zu ihrem ersten Besuch herkommen müsse.

Kaum hatte ich das Gespräch beendet, klingelte das Telefon noch in meiner Hand. „Es ist da! Ein Mädchen, Ana-Lena Marie Sommer.“

Hätte ich den Inhalt seiner Worte nicht verstanden, wäre es mir unmöglich gewesen, diese Stimme als die von Sven zu identifizieren. Eine Mischung aus schockierter Erschöpfung, Stolz und unbändiger Freude klang in dem heiseren Gestammel, das ich hörte.

„Alles ist gesund, aber – sie ist so winzig klein! Ich sollte sie baden, Josi, du glaubst es nicht. Ich wusste nicht, wie klein so ein Baby ist.“ Grußlos legte er auf, und ich stand einige Atemzüge lang reglos im Wohnzimmer. Gott sei Dank, Jasmin hatte es geschafft! Dann erwachte ich und stürmte in die Küche.

Ungezügelte Begeisterung sprudelte aus uns heraus, und ich bedauerte, dass die Hauptpersonen dies nicht miterleben konnten.

Emmi klatschte erregt in die Hände. Herla hatte durch ihre Umarmung Polly und Kalle mit Mehl bestäubt, und Herr Sommer schlug die Hände vor den Mund und schaute mit weit aufgerissenen, glitzernden Augen blicklos ins Leere.

Lupo sprach leise an mein Ohr, damit es sonst niemand verstehen konnte: „Ja, vielleicht auch ich. Irgendwann einmal. Zumindest bin ich im letzten Jahr ein gutes Stück gesund geworden." Ich erwiderte seine innige Umarmung, die nicht allein auf Freude über die Geburt zurückzuführen war.

„Wie heißt sie denn?", fragte Emmi.

„Ana-Lena Marie", rief ich fröhlich in den Raum.

Herr Sommer zuckte überrascht und erstarrte, dann glomm in seinen Augen ein Lächeln und überzog das ganze Gesicht. „Marie! Ana-Lena Marie Sommer. Meine Urenkelin trägt den Namen meiner geliebten Frau." Er lehnte sich zurück und selbstvergessen lösten sich seine Züge.

Sven kam um Mitternacht. Völlig erledigt wollte er in sein Bett fallen. „Sie kommen morgen Vormittag", sagte er nur und stolperte die Treppe hoch.

„Na, für die vier Worte hätten wir auch nicht aufbleiben müssen", murrte Josch, konnte jedoch sein mitleidiges Schmunzeln nicht verbergen.

Als ich an seiner Brust unter der Bettdecke lag, fragte ich übergangslos: „Willst du eigentlich Kinder? Wir haben noch nie darüber gesprochen. Wie kommt das?" Ich küsste spielerisch die Kuhle an seiner Schulter.

„Sicherlich, weil wir bisher einen Stall voller Wirrköpfe hatten, das ist doch fast dasselbe, oder meinst du nicht?" Joschs Brust vibrierte vom Lachen.

„Das ist wahr. Aber die sind scheinbar aus dem Gröbsten raus", hielt ich ihm glucksend entgegen, während meine Fingerspitzen auf seinem Bauch Polka tanzten.

Josch wehrte sich grunzend gegen die kleinen Geschosse, und nachdem er meine Hand eingefangen hatte, sagte er, unterbrochen von spitzen Küssen auf die einzelnen Übeltäter: „Ich hoffe, wir beide haben rechtzeitig Erfolg, bevor meine Kinder Opa zu mir sagen."

Ich drückte mich näher an ihn heran und wärmte meine eiskalten Füße zwischen seinen Waden. – Klar, davon wird man nicht schwanger, aber wir hatten ja noch Zeit.

- ◊ • ◊ • ◊ -

Unsere Bewohner waren schon früh auf den Beinen, alle wollten sich am Empfang beteiligen. Zu meinem größten Erstaunen waren es ausgerechnet Polly und Kalle, die mit einem Weihnachtsbaum zur Tür reinkamen.

„Kinder brauchen so was“, sagten sie trocken und stellten ihn auf. Es war eine sonderbare Stimmung; weihnachtlich festlich, dank Emmis tatkräftigem Einsatz, und auch Elke war ein romantisch veranlagter Mensch. Doch gleichzeitig gab es einen spürbaren Widerstand gegen *diesen Zirkus*. Die Proteste waren hingegen eher in einer Art Verpflichtung und Gewohnheit gegründet, denn in echter Ablehnung. Selbstverständlich akzeptierte ich, dass ein Mann, der etwas auf sich hält, solch sentimentale Gefühlsduselei unbedingt verschmähen muss.

Zu diesen gegensätzlichen Emotionen kam überdies die aufgeregte Nervosität über die Heimkehr von Jasmin und Ana-Lena Marie. Der Tisch wurde fantasievoll für ein zweites Frühstück vorbereitet, Herr Sommer ging eine Weile mit Lupo nach draußen, um Zweige, Blätter oder alte Blüten zur Dekoration von Jasmins Gedeck zu sammeln.

„Meint ihr nich, die is noch mehr hinüber als Sven gestern Abend?“, traf Herla den Nagel auf den Kopf. „Wenn der Jung schon auf der Treppe zusammengeklappt is, wie soll sie dann gemütlich hier mit uns futtern können?“ Wir wollten es darauf ankommen lassen.

Beate rief eben an, sie seien auf dem Rückweg. Herr Sommer war erregt und überglücklich. Er hatte in der Nacht noch an Jasmins Eltern telegrafiert.

Nachdem er minutenlang ruhelos umhergewandert war, setzte er sich in den Liegesessel und schloss konzentriert die Augen. Nur das Zucken des kleinen Fingers verriet seine Anspannung.

„Is ja ätzend, Leute“, beschimpfte Herla aufgebracht das hungrige Mannsvolk. „Könnt ihr nich warten bis Jasmin da ist? Wenns sein muss, haut euch in der Küche den Balg voll.“

„Sie kommen, sie kommen.“ Elke drehte den Rollstuhl vom Fenster in Richtung Tür. Sven lief nach draußen, Jasmin entgegen, griff die Babyschale aus dem Wagen und legte stützend die Hand unter Jasmins Ellbogen.

Überraschend ruhig und diszipliniert wurde sie im Raum in gedämpfter Lautstärke, dadurch aber nicht weniger herzlich, begrüßt. Sven hielt das schlafende Baby vor sich und stellte es am Sofa ab, wo jeder von uns einen Blick auf die verknautschte Nase werfen konnte. Es war wirklich sehr klein, aber Jasmin hatte selbst einen ausgesprochen zarten Körperbau.

„Ultra-fett!", staunte Herla.

Ich starrte sie entgeistert an. „Fett nennst du das?"

Sie lachte. „Klar fett! Mega-fett, hammerstark, tierisch geil."

Ich machte einen Laut halbherzigen Verstehens, während Josch sich zu mir beugte und ins Ohr raunte: „*Fett* gleich erstklassig, verstehst du?"

Ich verzog den Mund. „Man lernt halt nie aus."

Jeder von uns war begeistert von diesem winzig kleinen Menschlein. Jasmin erhob sich von der Armlehne neben ihrem Opa und küsste ihm die Stirn.

„Essen ist genau das, was ich jetzt will. Heute morgen war keine Zeit, ich hatte ne Frau bei mir, die das Stillen erklärte, ich kam in der Nacht nicht so gut klar damit. Das ist vielleicht ein Feeling, du glaubst, dir dreht sich alles von innen nach außen, total abgefahren, und auch wieder irre schön."

Jasmin begann ungeniert von der Geburt zu berichten, während sie mit gutem Appetit zulangte. Allein vom Zuhören änderte sich die Gesichtsfarbe der Männer, und die Blicke zeigten oftmals einen Ausdruck, der ihrem normalen Machogehabe absolut entgegenstand.

Polly beugte sich über den Tisch, um Sven anzusehen. „Und da bist du beigewesen? Sieh aus als wärst du krass ein Anderer, als ich immer gedacht habe."

Sven strahlte über dieses unerwartete Kompliment.

Als ein leiser Quäkton aus der Sofaecke drang, fuhren alle Köpfe gleichzeitig herum. Jasmin erhob sich und nahm ihr Baby in den Arm, herzte es mit den Lippen sanft wie eine Feder, wiegte es und ging auf ihren Opa zu.

Die Augen sprachen miteinander: „Willst du?"

„Ich darf?"

„Opapa, ich bin glücklich, und ich liebe dich von ganzem Herzen!"

„Mein Kind, auch ich liebe dich!"

Die kleine Ana-Lena Marie lag ruhig auf der Brust des alten Mannes. Er schaute mit Tränen in den Augen auf sie herab und flüsterte: „Marie. Ana-Lena Marie."

Er lehnte den angespannten Kopf zurück und genoss sichtlich die Nähe des jungen Lebens, die Wärme und den Duft dieses Babys. Seine Lippen bildeten sich zu einem zärtlichen Lächeln und er hielt inne in den streichelnden Bewegungen auf dem kleinen Körper. Ganz ergeben, ganz nah waren sie miteinander verwoben. Seine Arme sanken kraftlos herab, nur das entspannte Lächeln blieb auf seinem Gesicht liegen.

Ich warf einen schnellen Blick auf Josch, zu Herla und Jasmin. Es kam so überraschend, ohne jedes Vorzeichen. Ein ungeschultes Auge konnte es kaum erkennen.

Ich ging, gefolgt von Josch, zu Jasmin, legte ihr den Arm um die Schultern und die andere Hand auf Ana-Lena Marie.

„Jasmin, du hast deinem Opa das Schönste gegeben, was ein Mensch bekommen kann."

Sie lächelte mich an, dann erkannte sie meinen Blick, schaute verwirrt zu ihrem Opa und zurück zu mir.

Ich verstärkte den Druck um ihren Körper. „Jasmin, du hast ihm ein glückliches Sterben ermöglicht."

Nun standen auch mir die Tränen in den Augen. Jasmin schwankte unentschlossen zwischen dem Sessel und mir. Sie ließ sich in meine Arme nehmen, während Josch Obacht auf ihre Tochter gab.

Kein schockiertes Schluchzen brach aus ihr hervor, ausschließlich weiche, brennendheiße Tränen drängten an die Oberfläche, und ein Zittern überlief sie.

Nun erfassten auch die anderen, was geschehen war. Herla stellte sich hinter uns wie ein schützender Schirm und sprach mit sanfter, fester Stimme.

„Herr Sommer is gegangen, er hat sein Baby begrüßt und ihm tschüss gesagt. Marie, Ana-Lena Marie, ihre Zeit fängt gerade an, und Opapa hat sich davon gemacht. Einer kommt, ein Anderer geht. Dazwischen is das, was wir haben: die Zeit, das Leben. Vielleicht wollte er uns damit was sagen? *Sich lieb haben is ne supergute Klamotte und das hält viel länger als der ganze andere Kram.*"

- ◊ • ◊ • ◊ -

Nachwort

Charaktere, Namen und Ereignisse wurden frei erfunden. Sollte der aufmerksame Leser jedoch meinen, Ähnlichkeiten mit lebenden Personen oder tatsächlich stattgefundenen Begebenheiten zu erkennen, liegt die Ursache darin begründet, dass Geschehnisse dieser Art allerorts und tagtäglich im Land passieren, und Menschen mit vergleichbarem Schicksal überall in unserem Leben anzutreffen sind.

Wer weiß, vielleicht putzt eine Herla jeden Abend unsere Büroräume? Vermutlich drücken sich Mirko oder Rita im Gespräch verkehrt aus, oder der Mann vor uns ist ein Josch in seiner schlimmsten Zeit, zerbrochen von Schmerz und Verlust. Möglicherweise ist er aber auch ein Bert, der seinen Weg vor Tränen nicht mehr sieht.

Es bräuchte gar nicht viel, nur eine Hand die sie hält, ein Lächeln, das ihnen Mut macht – ein Mensch, der sie beachtet und als Menschen achtet.

Danksagung

2003:

Mein besonderer Dank gilt Rhonda. Wer sie kennt, der weiß, warum.

Katja, meiner moralischen Stütze.

Meinen Kindern, die mir die Zeit zum Schreiben zugestanden haben, sowie meinem Ehemann, der mir unermüdlich Ideen, Mut und praktische Unterstützung gab.

Und dem *Jesus-Gott, mit dem man quatschen kann und dessen Finger dahin reichen, wo wir überhaupt nicht hinpacken können*.

2020:

Mein heutiger Dank gilt Benedict Matysik und seinem Klausstudio, die mir zu diesem Hörbuch verholfen haben.

Ebenso einigen Menschen, deren Worte mich motivierten, das Projekt der Neuauflage anzugehen.

Anette, Karoly, Jochen und Kai für ihre Anregungen, Korrekturen und technisch-praktische Unterstützung.

Ihr seid mir wichtige Hilfe gewesen! Danke.